U0101944

王阳明的微笑

明代儒学简史

陈士银——著

浙江古籍出版社

图书在版编目（CIP）数据

王阳明的微笑：明代儒学简史 / 陈士银著 .-- 杭
州：浙江古籍出版社，2023.7
ISBN 978-7-5540-2638-0

Ⅰ .①王… Ⅱ .①陈… Ⅲ .①儒学—思想史—中国—
明代 Ⅳ .① B222.05

中国国家版本馆 CIP 数据核字（2023）第 110493 号

王阳明的微笑：明代儒学简史

陈士银　著

出版发行	浙江古籍出版社
	（杭州体育场路 347 号　电话：0571-85068292）
网　　址	https://zjgj.zjcbcm.com
责任编辑	石　梅
责任校对	吴颖胤
责任印务	楼浩凯
照　　排	浙江时代出版服务有限公司
印　　刷	浙江新华印刷技术有限公司
开　　本	880mm×1230mm　1/32
印　　张	15.875
插　　页	10
字　　数	380 千字
版　　次	2023 年 7 月第 1 版
印　　次	2023 年 7 月第 1 次印刷
书　　号	ISBN 978-7-5540-2638-0
定　　价	88.00 元

如发现印装质量问题，影响阅读，请与本社市场营销部联系调换。

对"不识时务"的儒者而言，朱元璋的荐举制是一道催命符。如元朝故吏部侍郎伯颜子中，元亡后隐姓埋名，回到江西进贤县的山中耕读，过着与世无争的生活。朱元璋听闻此人大名，派人征召。在朝廷的层层催逼下，伯颜子中最终自杀。

· 明代　戴进《溪边隐士图》

·明代　方孝孺《默庵记》（局部）

　　在方孝孺物故后，朱棣还颁令，销毁其所有诗文，并规定：凡私藏者，一律处死。方孝孺门下弟子王稌甘冒生命危险，抄录乃师的文章，改名为《侯城集》，让方孝孺的部分诗文流传下来。方孝孺的书法作品亦因朝廷禁毁，以致后世罕见。

・明代　王绂《山亭文会图轴》

　　在外交游多年，胡居仁席不暇暖。比起观赏各地风光，他将时间和精力都投入到结交同道以及讲学之中。

·明代 宋应星《天工开物》纺织
的妇人和头戴网巾的农民

　　公元 16 世纪末，西安城边，破败的土房中，朱蕴奇的妻子拖着劳累
的身体制作网巾。网巾是成年男子收拢头发的必备工具，乃本朝太祖爷下
令天下士庶裹戴的首服，头戴网巾，万发俱齐。如今，缙绅老爷们戴着
造价不菲的网巾是为了衣冠体面，而普通百姓戴网巾则是为了劳作方便。

P. Matthæus Riccius Macerat. è Soc. Jesu
primus Christianæ Fidei in Regno Sinarum
propagator.

Ly Paulus Magnus Sinarum Colaus
Legis Christianæ propagator.

·Athanasius Kircher 在《中国
画报》（1668）中的插图：利玛
窦与徐光启

徐光启官至礼部尚书，入阁参与机
务，被誉为"天主教三大柱石之首"。公
元 17 世纪初，他与利玛窦师徒合作，还
翻译了欧几里得的《几何原本》，成为将
欧洲数学引入中国的先驱。时至今日，几
何学早就成为中国中等学校的必修科目。

· 〔比利时〕安德斯·范·埃特维尔特（Andries van Eertvelt）《1599年7月19日第二次东印度群岛探险队返回阿姆斯特丹》

　　四百多年前，远洋航行充满风险，但是这没有阻挡欧洲国家四处扩张的步伐。当欧洲国家把目光聚焦到中国，汲汲于从中国获得新的领土、经济利益、精美商品以及宗教特权，此时的中国处于何种状态？作为知识精英，儒家士大夫的目光又停留在何方？

·明代 仇英《文玉图》（局部）
中的女性

安逸的生活离不开温柔乡的滋润，垆
边美人，皓腕霜雪。和这些儒家士大夫接
触的过程中，利玛窦最为头痛的便是，他
们沉溺于妻妾陪伴的欢愉。很多人本来倾
向于归信天主教，但是听说天主教要求信
徒一夫一妻，就打起退堂鼓。

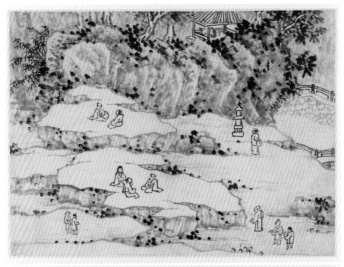

· 明代　沈周《虎丘十二景图》（局部）（两幅）

　　崇祯六年(1633)，苏州虎丘，人山人海。数月前，复社在全国各地设立的分社社长接到命令，派遣士人到此参会。大会在虎丘上的一座寺庙举行，规模盛大。根据会议名单，这次参会者将近三千人。

壬辰年（顺治九年，1652）春，明亡八年之后，原复社成员吴伟业来到嘉兴南湖，游览已故友人吴昌时的勻园，发现物是人非，感慨不已。他画了一幅《南湖春雨图》。图中景色别致，灵气逼人。即便山水辽阔，树木蓊郁，亭台楼阁犹在，却已空无一人。

· 弘治十六年（1503年）《甲申十同年图》

目　录

前言：从世界三大微笑说起

（一）

公元 1529 年初，两广总督王守仁乘船抵达南安（在今江西赣州）。救平南部叛军后，他告病请归，并举荐巡抚林富代理职务。没等朝廷回复，他便离开军营，动身返乡。抵达南安时，王守仁一病不起，大限将至。

时任南安府推官的弟子周积心情悲恸地守护在先生床前，嗫嚅着请示遗言。谁知阳明先生丝毫没有悲戚之色，反而微笑着说："此心光明，复何言？"[①]话音刚落，阳明先生缓缓闭上双眼，魂归道山。

综观中外历史，有三大微笑让人印象最为深刻。

第一大微笑是摩诃迦叶的微笑。佛祖在灵山会上，拈花示众。众弟子不明其意，只有摩诃迦叶破颜微笑。佛祖看到后，当众宣布将其立为自己涅槃后的领袖："吾有正法眼藏，涅槃妙心，实相无相，微妙法门，不立文字，教外别传，付嘱摩诃迦叶。"[②]因为这个微笑，

[①]　邓元锡：《皇明书》卷四十二，《四库全书存目丛书·史部》第 29 册，济南：齐鲁书社，1996 年，第 587 页。

[②]　普济著，苏渊雷点校：《五灯会元》卷一，北京：中华书局，1984 年，第 10 页。

摩诃迦叶也被奉为佛教禅宗的祖师。

第二大微笑是蒙娜丽莎的微笑。公元 16 世纪初，和王阳明同时代的意大利画家列奥纳多·达·芬奇（1452—1519）根据佛罗伦萨一位富商的夫人创作了著名的肖像画《蒙娜丽莎》。"蒙娜丽莎"是英文 Mona Lisa 的音译，意为丽莎夫人。根据意大利语 La Gioconda，则译为无忧无虑的夫人。蒙娜丽莎的微笑被称为"神秘的微笑"，蜚声寰宇。

第三大微笑便是王阳明的微笑。一般而言，凡人贪生而怕死，临终之际，大惊失色、恋恋不舍者比比皆是。可是，王阳明为什么弥留之际还会微笑？他究竟在笑什么？

关于世界三大微笑的解读，并没有固定的答案。依据笔者的浅见，摩诃迦叶的微笑是领会佛教真谛的微笑，代表佛祖和迦叶师徒传承的默契；蒙娜丽莎的微笑是文艺复兴的微笑，代表民众走出神的光环，绽放人的魅力；王阳明临终前的微笑则是儒者的微笑，是内圣与外王的结合，是从心所欲的超越。

毫无疑问，明代儒学以王阳明为第一流代表。他既开创了足以匹敌程朱理学的阳明心学，又立下了平定宁王叛乱这等盖世功勋。无论放在公元 16 世纪，抑或有明一代（14—17 世纪），乃至整部中国儒学史中，王阳明都堪称内圣、外王的完美典范。

但是，我们不应忘记，阳明之前一百多年，明代儒学源远流长。从宋濂、方孝孺到曹端，到北方的薛瑄及其河东学派，再到南方的吴与弼及其崇仁学派，尤其是吴与弼弟子陈献章的出现，发阳明心学之先声。

同时，我们也应看到，阳明之后一百多年，心学的异军突起适应时代发展的潮流，但不可能一劳永逸地解决林林总总的问题。庙堂之上，围绕着东林党、复社，纷争不断；江湖之远，西方的科技文明、天主教文明、商业文明、白银资本波涛汹涌，都在影响中国儒学史的进程。明亡之后，顾炎武、黄宗羲、王夫之、方以智等知识精英对有明一朝的文化加以检讨，而明代儒学也流播海外，尤以朱舜水东渡日本为典型，这些都对我们今天重审明代儒学、明代文化乃至中华传统文化有所启迪。

（二）

关于明代儒学史的写作方式，自黄宗羲《明儒学案》以来，无论是张廷玉领衔编纂的《明史·儒林传》，还是沈佳《明儒言行录》，大体皆以传记式、格言式为主。近半个世纪以来，宇野哲人《中国近世儒学史》（1982）、苗润田《中国儒学史·明清卷》（1998）、张学智《中国儒学史·明代卷》（2011）等讨论明代儒学史的著作，继承了以人物为中心的写作框架。依据前辈的重要贡献，掩卷之余，我们也不禁思索一个问题：能否突破以人物为中心的写作方式（哪怕在部分程度上），增添儒学史写作的丰富色彩？

儒学史的写作固然以儒家人物与儒家学说为中心，但在儒者的私人传记和格言汇编及其剖析之外，依然有值得挖掘之处。本书除了择要讲述相关学派，也会关注和儒学有关的事件，比如取士制度与学校制度，比如儒学与佛教、天主教的互动，另如儒家党社与荷兰东印度公司的对比，儒学在海外的传播以及儒学与启蒙的关联等，借以呈现明代儒学从理学到心学的转向、儒家面临的内外挑战以及明清大变局中儒者群体的反思与救赎。

此外，关于儒学史写作过程中遇到的概念和方法问题，与其说受到历史遗产的影响，毋宁说受到研究者所属学科领域的拘牵。文学研究者可能更多关注儒者的诗词文章与交游往来；史学研究者更多关注儒者的传记和儒学事件的展开；至于哲学研究者，则离不开诸多哲学流派的分疏与概念的解析，呈现哲学史的写作特色；而在其他领域研究者的眼中，儒学则会显现饮食、服饰、建筑、音乐、舞蹈、美学、政治学、宗教学、民俗学、经济学等方面的色彩。

我们倾向于把儒学史研究放到儒者的生平中去，要写活的人物变迁与学术变迁，而非固态的概念呈现，[①] 把儒学史研究放到特定的历史背景以及纵横交错的网格中去，从时局的演变观照个体的选择，探寻明代儒者在纷繁不定的事变之中如何安身立命、明代儒学派别之间如何交织互动，以及儒者群体对所处时代遭遇的内外困局如何回应。我们做明代儒学史的研究，要尽可能突破学科、宗派的限制，以活泼的、多元化的、多角度的方式，呈现明代儒学发展的丰富多彩，进而发掘各种现象、学说背后隐藏的时代价值。

（三）

历史变迁绝非线性发展，儒学亦然。对 14 世纪后期的儒者而言，他们渴望恢复儒家的统治地位，需要借助朱元璋之手让儒学重回中

---

① 可参邓小南：《走向"活"的制度史——以宋代官僚政治制度史研究为例的点滴思考》，《浙江学刊》2003 年第 3 期；邓小南：《再谈走向"活"的制度史》，《史学月刊》2022 年第 1 期等。

心舞台，而朱元璋也需要利用儒学的外衣增强政权的合法性，并聚拢儒臣打理国家。换言之，君主和儒学之间是互相利用的关系。所以，这一时期的儒者，诸如朱升、魏观、宋濂、刘基、陶安、陶凯、吴琳、吴伯宗、桂彦良、茹太素、宋讷、刘三吾等人，大体属于"外王型"的儒者。本书第一章从"开国第一科"的独特视角切入，通过科举的重开、废除与再重开，探讨明初儒学的发展。

和明代中后期的儒者相比，14 世纪后期的儒者并不纯粹。开国以来，如论资排辈，建文时期的方孝孺无疑属于后进晚辈。可是，黄宗羲《明儒学案》一书开头直接从方孝孺写起，并将他奉为本朝儒学的"学祖"。[①] 原因何在？以方孝孺的老师宋濂而论，他虽是儒者，却绝非醇儒。他在服膺儒家学说的同时，兼具佛教、道教的修养，尤其与佛教徒过从甚密。黄宗羲批评他"出入于二氏"，[②] 未将其列入《明儒学案》之中。[③] 从这层意义考虑，方孝孺才是明代培养起来的第一位代表性儒者。

本书第二章在处理方孝孺与儒学这一课题时，注意到方孝孺与乃师宋濂的共同点，即渴望通过儒学影响政局。比起被视为文臣的宋濂，方孝孺更为幸运，获得建文帝的器重。方孝孺不屑于以文章闻名，而是迫切渴望改良政治，向三代的美俗善政回归。如果不能

---

① 黄宗羲著，沈芝盈点校：《明儒学案》卷四十三，北京：中华书局，2008年，第 1042 页。

② 《明儒学案》卷四十三，第 1042 页。

③ 黄宗羲后来将宋濂归入未完稿的《宋元学案》之中，其子黄百家在宋濂的按语中提到："金华之学，自白云一辈而下，多流而为文人。"黄宗羲著，全祖望补修，陈金生、梁运华点校：《宋元学案》卷八十二，北京：中华书局，1986年，第 2801 页。

发挥才学，反而获得文士的名号，这对他而言，就是一种莫大的羞辱。所以，和一般儒者吸引文人不同，方孝孺门下不乏武将。即便他恢复周礼的事业遭到靖难之役的中断，但是本人对儒家气节的提倡成为明代儒学的绝响，也极大地鼓舞了后来的仁人志士。方孝孺是"内圣外王式"的儒者，尽管他的志业没有成功，也没有留下显赫的著作，但我们不能因此否定他的贡献。

明代中国南北之间经济发展不均衡，文化、风俗等方面也存在很大差异。本书第三章以"北方之儒"为标题，梳理北方学者曹端（河南渑池）、薛瑄（山西河津）及其河东学派的发展脉络。曹端作为方孝孺之后的儒者，只是一名未入流的学正，但是此人被尊称为明代的"理学之冠"。我们对曹端之学的观察跳出明代，而是从清代儒臣对曹端从祀孔庙的努力入手，横纵交错，分析曹端在明清儒学史中的地位。

在对薛瑄及其河东学派的观察上，我们也避免单刀直入，而是采用倒叙的写法，从边疆山丹卫（在今甘肃山丹）一名不起眼的小卒（周蕙）出发，通过他的师承（兰州段坚），进而追溯到薛瑄本人。关于薛瑄学派的传承，我们同时结合关学的渊源，上溯宋代的张载，然后跳到明代薛瑄的五传弟子吕柟，再借清儒贺瑞麟等人的口吻，分析吕柟如何集明代关中理学之大成。吕柟本人高中状元，有"关西夫子"之称，后来到南京国子监为官，将北方关学的理念带到南方，势必引发南北儒学的冲突与融合。第三章第三节《关学南下》之后，本书笔锋一转，折入第四章《南方之儒》。

和北方儒者喜欢做官不同，南方儒者身上多了一些山林、布衣的气息。其中，能和薛瑄河东学派分庭抗礼的就是江西崇仁吴与弼创立的崇仁学派。我们对吴与弼的解读也避开正史传记式的描写，而是从镰刀与三文钱的轶事出发，恢弘其中的儒者风骨（其中也不排除执拗的因素）。吴与弼早年在京师亲历靖难之役，亲见儒者的残酷下场，终身都保持布衣的身份。他的这种风格深深感染弟子胡居仁等人。青出于蓝而胜于蓝，胡居仁将布衣儒者的身份坚持到底，同时通过在南部中国的交游，扩大崇仁学派的影响力。他既没有入朝为官，也没有特别经典的著作，甚至没有进士、举人之类的头衔，却照样活出了儒家的君子典范，成为明朝历史上唯一一位以布衣身份从祀孔庙的大儒。

崇仁门下既有胡居仁这种甘为处士的弟子，也有陈献章这种恋恋仕途的弟子。陈献章多次求取功名，都铩羽而归，最终反求诸己，静坐澄心，开辟一条崭新的道路。他创立的白沙学派影响深远，弟子湛若水在他的基础上又开创了声势浩大的甘泉学派。

对比南北儒学，我们发现：北方儒者偏于守旧，以薛瑄为典型，河东学派罕见分裂新生；南方儒者每能开出新意，比如从崇仁学派中开出白沙学派，继而开出甘泉学派。无论是北方之儒，还是南方之儒，都存在墨守程朱理学的色彩。如人之成长，孩提之时，在监护人的管教下，摸爬滚打，自有一番乐趣；成人之后，理应志在四方，如果继续墨守监护人的管教，终究难成气候。至于明代儒学兼具学问（内圣）与事业（外王）的大气候、大格局，打通南北的地域差异，则需等待一位伟人的到来。通过传奇的一生，他将彻底打破世人对儒者与儒学的刻板印象。

礼乐百年而后兴，无论是"仁宣之治"，还是阳明学的诞生，都发生于明朝开国一百年前后。故此，国家的发展与儒学的改革都不必急于求成。挖一方池塘，断然不能盛放海洋之水；写一篇文字或者一部书，也不能详尽王阳明的思想。比起王阳明的传记以及《传习录》等作品，本书第五章对阳明学的关注始于客死蚝蚰坡的小小吏目以及明末儒者黄道周的《广名将传》，从鲜为人知处徐徐展现王阳明的宝贵价值。

王阳明将儒学从僵化、狭隘的程朱孔洞之中牵引出来，赋予它前所未有的空间与生机。遗言"此心光明，复何言"既是这位哲人对自己一生的评价，也隐藏微妙的讯息。所谓光明者，日月之光也，这本应是圣君明主的美德。可惜，不论在学问上，还是在事功上，乃至在心胸方面，现实中的君主们每以"光明"自居，实际作为却离"光明"甚远。这些君主自以为读懂圣贤之书，却对孟子基本的"手足""寇仇"之说置若罔闻。即便没有宁王之乱、两广之乱，也会有其他叛乱。王阳明之所以同意复出，总督两广，并非是为了一姓之君主，而是为了两广之百姓。可惜，朱厚熜这位年轻气盛的皇帝自以为是，恰似面墙而立。既然如此，王阳明不等朝廷调令，毅然选择"擅离职守"。王阳明在死前对君权的反抗无碍于自身德行的"光明"，遗言点到为止，其中蕴藏的独立与自由的精神以及洒脱的人生态度，留给后人细细品味。

以常理而论，世人的遗言要么交代遗产，要么回顾平生得失，要么指导后人未来的注意事项。王阳明打头一个"此心"，便是尽心当下，已属绝大不同。儒释道之间固然有会通之处，但是对其中立场的差异不加甄别，我们便无法把握儒学的精妙。王阳明之心并非佛老之心，而是孟子"尽心"之心，"尽其心者，知其性也。知其性，则知天矣"（《孟子·尽心上》）。所谓"复何言"，也并非佛教的"不立文字，教外别传"，而是孔子的"无言"，"天何言哉？四时行焉，百物生焉，天何言哉"（《论语·阳货》）。

王阳明的遗言字数有限，层次鲜明，言有尽而意无穷。他本人未必有意做这种层次的划分、深意的提点，只是平生道德、学问、事功的自然流露而已。然而，比起显见的奇闻异事、卓越功勋，遗言中的隐晦之处正是阳明学的魅力所在，也是儒学的魅力所在。有鉴于此，王阳明临终前的一抹微笑也成为明代儒学的最佳写照。囿于篇幅，除了"泰州学派"等少数派别外，笔者没有对阳明后学展开讨论，读者可以参考《明儒学案》中的各种"王门学案"以及今人整理的阳明后学文献和日益涌现的研究论著。

本书后半部分的写作完成于笔者在哈佛大学访学期间。访学虽然仅有七八个月的时间，却让笔者得以学习、利用哈佛大学的丰富资源，并向研究宋明理学的汉学家包弼德(Peter K.Bol)教授等人请益，同时和哈佛访学的同事王宏甦、周扬波等人切磋交流，扩充自己的研究。留美期间，笔者先后参观、考察波士顿、纽约、华盛顿、奥兰多、迈阿密、洛杉矶等各地约 20 座知名博物馆。其中，明代瓷器、书画等藏品，以及欧洲国家对明代瓷器的进口与仿制，都给笔者留下深刻印象，并让笔者直观地意识到，明后期以来东西方的交流程度远超我们原来的想象。有了这些因缘，从第六章开始，本书热切关注东西方文明之间的比较研究。第六章开篇《从里斯本出发》提出一个问题：公元 16、17 世纪，为什么从西向东的文化传播得以发生，而非从东向西？结合罗明坚、利玛窦等人的学习经历，分析东西方学校制度等方面的异同，本章尝试提出解答，供读者思考。

尽管以被动接受为主，这一时期的中国儒家文明与西方文明之间互有短长。中国儒者，比如徐光启、李之藻等人，率先接受利玛窦等传教士传播的天文、历算、地图、几何等方面的知识，成为近世中国开眼看世界的先驱。中国的科举制度也为西方耶稣会士效仿，刺激后来欧洲文官选拔考试的产生。儒家社会对妇女的轻视（尤其是允许妻妾制以及纵容买卖妻妾）引发西方基督教社会的尖锐批评，这也为后来中国民众普遍接受一夫一妻制导夫先路。文明之间的交流也不乏曲折，比如儒家文明与天主教文明的差异刺激"南京教案"（万历四十四年，1616）的发生，导致耶稣会士被驱逐出境。儒耶冲突并非明代中国的独有问题，也是东亚社会面临的普遍问题。相较于日本德川幕府对外国传教士和本国信众的血腥镇压，明代中国的处理手段则显得相对温和。

第七章关注儒学与党社的互动。他山之石，可以攻玉。本书不仅关注东林党、复社与政治、学术之间的羁绊，也关注同一时期荷兰东印度公司对亚洲的拓殖。17世纪初，就在东林大会、虎丘大会人头攒动之际，远在欧洲的荷兰，最热闹的地方之一却是阿姆斯特丹的证券交易所。当地民众，从王公贵族，到铁匠、刀匠，再到上釉工人、纺织工人，甚至包括女性，纷纷购买东印度公司的股票。17世纪成为荷兰人的"黄金时代"（The Golden Age），良有以焉。至于中国第一家证券交易所的成立则要迟至1918年，当时北洋政府为了发行公债，特意成立北京证券交易所，这比荷兰阿姆斯特丹的证券交易所晚了近三百年。早在15世纪初，郑和七下西洋，中国就对探索世界兴趣浓厚。为什么在此后的历史进程中，中国丧失了探索世界的兴趣？我们有时需要跳出东林党、复社，才能看清东林党、复社的得失利弊，进而探索儒学在全球化形成过程中的价值。

明清之际，诸多杰出的儒者及其著作横空出世。无论是黄宗羲的《明夷待访录》，还是顾炎武的《日知录》，都在表达对建设新社会的希冀，渴望明君贤主的出现，将自己书中的内容变成现实。他们的这些反思集中彰显儒家思想的精华，比如对君主专制的抨击，对"君父""臣子"观念的批评，对民本乃至民主思想的提倡等等。这些观念对梁启超、李大钊、孙中山等清末民初的思想家都产生过重要影响。

同一时期的欧洲社会经历"十七世纪危机"（The Seventeenth-Century Crisis），各种天灾、骚乱和战争的惨烈程度丝毫不逊于中国。然而，依托霍布斯、洛克等思想家的理论，欧洲从中开出启蒙之路，迅速崛起，而中国即便涌现出黄宗羲、顾炎武等大儒，经明涉清，为什么依然在君主专制的框架中裹足不前？这正是本书第八章《遥远的启蒙》关注的核心问题。

（四）

儒者最大的"问题"之一便是认为所在的时代应该讲道理，尤其是先王之教、三代之理。实则，出于经济条件、政策环境、个人性格、消息不对等、行为动机、程序设定、时局差异、派系冲突、在朝在野、官品高下等诸多因素，很多政治运作并无恒定的道理可言，何况儒者反复鼓吹的几千年前的道理。从长时态的角度分析，争名逐利、是非不分、曲折反复也是个人、国家与社会发展过程中的常见现象；如果总是天下为公、是非分明、直线进步，明朝就不再是明朝，而是可以和三代相媲美的理想国。

　　纵使如此，裹挟其中的儒家犹有可为。无论是方孝孺，还是王阳明，抑或顾炎武，都试图将偏离正轨的国家拖回正轨。他们宛如京杭运河上的纤夫，背负沉重的绳索，竭尽全力向前迈步。有时顺风顺水，大明的帆船便正常行进；有时停滞不前，甚至拼命倒退。类似的努力与反复也贯穿明代儒学的始终。然而，大凡杰出人物及其思想的出现都不是在国家太平之际。燕王朱棣篡位，才有方孝孺；正德皇帝失德，宁王叛乱，才有王阳明；魏忠贤弄权，才有顾宪成、高攀龙；明亡之后，才有黄宗羲、顾炎武。

　　至于明朝盛世"仁宣之治"，反而是儒学暗而不彰之时。"仁宣之治"的突出特征就是君臣共治、有所不为以及与民休息。明仁宗体弱多病，却不缺乏挑战权威的勇气。他在位时间不足一年，极力扭转永乐以来的严酷政局，让社会环境更加宽松。明宣宗的爱好十分广泛，包括骑马、射箭、写诗、绘画、音乐、舞蹈等，也留下不少传世画作。比起龙、凤、鹰、虎等威猛的禽兽，宣宗画笔下关注更多的却是犬、羊、鸡、鼠等弱小的动物。[①]

　　尽管在保守的儒者看来，皇帝的爱好过于丰富，会耽误治国。但从积极方面解读，皇帝是一个活生生的人，经过这些兴趣的熏陶，不至于把所有精力都投放在国事之上，集中一点，不及其余。在上者如果没有什么兴趣爱好，难免在治国上过于有为，从而挤占贤臣（比如三杨：杨士奇、杨荣、杨溥）的施政空间。一个国家只有圣君，没有贤臣，本身就是极大的危险。更重要的是，过度有为的政

---

　　① 明宣宗朱瞻基热爱绘画，留下不少作品，包括《三阳开泰图》（画羊）、《一笑图》（画狗）、《戏猿图》、《子母鸡图》、《荔鼠图》、《苦瓜鼠图》、《双犬图》、《黑兔图》等。

权会让民众疲于应对各种政令。民众解决温饱乃至苟全性命都成问题，遑论体味做人的乐趣，展露社会的生机。

明宣宗并不缺乏发动战争的锐气，他即位之初率军平定汉王朱高煦之乱，即可窥见一斑。他反对用兵安南，因为无益于大局。他对祖父朱棣动辄派遣船队远下西洋的宏大做法并无好感（郑和七次下西洋，其中六次都发生在永乐时期）。这类活动并非经济驱动，看似扬我天威，实则劳民伤财，便及时叫停。明宣宗内用儒术之臣，外停无谓之师，看起来不够雄才大略，也没有万国来朝的威风，但正是这种适可而止的智慧打造了明朝历史上唯一的盛世。

相较于其他皇帝，明宣宗是一位"向下看的皇帝"，也是比较接近儒家"王道""仁政"的皇帝。但是，我们也应注意，儒家传统对贤君明主的渴望并不能从根本上解决问题，因为贤君也会造成危害（我们姑且称之为"贤君危害论"）：由于自身的贤明导致君主威权的强化，促使民众更加顺从，一旦本人及其后继者将这种威权滥用于危险的行动，国家就会陷入崩溃之中。[1] 比如明宣宗的儿子明英宗，在位期间轻率地发动对外战争，自身被俘，而"土木之变"（正统十四年，1449）也让大明的国运急剧下沉。

回溯"仁宣之治"，我们发现，国家政策一以贯之，与民休息。即便如此，君主还会自责、罪己，表达对不能敬天爱民的惭恧。仁

---

[1] 英国启蒙思想家洛克对贤君的危害发出警告："贤君的统治，对于他的人民的权利来说，经常会导致最大的危险；因为，如果他们的后继者以不同的思想管理政府，就会援引贤君的行动为先例，作为他们的特权的标准，仿佛从前只为人民谋福利而做的事情，在他们就成为他们随心所欲地危害人民的权利，这就往往引起纷争，有时甚至扰乱公共秩序……"〔英〕洛克：《政府论（下篇）》，叶启芳、瞿菊农译，北京：商务印书馆，1996 年，第 102 页。

宣时代，君主不像朱元璋、朱棣那般有为，国家也不需要方孝孺、练子宁式的悲壮抗争，不需要王守仁式的盖世武功，不需要东林党、复社式的激浊扬清。居上位者力避好大喜功，居下位者才可获得安生。故此，贤君明主、儒学宗师的出现未必就是福音。物不得其平则鸣，儒学宗师及其伟大学说的出现也多见于不平之世。从君主、重臣，到地方官员，到在朝在野的万千儒者，"卑之，毋甚高论"，①反而是黎民苍生的福分。走笔至此，我们似乎更能理解王阳明微笑之余遗言而欲无言的意蕴。

---

① 班固：《汉书》卷五十《张释之传》，北京：中华书局，1962年，第2307页。

第一章　朱元璋和他的儒臣们

第一节　开国第一科

天下英雄入吾彀中矣！

——唐太宗李世民

果有才学出众者，待以显擢，使中外文臣皆由科举而选，非科举者毋得与官。

——明太祖朱元璋（洪武三年，1370）

◎ **开科诏**

人的一生中，关键的考试屈指可数，而这样的考试往往影响人的一生。对大明学子而言，他们暂时还没有这方面的烦恼。开国三年，尚未举行全国性的选拔考试。

直到洪武三年（1370）五月十一日，朱元璋发布开科取士的诏书。在这份诏书中，他先是夸赞周朝的贡士制度如何优越，民风如何淳朴，所以享国八百年之久。从汉、唐到宋朝，无论是察举制，还是科举制，历朝历代都有遴选人才的办法，大体上重视词章，轻视德行。前元也曾开科取士，但是藏污纳垢，赴举者都是奔竞之人，而真正有才德的人耻与并进，隐居山林。本朝统一华夷，志在开创太平之治。事不宜迟，从今年八月开始，各地举行乡试，来年在京师举行会试、殿试。届时，朕会给经明行修、博通古今、文质得中、名实相称之人提供发挥才能的平台，任官惟贤，俾成治道。[①] 不仅如此，他还派遣使者到高丽、安南、占城等地，让他们选拔人才派到中国参加考试。中国每省进京参加会试的名额不过 40 名左右，而外国考生不限名额，择优录取。[②]

　　同年五月二十二日，江西抚州的通判王觌做了一个莫名其妙的梦。在梦中，他看到整座抚州城人山人海，到处都在敲锣打鼓。问了身边的人，他才知道，大家正在欢迎状元！梦醒之后，他一脸狐疑：国家都没有开科取士，哪儿来的什么状元？看来梦境就是梦境，水花镜月，不能当真。

　　可就在本月二十五日，他突然接到从京师传来的开科消息！消息传来后，各地学校忙成一团，学子们从来没有像现在一样努力。同年秋天，尽管有些仓促，江西省还是顺利组织乡试。乡试连考三场，分别在八月初九、十二、十五三天举行。三场下来，乡试第一名正

---

　　① 《明太祖实录》卷五十二，洪武三年五月己亥，台北："中研院"历史语言研究所，1962 年校印本，第 1019—1020 页。

　　② 彭孙贻：《明朝纪事本末补编》卷二，参《明史纪事本末》第四册，河北师范学院历史系点校，北京：中华书局，2015 年，第 1524 页。按，据是书《明朝纪事本末补编跋》中所记，"其时《明史》尚未刊定，故不云'明史'，而云'明朝'"（同上，第 1601 页），可知此书书名定为"明朝纪事本末补编"，而点校本改作"明史纪事本末补编"，恐失其实。今仍从前者。

是抚州府金溪县的儒生吴伯宗！[①]江西省下辖十三府，[②]解元能落在抚州，已是本府莫大的荣耀。王黻不禁好奇：国家的开科状元还会花落吴家吗？

◎ 摸着石头过河

建国之初，关于到底要不要开科取士的问题，朱元璋和他的儒臣们并不像后来诏书上体现的那般自信。在前元近百年的统治史上，元世祖忽必烈就打算开科取士，后来未能施行。元仁宗延祐二年（1315），在开国四十多年后，朝廷才在大都会试进士，[③]史称"延祐复科"。

元顺帝至元元年（1335），元廷又颁布诏书，取消科举考试。参知政事许有壬为此还和丞相伯颜发生争执。许有壬是延祐二年的进士，也是元朝第一批进士，明确反对取消科举：

> 科举若罢，天下人才觖望。[④]

丞相伯颜却认为，科举取士存在各种弊病，比如考生通过行贿获得进士出身、进士并不具备治国理政的才能、科举取士妨碍国家选举人才等。

---

① 宋濂：《宋濂全集》卷八十，黄灵庚校点，北京：人民文学出版社，2014年，第1926—1927页。另据《明史》中"吴伯宗，名祐，以字行"（张廷玉等：《明史》卷一百三十七《吴伯宗传》，北京：中华书局，1974年，第3945页），吴伯宗本名吴祐，伯宗只是他的字。

② 《明史》卷四十三《地理志四》，第1053页。

③ 宋濂等：《元史》卷二十五《仁宗纪二》，北京：中华书局，1976年，第568页。

④ 《元史》卷一百四十二《彻里帖木儿传》，第3405页。

对此，许有壬一一辩驳：如果有人通过行贿获得进士，那么，科举取士之前那些贪腐行为又该如何解释？如果说进士不具真才实学，那么张梦臣、马伯庸、丁文苑等人不算人才吗？科举取士妨碍国家选举人才更是无稽之谈。今年国家任用官员一共3325名，其中白身受官的都有72人，而科举取士不过30多人，百不及一。试问，这怎么会妨碍国家选举人才？①

道理俱在，有时却不得不屈从强权。在伯颜、彻里帖木儿等蒙古勋贵的主张下，国家还是取消科举。直到元顺帝至元六年十二月（1341），朝廷又重新恢复科举。②此时，国家动乱频仍，危机重重，元朝距灭亡亦不远矣。

鉴于元朝很晚才开科取士，中间又出现反复，所以，关于本朝要不要开科取士，开国以来，朱元璋也存在种种疑虑。最重要的两条疑虑在于：一者，相较于登庸人才，科举取士是陌生事物。被登庸者素有品行，声望卓著，而参加科举的人背景复杂，也没那么大名气，是否值得朝廷费那么大力气？二者，科举取士以纸上对答为主，择优录取。这些纸面功夫能否化作看得见、摸得着的政绩，实在难以预料。

当年（元至正十五年，1355），朱元璋攻陷太平路，儒者陶安归顺，官至翰林学士，成为国家制礼作乐的总裁官。后来（元至正十八年，1358），朱元璋拜访徽州休宁的耆儒朱升，获得"高筑墙，广积粮，缓称王"的重要建言。此后（元至正二十年，1360），浙东四先生（刘基、宋濂、章溢、叶琛）投入麾下，让朱元璋大喜过望。这四位儒

---

① 《元史》卷一百四十二《彻里帖木儿传》，第3405页。
② 《元史》卷四十《顺帝纪三》，第859页。

者在谋略、学问、治民之术上都是一时之选，为明王朝的建立做出极其重要的贡献。

换言之，朱元璋对自己拜访人才或者令他人举荐人才的方式驾轻就熟，也从中受益匪浅。如今，他并没有开科取士的十足动力。同时，不可否认，科举取士从隋唐以来就是国家选举人才的重要途径之一。故此，摸着石头过河，他打算试试再说。至于能否收获所谓的经明行修、博通古今、文质得中、名实相称之人，[①] 所有人都拭目以待。

◎ **辛亥科**

洪武四年（辛亥，1371）二月，京师会试正式拉开帷幕。会试分为三场，分别在二月初九、十二、十五三日举行。[②] 为了盛大其事，朱元璋钦点礼部尚书陶凯、翰林学士潘庭坚为主考官。之前，潘学士归家调养。为了开国第一科，他不辞年迈，特意应召赶来。与此同时，朱元璋还让鲍恂、宋濂、詹同等人为同考官。这些人都是国家最负盛名的儒者，由他们主持选拔人才无疑具有强大的公信力。

和去年秋天各地举行的乡试不同，陶凯、宋濂他们要通过会试，从各地进京赶考的 400 多名成绩优异的学子中再选拔出 120 名。这120 名幸运儿会获得参加殿试的资格。殿试只定名次，不再黜落考生。

---

① 洪武四年（1371）七月，中书省上奏，凡府、州、县学生员和民间俊秀子弟，以及学官、胥吏等人，都予以参加科举的资格。朱元璋做出批示：其一，由于国家刚开科举，所以要求不宜太高，只要作答词理平顺的都放在预选行列之中；其二，科举资格应予心术纯正之人，像那些胥吏，靠蝇头小利发家，心术已坏，不许应试。参《明太祖实录》卷六十七，洪武四年七月丁卯，第 1258 页。

② 张朝瑞：《皇明贡举考》卷一，《四库全书存目丛书·史部》第 269 册，济南：齐鲁书社，1996 年，第 455 页。

故此，出卷时，考官们必须慎之又慎。

会试共有三场，分别考察五经义、礼乐论和时务策。前两场考察背诵和阐释，答题字数要求在三五百字之间，相对容易。时务策较为困难，答题要求在1000字以上。在时务策部分，陶凯等人出题如下：

> 问：古昔帝王，继天出治，立经陈纪，为天下后世虑，至深且远也。唐虞之府事，成周之典法，其来尚矣。自是以下，萧何定律令，韩信申军法，张苍定章程，叔孙通立礼仪，而论者谓汉大纲正。唐魏徵定新礼，祖孝孙奏雅乐，房玄龄修律令，李卫公明兵法，而论者谓唐万目举。其果有合于先王之道乎？[①]

这道题目似易实难。表面上看，出题人考察的是考生对汉唐之法的理解，实则蕴含对恢复先王之道的求索。本朝开国以来，最重要的治国目标就是恢复先王之道，而恢复先王之道的途径多种多样，无论是汉朝的大纲，还是唐朝的万目，都获得先儒认可。"汉大纲正，唐万目举"是宋儒程颐的论断，[②]而程颐在学界地位之隆、影响之大不言而喻。那么，本朝探索治国之道，又该何去何从？考生如果过分肯定汉唐的功绩，则让本朝难堪；如果一概否定汉唐的功绩，就等于与先儒立异。进退之际，着实不易下笔。

天气尚寒，考生们却心如热火。吴伯宗满怀信心地指出，虽然

---

① 吴伯宗：《荣进集》卷一，景印文渊阁《四库全书》第1233册，台北：商务印书馆，1986年，第229页。

② 程颢、程颐：《二程遗书》卷十八，上海：上海古籍出版社，2000年，第288页。

汉唐之法有其宏远、详密之处，但是，汉承秦制，唐承隋制，他们的治国之道怎么可能像先王一样纯粹？他们的治国之法怎么可能像先王一样完备？当今圣上奉天承运，混一区宇，纲纪法度、礼乐刑政无不井然有序。现在开科取士，博采群言，即便二帝三王之盛，无以加此，又岂是汉唐所能比拟！

在谈到具体的治国之道时，他在答卷上留下一段堪称"范本"的文字，后来收录在天下考生传诵的《荣进集》一书中：

> 正人心，厚风俗，尤为平日所当先务者也。夫人心不正，风俗不厚，终不可以言治。人心诚正，风俗诚厚，则廉让之节兴，礼逊之俗行。人人各亲其亲，各长其长。强不凌弱，众不暴寡，而天下自平矣。将见二帝三王之治，复在于今日，而汉唐有不足言矣。愚也何幸，身亲见之！①

读到这份答卷，宋濂等人互相传阅，赞不绝口。与此同时，来自山西的考生郭翀的对答也引人注目。会试只是确定殿试资格，倒不用十分在意具体的名次。宋濂等人圈定120人，随后公布名单。

三月初三，120名考生排着整齐的队伍，进入皇宫考试。朱元璋特批，让这些考生直接到奉天殿考试。第一次进入威严的皇宫，一步步来到天子听政的奉天殿，所有考生都仰慕不已。如果日后能在此上朝，直接服务君主，无疑是平生最畅快之事。只是，眼下顾不了这么多，还是专心考试要紧。

和乡试、会试连考多日多场不同，殿试仅考一场，题目仅有一

---

① 吴伯宗：《荣进集》卷一，景印文渊阁《四库全书》第1233册，第233页。

道时务策而已。落座之后，吴伯宗拿到钦定的殿试考题："……自昔而观，宜莫急于明伦厚俗。伦何由而可明？俗何由而可厚耶？三代而下，惟东汉之士俗，赵宋之伦理，差少疵议。果何道而致然欤？盖必有可言者矣。宜著于篇，毋泛毋略。"①

吴伯宗作答起来，胸有成竹。治理天下，想要恢复先王之道，最重要的就在于六个字：明人伦、厚风俗。要想做到明人伦、厚风俗，就要崇学校、兴教化。宋朝的时候，儒者胡瑗在苏湖地区教学，为国家输送大批人才；汉代的时候，文翁在蜀郡兴学，培养的人才不计其数。如果本朝能够坚定崇学校、兴教化，那么恢复三代之治指日可待，又岂汉朝、宋朝所能媲美？在答卷的最后，吴伯宗恭敬地写道："臣愚，不足以奉大对。谨竭其一得之愚，惟陛下裁择。臣谨对。"②

客观而言，殿试的题目和会试相比并不难。至于考试结果，除了个人实力之外，也有运气成分。无论自己答得多么好，总要有读卷官赏识才行。考试结束后，读卷官国子祭酒魏观迅速组织博士孙吾与、修撰王僎等人连夜阅卷。试卷数量不过 120 份，魏观等人却丝毫不敢怠慢，每一份都仔细批阅。因为他们知道，此次阅卷的三甲排名将要公布天下。次日，他们就将拟定的三甲名单呈交朱元璋审核。其中，最优秀的三人分别是郭翀、吴伯宗、吴公达。如果不出意外，就可以按照这个顺序排定状元、榜眼、探花。传胪时，朱元璋见到郭翀、吴伯宗等人。然而，在最后时刻，朱元璋摇了摇头，

---

① 张朝瑞：《皇明贡举考》卷二，《四库全书存目丛书·史部》第 269 册，第 485 页。

② 吴伯宗：《荣进集》卷一，景印文渊阁《四库全书》第 1233 册，第 236 页。

叹气道：我大明朝的开科状元相貌不能如此丑陋！随后御笔一挥，把相貌堂堂的吴伯宗排在最前面。①

朱元璋特地下令，在中书省赐宴新科进士。随后，状元吴伯宗被破格授为礼部员外郎，特赐袍笏冠服。榜眼郭翀被授为吏部主事。来自浙江丽水的探花吴公达则被授为户部主事。②其他进士也被授予县丞等官职。随后，这些进士在状元郎的带领下，浩浩荡荡地到太学参加释菜礼。③从此，新科进士祭孔成为明朝定制。

吴伯宗成为开科状元的消息发布后，不仅抚州府沸腾了，就连整个江西省都感到无限荣光。通判王鲅的梦境已经满足不了人们的猎奇心，大家还纷纷传播状元郎自幼举止不凡的故事——在他很小的时候，就有相士说："此儿玉光剑气，殆不可掩。"④如今，他成为状元，也是意料之中的事情。

中国人自古以来就有浓重的乡土情结，流弊则为攀比心理，不同地域之间互不相让。明后期，来自浙江的沈德符在回忆开国第一科时，肯定了江西人吴伯宗作为开科状元的事迹，同时也不忘提醒人们：当年，除了京师之外，有 11 个行省的儒生参加考试，一共产

---

① 容貌也是朝廷遴选状元的重要参考条件。郭翀文笔虽好，却在容貌上输给了吴伯宗。史载："初拟翀为状元，传胪时以翀貌寝，遂易吴。"张弘道、张凝道：《明三元考》卷一，《四库全书存目丛书·史部》第 271 册，济南：齐鲁书社，1996 年，第 56 页。

② 张弘道、张凝道：《明三元考》卷一，《四库全书存目丛书·史部》第 271 册，第 56 页。

③ 卢上铭：《辟雍纪事一》，《四库全书存目丛书·史部》第 271 册，济南：齐鲁书社，1996 年，第 235 页。

④ 李绍文：《皇明世说新语》卷五，《续修四库全书》第 1173 册，上海：上海古籍出版社，2002 年，第 555 页。

生 120 名进士。其中，我们浙江就有 31 名，足足占了四分之一！在赞扬本省文教发达、"科第甲海内"的同时，他还不忘揶揄湖广行省：开国第一科，只有湖广行省一个进士都没有产生！要知道，偏远的高丽王国都派三名考生参加会试，其中还有一名考中进士呢！①

当年，确实有一位名叫金涛的高丽考生考中进士。朱元璋还特别授予他山东安丘县丞的官职。令人尴尬的是，这位高丽儒者对中国文化的精通仅仅停留在纸面上，自己却不会讲中文。不仅他不会讲中文，他的两位同伴朴实、柳伯儒同样不会讲中文。②考试考的是纸面功夫，但是做官听不懂中文，根本无法胜任。无奈之下，识趣的金涛主动请求回国。念在他漂洋过海来中国考试实属不易，而且还中了进士，朱元璋特命赏赐路费，让他和同伴坐船回国。回国后，他受到高丽国王的重用，后来还被授予国相的要职。③

此后，来到中国参加科举考试的外国考生以朝鲜、安南为最。这些人仰慕华风，不辞千辛万苦赶到中国参加科举，有的高中进士。之后，他们在明朝为官，留下不少惠政。安南考生中，参加景泰五年（1454）甲戌科的黎庸、阮勤，天顺四年（1460）庚辰科的阮文英、何广，成化五年（1469）己丑科的王京，嘉靖二年（1523）癸未科的陈儒等人，都荣登进士。阮勤后来官至南京工部左侍郎，陈

---

① 沈德符：《万历野获编》卷十五，北京：中华书局，1959 年，第 394 页。
② 《明太祖实录》卷六十二，洪武四年三月乙酉，第 1195 页。
③ 张弘道、张凝道：《明三元考》卷一，《四库全书存目丛书·史部》第 271 册，第 56 页。

儒则官至右都御史，^① 成为国家重臣。接纳外番人来本国担任要职，也体现明朝相对开放的国家性格。

◎ **开科状元的命运**

对于钦定的开科状元吴伯宗，朱元璋颇为满意。在任命他为礼部员外郎之后，随即让他和宋濂同修《日历》。宋濂号为"开国文臣之首"，^② 又是辛亥科的同考官，所以，获得与前辈宋濂同朝共事的机会让吴伯宗格外感奋。

光阴荏苒，金榜题名的欢愉就像春宵一样短暂。在开科状元的荣光褪去之后，吴伯宗很快卷入官场的漩涡之中。丞相胡惟庸为了培植个人势力，有意拉拢吴伯宗。然而，这位小小儒生竟然毫不领情。吴伯宗很快为自己的刚直付出代价。洪武八年（1375），因为胡惟庸等人的挑拨，吴伯宗被贬到凤阳为官。^③

即便如此，吴伯宗依然没有收敛锋芒，反而坚持上疏，弹劾胡惟庸专恣不法，不宜独任。朱元璋深谙用人之道，在重用胡惟庸的同时，也严防此人权力的膨胀。接到吴伯宗的奏疏后，他嘉赏此人弹劾丞相的胆量，将其从凤阳召回，还特意赏赐袭衣钞锭。不久，吴伯宗奉命出使安南，圆满完成外交使命，还带回驯象方物，昭示

---

① 徐学聚：《国朝典汇》卷一百二十八，《四库全书存目丛书·史部》第266册，济南：齐鲁书社，1996年，第73页。按，一说阮勤官至南京刑部左侍郎，而非工部左侍郎。参焦竑：《南京刑部左侍郎阮勤传》，《国朝献征录》卷四十九，《续修四库全书》第527册，第547页。

② 《明史》卷一百二十八《宋濂传》，第3787—3788页。

③ 参《明太祖实录》卷一百六十一，洪武十七年四月乙未，第2507—2508页。

安南臣服大明。

看来，这位状元并非不通世务的书呆子。朱元璋随后任命吴伯宗为国子助教，为国家培养人才。此后，他成为朱元璋的宠臣，还奉命为皇太子讲课。在对答之中，朱元璋发现吴伯宗总是才思泉涌，援笔立就。这让朱元璋格外欣慰，赏赐他不少织金锦衣。①

木秀于林，风必摧之。优秀的人身上多少都有几分孤傲的色彩。洪武十四年（1381），朱元璋下令，让吴伯宗担任太常寺丞一职。然而，不知出于何种原因，吴伯宗拒绝接任。次年，朱元璋让他做国子司业。吴伯宗依然拒绝！臣下的有恃无恐让朱元璋火冒三丈，哪怕是钦点的状元郎。他随后下令，将不识抬举的吴伯宗贬为陕西金县（今甘肃省榆中县）的教谕。

就在吴伯宗赶赴金县的路上，朱元璋对这位宠臣依然流露出不舍之情，自忖这种处罚过于苛重。退一步讲，让本朝开科状元去做一个偏远县城的教谕，成何体统？所以，吴伯宗刚到淮安，就接到圣旨，让他回朝接任翰林检讨一职。

回到朝中，吴伯宗变得规矩起来。他工作更加勤勉，也不再固执己见，而是积极配合天子的各项安排。看到吴伯宗已然"检讨""悔过"，朱元璋开心起来。洪武十五年（1382）十一月，朱元璋仿效宋代制度，任命本朝第一批殿阁大学士。经过慎重考虑，最后任命礼部尚书刘仲质为华盖殿大学士，翰林学士宋讷为文渊阁大学士，检讨吴伯宗为武英殿大学士，典籍吴沈为东阁大学士。②至此，吴伯宗走到人生巅峰！高处虽好，一览众山小，却未免寒气逼人，前

① 《明史》卷一百三十七《吴伯宗传》，第3945页。
② 夏燮：《明通鉴》卷七，沈仲九标点，北京：中华书局，2013年，第418页。

途难料。

自古以来，庆赏和杀戮就是君主驾驭群臣的两种手段，所谓二柄（《韩非子·二柄》）。即便对于宠臣，朱元璋也不会姑息。洪武十六年（1383），吴伯宗的弟弟吴仲实担任三河知县，因为荐举不实被问责。吴伯宗受到牵连，从武英殿大学士贬为翰林检讨。[①]洪武十七年（1384）四月，吴伯宗又因进呈文字不及时，被朱元璋贬谪云南。[②] 这一次，朱元璋厌倦了昔日的宠臣，没有将他召回。明朝的开科状元就这样死在贬官的途中。

儒者真能经邦济世吗？作为开科状元，吴伯宗生前获得无限荣光，受到朱元璋的恩宠，官拜武英殿大学士，个人意见可以直达天听，这是很多儒者做梦都无法想象的事情。但是，他并没有施展政治才能，也引发后人的惋惜。[③]

关于这位开科状元，根据《明太祖实录》编纂者的回忆，他是一位好人，文章也写得不错，所谓"为人温厚详雅，博学能文章"，[④]仅此而已。当初不像吴伯宗、郭翀那样引人瞩目的探花吴公达，后来反而官至刑部尚书。[⑤] 也许，儒者的治国才能与科举功名两者之间并不能画等号。

---

① 《明太祖实录》卷一百六十一，洪武十七年四月乙未，第 2508 页。

② 黄佐：《南雍志》卷二十二，《续修四库全书》第 749 册，第 485 页。

③ 明代儒者项笃寿认为："吴公以首科及第，受知圣主，简直密勿，可谓遇矣。而旋起旋废，才不究用，谓非命耶？"项笃寿：《今献备遗》卷五，景印文渊阁《四库全书》第 453 册，第 551 页。

④ 《明太祖实录》卷一百六十一，洪武十七年四月乙未，第 2508 页。

⑤ 张弘道、张凝道：《明三元考》卷一，《四库全书存目丛书·史部》第 271 册，第 56 页。

◎ 苏州知府的理想国

元末明初，不少儒者隐居不仕。他们既厌倦了腐朽的元廷统治，又对新兴的朱明政权心存犹疑。来自浙江崇德（今浙江桐乡）的儒者鲍恂早年拜在名儒吴澄门下。吴澄来自江西抚州，是元朝最知名的儒者之一，博通五经，著有《易纂言》《礼记纂言》《春秋纂言》等重要经学著作。他与来自河南的许衡并称为"北许南吴"，向吴澄求学的四方学子"常不下千数百人"。[①] 名师出高徒。受乃师影响，鲍恂好古力行，尤其擅长《易经》，著有《学易举隅》《易传大义》等书。他的学识品行在学林之中有口皆碑。

洪武四年（辛亥，1371），明廷开科取士，为了增强在学界的影响力，特别邀请鲍恂担任同考官。之前，朱元璋就派人请鲍先生入职翰林院，遭到拒绝。如今，考虑到科举对天下士子的莫大影响，鲍恂勉为其难。可是，刚完成同考官的任务，鲍先生就告老回乡，行色匆匆地离开京城。

洪武十五年（1382），朝廷特意礼请鲍恂和安吉余诠、高邮张长年、登州张绅四位老先生入朝。当时，鲍恂年过八十。能够请到鲍先生等耆儒来朝，朱元璋无比欢喜。次日，就破格任命鲍恂、余诠、张长年为文华殿大学士。即便如此，鲍先生还是不为荣华所动。他婉拒朱元璋的美意，选择还归故里，含饴弄孙。[②]

和鲍老先生一样，来自湖北蒲圻县（今湖北赤壁）的儒者魏观当初也选择隐居。在蒲山中，他与风月为伴，潜心苦读，吟咏不辍。

---

① 《元史》卷一百七十一《吴澄传》，第 4014 页。
② 《明史》卷一百三十七《鲍恂传》，第 3946 页。

和鲍老先生不同的是，魏观并未断绝出仕的念头，只是静候时机，待价而沽。后来，朱元璋攻下武昌，派人聘请他担任国子助教。秉持"天下有道则见，无道则隐"（《论语·泰伯》）的古训，魏观接受任命。他先后担任浙江按察使司金事、两淮都转运使、起居注、太常卿、侍读学士、国子祭酒等官职，[①] 在仕途上平步青云。在开科考试中，他担任读卷官，任劳任怨。

　　然而，就在国家开科取士的当年八月，国子祭酒魏观和司业宋濂因为考订孔子祀典的事情一同被贬：魏观做江西龙南县知县，宋濂则为安远县知县。[②] 作为儒者，既然接受公职，那么无论升迁，还是贬谪，都是意料中事。所以，一时的挫折并不足以削减魏观参与政治的热情。他很快又被召回，官至礼部主事。

　　洪武五年（1372），在廷臣的举荐下，魏观担任苏州知府。他一改前任知府陈宁的苛政，开始将苏州这片热土变成实现儒家之学的"理想国"。

　　执政之后，魏知府确定明教化、正风俗的施政方向，而这种方向正是吴伯宗等人在答卷中反复倡议的。与吴伯宗不同，魏观要将这种政治理想逐步变现。为此，他在苏州兴建学校，聘请周南老、王行、徐用诚、贡颖之等先生制定学仪，又聘请王彝、高启、张羽考订经史，还邀请耆民周寿谊、杨茂、林文友等人推行乡饮酒礼。

　　在他和各位儒者的努力下，苏州府政通人和，各方面的考绩都排在天下前列。根据最新的考课结果，朝廷提拔魏观做四川行省参知政事。由于苏州百姓的乞求，魏观继续留任苏州。

---

　　① 　《明史》卷一百四十《魏观传》，第 4001 页。
　　② 　《明太祖实录》卷六十七，洪武四年八月己亥，第 1265 页。

就在魏观用儒学治理苏州取得显著成效的同时，也有人不禁为魏知府担忧。苏州府非比寻常，曾是张士诚的根据地。更重要的是，当今圣上对苏州这座城市毫无好感。对于别有用心的人来说，苏州知府魏观名声越大，越容易引发不满。他们需要一个突破口，将魏观打倒在地。

在元朝，苏州府名为平江路。张士诚攻占此地后，把原来平江路的府衙改建成王宫，转将平江路的府衙迁移到都水行司。洪武七年（1374），魏观发现都水行司这块地方十分逼仄，而苏州府常年遭受水患的困扰。因此，他便在张士诚原来的王府旧址上修府浚河。那些别有用心的人迅速捕捉到良机，立刻给朱元璋进言：苏州知府魏观"兴既灭之基"，图谋不轨！①

一个人真要图谋不轨，至少要掌握军权。魏观不过一介文臣，如何造次？即便如此，愤恨之下，朱元璋还是下令诛杀此人。直到后来，他才有所醒悟，可惜为时已晚。他只好开恩，允许魏观的家人将其尸体归葬故乡。

再次来到内苑散心的时候，朱元璋偶然想起魏观、宋濂、詹同等儒臣侍游的情景。那年（洪武二年，1369）恰值暖冬，暖如春天，他命儒臣各自赋诗一首，以叙君臣相得之乐。其中，魏观的诗让他最为满意：

> 深冬晴暖动逾旬，内苑游观诏侍臣。
>
> 五色庆云开凤尾，九重丽日绕龙鳞。
>
> 和鸾喜奉彤车御，式燕惭叨紫禁宾。

---

① 《明史》卷一百四十《魏观传》，第4002页。

淑气已从天上转，人间无地不阳春。①

世事难料,云谲波诡,昔日的紫禁之宾竟然成为今日的地下之魂。如果说朱元璋只是对魏观的死尚存一丝轸恤,那么,对吴伯宗来说,魏先生这位对自己有知遇之恩的前辈的去世则让他不胜悲戚。他难以想象的是,辛亥科（1371）的一位同考官——宋濂,甚至包括后来的自己,都没能逃出梦魇一般的人生残局。

第二节　废除科举的十年

> 朕欲博求俊彦于科场中，非敢望拔十得五，止得一二，亦可为致治之具矣。
>
> ——宋太宗赵光义（太平兴国二年，977）
>
> 朕以实心求贤，而天下以虚文应朕，非朕责实求贤之意也。今各处科举，宜暂停罢。
>
> ——明太祖朱元璋（洪武六年，1373）

◎ 狄山与茹太素

汉武帝时，匈奴使者来到长安，提出和亲的诉求。

今非昔比，汉武帝即位后，已逐渐改变开国以来对外忍让的政策，积极反攻匈奴。面对匈奴使者的诉求，当下是战是和? 汉武帝

---

① 　廖道南:《苏州府知府魏观传》,参焦竑:《国朝献征录》卷八十三,《续修四库全书》第 529 册,第 415 页。

召集大臣商议。

博士狄山认为，和亲为上。他援引高祖讨伐匈奴被困白登的先例，并认为和亲之后，天下安乐，出现"文景之治"。生性刚直的狄博士还慷慨陈词："自从陛下讨伐匈奴，百姓穷困，中国空虚。"一旁的御史大夫张汤不屑一顾，嘲笑狄山大言不惭，愚儒无知。

受到羞辱的狄博士反唇相讥："臣纵然是愚儒，张汤你却是诈忠！你到处兴狱，诋毁诸侯，离间陛下和藩臣的关系。不是诈忠，又是什么？"

二人你一言我一语，互不相让，争吵起来。狄山嘲笑张汤起家狱吏，不学无术；张汤则嘲笑狄山只会要嘴皮子，不通世务……

汉武帝厌烦了廷臣越来越偏题的辩论，直接问狄山："你如此博学多能，朕让你管理一郡，能否？"

狄山虽然学富五车，但是严重缺乏军政经验，不无胆怯地回答道："不能。"

"管理一座县城，能否？"

狄山还是摇摇头："不能。"群臣中间发出一阵嘘声。

"那一座边塞小城呢？"龙榻上的汉武帝有些不耐烦了。

狄山汗流浃背，自忖如果再说不能，可能要被皇帝关到狱中，于是硬着头皮回答道："可以。"于是，狄山跟随戍卒北上。

仅仅过了一个多月，匈奴南下，席卷不少城塞，其中就有狄山管理的那座。匈奴士兵用弯刀砍下他的头颅，扬长而去。①

对这些喜欢引经据典、长篇大论却又不周世用的儒者，汉武帝

---

① 参司马迁：《史记》卷一百二十二《酷吏传》，北京：中华书局，1982年，第3141页。

素来蔑视。在古代中国，这样的皇帝比比皆是。逮于明朝，朱元璋最为典型。

洪武九年（1376），朱元璋批改群臣的奏折，不知不觉已至夤夜。天气寒冷，他躺到床上，稍事休息。人已躺下，但奏折还未批完，所以他还不打算立刻入睡。他一边躺着，一边让中书郎中 ① 王敏打开奏折，大声读给他听。在王敏朗读的过程中，他不时打断，批复意见。

王敏随后取出一封有些厚重的奏折，是刑部主事茹太素所呈，然后大声朗读起来。刚开始的时候，朱元璋勉强还听得下去，听着听着，就开始烦躁不安。他听了半天，都搞不清楚这位茹太素写这封奏折的目的何在。

"读到多少字了？"朱元璋打断道。

"启禀陛下，大概三千多字。"

"继续读吧！"朱元璋暂且忍耐。

王敏继续读了起来……

"多少字了？"

"已经五千多字！"朱元璋心情非常不愉快，依然不清楚这位刑部主事究竟意欲何为。

"多少字了？"

"六千字了！"

---

① 按，"中书郎"，《明太祖实录》卷一百十的《校勘记》已经改为"中书郎中"（参《〈明太祖实录〉卷一百十校勘记》，第419页），而《明史·茹太素传》未作校勘，仍作"中书郎王敏"（参《明史》卷一百三十九《茹太素传》，第3987页），恐系脱漏。另据《明史·职官志》，中书郎中正五品，为中书省的属官（参《明史》卷七十二《职官志一》，第1733页）。

王敏跟着害怕起来，压低声音，继续朗读，等他读到6370字的时候，朱元璋从床上猛地坐了起来，面色铁青，吓得王敏顿时跪在地上。

"得把这个茹太素抓起来！"朱元璋怒不可遏，"为什么写那么冗长的奏折，全是废话！"

次日上朝，朱元璋当面责问茹太素："你奏疏写得又臭又长，还批评朝廷任用的都是'迂儒俗吏'，[①]朕看你才是迂儒！"言罢，令人廷杖。

夜晚，一位不知名的近侍文官和王敏一样继续为躺在床上的朱元璋朗读奏折。朱元璋想到，昨天茹太素那封奏折还没读完，便命这位文官接着读下去。

朱元璋一边听着奏折，一边谩骂茹太素。就这样，他坚持听到16500字！

就在这时，朱元璋眼前一亮，觉得茹太素讲得有些道理。茹太素的这封奏疏一共17000字，其中提到五件事，有四件事利国利民，可以施行。明明用500字就能讲清楚的事情，这个茹太素为什么要写17000字！[②]难道这些儒者存心与朕为难吗？不知道朕每天从早到晚工作有多辛苦吗？同年底，他下令颁布建言格式，特别强调，

---

① 《明史》卷一百三十九《茹太素传》，第3987页。
② 谈迁：《国榷》卷六，张宗祥校点，北京：中华书局，1958年，第545页。

文臣上疏务必直截了当，不要繁文空言！[①]

真儒与愚儒、迂儒的本质区别在于，真儒明道淑世，讲明圣贤之道，解决实际问题，而愚儒、迂儒则罔顾实际，沉醉于引经据典。特别是迂儒喜欢长篇大论，自古而然。明明能用一句话讲清楚的事情，偏偏要广征博引，再列举三、四、五、六点加以阐释，而且每点之下还要罗列若干小点；明明可以用一篇文章讲清楚的事情，偏偏要写一本书；明明几万字可以讲清楚的事情，偏偏要写上几百万字，恨不得编成几套书……这也无怪乎汉武帝要下放狄山、明太祖要廷杖茹太素了。总之，这些儒者读的古书固然很多，写的文章固然很长，却没有多少实用价值。

◎ **暂停科举**

洪武六年（1373）二月，朝廷发布的一道命令让天下士子极为震惊。三年前，朝廷颁布开科取士的诏书，给读书人指明一条考试做官的人生通路。如今，朝廷突然宣布，从今年起，取消科举！

按照朱元璋的说法，并不是朝廷朝令夕改，而是你们读书人自己不争气！朕以实心求贤，而你们却用虚文来应付朕。这些进士基本上都是后生少年，虽然文章写得不错，但是根本不通为官治民之道。从现在开始，你们要以德行为本，文艺次之。[②]

---

① 《明太祖实录》卷一百一十，洪武九年十二月庚戌，第1830页。"茹太素事件"发生后，朱元璋感慨道："为君难，为臣不易。"参《明太祖实录》卷一百一十，洪武九年十二月庚戌，第1829页。他也意识到，面对一万七千字的冗长奏折，如果自己读起来都很辛苦，那么大臣写起来不是更辛苦？所以，他下诏，群臣日后上疏有话直说，不要崇尚浮词。

② 《明太祖实录》卷七十九，洪武六年二月乙未，第1443页。

努力读书参加考试取得功名，自然前途璀璨。但是，打理天下这种事情，靠这些读书人太过勉强。很多人早年从未读过书，后来照样出人头地，朱元璋本人就是极其生动的例子。所以，儒臣想要影响朱元璋，让他相信，通过科举考试选拔人才是治理国家的必要手段，本身就充满挑战性。

洪武三、四年间（1370—1371），国家下诏开科取士，并非将其作为国策，充其量不过是摸着石头过河的一次尝试。不幸的是，这次尝试以失败告终。朱元璋令人观察一百多名进士的作为，发现很多人连一个小小的县丞都做不好，而且笑话百出，不成体统。这让他十分失望！既然如此，从朝廷到地方省、府、州、县还花那么多时间和精力组织科举，无疑是一种浪费。碍于科举诏书是他亲自发布，不便完全否定，所以洪武六年（1373）他下令暂停开科取士。只是暂停，而非永久取消。至于什么时候恢复，另行通知。

开国以来，科举仅仅举办一次就要暂停。除了朱元璋对科举取士不信任之外，也有儒臣支持暂停科举。洪武九年（1376），朱元璋在奉天门和学士宋濂等人讨论如何选拔贤人。宋濂的回答得到朱元璋的肯定。宋学士认为：

> 取士莫善于乡举里选，用人莫善于因能任官，任官莫善于久居不迁。[1]

建国之初，洪武君臣自信满满。他们认为，只要上下一心，治国理政，完全可以超越唐宋。科举制是唐宋以来的选人制度，怎么

---

[1] 《国榷》卷六，第534页。

能和成周的乡举里选相提并论？起事以来，朱元璋依靠荐举制度获得了不少有真才实学的儒臣。相较之下，这些新科进士就显得有些金玉其外了。

不管怎样，听到消息后，这些年来为了科举考试发奋读书的儒生还是惊愕不已，惊讶程度不亚于今天的高中生，从高一到高三日夜苦读，高考前却突然接到通知：高考取消了！

◎ **岁贡和荐举**

既然取消科举，国家又该如何选举人才？更何况明王朝刚刚成立，百废待兴，国家迫切渴望获得精英人才打理天下。

在古代中国，选举人才的办法大概有三：其一，侧重品行，比如周朝的乡举里选、两汉的察举孝廉；其二，侧重门第，比如魏晋的九品中正制，"上品无寒门，下品无士族"；其三，侧重文辞，比如隋唐以来的明经、进士、制科等。至于明朝，根据嘉靖九年（1530）诏书的追述，国家选举人才原来是三管齐下：

> 我祖宗朝虽定科举、岁贡之法，犹有荐举之例，并列三途。[1]

在宣布暂停科举之后，朱元璋保留贡士制度，令各地学校选拔优秀学子送到太学，然后由朝廷择优任用。此外，他还设立各种荐举名目，比如聪明正直、贤良方正、孝悌力田、儒士、孝廉、秀才、耆民等，让地方官员礼送到京，不次擢用。从洪武六年（1373）下诏暂停科举，到洪武十五年（1382）宣布重开科举，杂用贡士和荐

---

① 孔贞运：《皇明诏制》卷八，《续修四库全书》第 458 册，第 288 页。

举的情形持续十年之久。①

贡士制度要求各府、州、县学将优异学生推荐到太学。在太学深造之后，个人的德行能力一旦得到朝廷认可，就会获得破格提升的机会。比如洪武十四年（1381），儒士郑孔麟被破格任命为河南右参议（从四品），王德常被破格任命为广东右参议（从四品）。②即便考中进士，很多人都是从基层的县丞（正八品）做起，而贡士得到朱元璋的信赖之后，能够直接做到地方行省的高官。这种破格提拔是明中后期那些进士根本无法奢求的。

朱元璋一方面暂停科举，另一方面对学校教育格外重视。他认为各地府、州、县都建立学校，里社却没有学校，实为一种缺憾。所以，在洪武八年（1375）正月，他特别下令建立社学，让地方延请师儒教导子弟。除了阅读儒家经典，还要学习《大诰》《大明律》等朝廷文件。③

和开科取士一样，国家刚下令建立社学不久就宣布取消，直到洪武十六年（1383）十月，才让地方复设社学。暂停科举是苦于无法获得实用人才，而暂停社学则是因为有司扰民。国家建立社学是为了教育子弟，选拔人才，尤其针对那些无法到府、州、县学读书的贫困子弟，同时也想起到改良风俗的功效。可惜事与愿违，社学在建立之初就弊病丛生。

地方政府假借创办社学的名义征收杂税，有的甚至强令他人上

---

① 《明通鉴》卷五，第 313 页。
② 《国榷》卷七，第 597、599 页。
③ 《明太祖实录》卷九十六，洪武八年正月丁亥，第 1655 页；《明通鉴》卷五，第 331 页。

学，以应付上级的检查。贫苦民众拿不出上学费用，还要被迫交纳建校费。社学即便开张，要么招收不到学生，要么难以维持下去。了解到情况后，朱元璋十分愤怒，紧急下令，停办社学。直到洪武十六年（1383），他才让民间继续兴办社学，还特别强调社学的自治性，"有司不得干预"。①

暂停科举之后，地方学校照常运转，又有新加入的民间社学（虽然旋即停办），再考虑到各地的书院、私塾等教育机构，这让明代学校教育系统颇为完备。贡士制度相对稳定，却也存在问题。地方学校的学子无论多么刻苦努力，如果得不到学校官员和地方长官的肯定和推举，就不能获得保送太学深造的资格。即便被送到太学，没有公开、公正的考试，学生之间也很难决出高低。易言之，贡士制度存在诸多不确定的因素，留下诸多权力寻租的空间。

那么，荐举制的情况又如何呢？根据明中叶儒者丘濬的说法：

> 乡举里选之法，后世所以不可行者，盖人情日伪，敢于为私以相欺，公于为党以相蔽。苟无试验之方、防察之政、纠举之法，而徒任人而不疑，信言而不惑，则情伪日滋，而贤否不复可辨矣。②

荐举制的前提是举荐人和被举荐人相知相熟，就像孔子所说的"举尔所知"（《论语·子路》）。在双方相对陌生的前提下，举荐人会根据一个人的声名前往考察。这里面就存在影响力的问题。缙绅子弟具备丰厚的人力、财力、物力，但是贫寒人家的子弟如何

---

① 《明太祖实录》卷一百五十七，洪武十六年十月癸巳，第2436页。

② 丘濬：《大学衍义补》卷九，景印文渊阁《四库全书》第712册，第123页。

将孝廉的声名传入地方大员的耳中？在这种情况下，缙绅子弟拥有毋庸置疑的优先权，甚至垄断权。如果被举荐人执政期间，政绩拙劣，那么举荐人也会受到牵累。为了避免被一同问罪，举荐人会想方设法包庇被举荐人。出于利益绑定的关系，举荐人和被举荐人沆瀣一气，引发各种腐败问题。[①] 于是，就产生丘濬所说的"敢于为私以相欺，公于为党以相蔽"。

在废除科举的十年中，朱元璋在京师多次召见各地荐举上来的博学老成之士。相较于全国官员的庞大数目而言，儒者的比重相当有限。以洪武十二年（1379）为例，根据吏部的奏报，本年度国家任用官员2908人，其中荐举儒士553人，儒士占比不足五分之一。[②] 根据儒者一贯的评论，那些非儒者出身的官员一言以蔽之，"不学无术"。即便如此，这些人仍符合朝廷选官要求，甚至获得朱元璋的器重。故此，在非儒者出身的官员看来，从洪武六年（1373）到十五年（1382）取消科举的十年，反而是他们扬眉吐气的黄金时期。

◎ 《七哀诗》

据《明实录》的记载，废除科举之后，朱元璋求贤若渴，"有司悉心推访，礼送于朝。朕将显用之"。[③] 然而，荐举制的真实情形远非官方记载的那般温情脉脉。对"识时务"的儒者而言，荐举制是一种福音；对"不识时务"的儒者而言，则是一道催命符。

---

① 荐举制本身存在滋生腐败的弊端，并非一朝一代的问题。举例言之，比如《红楼梦》中，贾雨村受到贾政举荐，官至应天府知府。在冯渊命案中，为了向贾府报恩，贾雨村公然包庇杀人犯薛蟠，免予追究。
② 《明太祖实录》卷一百二十八，洪武十二年十二月，第2042页。
③ 《明太祖实录》卷一百二十八，洪武十二年十二月，第2041页。

元朝故吏部侍郎伯颜子中是西域人，年轻时跟随父亲定居江西。他博通儒家典籍，尤其擅长《春秋》，被辟为学官。元末，陈友谅割据江西，伯颜子中受命守赣州，败逃福建。后来因为战功，他被元廷封为吏部侍郎。在福建被朱元璋的部将廖永忠俘获又释放后，伯颜子中隐姓埋名，回到江西进贤县的山中耕读，过着与世无争的生活。

朱元璋听闻此人大名，派人征召。为了逼迫伯颜子中就范，朱元璋将他的妻子"请到"京师居住。伯颜子中不为所动，四处周游。他还买下毒药，随身携带，以表心志：如果朝廷再胁迫自己做官，便服毒自杀。自此，他行踪不定，消失在茫茫人海之中。

科举废除后，举荐贤才几乎演变成一项国家运动。从中央官员到地方官员，都接到命令，必须为国家举贤。为此，朱元璋还向地方官员发出严令，如果那些元朝耆儒不从命令，则处以死刑。[①] 不仅"不识时务"的儒者被问罪，负责举贤的官员也深感压力如山！

地方官员需要政绩考核，考核的一项指标就是本年度有无向朝廷成功举荐贤才。问题在于，由于国家废除科举，读书人都没有举人、进士之类的头衔，又该从何处寻找贤才？前朝留下的贤达名流，要么早就埋入黄土，要么依然忠于元朝，宁死不会向大明效忠。

一次偶然的机会，江西行省布政使沈立本打探到伯颜子中的最新下落。只是，此人扬言，如果强求自己为官，就会服毒自杀。面对如此棘手的问题，和很多地方大员一样，他选择了一条圆滑的策略：给皇帝上密折，仰听圣裁。如此一来，既彰显自己响应朝廷荐

---

① 史称："上令郡国胪举故元耆硕，不应者坐大辟论。"何乔远：《名山藏》卷八十七，《续修四库全书》第427册，第436页。

贤号召的决心，又能避免逼死伯颜子中引发的问责。

接到密折后，朱元璋很快派出使者，直扑伯颜子中的住处。使者好言相劝，伯颜子中却心意已决。为了避免过度刺激伯颜子中，使者同意再给他宽限几天。

使者离开后，伯颜子中意识到，是时候了结这一切了。临死前，他写了一组《七哀诗》。在诗中，他感叹命运的不公，让自己生活在国破家亡的乱离之中：

七哀诗（其一）

有客有客何累累，国破家亡无所归。

荒村独树一茅屋，终夜泣血知者谁？

燕云茫茫几万里，羽翮铩尽孤飞迟。

呜呼我生兮乱中遭，不自我先兮不自我后。[1]

伯颜子中从未把明朝视作自己的母邦，也从未把朱元璋认作自己的君上。他隐姓埋名十度春秋，万万没想到朱明政权还是不肯放手，看来只有死亡才能消除这一切哀愁。在写给老师的遗诗中，他痛感辜负师恩，让师门蒙羞。如今，正是舍生取义的关头，而这一次，他不再优柔：

七哀诗（其四）

我师我师心休休，教我育我靡不周。

四举滥叨感师德，十年苟活贻师羞。

酒既陈兮师冀止，一觞我莫涕泗流。

---

① 郎瑛：《七修类稿》卷十六，《续修四库全书》第1123册，第119页。

呜呼我师兮毋我恶，舍生取义未为暮。[①]

伯颜子中的遭遇只是明朝发动的荐举运动中的一道缩影。他的死亡看上去无足轻重，却被《明太祖实录》记载下来。[②] 明人之所以记载他的事迹，也蕴含激励本朝官员效忠朝廷的教化意义。[③]

在类似的硕儒纷纷自杀后，明廷并没有停止荐举的步伐。及至洪武中期，天下贤才的数量日益萎缩。前元留下的儒者，要么被强制征用，要么被迫自杀，要么查无可查。洪武十三年（1380）"胡惟庸案"爆发后，数万人受到牵连，文武大臣遭到大规模清洗。类似的事件加剧了朝廷对治国人才的渴求。

于是乎，洪武十五年（1382）八月，朱元璋向天下宣布：重开科举。与洪武三年（1370）那道诏书不同的是，此封诏书不仅明确三年后（即洪武十八年，1385）举行会试、殿试，而且还多出四个字——著为定制。[④] 自此，科举取士成为有明一朝的国策，而且后来居上，成为国家最重要的选拔文官的途径。

---

① 郎瑛：《七修类稿》卷十六，《续修四库全书》第 1123 册，第 120 页。

② 《明太祖实录》卷一百二十八，洪武十二年十二月，第 2041—2042 页。

③ 伯颜子中的事迹引发明儒的无限景仰，即便他到死都拒绝入明为官。明儒朱善在《伯颜子中传》感慨道："呜呼，子中死矣！古人有言：'死有重于泰山，或轻于鸣（鸿）毛。'又曰：'慷慨杀身易，从容就义难。'子中之死，其从容就义者欤！"朱善：《伯颜子中传》，《朱一斋先生文集》卷六，《四库全书存目丛书·集部》第 25 册，济南：齐鲁书社，1997 年，第 216 页。

④ 《明太祖实录》卷一百四十七，洪武十五年八月丁丑，第 2299 页。

第三节　师儒之死

今虽耄老，未有所成，犹幸预君子之列，而承天子之宠光，缀公卿之后，日侍坐备顾问，四海亦谬称其氏名，况才之过于余者乎？

——宋濂

金杯同汝饮，白刃不相饶。

——朱元璋

天地之气，充塞六合，杂然流行，万千纷竞，明代开国文臣也各有各的气质。李善长以布衣的身份辅佐朱元璋打天下，最后官至丞相，"习法家言，策事多中"，[①]更像是法家的代表人物。刘基虽是儒臣，却和张良、诸葛亮一样充当军师角色，屡建奇功，著述"多阴阳风角之说"，[②]比起儒家，更像是兵家、阴阳家的代表人物。宋濂和刘基同是浙江人，也一同被举荐给朱元璋。与刘基不同，宋濂"自命儒者"，[③]在勋业爵位上不如刘基，在礼乐制作上却略胜一筹。[④]要之，宋濂终究还是一位儒者。[⑤]

① 《明史》卷一百二十七《李善长传》，第3769页。
② 《明史》卷一百二十八《刘基传》，第3782页。
③ 《明史》卷一百二十八《宋濂传》，第3784页。
④ 《明史》卷一百二十八《宋濂传》，第3788页。
⑤ 宋濂未可以文人视之。有学者称他"羽翼六经，追踪《史》《汉》"（黄灵庚：《序》，《宋濂全集》，第1页），殆得其实。

◎ **郑义门**

今天，游客到浙江浦江县郑义门参观，首先映入眼帘的就是朱元璋敕封的"江南第一家"的匾额。[1] 进入郑义门后，通过各种记录，人们发现，郑氏后人对曾经在此执教的宋濂依然表现出感恩与敬仰之情。不仅郑氏子弟如此，就连附近的居民、过往的游客，听闻宋濂的事迹之后，也唏嘘不已。[2] 云山苍苍，江水泱泱。先生之风，山高水长。中国人之重情重义在对待老师的态度中即可窥见一斑，即便这位先生已经离世六百多年。

无独有偶，宋濂在《明实录》中出场就是一位老师的形象。元至正十九年（1359），朱元璋命令宁越府（后来改名金华府）知府王宗显创办学校。王知府随后延请儒士宋濂、叶仪为五经师，戴良为学正，吴沈、徐原为训导。天下大乱，民不聊生，各地学校早就倾圮。金华百姓再次听到弦诵之声，无不欣悦。[3]

宋濂被聘为五经师，乃至后来成为享誉海内外的大儒，良有以焉。他早年家境贫寒，无书可观，便向他人借书，全部手抄一遍。冬天，笔砚经常结冰，他克服困难，未尝懈怠。通过这种借书抄书的方式，得以博览群书。为了拜师求学，他背上书箧，冒着大雪，几乎冻毙。即便缺衣少食，他也苦学不辍。在漫漫求学路上，宋濂经历的种种

---

① 方孝孺在《郑义门》一诗中写道："丹诏旌门已拜嘉，千年盛典实堪夸。史臣何用春秋笔，天子亲书孝义家。"方孝孺：《逊志斋集》卷二十四，景印文渊阁《四库全书》第 1235 册，第 721 页。

② 宋濂在最后离开郑义门的时候，留诗一首，凄婉动人："平生无别念，念念只麟溪。生则长相思，死当复来归。"宋濂：《别义门》，《宋濂全集》卷一百五，第 2474 页。

③ 《明太祖实录》卷七，己亥年正月庚申，第 80 页。

艰辛迥非今人所能想象。一番寒彻骨之后，梅香四溢，而宋濂的名声也远播在外。

元至正二十年（1360）三月，金华宋濂和青田刘基、龙泉章溢、丽水叶琛四位浙江名儒被朱元璋请到建康。[①] 为了表示对四位先生的尊重，朱元璋令人专门建造礼贤馆。同年五月，朱元璋设置儒学提举司，命宋濂做提举，还让他教世子朱标学习经学。[②] 开国之后，宋濂被任命为翰林学士，充当天子顾问，得君行道，可谓生逢其时。此后，他继续充当太子的老师，也时常为朱元璋讲课，讲授的内容是《大学》等儒家经典。和其他儒臣一道，他通过讲课和顾问影响天子，潜移默化地传递儒家"以人为本""以德治国"等理念。[③]

朱元璋知人善用，除了让他继续为太子讲经之外，还让他到太学做国子司业，为国家培养人才。[④] 在金华教书固然有意义，只是影响力颇为有限。太学是国家精英人才荟萃之地，能够在此执鞭，则能对全天下的儒者产生示范作用。日后，这些太学生到地方为官，也会受到太学教育的影响，将儒家的治国理念付诸实践。洪武四年（1371），明廷举行会试，国子司业宋濂还出任同考官，与同僚一道，为国家选拔出吴伯宗、郭翀、吴公达等人才。

真正的儒臣虽然效忠君主，但是绝不屑于成为阿附君主的佞臣。

① 《明太祖实录》卷八，庚子年三月戊子，第93页。

② 《明太祖实录》卷八，庚子年闰五月丁卯，第106页。

③ 洪武三年（1370），翰林学士宋濂为朱元璋讲《大学》，特别强调"有土有人"。朱元璋把握到宋濂的用心，做出积极响应。他接着宋濂的讲授阐释说："人者，国之本。德者，身之本。德厚则人怀，人安则国固，故人主有仁厚之德，则人归之，如就父母。人心既归，有土有财，自然之理也。若德不足以怀众，虽有财亦何用哉？"《明太祖实录》卷四十九，洪武三年二月辛酉，第961页。

④ 《明太祖实录》卷五十九，洪武三年十二月甲子，第1151页。

洪武四年（1371）八月，国子司业宋濂因为上了一封《孔子庙堂议》，触怒朱元璋，被贬到江西安远县做知县。根据《明实录》的说法，宋濂的罪名是没有及时上奏，"坐考祭孔子礼稽缓"，[①]实则别有隐情。那么，宋濂究竟讲了哪些内容？

在奏疏中，他列举很多孔庙祭祀中不合礼制之处。比如，孔庙祭祀应用木主，而非塑像，如果抟土造像，颇为亵渎。再如，从祀孔庙的儒者选择不当：像倡导性恶论的荀况、依附王莽的扬雄、提倡黄老的王弼等人，都有什么资格从祀孔子？他如颜回、曾参等供奉在堂上，而他们的父亲供奉在两庑，岂非颠倒伦常……[②]

宋濂所说的这一切有理有据，但是儒者的直言不讳让朱元璋如芒在背：为什么在修建孔庙的过程中，你不提出异议，偏偏在修成之后吹毛求疵？而且锋芒毕露，提了那么多意见？这不是存心与朝廷为难吗？

至于宋濂等人的意见有无道理，朱元璋心如明镜。洪武十五年（1382），明廷改建孔庙，就不用塑像，改用木主。洪武二十九年（1396），朝廷又下令停止扬雄从祀孔庙。[③]朱元璋表面上并不赞成《孔子庙堂议》的说辞，多年以后，却用实际行动采纳了其中的意见。

回到洪武四年（1371）十一月，就在宋濂和魏观就任地方知县三个月后，接到朝廷的旨意，让他们回京去做礼部主事。[④]朱元璋意识到惩罚太重，却又要让儒臣们知道敬畏，所以才有此举。

---

　　①　《明太祖实录》卷六十七，洪武四年八月己亥，第 1265 页。

　　②　宋濂：《孔子庙堂议》，参程敏政：《明文衡》卷九，景印文渊阁《四库全书》第 1373 册，第 597—599 页。

　　③　《明通鉴》卷四，第 289 页。

　　④　《明太祖实录》卷六十九，洪武四年十一月己未，第 1288 页。

◎ 藏用之道

太子的老师远非一位,除了宋濂之外,还有桂彦良等人。桂彦良,浙江慈溪人,元末中了乡贡进士,在平江路学教授生员。洪武六年（1373）,受到举荐,被任命为太子正字,负责教导太子。国家暂停科举后,桂彦良和宋濂一道在文华堂教育从各地选拔上来的贡士。除此之外,他也担当天子顾问。[1]

后来,他担任晋王府右傅,继续教导皇子。按照常理,桂彦良的声名远在宋濂等人之下,但他却得到朱元璋的格外器重。朱元璋甚至说:"江南大儒,惟卿一人。"[2]洪武十八年（1385）,桂彦良告老还乡,洪武二十年（1387）寿终。桂彦良和宋濂同为儒者,而朱元璋对两人的评价截然不同:他分明更钟爱桂彦良,而对宋濂心存芥蒂。原因何在?

根据后人的评价,桂彦良"见道纯一,仕止进退,匪亟匪迟",[3]给人以春风和气的感觉。换言之,此人深谙进退之道,避免提出意见,能三缄其口,就绝不冒险进谏。史籍记载朱元璋和桂彦良的一次对答。当时,朱元璋看到池中很多科斗（蝌蚪）,诗兴大发:

池上看科斗,分明古篆文。

当他想要继续编上两句凑成完整的一首诗时,突然想不出来,便下令身边的侍臣"老桂"继续编下去。桂彦良才思敏捷,接到命令后,不假思索,脱口而出:

---

[1] 《明史》卷一百三十七《桂彦良传》,第3948页。
[2] 《明史》卷一百三十七《桂彦良传》,第3948页。
[3] 何乔远:《名山藏》卷五十九,《续修四库全书》第426册,第556页。

只因藏水底，秦火不能焚。①

他巧妙地结合秦始皇焚书的故事，表露斯文不灭的韧性，获得朱元璋的激赏。然而，善于隐藏的又岂止池中的蝌蚪呢？作为儒臣，尤其是伴随在多疑擅杀的朱元璋身边的儒臣，如果不能洞悉藏用之道，就不可能平安终老。

之前那位上疏 17000 字的儒臣茹太素后来官运亨通，在洪武十八年（1385）被擢升为户部尚书。有一次，他获得朱元璋宴请，觥筹交错间，朱元璋令人赐酒，漫不经心地说了一句：

金杯同汝饮，白刃不相饶。

闻言后，茹太素立刻跪在地上叩首，接了一句：

丹诚图报国，不避圣心焦。②

当时，他的回答让朱元璋不禁恻然。可惜，这位知进不知退、知用不知藏的茹太素，最终还是没有逃脱被诛杀的厄运。

◎ 太史公

宋濂回到京师后，先后官至赞善大夫、侍讲学士（正四品）、学士承旨（正三品）。他持身谨严，与人为善，从未在皇帝面前诉说任何人的过愆。为了提醒自己，他在居室上撰写"温树"二字。温树本指宫廷中的树木，引申为宫廷禁事。宋濂身为近侍文臣，知

---

① 史鉴：《桂彦良传》，《西村集》卷六，景印文渊阁《四库全书》第 1259 册，第 824 页。

② 《明史》卷一百三十九《茹太素传》，第 3987 页。

晓太多宫中禁闻。即便回到家中，他也守口如瓶，从不向人吐露半句。

宋学士不仅为中国学者所宗，就连高丽、安南、日本等国家的使者来到中国，也纷纷高价收购他的文集。四方学者都不用姓氏称呼，而是尊称他为"太史公"（宋濂之前奉命编纂《元史》）。洪武十年（1377）正月，六十八岁的宋濂终于等到退休时刻。朱元璋赏赐了上等绮帛，还打趣说，藏上三十二年，卿就可以做百岁衣了。[①]离京之际，皇太子和其他皇子都来送行，年迈的宋濂深感皇恩浩荡，主动请求：退休后，每年都来京一次，以谢天恩。作为儒者，位列公卿，倾动海内外，现在功成身退，宋濂的人生堪称圆满。

既然他提出退休后每岁一朝的请求，朱元璋没有理由拒绝。就在退休官员宋濂每年来京一次的宴会上，朱元璋说出一段意味深长的话：

　　纯臣哉，尔濂！四夷皆知卿名，卿其自爱！ [②]

京城内外，上至王公贵族，下至贩夫走卒，包括外国使臣，都争睹这位"太史公"的风采。即便朱元璋话中有话，可是这位退休的大学士不知是年老昏聩，还是有其他原因，未能及时明白话外之

---

① 　《明史》卷一百二十八《宋濂传》，第3787页。

② 　陈建撰，高汝栻订：《皇明通纪法传全录》卷七，《续修四库全书》第357册，上海：上海古籍出版社，2002年，第131页。按，清人修《四库全书》时，为了避讳，将"四夷"改成"四裔"。四库本《明文衡》收录此事时记作："纯臣哉，尔濂！纯臣哉，尔濂！方今四裔皆知卿名，卿其自爱！"郑楷：《翰林学士承旨宋公行状》，参程敏政：《明文衡》卷六十二，景印文渊阁《四库全书》第1374册，第422页。

音。如果一年入朝一次谢恩便回也无关痛痒，可是他在京师一待就是七十多日，享受超级明星一样的待遇。[①] 隔墙有耳，窗外有人，这七十多日的攘攘熙熙无不收入朱元璋的眼底。

◎ 皇太子跳河

洪武十三年（1380），就在宋学士在浙江老家颐养之际，京师传来噩耗：宋濂的孙子宋慎被查出是胡惟庸同党。盛怒之下的朱元璋将年过七旬的宋濂抓捕，想要一同问斩。消息传来，举朝震惊。

年近五旬的马皇后找到朱元璋，为宋濂求情："民间百姓请一位教书先生，终生都不会忘记他的恩情。宋先生教育太子和诸王长达十几年，没有功劳，也有苦劳，难道不应礼待吗？至于他孙子宋慎的事情，宋先生远在浙江老家，肯定不知情。还请陛下开恩！"[②]

面对这位结发妻子的求情，朱元璋若有所思。当听到父皇要处死宋濂的消息后，皇太子朱标最为焦虑。他前去求情，无论如何呼天抢地，均遭到拒绝。他走投无路，便来到后苑池塘，纵身一跃，跳了下去。看到太子跳河，身边的侍臣大惊失色，有的马上跳下去救人，有的脱下外套后也跟着跳下去，也有的愣在原地……

[①] 史称："朝廷百官惟恐不留先生。下至寺人卫卒，见先生至，皆以手加额，相推排迎拜，恐不得先睹。先生留朝七旬余，上重先生还，而难言之。先生以岁暮力辞还。"郑楷：《翰林学士承旨宋公行状》，参程敏政：《明文衡》卷六十二，景印文渊阁《四库全书》第 1374 册，第 422—423 页。

[②] 黄光升：《昭代典则》卷九，《续修四库全书》第 351 册，第 215 页。根据《昭代典则》的记载，朱元璋听到皇后的求情，就免除宋濂死罪，绝口不提太子求情之事，于理不合。另据《明史》记载，"皇后、太子力救，乃安置茂州"（《明史》卷一百二十八《宋濂传》，第 3787 页），至于如何营救，则语焉不详。

闻讯之后，心急如焚的朱元璋冲了过来，看望躺在床上的太子："痴儿如何犯傻？"

"还请父皇放过宋先生！"太子念念不忘营救宋濂。

一番抚慰之后，朱元璋让他好好休养。在问过太子侍臣之后，他下令，凡是当时没有跳水救人的以及脱下衣服才跳水的，一律处死！[1] 为了避免太子再次自杀，他下令仅仅处死宋濂的一子一孙，免除宋濂死刑，将其发配四川茂州。

事后，有儒者在追忆皇太子跳河这段往事时，慨叹不已：

> 呜呼！懿文于师傅之谊，可谓笃矣！百世之下犹为感动，而况于当日乎？[2]

◎ 在夔州

洪武十四年（1381），在家人的陪伴下，一代儒宗宋濂以罪臣的身份踏上前往茂州安置的路途。慑于赫赫皇权，为宋濂送行的人寥寥无几。

宋濂刚抵达四川夔州，就感到心力不支。一代儒宗就此客死他乡。宋濂到死都是一个罪人，直到一百多年后，才迎来转机。明孝宗弘治九年（1496），巡抚四川右副都御史冯俊在拜谒宋濂墓后，不胜悲怆。他冒险上奏朝廷：宋濂在高皇帝创业之初，抱道隐处，应征而出。无论是备天子顾问，还是辅导东宫，功勋卓著。国家重大礼

---

[1] 赵士喆：《建文年谱》卷上，《中国野史集成》第23册，成都：巴蜀书社，1993年，第164页。

[2] 赵士喆：《建文年谱》卷上，第164页。按，太子朱标英年早逝，谥号"懿文"，故称"懿文太子"。

乐制度，也多由这位大儒赞画。如今，他沉沦幽壤，闻者追悼，还请朝廷集议，恢复旧官，予以赠谥。

公道自在人心，冯俊的奏疏很快引发朝臣的共鸣。礼部集议之后，认为赠谥颇有违碍，毕竟宋濂之罪乃太祖高皇帝钦定，但是不妨官复原职，并允许在他的墓地建立祠堂，春秋祭祀。[①] 又过了十多年，明武宗正德八年（1513），朝廷才追赠宋濂"文宪"的谥号。[②]

明朝末年，儒者李贽批评宋濂不懂明哲保身之道："孙慎怙势作威，坐法自累，则公实累之矣；且并累公，则亦公之自累，非孙慎能累公也。使既归而即杜门，作浦江叟，不令一人隶于仕籍，孙辈亦何由而犯法乎？"[③] 在李贽看来，好像只要宋濂全家都不做官，就可以平安无事。然而，在朱元璋滥杀成性的时代，一介文臣想要退隐自保，就可以退隐自保吗？面对朱元璋安排的官职，宋濂的子孙想要拒绝，就可以拒绝吗？

在宋濂弥留之际，他最出色的学生方孝孺年仅二十五岁，都没来得及见老师最后一面。人心叵测，众口铄金。宋濂尸骨未寒，社会上就传言纷纷，其中不乏诋毁他的声音。针对这些谣诼谬论，方孝孺义愤填膺，决定以笔为旗，在祭文中予以坚决回击：

> 公之量可以包天下，而天下不能容公之一身；公之识可以鉴一世，而举世不能知公之为人。道可以陶冶造化，而不获终于正寝；德可以涵濡万类，而不获盖其后昆。其所有者，皆众人之所难能，而未尝自以为足；其所遇者，皆众人之所难处，

---

① 《明孝宗实录》卷一百九，弘治九年二月丁卯，第2002—2003页。
② 《明武宗实录》卷一百七，正德八年十二月辛亥，第2193页。
③ 焦竑：《熙朝名臣实录》卷二，《续修四库全书》第532册，第25页。

则泰然委命，而不置乎戚欣。此公之所以跨越前古，拔汇超伦，控宇宙而独立，后天地而长存者乎！世乌足以知之……①

儒者生于乱世，纵然满腹经纶，无所适用，实为憾事；生在治世，即便学富五车，名满天下，却保全不了一身。是进亦哀，退亦哀，然则何时而乐也？名师成就高徒，高徒也成就名师。方孝孺不愧宋门高足，当仁不让地为乃师辩护，让世人认识到宋先生不容抹杀的光辉之处。在生前身后，有方孝孺、朱标这等学生为报师恩，不惜笔战天下，不惜以命相抵，宋文宪公亦可含笑九泉矣！

第四节　宿儒凋谢

> 恁学生每（们）听着：先前那宋讷做祭酒呵，学规好生严肃，秀才每（们）循规蹈矩，都肯向学，所以教出来的个个中用，朝廷好生得人。
>
> ——朱元璋（洪武三十年，1397）
>
> "可以托六尺之孤，可以寄百里之命，临大节而不可夺"，若（刘）三吾者，非其人与？
>
> ——廖道南

◎ **读书的目的**

读书并非只是为了求取功名。对于志在圣贤的少数儒者而言，

---

① 黄光升：《昭代典则》卷九，《续修四库全书》第351册，第215页。

即便没有科举取士，同样不改初心，发奋苦读。但对于大多数儒生来说，求取功名就是最大目标。至于开科诏书上说的经明行修、博古通今，都只是原则而已。想要荣华富贵，先背好科场旧文，达到考试标准。至于德行、能力之类，反而退居其次。正如宋儒讽刺的那般："入是科者，虽椿杌、饕餮必官之；出是科者，虽周公、孔子必弃之。"①

在朱元璋统治时期，引人侧目的是科举的设立、暂停和重开。就整个明朝而言，随着科举的推行，人们越来越轻视荐举和贡士。如果没有通过科举考试，即便这名儒者学富五车、德比孔颜，依然难以获得关注。有人感叹，如果能回到三途并重的祖宗时期，无疑是儒林盛事。特别是那些科举落第的人，都会不厌其烦地征引高皇帝暂罢科举的故事。②

关于科举能否发挥选拔人才的积极效用，从唐宋以来就争执不休，至今在学界也是仁者见者，智者见智。③我们姑且搁置不论。回到洪武后期，揭露国家在人才选拔上重大问题的反而是一件科场案。

---

① 马端临：《文献通考》卷三十二，上海师范大学古籍研究所、华东师范大学古籍研究所点校，北京：中华书局，2011年，第931页。

② 关于明代科举的利弊，清儒龙文彬认为："科举之法，历代屡变。至明，则兼用之。始以经义，继以论表，终以策问，是欲并理学、经济、文章而备求之一人。古者取贤敛材之道，岂如是也？唯求之愈备，下之所以应之者愈苟。无怪展转相蒙，不能得真士之用……世谓明初之所以得人者，由于三途（即荐举、贡士和科举）并用。其后之所以渐衰者，由于专重科目。不知科目何病，惟有科而无目，欲其储才以备国家之用，是犹适燕而南辕耳。"龙文彬：《明会要》卷四十七，《续修四库全书》第793册，第404页。

③ 可参〔日〕宫崎市定：《对于科举的评价》，《科举》，宋宇航译，杭州：浙江大学出版社，2018年，第128—150页。

自洪武十八年（1385）会试以来，明廷有条不紊地推进科举，罕见波澜。洪武三十年（1397）春，会试放榜后，北方考生一片哗然。他们发现，上榜名单从宋琮以下五十一人，竟然全是南方人！愤怒之余，他们将矛头直指负责此次考试的翰林学士刘三吾。他们认为，因为刘三吾是南方人，偏袒南方人，所以才导致北方学子全军覆没！

唐宋以降，中国的经济中心逐渐南移。公元 14 世纪后期，即便北方在教育上稍逊一筹，但在科举这种大型考试中，北方学子何至于全部名落孙山？依照常理，刘三吾作为此次会试的主要负责人，仕宦经验丰富，名单出来后，理应发现问题，为什么还会公布这种极具争议的结果？

◎ 坦坦翁

洪武十四年（1381），一代儒宗宋濂以罪臣的身份离世后，天下儒林归于沉寂。在平淡的日子中，学林渴望出现引领学界的领袖；在多次变故后，人们又厌闻大儒之名。儒者名声越大，死于非命的几率反而越高。宋濂不就是典型吗？

洪武十五年（1382），朱元璋下令重新开科取士，意图解决人才短缺问题。他对后进少年了无好感，根本不可能委以重任。对于施政能力强大的文臣也心怀戒惕，谋反被诛的胡惟庸就是例子。在这种情况下，一位儒者要想获得朱元璋的信任，除了博学多才之外，还需一个基本条件：年迈。越是年迈，就越没有忤逆的锐气与谋反的野心。洪武十八年（1385），刘三吾被举荐入朝，随即获得重用。此时的刘三吾已经七十有三，[1] 比朱元璋还要年长十五岁。

---

① 《明史》卷一百三十七《刘三吾传》，第 3941 页。

　　刘三吾，名如孙，字三吾，以字行世，湖南茶陵人。他的两位兄长刘耕孙、刘焘孙都在元朝为官，后来死于非命。元末，天下大乱，他和家人到广西避难。明朝建立之后，他又回到家乡茶陵隐居。洪武初年，国家多次下达荐贤令，而刘三吾一一婉拒。在家乡隐居十几年，转眼之间就到七十三岁。史书并未交代这位老儒同意入朝为官的深层原因，只是说"至是，通政使茹瑺荐之，授左春坊左赞善"。①也许，人到暮年，早就将生死置之度外。另外，左赞善的职责是辅导东宫太子，不用参与政务，相对清闲。然而，令刘三吾没有想到的是，今上随后破格提拔自己为翰林学士。

　　朱元璋本来对面前的这位老儒没抱太高期望，却在言谈中发现，此人虽然年老，但是应对详敏，博览善记，是不可多得的人才。洪武中后期，朝中贤才所剩无几，朱元璋也没有更多的选择余地，便对刘三吾寄予厚望。史称：

　　　　帝锐意制作，宿儒凋谢，得三吾晚，悦之。②

　　此后，国家的典章制度基本上都由刘三吾统筹。这位翰林学士晚年受宠也和他的性格有关。他为人慷慨，了无城府，自号"坦坦翁"，几乎不可能引起朱元璋的猜忌。任职期间，最让学林称道的便是这位宿儒在皇太子死后的坚定表现。

　　洪武二十五年（1392）四月，皇太子朱标薨。随后，朱元璋在东阁门召见群臣。就在群臣大哭之际，刘三吾当仁不让地提出储君

---

① 《明太祖实录》卷一百七十，洪武十八年正月甲戌，第2583页。
② 《明史》卷一百三十七《刘三吾传》，第3942页。

的问题："皇孙世嫡承统，礼也。"① 此举促成朱标之子朱允炆被确立为皇位继承人。

后人在提到这件事时，对刘三吾推崇备至。刘学士虽然年老体衰，操办事务也偶有懈怠，但是像曾子所说："可以托六尺之孤，可以寄百里之命，临大节而不可夺也。君子人与？君子人也！"（《论语·泰伯》）刘三吾就是这样的君子。②

◎ 国子祭酒的楷模

和刘三吾一样，河南滑县的宋讷来自官宦世家。他的父亲宋寿卿在元朝做过陕西行台侍御史，死后被追封魏郡公，谥号"忠肃"。出身名门的宋讷博学聪慧，后来考中进士，担任盐山县尹。③ 看到天下大乱，他弃官回家，隐居不仕。洪武二年（1369），他和其他儒士共十八人奉命到京师纂修礼乐。事成之后，他回归故里，不愿入朝为官。

洪武五年（壬子，1372），他路过元大都，看到曾经的宫阙一片荒芜，百感交集，随即写下十九首怀古诗《壬子秋过故宫》。其中一首写道：

> 万国朝宗拜紫宸，于今谁望属车尘。
>
> 名闻少室征奇士，驿断高丽进美人。
>
> 朝会宝灯沈转漏，授时玉历罢颁春。

---

① 《明史》卷一百三十七《刘三吾传》，第3942页。

② 廖道南：《翰林院学士刘三吾》，《殿阁词林记》卷四，景印文渊阁《四库全书》第452册，第192页。

③ 黄佐：《南雍志》卷十九，《续修四库全书》第749册，第441页。

街头野服儒冠老，曾是花砖视草臣。①

诗言志，歌咏言，宋讷撰拟如此多的怀古诗，流露出对前朝覆亡的感慨，同时也表明他无意到明廷做官的志向。

偏偏在这个时候，明廷下达荐贤令。各地官员都在网罗本地名儒贤达，送往京师。起初，明廷不过授予他国子助教的职务。洪武十五年（1382），朱元璋破格提拔他为翰林学士，又改封文渊阁大学士。②次年（1383），任命他为国子祭酒，③而此时比朱元璋还要大十七岁的宋讷已经七十有三。

无论是宋讷，还是刘三吾，他们都对朱元璋滥杀大臣的作风心知肚明，魏观、陶凯、宋濂等人之死即是明证。他们隐居多年，吟诗弄月，游历山川，自有一番乐趣，为什么最终还是同意出仕，甚至尽心尽力？

如果单纯地认为，这些儒者惧怕朱元璋的严刑峻法，未免牵强。毕竟二人在受到重用时，都七十多岁了。人生七十古来稀，活到这个年纪，死亡随时会不期而遇，惧怕几乎成为多余。

宋讷出任国子祭酒后，很快受到攻击。国子助教金文征等人四处搜罗证据，并向吏部尚书余熂进言。他们要宋讷识时务者为俊杰，主动引退。随后，宋讷向朱元璋提出辞职。弄清情况之后，朱元璋大发雷霆，下令处死余熂、金文征等人。换言之，朱元璋为了留住一位国子祭酒（从四品）而处死一位吏部尚书（正二品），足见信任程度非同一般。士为知己者死，事已至此，为了报答君主的信任，

① 宋讷：《西隐集》卷三，景印文渊阁《四库全书》第1225册，第833页。
② 《明史》卷一百三十七《宋讷传》，第3952页。
③ 《明太祖实录》卷一百五十一，洪武十六年正月壬戌，第2379页。

宋讷决定拼尽全力。

当时，太学学风不正，老师和学生之间互相指责，师道尊严扫地无遗。不少学生都是勋臣子弟，品行低下，又依仗家族权势，全然不把老师和校规放在眼里。为了配合宋讷整顿学风，朱元璋特命曹国公李文忠担任监督之职。勋臣子弟中，谁要违犯宋讷的学规，一律交由李文忠严惩。[1]

虽然年迈体衰，但是为了整顿学风，宋讷毅然以太学为家，寝馈其间。他本身威仪素著，又注重言教和身教相结合，[2]经过一番整顿，太学的不良之风很快得以纠正。来自各地的优异学生得以安心读书，学业也在不断进步。洪武十八年（1385）重新开科取士，共有四百七十多人获得会试资格，其中三分之二都来自太学。殿试后，考中进士的三分之二同样来自太学。这让朱元璋格外兴奋，夸赞宋讷整顿学风大有成效。

洪武二十三年（1390），国子祭酒宋讷在太学病逝，享年八十岁。对于这位模范儒臣的去世，朱元璋感到惋惜，亲自撰写祭文，还派遣官员到他家中参加祭礼。明武宗正德年间，朝廷还授予宋讷"文恪"的谥号。[3]

宋讷死后多年，朱元璋都把他作为国子祭酒的楷模，向后来的太学师生强调遵守宋讷学规的重要性，否则"全家发向武烟瘴地面去，或充军，或充吏，或做首领官"。[4]针对学生诽谤师长的恶劣行为，

---

① 陈建撰，沈国元订补：《皇明从信录》卷八，《续修四库全书》第355册，第124页。

② 《皇明从信录》卷八，《续修四库全书》第355册，第124页。

③ 《明史》卷一百三十七《宋讷传》，第3952页。

④ 黄佐：《南雍志》卷十，《续修四库全书》第749册，第288页。

惩罚更为严厉："将那犯人凌迟了，枭令在监前，全家抄没，人口迁发烟瘴地面。"[1]

严厉的学规促进学生急速成长，并与优渥的待遇紧密相连。比如，洪武二十六年（1393），朱元璋选派国子监生刘政、龙镡等六十四人到地方行省做布政使、按察使、参政、参议等高官。[2]这种火箭般的破格提拔速度在整个明代历史上都极为罕见。

◎ 科场案的尾声

洪武三十年（1397），科场案爆发。在会试中，刘三吾公布的宋琮等五十一人，无一例外来自南方。

无论真实原因究竟为何，为了平息众怒，洪武三十年（1397）夏季，朱元璋亲自策士，选拔出韩克忠等六十一名进士，这些进士全是北方人。这两场考试也被称为"春夏榜"，又称"南北榜"。[3]作为惩罚，考官白信蹈等人被杀，会试排名第一的宋琮也被发配边疆。至于刘三吾，朱元璋念其衰老，免除死刑，改成戍边。[4]当年，宋濂获罪，朱元璋必欲置之死地，在皇后、太子等人的求情下，才改成发配茂州。相比之下，朱元璋对刘三吾非常宽容。

垂暮之际，刘三吾偶然得到君主的器重，辅翼文治，推进了明代的礼乐建设，自己也留名青史。史称："刘公耄年遭遇，润色洪业，翊赞经纶，词命典实，卓然名家，可不谓有学有守者哉？"[5]从这

---

① 黄佐：《南雍志》卷十，《续修四库全书》第 749 册，第 288 页。

② 《明史》卷六十九《选举志一》，第 1678 页。

③ 《明通鉴》卷十一，第 546 页。

④ 《明史》卷一百三十七《刘三吾传》，第 3942 页。

⑤ 项笃寿：《今献备遗》卷五，景印文渊阁《四库全书》第 453 册，第 552 页。

个角度来说，作为一名儒者，刘三吾实现了人生价值。在建文帝即位后，刘三吾被朝廷召回，得以寿终。①

就在科场案爆发的当年，来自浙江黄岩的陶宗仪和其他儒生奉命到礼部读《大诰》，却没有接受朝廷的官职。之后，他回归乡里，悠游卒岁。②陶宗仪生于元末明初，无论是元朝官员泰不华的举荐，还是张士诚的任命，以及明朝官员的征召，他都坚决不从。实在无法推脱，他就接受类似教官的闲职。总之，他对"学而优则仕"毫无兴致。正因如此，他才写下《说郛》《辍耕录》等著作，至今依然嘉惠学林。③蹊跷的是，对这种拒绝入仕的儒者，晚年的朱元璋反而予以包容，并没有处罚。

◎ **诸儒之功**

洪武三十一年（1398），朱元璋崩殂，享年七十一岁。这是一位毁誉参半的君主。一方面，他崛起于布衣，统一天下，奄有四海，为唐宋诸君所不及。另一方面，他严刑峻法，屠戮功臣，也为唐宋诸君所不及。④作为开国之君，他不但"武定祸乱"，还能"文致太平"，⑤这和他重用耆儒密不可分，一如《明史·儒林传》所称：

① 《明史》卷一百三十七《刘三吾传》，第3942页。关于刘三吾之死，一说永乐初年，刘三吾"暴卒"。对此，史籍已有辩驳，"暴卒"之说恐难据信。参《明通鉴》卷十一，第546页。

② 《明通鉴》卷十一，第543页。

③ 徐象梅：《两浙名贤录》卷四十三，《四库全书存目丛书·史部》第114册，济南：齐鲁书社，1996年，第397页。

④ 《明史》卷三《太祖纪三》，第55页；《明通鉴》卷十一，第552页。

⑤ 《明史》卷三《太祖纪三》，第56页。

明太祖起布衣，定天下，当干戈抢攘之时，所至征召者儒，讲论道德，修明治术，兴起教化，焕乎成一代之宏规。虽天禀英姿，而诸儒之功不为无助也。[1]

回顾洪武一朝，明廷选拔文臣以荐举为重，贡士次之，科举为轻。这和明中后期以科举为重的情形截然不同。[2] 至于任用的儒臣，以时间而论：洪武前期，以朱升（1299—1370）、魏观（1305—1374）、宋濂（1310—1381）、刘基（1311—1375）、陶安（1315—1368）、陶凯（？—1373）、吴琳（？—1374）等为典型；洪武中后期，宿儒凋谢，犹有吴伯宗（1334—1384）、桂彦良（1321—1387）、茹太素（？—1389）、宋讷（1311—1390）、刘三吾（1313—1400）等代表。内圣轻而外王重，比起传承、更新儒家学说，这些儒者更看重如何施政。[3] 另外，还有不少隐居不仕的儒者，比如鲍恂、伯颜子中、陶宗仪等人。

以上儒者都是两个朝代夹缝中的人物。即便开科状元吴伯宗，虽然是明朝状元，主要功夫却是在元朝养成。真正由明代培养起来

---

[1]　《明史》卷二百八十二《儒林传一》，第 7221 页。

[2]　关于明初荐举儒臣的情况，史称："我太祖起自濠濮，定鼎金陵，平一天下，致太平，凡所任用辅佐之臣，无非荐举辟召。如宋濂、刘基、章溢、叶琛，则胡大海所荐也。王祎、王大锡，则（李）文忠所荐也。其余彬彬辈出，卓然为开国名臣者，不可枚举缕数也。洪武中，治定功成，然后始行今科举法。每科所取不过数十人而止，与荐辟之士同登并用。下至正统、景泰间，犹如故也。"章潢：《图书编》卷一百七，景印文渊阁《四库全书》第 972 册，第 309—310 页。

[3]　有学者指出："明初儒者多文才之士，且留心事功，非如宋元时的理学经生之儒。"张学智：《中国儒学史·明代卷》，北京：北京大学出版社，2011 年，第 27 页。比起内圣，这一时期的儒者，特别是朱元璋身边的儒臣，更加看重外王，发挥个人学养，引导施政方向。

的人才，诸如齐泰、黄子澄、练子宁、方孝孺等人还在慢慢成长，正如朱元璋第一次见到方孝孺时所说的那样："此庄士，当老其才。"[1]在朱元璋看来，方孝孺仪表堂堂，举止端庄，只是目前还未到任用的时候。

吐故纳新，一代之人自有一代之学。迎来送往，长江前浪且看长江后浪。这些后浪不断积累经验，积蓄力量，满怀希望地等待下一个属于他们的时代。

---

① 《明史》卷一百四十一《方孝孺传》，第 4017 页。

第二章　死生之变

第一节　文不足为

仆闻古之人未尝以文为学也。

——方孝孺

先生直以圣贤自任，一切世俗之事，皆不关怀。朋友以文辞相问者，必告之以道，谓文不足为也。

——黄宗羲

洪武十年（1377）春夏之交，方孝孺迈着沉重的脚步来到浙江金华宋濂的家中，请求老师为亡父写一点儿纪念文字，届时镌刻在墓版之上。宋濂大概了解到，这位学生的父亲方克勤做过山东济宁知府，后来被人陷害，在江浦服劳役。去年，震动一时的"空印案"爆发，他又遭到陷害，死于非命。为一名罪臣撰写墓版文多少都存在风险，一旦事发，难免连累自己。考虑到方孝孺跟从自己学习多年，且是所有弟子之中最优异的一位，也鉴于乃父愚庵先生（方克勤，号愚庵）的伟岸品行，宋濂毅然决定答应这位学生的请求。此外，他于本年正月就获得圣上恩准，致仕在家，[1] 对朝中忌讳也不像之前那般处处小心。

◎ 方克勤的墓版文

愚庵先生家学有自，父亲方炯在鄞县做过儒学教谕。在父亲的影响下，愚庵先生自幼向学，五岁开始读书，十岁暗诵五经，被老先生们称为"神童"。成年以后，他遍读濂、洛、关、闽之书，俨然为理学正传。他不满足记诵之学，而是另辟蹊径，独出机杼。在读书过程中，他敏锐意识到：

> 为学必合天人而后可，舍是非学也。[2]

愚庵先生在学习理学的同时，对天文、地理、礼乐、政刑之类均有涉猎。他有从政之心，可惜元朝末年，朝纲解纽，自己只能抱道潜居。直到洪武二年（1369），宁海县创办学校，他被聘为训导。凭借扎实的经学知识和非凡的人格魅力，他很快招来一百多名学子。洪武四年（1371），他受到荐举，通过考核，被朱元璋钦点为山东济宁府知府。

在地方为官，百废待兴，总有想象不到的各种困难。除了上司的恶令、属官的敷衍和胥吏的贪婪之外，方知府也遇到旱灾、蝗灾等自然灾害的袭扰。即便如此，在他的治理下，短短三年之间，济宁府的人口就翻了一番，增至六万户，上交的税粮也从原来的一万

---

[1] 《明太祖实录》卷一百一十一，洪武十年正月乙酉，第1837页。
[2] 宋濂：《故愚庵先生方公墓版文》，《宋濂全集》，第1672页。

多石，激增为十四万四千七百多石，[①] 堪称奇迹。

方知府以身作则，贯彻儒家治国的理念，"敬事而信，节用而爱人，使民以时"（《论语·学而》）。即便身为知府，他衣食从简，一件布袍穿了十年。[②] 他还大力兴建学校，本府学子多达两千人。战乱之后，济宁府兴学规模在全国府州之中都遥遥领先。除了兴办学校、培养人才之外，他在空暇时端坐府衙，为属官讲授《诗》《书》等经典。他反复告诫官吏，为政要以美风俗、敦教化为重。常人做官，都想着为自己争取美名，树立权威。他却经常警醒自己：

近名必立威，立威必至害人，吾不忍为也。[③]

洪武八年（1375），方知府入朝，朱元璋非常欣赏他，表示日后会委以重用。可惜，此后峰回路转，方知府不但无缘获得重用，反而跌入低谷。

次年（1376），济宁府有位名叫程贡的官员被方知府鞭笞，怀恨在心，伺机报复。他联合御史，诬陷方知府修建房屋私用官仓的灰苇。由于方知府之前就得罪过当地的军政要员，所以他的罪行很快被坐实。朱元璋痛恨贪官污吏，故而明初对贪腐事件处罚极其严厉。方知府因为"私用灰苇"此等空无凭据的罪名被罚到江浦地区服役。离开济宁府的时候，上千名百姓号泣相随，自发送出一百多里。后来，他又因"空印案"的牵连，被逮入京师，死在大牢，时年五十一岁。

从方孝孺口中了解到愚庵先生的事迹后，宋濂不厌其烦地记载

---

①　宋濂：《故愚庵先生方公墓版文》，《宋濂全集》，第 1675 页。

②　《明史》卷二百八十一《循吏传》，第 7187 页。

③　宋濂：《故愚庵先生方公墓版文》，《宋濂全集》，第 1676 页。

下来，还在铭文中肯定他"真儒"的身份，甚至说他是"伊洛正传，实为大宗"。[①]他还认为，作为国家官员，即便和汉代的循吏相比，愚庵先生也毫不逊色。后来，清人修《明史》，也把方克勤写入《循吏传》中。

方孝孺道德学问的养成离不开父母、师长的教诲。[②]只是他幼年丧母，成年丧父，饱尝"子欲养而亲不待"的痛苦。若干年后，他的友人修建一座乐寿堂，供养祖母、母亲，请他写一篇记文。

方孝孺在记文中写道，世俗所谓的快乐，不过是华美的房子、车马、衣服、饮食、音乐之类。然而独享这些快乐，不能与父母共享，又怎能快乐起来？他劝告天下父母健在的人，都要珍惜和父母相处的快乐时光，不要像自己一样，"追悔于无穷也"。[③]

儒家讲究"百行孝为先"，方孝孺不仅自己尽孝，也劝导他人尽孝。在他看来，儒学并非纸面学说，而是实践学说。想要学好儒学，务必在德行上立住跟脚。故此，在组诗《勉学诗》中，他并没有鼓励儒生如何刻苦读经，而是要求他们在孝悌上勤加反省：

> 蔼蔼桑梓树，迟迟杖履音。未瞻父母颜，已起恭敬心。
>
> 树木手所植，杖履身所任。此物犹足重，况彼钟爱深。

[①] 宋濂：《故愚庵先生方公墓版文》，《宋濂全集》，第 1677—1678 页。

[②] 在方孝孺的学问养成过程中，家学的影响不亚于师学。黄宗羲谓："先生之学，虽出自景濂氏，然得之家庭者居多。"黄宗羲：《明儒学案》卷四十三，沈芝盈点校，北京：中华书局，2008 年，第 1042 页。

[③] 方孝孺：《乐寿堂记》，《逊志斋集》卷十六，景印文渊阁《四库全书》第 1235 册，第 460—461 页。

父爱我亦爱，不问兽与禽。六亲同骨肉，何以能相侵。①

对方孝孺来说，父亲的一生，无论是读书，还是做官，都用醇正的学风、廉洁的操守以及敢为人先的勇气，激励了自己。在家读书就要理解圣贤之道，参究天人之际，不要成为腐儒、迂儒；在外做官就要廉洁刚正，为民请命，不要成为只会明哲保身的庸臣、俗吏。

◎ 朱元璋的召见

十四五岁随父亲到山东生活，方孝孺游历齐鲁大地，拜谒周公庙、孔子庙，造访陋巷、舞雩台等地。②他的父亲是济宁知府，但是这位知府却主动少支禄米，将剩下的上交官仓。③所以，方家生活并不宽裕。后来，方孝孺本人的生活更加艰辛，卧病绝粮，常以古人"三旬九食"的故事自嘲。所谓君子固穷，他毅然把倡明圣贤之道、实现太平之治作为人生抱负。④

洪武九年（1376），父亲死于京师。次年（1377）春天，他和哥哥方孝闻把父亲安葬在宁海县东北部的章施山下。在为父亲服丧后，他回到宋濂门下读书。不料，洪武十三年（1380），宋先生获罪，次年死在发配茂州的路上。

漫漫人生路，灰暗的生活中也偶有微光闪现。洪武十五年

---

① 方孝孺：《勉学（其五）》，《逊志斋集》卷二十三，景印文渊阁《四库全书》第 1235 册，第 686 页。

② 邓元锡：《皇明书》卷三十一，《四库全书存目丛书·史部》第 29 册，第 394 页。

③ 宋濂：《故愚庵先生方公墓版文》，《宋濂全集》，第 1677 页。

④ 《明史》卷一百四十一《方孝孺传》，第 4017 页。

（1382），困顿之际的方孝孺意外获得朝臣举荐，被礼送京师。这一次，他获得朱元璋和太子的召见。奇怪的是，朱元璋虽然对他流露好感，但是并未任用，只是叮嘱太子留意此人。之后，便让方孝孺回到乡里。

不久，方孝孺因为仇家的举报，被逮入京，很有可能像乃父一样殒命。就在死生之际，朱元璋在罪犯名单上发现方孝孺的名字。根据之前对这位台州儒生的良好印象，他随即将方孝孺无罪释放。[①]考虑到太子朱标和方孝孺师出同门，我们推测，其中或许有太子求情的因素。

失之东隅，收之桑榆。朱元璋和方孝孺的第一次短暂见面并没有赋予方孝孺施政的机会，却让他躲过一次无妄之灾。之前，他的父亲被杀是小人陷害，与朱元璋并无直接关系。朱元璋父子对自己格外器重，而且有救命之恩，这让方孝孺铭感五内。所以，与当时很多儒者拒不应召的态度不同，方孝孺乐意从政，无论是出于报恩的因素，还是出于改良政治的考量。只是，人生于世，或幸或否，或用或藏。自古以来，怀才不遇者浩如烟海。既然暂时不被任用，方孝孺便回到读书、讲学的生活之中，继续沉潜，而这一沉潜便达十年之久。

◎ **科举新贵**

洪武十八年（1385）三月，明廷举行开国以来的第二次殿试。参加殿试的共有 472 人，[②]按照名次，负责官员将花纶、练子宁、

---

① 《明史》卷一百四十一《方孝孺传》，第 4017 页。
② 《明太祖实录》卷一百七十二，洪武十八年三月壬戌，第 2623 页。

黄子澄三人上奏。传胪时，看到花纶不过是一个十八岁的少年，朱元璋颇为嫌恶，又联想到自己的梦境，便把丁显选为状元，练子宁为榜眼，花纶为探花，黄子澄则被降为三甲。[①]

在宣布结果的前一天晚上，朱元璋做了一个梦，梦到奉天殿上出现一颗巨大的钉子，钉子下拴着两根白色的丝带，随风飘荡。后来，朱元璋在殿试排名中找到丁显的名字：丁者，钉也；显（顯）者，日下双丝也。于是把二十八岁的丁显列为状元。当时，花纶颇有名气，考完后，众人都以"花状元"称呼。等到最终发榜，众人看到丁显的名字之后，无不惊愕。[②]

这位丁状元默默无闻，政绩、文章都无足称道。至于探花花纶，先是和状元、榜眼一同被授予翰林修撰的官职，后来被提升为监察御史。由于性格孤高，辞官在家，又因得罪权贵，被诬至死，[③]也没有留下政绩令名。

三人之中，只有练子宁名望颇著。练子宁，江西新淦人，素以直言著称。在殿试的试卷中，他指出朱元璋滥刑的问题，却没有因此获罪，被保留榜眼的资格。[④]官任翰林修撰（从六品）之后，他回家为母守丧。回朝后，练子宁累迁工部侍郎（正三品），成为朝廷重臣。

黄子澄从一甲被降为三甲，获得翰林编修（正七品）的官职，后来升到翰林修撰（从六品）。他的主要工作则是伴读东宫，成为

① 参《明通鉴》卷八，第 445 页。

② 蒋一葵：《尧山堂外纪》卷七十九，《续修四库全书》第 1195 册，第 11 页。

③ 施沛：《南京都察院志》卷三十九，《四库全书存目丛书补编》第 74 册，济南：齐鲁书社，2001 年，第 447—448 页。

④ 《明史》卷一百四十一《练子宁传》，第 4022 页。

皇太子、皇太孙倚重的人物。洪武末年，官至太常寺卿（正三品），成为政坛上颇有分量的人物。[①]

来自南京溧水的齐泰也是新科进士，并先后担任礼部主事（正六品）、户部主事（正六品）。洪武二十八年（1395），他从兵部郎中（正五品）被提升为兵部左侍郎（正三品）。在应对朱元璋的提问时，他对大小边将和军镇情况都如数家珍，获得激赏。[②]洪武末年，宿将凋零，这位由进士出身的齐侍郎很可能成为朝廷未来倚重的良将。

洪武十八年（1385）之后，科举取士在国家选拔文官的系统中越发不容忽视。儒者想要供职翰林院，日后成为天子顾问，必须获得进士的身份。对方孝孺而言，他早已获得朱元璋"当老其才"的圣训，故而没有参加科举的必要。此时此刻，和齐泰、黄子澄、练子宁这些步步高升的科举新贵相比，方孝孺的人生则显得暗淡无光。不出意外，他极有可能以一名乡村老儒的身份死在一方。

◎ **汉中教授**

国家一方面按照惯例，三年举行一次科举，同时也没有放松荐举人才。洪武二十五年（1392），方孝孺再次获得朝臣举荐，被礼送京师。这是他第二次见到朱元璋。如果说十年前（洪武十五年，1382）朱元璋觉得方孝孺年少轻狂，不堪大任，那么此时方孝孺已经三十六岁，似乎可以小试牛刀。不料，朱元璋仍旧没有留朝任用，而是把方孝孺发往汉中担任教授。其何以故？

---

① 《明史》卷一百四十一《黄子澄传》，第 4015 页。
② 《明史》卷一百四十一《齐泰传》，第 4013 页。

在和方孝孺的谈论中，朱元璋发现此人过于刚直，过于理想，讲的都是明王道、致太平之类的说辞。这些说辞都有道理，却与自己多年来重典治国的理念严重冲突：

> 上方重赏罚，以孝孺志存教化，谓左右曰："今非用孝孺时。"[1]

在治国理念上，方孝孺和朱元璋存在儒法冲突，自然难以在洪武一朝立足。迈入暮年的朱元璋目光高远——虽然本朝以重典治国，但是嗣君即位之后，如果继续使用重典，则民不堪命，国运堪忧。他对皇太孙朱允炆指出：

> 吾当乱世刑宜重，汝当平世刑宜轻，所谓刑罚世轻世重也。[2]

重刑时期需要重刑的人才，轻刑时期则需要轻刑的人才。朱元璋有意将方孝孺发往蜀地，也有为皇太孙日后即位储备人才的良苦用心。至于皇太孙能否人尽其才，方孝孺能否学尽其用，这也只能看他们这对君臣的造化。

洪武二十六年（1393），方孝孺带着家人奉诏前往汉中，心境颇为凄凉。汉中原为古蜀之地，故而史书多以蜀地称之。方孝孺是浙江宁海人，到了蜀地，很不适应，颇觉水土不服。进入府学后，方孝孺更是惊讶地发现，当地学生稀少，书籍短缺，就连五经都不

---

① 邓元锡：《皇明书》卷十九，《四库全书存目丛书·史部》第29册，第252页。

② 《皇明通纪集要》卷十，陈建辑，江旭奇补订，《四库禁毁书丛刊·史部》第34册，第132页。

齐全。即便如此，方孝孺克服重重困难，疏食水饮，讲学不辍，[①]将儒学之风带到这片土地之上。

朱元璋共有二十六个儿子，其中第十一子蜀王朱椿最爱读书，被他戏称为"蜀秀才"。[②]洪武二十七年（1394），蜀王听到方孝孺的大名，聘请他做世子的老师，还为方孝孺读书的地方题写"正学"二字。[③]

方孝孺之所以名动四方，是因为他对儒学和人生别有体会。早年在父亲方克勤、师傅宋濂的言传身教下，方孝孺逐渐形成独特的认知。在学问方面，结合个人的成长经历，他很看重儿童教育。不以规矩，不能成方圆。在创作的二十首《幼仪杂箴》中，他就讲明坐立行寝、揖拜饮食、言笑喜怒等方面的规矩。[④]儒者自有威仪，从很小的细节开始，方孝孺就以一种十分郑重的态度管理自己的人生。

其曲弥高，其和弥寡。随着阅历的增加，方孝孺备感孤独。在和友人的书信中，他感慨说：最近五六年来，我周游天下三四千里，所见到的士大夫都在饮酒欢娱，沉醉于软谈丽语，或者发发牢骚，排遣个人苦闷。[⑤]这种人不胜枚举，俨然不是自己的同道。

放眼望去，普天之下，几乎所有儒者都在读诵六经，到底为什

---

① 过庭训：《本朝分省人物考》卷五十四，《续修四库全书》第534册，第484页。

② 《明史》卷一百一十七《诸王传二》，第3579页。

③ 《明史》卷一百四十一《方孝孺传》，第4018页。

④ 方孝孺：《幼仪杂箴》，《逊志斋集》卷一，景印文渊阁《四库全书》第1235册，第48—50页。

⑤ 方孝孺：《与郑叔度（其三）》，《逊志斋集》卷十，景印文渊阁《四库全书》第1235册，第300页。

么学习六经？如果这个问题不搞清楚，即便把经书背得滚瓜烂熟，又有何用？他认为：

> 故后之学圣人者，舍六经无以为也。世之学者莫不学六经，然不知所以为学。[①]

举例来说，一些有修养的医生都要阅读《素问》《难经》等医学典籍，但是仅仅通过阅读这些医典就能治病吗？就能解除病人的痛苦吗？显然不能。同样的道理，儒者想要理解圣贤之道，单靠诵读六经远远不够。

儒学究竟在讲什么？圣贤之道究竟是什么？这些问题都需要儒者自行体会。虽然方孝孺不是通过科举扬名，但是他并不反对科举。比起埋首苦读科场文章，他更看重引导别人反思科举之外的道理。他特别提倡"自得之学"，所谓：

> 学莫善于自得，自得而后能化。[②]

同样一方土地，所有树木都受到雨露的恩泽。若干年后，有的成为栋梁之材，建造出宏伟的楼宇；有的结出可口的果实，滋润人们的心田。对于材木而言，不会在意果实是否清脆爽口；对于果树而言，也不会在意躯干是否坚强耐用。树木的禀性不同，人也如此。同样阅读圣贤经典，若干年后，有的成为君子，有的成为善人，都是自得的功效。

---

① 方孝孺：《答俞子严（其一）》，《逊志斋集》卷十一，景印文渊阁《四库全书》第 1235 册，第 342 页。

② 方孝孺：《送周景琰入试序》，《逊志斋集》卷十四，景印文渊阁《四库全书》第 1235 册，第 433 页。

方孝孺的"自得之学"对后人影响颇深。作为方孝孺的崇拜者，黄宗羲编写《明儒学案》时就指出："学问之道，以各人自用得著者为真。凡倚门傍户，依样葫芦者，非流俗之士，则经生之业也。"①不仅如此，他还说："以水济水，岂是学问？"②

除了应试之外，方孝孺劝人把目光放得长远，反复追问自己学习儒学的目的：

> 其为善人以进于德乎？为君子以化民敦俗乎？抑为贤者以致当今之治，垂来世之则乎？③

这些问题不搞清楚，即便科举扬名，进入官场，日后也只是趋炎附势之辈，无缘成为乐学明道之人。人生只有一次，既然有幸接触到圣贤之学，就应鼓起勇气进德修业。安国治民，舍我其谁？如果一定要逐名，也当逐万世之名。

学风疲软，积重难返，儒者争相以刊撰文章为荣。对此，方孝孺非常不满。即便大家公认他的文章雄迈天下，可以垂范后世，他却对这种恭维毫不领情。他认为：

> 文所以明道也，文不足以明道，犹不文也。④

---

① 黄宗羲：《明儒学案发凡》，《明儒学案》，第 15 页。
② 黄宗羲：《明儒学案发凡》，《明儒学案》，第 15 页。关于《明儒学案发凡》的解读，可参朱鸿林：《〈明儒学案〉研究及论学杂著》，北京：三联书店，2016 年，第 79—96 页。
③ 方孝孺：《送周景琰入试序》，《逊志斋集》卷十四，景印文渊阁《四库全书》第 1235 册，第 434 页。
④ 方孝孺：《送牟元亮赵士贤归省序》，《逊志斋集》卷十四，景印文渊阁《四库全书》第 1235 册，第 423 页。

写文章往小处讲，是讲明道理；往大处讲，是实现圣贤之道。既不是为了引经据典，炫耀个人的才能，更不是为了曲学阿世，随顺一时的标准。他苦口婆心，将学子往明道的方向引导。可是世人急功近利，反而认为明道之学过于虚妄，不必为也，甚至不必知也。他感叹说，当今之世，只有豪杰之士才能扭转儒林的不正之风！

儒者除了读书明理之外，更要注重个人气节。真正的儒者未必博览群书，甚至也无须熟诵典籍，但要践行圣贤之学，做一个有气节之人。自古以来，国家并不缺乏才智之士。这些才智之士轻则沽名钓誉，重则舞文弄法，不但偏离先王之道，而且引发无穷之祸。相形之下，气节之士鹤立鸡群，卓荦不凡。他们未必拥有闪耀头衔，未必撰写名篇大作，但在国家危难之际，却是可以依赖的中流砥柱。他们绝对不会为了一己私利就颠倒伦常，为了苟全性命置大义于不顾。为了引起士大夫对气节的重视，方孝孺指出：

> 国家可使数十年无材智之士，而不可一日无气节之臣。[①]

在多年的求学和讲学生涯中，方孝孺不为流俗所动，而是比肩先贤，直追先圣。很多儒者早就沉溺在科场旧文之中，与时俯仰。不少儒臣在仕宦生涯中渐渐迷失本心，从俗浮沉。所以，大家读到方孝孺的文字之后，不啻醍醐灌顶，感到浑身充满力量。有人说他是韩愈再世，也有人说他是程、朱复生……

对这些虚名，方孝孺毫不在乎。当年孔夫子感慨说："夫召我者，而岂徒哉？如有用我者，吾其为东周乎？"（《论语·阳货》）

---

① 方孝孺：《懑窝记》，《逊志斋集》卷十六，景印文渊阁《四库全书》第 1235 册，第 480 页。

方孝孺也在等待一个被召见的机会,以发挥平生所学,实现成周之治,而这个机会不久就到来了。

◎ 得君行道的机会

洪武三十一年(1398)闰五月,朱元璋崩殂,皇太孙朱允炆即位。六月,朱允炆将兵部侍郎齐泰提升为兵部尚书,并让翰林修撰黄子澄担任太常寺卿,兼任翰林学士,二人同参军国事。七月,朝廷下令,召见汉中教授方孝孺。

秋冬之际,方孝孺奉诏进京。忆及往昔,他不禁百感交集。他曾经两次拜见先帝,均不被任用。不经意间,他想起两百年前的一位浙江乡贤——陆游。陆游中年奉诏到蜀地为官,投身军旅,晚年退居故里。他曾经赋诗一首,感叹时光飞逝,流年不贷:

> 旬日雨频作,一年秋又残。光阴不少贷,怀抱若为宽。
>
> 小瓮聊寻醉,疏砧已戒寒。定知清夜梦,又过石阑干。

陆、方二人上下相隔两百春秋,人生际遇却颇有几分相似。入京途中,意兴阑珊,方孝孺留下不少诗篇。其中一首既是对前贤陆游的致敬,也是对自身处境的真实写照:

> 客路喜暄暖,初冬天始寒。近京风俗异,逆浪水程艰。
>
> 人语吴音杂,渔歌楚调酸。畏途非好友,怀抱若为宽。[1]

南宋时期,朝廷偏安一隅。陆游纵有气吞山河之志,也无补金

---

[1] 方孝孺:《应召赴京道上有作(其三)》,《逊志斋集》卷二十四,景印文渊阁《四库全书》第1235册,第705页。

瓯残破之局。弥留之际，他还不忘叮嘱子孙："死去元知万事空，但悲不见九州同。王师北定中原日，家祭无忘告乃翁。"（《示儿》）一代名臣，含恨而终。

今非昔比，蛰伏已久的方孝孺获得天子的垂青，人生迎来重大转机。客船靠岸后，方孝孺登上马车进入京城。路过鳞次栉比的市肆，穿过熙熙攘攘的人群，他感到一切都那么熟悉。入朝之后，这位鸿儒能辅佐君主建立王道之业，开创梦寐以求的太平盛世吗？

第二节　读书种子绝矣

有志于非常之功者，必有非常之祸。

——方孝孺

城下之日，彼必不降，幸勿杀之。杀孝孺，天下读书种子绝矣。

——姚广孝

◎ 火烧红蛇窝

元朝末年，浙江台州宁海县侯城里，当地名儒方克勤背着手在庭中踱步，焦灼不安。他的妻子林氏临盆在即，而父亲方炯刚刚去世……

在族人的陪同下，方克勤前往附近山头寻找下葬之地。中国古人相信风水堪舆之说，如果能把先人安葬在风水宝地，那么后世子孙都会受益无穷。反之，则会祸及子孙。在这一点上，无论是王室贵族，还是平民百姓，只要条件允许，都很少例外。勘定父亲的葬处后，方克勤和族人拟定下葬日期，然后才如释重负地回到家中。刚躺下不久，方克勤就昏睡过去。

恍惚之中，他听到有人在敲庭院大门，不等他起身，来者已经进入正堂。倏忽之间，穿着红色衣服的来客径直飘到床前。方克勤坐起身，询问来者姓名，只见红衣人跪倒在地，请求道："方先生今天选中的地方是我们家世世代代居住之地，百年之中，子孙从未迁徙。听说贵府不日动土，不知可否缓上三日，给我们搬迁的时间？"

听罢，方克勤万分疑惑：今天刚从山里回来，荒郊野岭，并未看到附近有一户人家！此外，自己清晰记得，进入卧室前，明明关上了房门，这位客人如何进来的？莫非他有穿墙之术？正要继续询问，这位红衣人突然消失了！

次日清晨，晨光熹微，方克勤一觉醒来，才发现这不过是一场梦。为了证明这一点，他询问了家人。大家都说，昨晚根本没有红衣人进入方府。丧葬在即，方克勤也没时间考虑这些。举行完丧奠之后，方克勤和送葬队伍正准备前往葬地。就在此时，负责挖土的工人慌慌张张地跑来，向他禀告工地出现异常！

跟随这位工人来到葬地，方克勤惊讶地发现，这块地方竟是蛇窝，大大小小近千条红色的蛇正在四处乱窜。有人劝他，不妨给方太爷换块地方。可是，方克勤素来不信鬼怪之事。他断然下令，让人搬来干柴，一把火烧了蛇窝。之后，他令人继续安葬。就在方克勤火烧红蛇窝的同时，夫人在家饱受难产的煎熬。数日后，诞下一名男婴，好在母子平安。①

---

① 李默：《孤树裒谈》卷三，《四库全书存目丛书·子部》第 240 册，济南：齐鲁书社，1995 年，第 244 页。

侯城里的乡亲们对方克勤火烧红蛇窝一事褒贬不一。有人认为他是难得的智者，不为流俗所动；有人认为他这样肆意纵火，自己和子孙都要遭报应；也有人提醒大家不要多管闲事……

冬来暑往，人们看着方家小少爷渐渐长大，而且天资聪颖，就没把当年之事放在心上。多年以后，此事真伪也没几人讲得清楚了。

◎ **儒学训导的上书**

中国古人对天变有一种近乎本能的畏惧。尤其自汉儒董仲舒"天人感应说"畅行后，所有日食、月食和星辰异动都被认为和政局有关。严重的时候，天子都要发布罪己诏，向臣民表示自己德行有亏，希望借此挽回上天的庇佑，让国家转危为安。明朝开国之后，朱元璋设立钦天监，专门负责观察天象。臣民如果妄言天文，则会受到严厉惩处。

洪武九年（1376）本是平平常常的一年，直到六月，钦天监官员汇报星辰异动。有大如弹丸的白色客星肆意横行，一路运行到紫薇垣。天上的紫薇垣被认为是地上皇城的代表，所以皇城也有紫禁城的别称。客星周游让钦天监官员忧心忡忡。出了紫薇垣之后，客星又到文昌、内厨、张宿等处，直到四十多天后才消失踪影。[1]

七月，晴朗的天空蓦然漆黑一片，京城发生日食。满城民众东躲西藏，人心惶惶。太阳是君主的象征。看到日食，朱元璋战战兢兢，有种不祥的预感。

九月，朱元璋派遣使者星夜疾驰北方前线，谕令大将军徐达：

---

① 《明通鉴》卷六，第 349 页。

七月，火星犯上将；八月，金星又犯上将。你要命令各位将军，严加提防，特别警惕北方残元势力，既要提防他们大军反扑，也要提防刺客趁虚而入。①

如果说出现日食以及火星、金星犯上将等天文异象让洪武君臣十分戒惧，那么接下来的天象则让他们更为惶惑。钦天监官员陆续上奏：太白犯右执法、大星流入十二诸侯、无名大星流入四辅星……如果把天上的日月星辰和地上的君臣一一对应，那么，本年六月以来，天象异动极为频繁，所谓"五星躔度，日月相刑"，② 不知道会有什么大事发生！

宁可信其有，不可信其无。为了平息可能发生的灾难，朱元璋特意发布诏书，要天下臣民上书，"许言朕过"。③

诏书发布之后，臣民踊跃上书。中书省组织大小官员加以筛选，然而发现有价值的寥寥无几。其中，一位平遥县儒学训导的上书让中书省官员眼前一亮。大家讨论之后，决定将其呈送天子。

叶伯巨，字居升，浙江台州宁海人，和方孝孺是同乡。他博通儒家经典，以优异的成绩保送国子监。在国子监完成深造后，被朝廷委派到山西平遥县做儒学训导。到地方任职后，反复斟酌，他越发坚信，有三大问题横亘在前。此次借着国家因为星变诏求直言的机会，他将这三大问题和盘托出："分封太侈也，用刑太繁也，求治太速也。"④

---

① 《国榷》卷六，第 538 页。

② 《明太祖实录》卷一百九，洪武九年闰九月庚寅，第 1809 页。

③ 《明太祖实录》卷一百九，洪武九年闰九月庚寅，第 1809 页。

④ 《明史》卷一百三十九《叶伯巨传》，第 3990 页。

在我们今天看来，古人对星变灾异的戒惧也许出于"迷信"。从积极意义上说，这种"迷信"也是国家发现问题、解决问题的契机。君主带头罪己，文武百官随之修省，天下臣民都可以自由表达意见，哪怕是指出皇帝的过失。

叶伯巨认为，像用刑太繁、求治太速这两大问题不难发现，但是分封太侈的问题却极少被关注，祸害深远。建国之初，国家鉴于宋朝、元朝的灭亡和缺乏同姓诸侯的拱卫有关，所以大肆分封诸侯，不仅赐予大片领土，而且允许各地诸侯掌握重兵。纵观历史，大凡诸侯强大之后，轻则作威作福，重则以下犯上。汉朝的七国之乱、晋朝的八王之乱都是前车之鉴。如果我们大明不从中吸取教训的话，那么：

> 臣恐数世之后，尾大不掉，然后削其地而夺之权，则必生绝望，甚者缘间而起，防之无及矣。[1]

刚读完叶伯巨的上书，朱元璋就火冒三丈：这位愚儒好生放肆，竟敢离间朕和王子们的骨肉亲情！他让人将叶伯巨火速逮入京师，自己要亲手射杀！

中书省的官员自忖，朝廷下诏征求直言，如果天子因为别人直言，就将其杀死，日后谁还敢上书？故此，他们特意挑选朱元璋开心的时候，将叶伯巨送到他面前。他们还请求将犯人叶伯巨送往刑部，依律定罪。即便如此，叶伯巨还是瘐死狱中。朱元璋用这种手段再一次验证叶伯巨所言"用刑太繁"的无比正确。

---

[1]　《明史》卷一百三十九《叶伯巨传》，第3990页。

叶伯巨不过是地方上一名小小的儒学训导，却心系整个国家的安危。在他看来，分封问题如果不加预防，日后必成大患。只是他因为直言付出的代价过于沉重。所以，自他死后，有关抑制诸侯的话题成为本朝禁忌。

二十多年前就当预防的事情，拖到二十多年后，已根深蒂固。事实证明，儒者之言并非危言耸听，叶伯巨的担忧不幸成真。建文元年（1399），燕王朱棣举兵反叛，发动靖难之役。从此，明朝进入开国以来最惨烈的内战时期。

◎ 建文时期的复古改制

洪武三十一年（1398）冬，方孝孺进入京师，随即被任命为翰林院侍讲。史书并未记载方孝孺与齐泰、黄子澄二人同参军国事。毕竟，他刚以汉中儒学教授的身份被征召前来，并无从政经验。故此，明廷也不可能直接让他参与军机大事。

翰林院侍讲是天子身边的近臣，可以直接将个人意见传达天子，进而影响军政格局。换言之，一方面，方孝孺在入朝之初，并未掌握实权，另一方面，方孝孺的意见可以影响建文帝，即便这种影响不宜高估。

就在齐泰、黄子澄等人调动文武官员到处削藩之际，身在翰林院的方孝孺也没有空闲。当时，有官员上奏，封地在大同的代王朱桂荒淫无道，草菅人命，引发民愤。在如何处置代王的问题上，建文帝咨询方孝孺的意见。方孝孺反对将代王关进大狱的做法，选择相信道德感化的力量。他建议，把代王送到蜀王的封地成都。蜀王素有贤明之称，和代王又是同母兄弟。如果代王能够仿效蜀王所为，日新又新，必能改过迁善。方孝孺的建议获得建文帝的赞赏。建文帝随即下令将代王送到成都，接受感化。①

方孝孺的德治理想非常感人，也完全符合儒家"道之以德"（《论语·为政》）的主张。可是，这位诸侯抵达成都后，并没有见贤思齐，而是我行我素，这让蜀王和成都的军民不胜其扰。建文元年（1399）正月，根据军民举报，朝廷忍无可忍，将残暴成性的代王朱桂废为庶人，囚禁在大同，以免他继续祸害人间。②

即便出师未捷，也丝毫没有让方孝孺心灰意冷。他利用为天子授课的机会，成功地让建文帝相信，根据周礼改革官制是通往太平盛世的重要途径。为此，他拟定一份长长的改制清单，并获得天子的同意：

> 升六部尚书为正一品，设左右侍中，位侍郎上。改都察院为御史府，都御史为御史大夫。罢十二道为左右两院，左曰拾遗，右曰补阙。改通政使司为寺，大理寺为司。詹事府增置资德院。翰林院复设承旨，改侍读、侍讲学士为文学博士。设文翰、文史二馆，文翰以居侍读、侍讲，文史以居修撰、编修、检讨。又，殿阁大学士并去"大"字，各设学士一人。改谨身殿为正心殿，增设正心殿学士一人。其余内外、大小诸司及品级、阶勋，悉仿周礼制更定。③

根据这份充满复古色彩的改制清单，方孝孺的官职更名为文学

①　《国榷》卷十一，第 792 页。
②　《国榷》卷十一，第 794 页。
③　《明通鉴》卷十二，第 561 页。

博士。至于是否有必要大规模更改太祖高皇帝设立的官职，众臣意见不一。当时，军机重臣齐泰、黄子澄等人忙着调度人马削藩，无暇过问。其他官员清楚，方孝孺名义上是臣子，实际上还有天子老师的另一重身份。更关键的是，天子对这位文学博士宠爱有加。所以，大臣纵使提出异议，也是徒劳。

朝臣之中，翰林修撰王叔英与方孝孺最为友善。王叔英也是浙江台州府人，洪武十五年（1382）和方孝孺一道被征召入京。洪武末年，方孝孺到汉中府儒学做教授，而王叔英则先后在仙居、德安等地担任教职。他还在汉阳县做过知县，有一定的基层管理经验。建文帝即位后，他和方孝孺又一道被征召入京，官至翰林修撰。①

同在翰林院供职，王叔英并没有像方孝孺一样得到建文帝的器重，分析问题反而多了一分清醒。方孝孺得君行道，正步入人生巅峰，对时局的判断未免过于乐观。君子和而不同，王叔英对方孝孺拟出的各种改制方案不以为然。

儒者读圣贤书，辅佐君主实现成周之治，于国于民，利莫大焉。但是，周朝的礼制再好，距今都有两千多年，怎么能执拗于恢复周礼？看到方孝孺改革官制的方案，王叔英眉心紧蹙，实在看不出非改不可的必要。智者务其实，愚者逐其名。特别是各大宫殿的名称，更改的意义何在？孔子早就教诲："父在，观其志；父没，观其行；三年无改于父之道，可谓孝矣。"（《论语·学而》）太祖高皇帝崩殂不到一年，新天子还在服丧期内，骤然更改官制，符合孝道吗？

更让王叔英费解的是，方孝孺竟然还要恢复井田制。他要打乱

①　《明史》卷一百四十三《王叔英传》，第4052—4053页。

天下的土地制度，仿效两千多年前周朝的榜样，重新划分田地。为此，王叔英向方孝孺提出异议。可惜，方孝孺志得意满，完全听不进这位诤友的忠告。他多次向天子提议颁行井田制，而天子也觉察到如此复古，可能制造祸端，最终没有同意方孝孺的方案。

公元 1400 年前后，方孝孺无疑是大明王朝最知名的儒者之一。他的儒学根基和文章水平也让天下人信服。但是，治国理政的逻辑和读书教学的逻辑存在根本不同。读书理解有误，或者教学出现问题，都有改正的机会。治国理政牵一发而动全身，稍有不慎，后果不堪设想。

方孝孺更改官制的影响绝非改变官号、重铸官印那么简单，也为后来反叛的燕军提供了一道"变乱祖制"的口实。[1] 在建文帝即位之初就大规模变革祖制，发挥的作用显然弊大于利。

久负盛名的方孝孺进京后，不管是教化代王，抑或更改旧制，非但没有成功，反而滋生弊病。然而，方孝孺安之若素。作为文学博士，他远不满足草拟诏书等日常工作，还时常向建文帝建言，如何运用军事计谋，如何击溃燕军……后来证明，方孝孺的这些筹划几乎全部失算。

如果说方孝孺误导了建文一朝的决策，未免有些夸大其词。从职位上讲，齐泰、黄子澄远高于方孝孺，而且他们二人都有丰富的仕宦经验，在文武百官中也最有影响力。正因如此，朱棣最初将齐

---

[1]　方孝孺不听友人王叔英的忠告，一意孤行，恢复周礼的治国行动产生适得其反的政治后果。史称："时井田虽不行，然孝孺卒用《周官》更易制度，无济实事，为燕王借口。论者服叔英之识，而惜孝孺不能用其言也。"《明史》卷一百四十三《王叔英传》，第 4054 页。

泰、黄子澄二人列为奸臣，^①而非方孝孺。从决策上讲，无论是齐泰、黄子澄，还是方孝孺等人，都没有决定权。做出最终决定的正是朱允炆本人。此时的朱允炆缺乏军政经验，在关键时期，面对廷臣的争议，几乎总是做出令人匪夷所思的决定。比如让李景隆取代老将耿炳文指挥五十万大军，比如在李景隆丧师辱国之后并没有予以严惩，让此人后来打开京师大门欢迎燕军入城等。

◎ **读书种子**

知人者智，自知者明。在时代的洪流中，个体要排除外界纷扰，摒除个人成见，认清自己的价值，本身就是一件难事。

姚广孝和方孝孺的人生罕见交集。如果一定要论共同之处，便是二人都在洪武时期因为荐举入朝，同样没有受到朱元璋的重用。姚广孝本是苏州的一名医生，后来剃度出家，法号道衍。早年，他在苏州地区以文学闻名，还得到宋濂的推奖。宋濂弟子众多，以方孝孺最为出色。姚、方二人虽然未必谋面，但是姚广孝对方孝孺的事迹应该知晓。当时，宋、方师徒二人的文章四处流传，姚广孝也能从中读出宋、方的为人。

宋濂对佛学颇有好感，却坚持儒者立场。姚广孝出家之后，和儒家的距离越来越远，乃至著书立说，诋毁先儒，遭到儒林非议，"识者鄙焉"。^②他不仅遭到儒林的攻讦，其辅佐燕王朱棣举兵的事迹也为苏州父老所不齿，连姐姐都将他拒之门外。即便如此，不容否认，姚广孝的智谋举世无双。朱棣即位之后，麾下将军们出生入死，

---

① 《明史》卷五《成祖纪一》，第70页。

② 《明史》卷一百四十五《姚广孝传》，第4081页。

功勋赫赫，他却将姚广孝放在第一位，足见此人在靖难之役中的贡献无人能匹。

姚广孝和方孝孺并非故交，却把方孝孺看得分外通透。在燕军南下攻陷京师之前，他特别拜托燕王："攻陷京师的时候，有一位名叫方孝孺的儒生必然不会投降，还请不要杀死此人。如果诛杀这名儒生，那么天下的读书种子就断绝了。"听到这种要求，朱棣有些惊讶："放着那么多军政要务不提，军师怎么偏偏为一个儒生求情？"[1] 他也没有多想，爽快地点了点头。

"读书种子"四个字是姚广孝对方孝孺最精准的评价。方孝孺毕竟是一介书生，之所以说他是种子，而不是花朵、树木，是感到他没有处在太平之世，还没有充分发挥自己的儒学天赋。方孝孺在诗中也感慨道，国家元气未固，升平之治远未到来：

> 卧病知为国，尤须谨未形。盛强多过计，安逸每伤生。
> 燮理宜修政，医治乃用兵。但令元气固，四海乐升平。[2]

方孝孺不满足于读书讲学，而是殚精竭虑为建文帝出谋划策，可是这些并非他的强项。儒者即便博通经史，如果对人心了解不透，对军政参详不周，考虑得越多，反而越容易起到相反的作用。儒学教人，以中正为主。用兵打仗，兵不厌诈，绝非讲道理的场合。

---

[1]　关于儒生与皇权关系的研究，可参李群：《明代"靖难之役"中儒生与皇权的关系——以方孝孺为例》，《管子学刊》2012 年第 1 期。文中提到，方孝孺之死对朱棣产生极大震撼，让他意识到，这些看似柔弱的儒生身上蕴藏极大力量，也促使他后来改变政策，缓和皇权和儒生之间的关系。

[2]　方孝孺：《病中述怀（其一）》，《逊志斋集》卷二十四，景印文渊阁《四库全书》第 1235 册，第 705 页。

方孝孺还学习《孙子兵法》中的离间之计，派人到北平，企图离间燕王世子朱高炽和朱高煦兄弟二人的关系，挑动燕军后方内乱。[①]姚广孝接到奏报后，情不自禁地笑了起来。他辅佐世子居守北平，怎么可能被这种小小的伎俩欺骗？他让世子把建文帝的书信原封不动地送到前线，交到燕王手中。离间计瞬间流产。

看来，方孝孺他们已经黔驴技穷。当初，建文君臣如能扣押燕王三子，何至于此？一着不慎，满盘皆输，现在才想起来使用离间计，不亦晚乎？即便如此，他对方孝孺还是怀有深深的同情，无论是出于对乃师宋濂当年推奖自己的感激，还是出于为朝廷储备人才的考虑，他特请朱棣网开一面。

攻陷京师之后，朱棣想起方孝孺的大名，便下令让他草诏，公示天下。在朱棣眼中，方孝孺只是为我所用的工具，至于他本人是什么性格，又有何等学问，与自己全然无涉。王者统治天下，就像雄狮统治草原，而雄狮从来不用理会绵羊的意愿。

◎ **方孝孺的儒学抱负**

儒者之学有内圣和外王之分，内圣侧重个人修养，也有独善其身的意思，外王侧重经邦济世，大有兼善天下的抱负。可惜，人无完人，自古及今，能兼顾内圣和外王之道的儒者凤毛麟角。

洪武年间，朱元璋之所以暂停科举长达十年之久，就是因为儒生不能发挥外王的功能。他们只会读书论道，不能安土息民。如果过分侧重外王之道，又容易失之驳杂。比如，刘基辅佐朱元璋建立

---

① 《明史》卷一百四十一《方孝孺传》，第 4018 页。

伟业，可是兵家、阴阳家的色彩太浓，很难为儒林接纳。再如，宋濂本人虽以儒者自居，后人也批评他过度亲近佛教。他在朝多年，比起辅翼王道，更多的是发挥文人的功能，并不能彰显醇儒的风采。

方孝孺师出宋濂之门，却更为纯粹。他坚守儒家的立场，像韩愈一样，放言攻击佛教，从而引发佛教徒的憎恨。[1] 在内圣外王的问题上，他表现出强烈的经世倾向。在和友人的书信中，他提到：

> 夫人不生则止，生而不能使君如唐虞，致身如伊周，宣天地之精，正生民之纪，次之不能淑一世之风俗，揭斯道于无极，而窃取于文字间，受訾被垢，加以文士之号，不亦羞圣贤，负七尺之躯哉！[2]

他不屑于以文章闻名，而是迫切渴望改良政治，向三代的美俗善政回归。如果不能发挥才学，反而获得文士的名号，这对他而言，就是一种莫大的羞辱。所以，和一般儒者吸引文人不同，方孝孺门下的弟子不乏武将。比如开国元勋德清侯廖永忠的孙子廖镛、廖铭，其中廖镛官至都督，负责建文帝的宿卫。方孝孺死后，无人敢收敛尸体。一日为师，终身为父。看到这种情况，廖镛、廖铭兄弟二人毅然出面，将师父的遗骸安葬在聚宝门外的山上。他们随后被逮，判处死刑。[3]

漫长的蛰伏岁月中，方孝孺的情况很不乐观。穷困和疾病恰如

---

① 黄宗羲：《明儒学案》卷四十三，第 1042 页。

② 方孝孺：《与郑叔度书（其二）》，《逊志斋集》卷十，景印文渊阁《四库全书》第 1235 册，第 300 页。

③ 《明史》卷一百二十九《廖永忠传》，第 3806 页。

孪生兄弟，时时折磨方孝孺的身心。他写过一组《遣病》诗，多达十首。考虑到他的文集失传严重，类似愁病的诗文恐怕还有更多。在这组《遣病》诗中，其中一首感叹生活的艰难以及无法抒怀的苦闷：

> 冬疟春仍壮，身羸气觉虚。吻干只食粥，眼眩废观书。
>
> 行步儿童笑，形容老病如。平生千古意，独在闷难舒。[1]

另外一首则痛感自己不能为国分忧，带着强烈的自责色彩。纵使贫病交加，摇摇欲坠，他依然不改忧国忧民的儒者本色：

> 病久身浑惫，医疏术易穷。囊空宜勿药，迹滞尚飘蓬。
>
> 礼乐周秦后，乾坤橐籥中。数行忧国泪，江海与俱东。[2]

对于方孝孺的这些诗文，朱棣并不在乎。他在乎的是，此人必须无条件服从。草拟诏书必须由名儒完成，而方孝孺正是天下儒者的领袖。这位儒生竟然不识抬举，在大殿上破口大骂，坚决不肯屈从。经历多次威逼，方孝孺在空白的诏书上书写"燕贼篡位"四个大字。[3]

在一番惨无人道的折磨之后，朱棣没有立刻杀死方孝孺，而是用十族加以要挟。每逮捕一名亲族，朱棣都下令拉到方孝孺面前，让他看着亲族一个个因自己死去。这种残忍的行径，朱棣重复了许

---

[1] 方孝孺：《遣病（其一）》，《逊志斋集》卷二十四，景印文渊阁《四库全书》第 1235 册，第 708 页。

[2] 方孝孺：《遣病（其十）》，《逊志斋集》卷二十四，景印文渊阁《四库全书》第 1235 册，第 709 页。

[3] 《明通鉴》卷十三，第 609 页。

多次，被株连致死者达八百七十三人。^①为了警告天下读书人，朱棣还颁令，销毁方孝孺所有诗文，并规定：凡私藏者，一律处死。

强权虽酷，人心未泯。比起肉体的死亡和家族的覆灭，道义的沦丧才是最可怕的事情。具有讽刺意味的是，朱棣对儒者无处不在的生命威胁，并没有消灭方孝孺的追随者保存其诗文的勇气。方孝孺门下的一名弟子王稌甘冒生命危险，偷偷抄录乃师的文章，改名为《侯城集》，让方孝孺的部分诗文流传下来。^②

◎ **天下无道，以身殉道**

京城沦陷时，方孝孺的同僚王叔英在外地募兵，后来自缢身亡。临死前，他在书案上题写两行小字，告慰平生：

> 生既已矣，未有补于当时。死亦徒然，庶无惭于后世。^③

儒者终其一生，都在内圣与外王之间徘徊。所幸我们中国的文化传统并不以成败论英雄，而儒者的外王也并不以真正实现治道为唯一的判断标准。儒者能够杀身成仁、舍生取义，同样是外王的崇高体现。从这个层面讲，王叔英的死并非徒然，儒者的气节后世流芳。

人生于世，出处进退之际，实难抉择。燕军南下时，方孝孺追忆平生，写下一首短诗：

---

① 史载："上终以道衍故，未即杀孝孺，且收捕其家。每收捕至，辄下狱怵孝孺，而孝孺终不屈。于是，宗族坐死者八百七十三人。"邓元锡：《皇明书》卷三十一，《四库全书存目丛书·史部》第29册，第395页。

② 《明史》卷一百四十一《方孝孺传》，第4020页。

③ 《明史》卷一百四十三《王叔英传》，第4053页。

> 万事悠悠白发生，强颜阅尽静中声。
>
> 效忠无计归无路，深愧渊明与孔明。[1]

陶渊明急流勇退，不为五斗米折腰，归园田居，过上悠然的退隐生活。诸葛亮受命于危难之际，六出祁山，让蜀汉威名远振，虽然功败垂成，但是留下一世贤相的令名。昔日种种，化作梦幻泡影。如今，方孝孺痛感自己既没有诸葛亮的谋略，也没有陶渊明的洒脱，悠悠岁月，纵有千般不甘，终究还是走向生命的终点。

经常在贫病之间周旋，方孝孺对死亡之类的话题并不避讳。他认为，生死并不是什么大问题。相比之下，坚守道义才是重中之重：

> 君子之于世，视生死、贵贱如手之俯仰，不以动其意，而一以义裁之。义宜死也，虽假之以百龄之寿，不苟生也。义宜贱也，虽诱之以三公之爵，不苟贵也。[2]

古往今来，以儒者自居，滥竽充数者比比皆是。不到最后一刻，我们很难检验一个人的儒学是真是伪。方孝孺之学本乎忠孝，达乎中庸，[3] 死生之变远不足以动摇他的意志，也不足以动摇他对儒学

---

[1] 方孝孺：《立春偶题（其一）》，《逊志斋集》卷二十四，景印文渊阁《四库全书》第 1235 册，第 724 页。

[2] 方孝孺：《苏威》，《逊志斋集》卷五，景印文渊阁《四库全书》第 1235 册，第 176 页。

[3] 黄宗羲对方孝孺推崇备至，认为他的境界达到儒家提倡的中庸之道："先生只自办一死，其激而及十族，十族各办其一死耳。普天之下，莫非王土，十族众乎？而不当死乎？惟先生平日学问，断断乎臣尽忠，子尽孝，一本于良心之所固有者，率天下而趋之，至数十年之久，几于风移世变，一日乃得透此一段精光，不可掩遏。盖至诚形著，动变之理宜然，而非人力之所几及也，虽谓先生为中庸之道可也。"黄宗羲：《师说》，《明儒学案》，第 1 页。

道义的坚守。正因如此，方孝孺和受他影响的人们才不避斧钺，展现出令人钦敬的儒者风骨。

有些人死了，他们还活着。三百多年后，清代史家在编纂方孝孺、练子宁等人的传记时，由衷赞叹："忠愤激发，视刀锯鼎镬甘之若饴，百世而下，凛凛犹有生气。"① 这些看似柔弱的儒者，无愧于自己的时代，更无愧于一生所学。②

第三节　方孝孺物故后

若有明一代之人，其所著书无非盗窃而已。

——顾炎武

论宋、元、明三朝之经学，元不及宋，明又不及元。

——皮锡瑞

◎ 《明实录》中的方孝孺形象

明宣宗宣德五年（1430）正月，儒臣将历时多年编成的《太宗实录》《仁宗实录》以及《太宗宝训》《仁宗宝训》进呈。明宣宗特地在奉天门举行受书大典，表示要以史为鉴，认真学习祖父和父亲的治国经验，并厚赏诸位儒臣。③

---

① 《明史》卷一百四十一《方孝孺传》，第 4030 页。

② 关于方孝孺殉节意义的研究，可参张树旺：《论方孝孺之死的儒学史意蕴》，《船山学刊》2010 年第 2 期。文章指出："孝孺殉难非为君，是殉'志'而已，是其自身的学行素养、理想信念以及儒学境界的必然结果。"

③ 《明通鉴》卷二十，第 862 页。

　　参与编修实录的儒臣都是一时之选，包括杨士奇、塞义等人。特别是杨士奇，他参与编修太祖、太宗、仁宗三朝实录，经验丰富。[①]在提到燕王兵临京师后方孝孺的表现时，《明太宗实录》如是记载：

> 　　时有执方孝孺来献者。上指宫中烟焰，谓孝孺曰："此皆汝辈所为，汝罪何逃！"孝孺叩头祈哀。上顾左右曰："勿令遽死！"遂收之。[②]

　　尽管所有人都知道方孝孺如何痛骂朱棣，如何被诛十族，可是在杨士奇等人主持的官方记载中，方孝孺不过是一个"叩头祈哀"的可怜虫而已。他们不仅严重歪曲历史真相，还在方孝孺的名声上踏上几脚，大有让其永世不得翻身的意味。

　　有明一朝，儒者死于非命者不胜枚举，其规模之广阔、结局之惨烈，无过于洪武、永乐之际。这些儒者能够从容就义并非偶然，而是和他们宗奉的儒学息息相关。儒学对方孝孺等人的影响不仅是知识上的，也是生活上的，情感上的，信仰上的。他们推崇"食无求饱，居无求安"（《论语·学而》）的生活，不会因为生活的窘困而动心。恰恰相反，这种朴素乃至艰苦的生活反而会让他们的思想更加纯粹。他们赓续孔、孟、程、朱以来的道统，自觉地将个体的生命汇入儒学发展的历史长河之中，既和这些先圣先贤产生共情，又自发地坚定传播儒学的信念。

　　他们和开国之初的儒者既有相通之处，比如汲汲于改良政治，也存在诸多差异，其中最大的差异即在于纯粹性。他们笃信儒学信

---

①　《明史》卷一百四十八《杨士奇传》，第4131、4134页。

②　《明太宗实录》卷九下，（建文）四年六月乙丑，第131页。

仰的唯一神圣性，不屑于通过与佛教徒、道教徒的往来而自明。他们高度认同朱元璋、朱允炆等统治者恢复儒家统治地位的政治举动，同时比统治者更为迫切地渴望实现儒家的王道。在必要的时候，他们会诱导统治者采纳儒学主张。有的主张较为务实，有的主张则充满复古色彩和理想主义。他们坚决捍卫儒家伦理，特别是君臣名分，所以形成独具一格的生死观。易言之，他们既是儒学史上的殉道者，也是儒家精神的传承者。

方孝孺、练子宁等人被族诛之后，儒学发展的事业遭受重创。国家迎来的是一个"读书种子绝矣"的时代。明朝表面上依然尊崇儒学，规律性地举办科举，从儒生中选拔人才。但是，儒者的处境却无比困厄，尤其是儒学信仰发生动摇。有了方孝孺被诛十族的前车之鉴，很多儒者自觉或者不自觉地表现出统治者希望看到的奴性。在这种酷虐的时代背景下，儒学的发展又将何去何从？

◎ 解缙的抉择

公元15世纪初，燕王朱棣从侄子建文帝手中夺取皇位，改元永乐。建文旧臣之中，既有方孝孺、练子宁等态度决绝的抵抗派，誓死不屈，也有一些人无视气节，选择依附朱棣，并引用历史上管仲、魏徵的故事为自己辩护。其中，就有解缙、胡广等人。

解缙，字大绅，江西吉水人，洪武二十一年（1388）进士，被授为中书庶吉士。朱元璋对这位风度翩翩的进士非常眷顾，所谓"朕与尔义则君臣，恩犹父子"。[①] 解缙才气逼人，凭借天子的恩宠，

---

① 《明史》卷一百四十七《解缙传》，第 4115 页。

大有得君行道的畅快。

在短暂的京官生涯中，因为恃才傲物，解缙也得罪了不少官员。朱元璋本着爱才惜才的用心，召见解缙的父亲，让他带着儿子回家读书，十年之后，再考虑重用。解缙（1369—1415）比方孝孺（1357—1402）小十二岁，同样以文学闻名。作为晚辈，解缙的锋芒比方孝孺有过之而无不及。洪武后期，他们二人同样受到朱元璋的器重，也同样不被重用于当下，都奉诏离京，继续沉潜。

洪武帝崩殂后，时任汉中教授的方孝孺被建文帝宣召入京。解缙则主动从家乡赶来京城，名义上是悼念太祖高皇帝，真实目的却是寻求做官的机会。他的这种行为引来儒林声讨。有人举报他违背太祖读书十年的命令（现在才满八年），而且母亲去世未及下葬，父亲年过九旬，不该弃之不顾。如此不忠不孝之人，不加以处罚，无以昭信天下！于是，朝廷下令，将解缙贬到河州卫去做一个小小的胥吏。解缙心有不甘，便通过礼部侍郎董伦的关系，向建文帝求情。结果不仅得以免除罪责，还被任命为翰林待诏，成为方孝孺的同僚。

燕王朱棣兵临京师，解缙主动迎附，被擢升为翰林侍读，选入文渊阁，参与机务。此后，他一路升迁，官至侍读学士，兼右春坊大学士。那么，此人有无辅佐明太宗开创媲美"贞观之治"的"永乐之治"呢？解缙入阁后，很快陷入太子朱高炽与汉王朱高煦的斗争之中，遭到朱高煦的谗言攻击。最后，朱棣下令处死解缙，还将其全家抄没，妻子宗族发配辽东。[1]

当年给朱元璋上书的时候，解缙也表现出儒者的高远志向。针

---

[1] 《明史》卷一百四十七《解缙传》，第4122页。

对天子爱读《说苑》《韵府》《道德经》《心经》等杂书的情况，他建议圣上多读孔孟之书与程朱理学的著作。针对六经残缺，特别是《礼记》出于汉儒，蹐驳尤甚，他建议应当及时删改。他甚至提议朝廷编纂《乐经》，垂范后世。解缙博通经史文章，名动海内。在革除之际，他没有像方孝孺一样殉难，反而以管仲、魏徵的故事为况，想要辅佐朱棣打造一个堪称盛世的新世界。结果，他既不为朝廷所容，又不为儒林所齿，枉送性命。

◎ 儒学教科书：三部《大全》

明太宗永乐十五年（1417）三月，明廷下令，颁行《五经大全》《四书大全》《性理大全》，让六部官员、两京国子监学生和全国各地学校的生员认真学习，此举标志着明朝基本完成全国思想的大一统。

颁行之初，朱棣异常自信地认为：

> 此书，学者之根本，而圣贤精义悉具矣。[1]

在他看来，古往今来所有的学问都寓于这三部《大全》中。从今以后，天下人想要理解圣贤之道，只要勉力学习这三部书即可。对各地学生而言，想要考取功名，必须熟诵这三部书。另外，既然这三部《大全》都是皇帝钦定，那么任何儒者胆敢节外生枝，持有异议，都会被视作对朝廷权威的公开挑战。

就经学发展的理路而言，随着中央王朝的统一，经学也会迎来统一。比如唐太宗就命令国子祭酒孔颖达召集诸儒编写《五经正

---

[1] 《明太宗实录》卷一百八十六，永乐十五年三月乙未，第 1990 页。

义》，包括《周易正义》《尚书正义》《毛诗正义》《礼记正义》《春秋左传正义》等。唐高宗永徽四年（653），国家颁行《五经正义》，将其作为科举考试的依据。在嘉惠学林的同时，这套书也存在一些问题，比如前后说法自相矛盾、疏解过于维护注文、引用不可靠的谶纬之书等等。[①] 尽管功过互见，《五经正义》依然成为唐代至宋初数百年中无数士子的必读之书，也让经学进入大一统的时代。

那么，相形之下，明代三部《大全》特别是《五经大全》的质量究竟如何？这还要从负责编纂的儒臣胡广分析。

胡广，字光大，江西吉水人，和解缙同里。建文二年（1400），国家举行殿试，胡广在对策之中表现出明确的削藩倾向，所谓"亲藩陆梁，人心摇动"，[②] 获得建文帝的格外赏识，被钦点为状元，随后授予翰林修撰。在翰林院供职期间，胡广和解缙一样，比起国家的未来，更关注个人的命运。所以，当燕王朱棣攻陷京师后，胡广这位建文帝钦点的状元（也是建文帝在位时期唯一的一位状元）主动归附。此后，他青云直上，官至翰林学士，兼左春坊大学士。

和解缙的生性躁动不同，胡广生性缜密。他深受永乐帝倚重，从未表现出骄矜之色。自从入阁参与机务之后，他的性格更显稳重，很会拿捏分寸。永乐十六年（1418），文渊阁大学士胡广去世，被朝廷追赠礼部尚书，赐谥"文穆"，成为明朝第一位获得谥号的文官。[③]

---

① 参皮锡瑞：《经学历史》，周予同注释，北京：中华书局，2004年，第141页。皮锡瑞认为，《五经正义》出现诸多问题的原因在于："官修之书不满人意，以其杂出众手，未能自成一家。"参皮锡瑞：《经学历史》，第141—142页。

② 《明史》卷一百四十七《胡广传》，第4125页。

③ 《明史》卷一百四十七《胡广传》，第4125页。

回到永乐十二年（1414）十一月，当翰林学士胡广接到编书的谕令后，随即在东华门外开馆，并招揽儒臣。[①]编书的条件十分优厚，日常饮食由光禄寺负责，所缺书籍可以从全国搜取，所缺人才也可以从全国抽调。

一般而言，无论是重新注解四书，还是五经，抑或宋儒的著作，都困难重重。这些经典虽然文字不多，但是内容丰富，微言大义，文近旨远。很多儒者皓首穷经，疏通其中任何一部已属难能。

可是，永乐十三年（1415）九月，距开馆不到一年时间，胡广就带领一班儒臣，兴高采烈地向朱棣汇报，他们超前完成了政治任务。朱棣龙颜大悦，钦赐书名，分别为《五经大全》《四书大全》《性理大全》，还亲自撰写序文。

在序文中，朱棣对这三部书予以高度评价，极尽自我夸耀之能事：

> 书编成来进，朕间阅之，广大悉备，如江河之有源委，山川之有条理。于是，圣贤之道粲然而复明，所谓考诸三王而不缪，建诸天地而不悖，质诸鬼神而无疑……[②]

如此重要的教科书就这样草率完成，还得到皇帝的高度肯定。那么，这套书的编纂水平究竟如何？

明朝末年，一代儒宗顾炎武对《四书大全》《五经大全》予以强烈批评。他说，当年，国家开馆编书，本意是要给天下儒者提供一套典范，也方便教学。这项工程在编写前后不知耗费多少人力、

---

① 《明太宗实录》卷一百五十八，永乐十二年十一月甲寅，第1803页。
② 《明太宗实录》卷一百六十八，永乐十三年九月己酉，第1874页。

物力、财力，胡广等人在编成之后都受到厚赏。可是，这些儒臣都是怎么编书的呢？《四书大全》基本上删改自元儒倪士毅的《四书辑释》，《春秋大全》几乎照抄元儒汪克宽的《胡传纂疏》，《诗经大全》又抄袭元儒刘瑾的《诗传通释》……胡广这些人根本不是编书，而是抄书！他们拿着国家经费，上欺朝廷，下诓士子，这是唐宋以来从未有过的重大丑闻。如果建文时期的名儒方孝孺、练子宁等人尚在，真不知作何感想。胡广之流不学无术，浪费国帑，恬不知耻，互相蒙骗，图的不过是功名利禄，却无人问责。悲愤之余，顾炎武感慨说：

> 呜呼！经学之废，实自此始。[1]

结合整个明朝经学衰微的惨痛事实，顾炎武心情异常沉重。他感到，但凡当时的儒臣有一点儿操守，有一点儿真才实学，也不至于做出如此荒谬之事。他们不仅误人子弟，还断送本朝经学的未来。

他也反思，为什么会出现这种事情？所有的一切都要回溯到靖难之役那个时间点上。国家把有气节操守、有真才实学的儒者屠杀、压制之后，整个学林的风气随之丕变。社会上流行的学风不再是坚守道义，不再是传承圣贤之道，而是急功近利，务求媚上。在学林领袖方孝孺被诛十族之后，随着三部《大全》的颁行，本朝经学就已名存实亡：

> 自八股行而古学弃，《大全》出而经说亡，十族诛而臣节变，

---

① 顾炎武著，黄汝成集释，栾保群、吕宗力校点：《日知录集释》卷十八，上海：上海古籍出版社，2006年，第1043页。

洪武、永乐之间，亦世道升降之一会矣。[①]

这里面的"一会"就是一大转折点的意思。公元 15 世纪初，明朝依然豢养诸多峨冠博带的儒臣经师，依然拥有汗牛充栋的篇章典籍，却掩盖不了灵魂的苍白与精神的萎靡。儒学如果没有精神，没有灵魂，即便有再大的礼典，再多的新著，又有何益？

明亡之后，清儒在编纂《明史·儒林传》时，发现偌大的明帝国在两百七十六年的历史中竟然没有涌现出一位像样的经师。清儒在检讨明代经学时特别提到："经学非汉、唐之精专，性理袭宋、元之糟粕。"[②] 试问，造成这样的恶果是偶然的吗？明廷滥用专制淫威，颁行粗糙的三部《大全》，约束读书人的思想，大力开展经学自戕，对明朝经学乃至学术的衰微局面负有不可推卸的责任。

要之，明初统治者处心积虑地全面控制学术，迫使所有学者鹦鹉学舌，万马齐喑，加上不少儒者投其所好，曲学阿世，以至于本朝学术在漫长的历史时期内停滞不前。

◎ 儒者与画梅

儒学教人志道据德，依仁游艺，明代儒者也有自己的娱乐方式。想要理解他们的志趣，我们也可以从一些闲情逸致中读出端倪。

社会上流行各种画作，通常是花鸟虫鱼、飞禽走兽之类，上面常有题诗。有的是画家自己的题诗，有的则另外请人题诗。这种题画诗的篇幅往往不长，既能反映所画对象的特质，也会流露出作者

---

① 《日知录集释》卷十八，第 1045 页。
② 《明史》卷二百八十二《儒林传一》，第 7222 页。

的志向。

比如，同样给梅花图题诗，作为谋士的刘基既注重表达梅花与桃杏迥然不同的孤高品质，也表露本人渴望归隐泉林的志趣：

题画梅

夭桃能紫杏能红，满面尘埃怯晚风。

争似罗浮山涧底，一枝清冷月明中。[①]

方孝孺对梅花的歌咏则全然不同。梅花作为四君子（梅、兰、竹、菊）之一，方孝孺认为其深得天心，根本不是寻常草木所能比拟：

画梅

微雪初消月半池，篱边遥见两三枝。

清香传得天心在，未许寻常草木知。[②]

如果说刘基颇有几分不同于桃杏等俗花的孤高，那么方孝孺更是将这种孤高与不同流俗发挥到极致。梅花出于草木，却远胜草木。以梅喻人，儒者理解天地之间的奥妙，理解先圣先贤的精义，所以凸显出君子人格的无穷魅力。

作为儒者，方孝孺渴望通过儒学诱导君主，恢复先王之道。有些人把君主形容为猛虎，把在君主身边效力形容为"伴君如伴虎"。在方孝孺看来，猛虎并非君主的理想境界。在一首题画诗中，他如是描写老虎：

---

① 陈邦彦等编：《御定历代题画诗类》卷八十三，景印文渊阁《四库全书》第 1436 册，第 287—288 页。

② 陈邦彦等编：《御定历代题画诗类》卷八十三，景印文渊阁《四库全书》第 1436 册，第 288 页。

踊跃谷生风，峥嵘百兽中。岂知王者瑞，足不履生虫。[1]

王者对应的应当是一种瑞兽，而非恐吓百兽的老虎。瑞兽只会吃自然死亡的动物，而非嗜杀成性。正因如此，像瑞兽一样的王者不仅获得当世之人的爱戴，也会获得千秋万世的景仰，就像尧、舜、禹、汤、文王、武王这些先王一样。

所以，当朱棣通过种种手段恐吓他的时候，方孝孺绝不屈从。在他看来，眼前的这只猛虎甚至是可怜虫，即便肆虐一时，也永远无法洗脱"燕贼篡位"的万世臭名。纵使这只猛虎可以消灭自己的肉体，诛杀自己的十族，焚毁自己的诗文，他能够消灭公道吗？能够赢得人心吗？公道在一些人眼中可能一文不值，但在另一些人眼中，为了争取公道，宁可舍弃生命。朱棣越是胡作非为，越证明自己的虚弱，越证明自己在名分上的篡夺。作为真正的儒者，方孝孺为自己的儒学信仰而生，为自己的儒学信仰而死，求仁得仁，虽死犹荣。

方孝孺之死在儒学史上极有分量。对常人而言，方孝孺也许是不识时务的愚儒，甚至不通人性：自己死就罢了，为什么连累十族？然而，对坚守儒家纲常的儒者而言，方孝孺之死有其绝对不容抹杀的光辉意义。

清代儒者陈祖范在《方孝孺死节论》一文中通过方孝孺的口吻，一语道破方孝孺死亡的价值：

> 然而吾所以死，非为一身也，为天下大义也，为万世伦

---

[1]　方孝孺：《虎图》，《逊志斋集》卷二十四，景印文渊阁《四库全书》第 1235 册，第 713—714 页。

常也。[1]

儒学极其重视伦常，而坚守伦常正是维系社会秩序的关键。个体的生死事小，但是伦常的兴衰则关乎国家的命运。

陈祖范在文中总结出儒者的行事规则："大抵吾儒行事，但患不得其当。苟得当矣，如此而生，如此而死，无可复挠之者，不必多为瞻顾审度也。"[2]人有的时候就怕瞻顾审度，一会儿考虑连累妻子，一会儿考虑连累朋友，一会儿考虑苟活的可能性……思虑太多，顾及太广，反而自乱阵脚，容易背离初心，久之必为小人。

方孝孺之所以获得无限景仰，正因为他足够纯粹，一腔孤勇，奋战到底。他在一篇记文中留下的一段文字，也可以说明后人景仰他的原因：

> 生乎千载之上，而为后世所慕者，夫岂偶然哉？生乎千载之下，而尚友乎古人者，夫岂徒然哉？[3]

人生天地之间，究竟如何做人？天底下从来不缺少读圣贤书的儒者，究竟怎样的儒者才令人景仰？真正的儒者不仅学问精湛，而且自拔于流俗之上。因为对圣贤仰慕不已，自强不息，他们的精神意志也逐渐向圣贤迁移，最终跻身为其中的一员，也为后人仰慕不已。

---

[1]　陈祖范：《方孝孺死节论》，《司业文集》卷一，《四库全书存目丛书·集部》第274册，济南：齐鲁书社，1997年，第112页。

[2]　陈祖范：《方孝孺死节论》，《司业文集》卷一，《四库全书存目丛书·集部》第274册，第112页。

[3]　方孝孺：《望云堂记》，《逊志斋集》卷十七，景印文渊阁《四库全书》第1235册，第521页。

清儒潘耒（顾炎武的弟子）在回忆方孝孺的事迹时，无限感伤，也无限景仰。在他看来，方孝孺和十族八百多人的鲜血不会白流，而后人也永远不会忘记这桩儒林大案。在他心目中，方孝孺是能和伯夷、叔齐、诸葛亮等并驾齐驱的人物，是让乱臣贼子永世不得安宁的人物。至于壬午年（建文四年，1402）六月发生的事情，史家自有公论，所谓：

> 壬午六月之事，吾知后有良史必以"篡"书也。事固有绌于一时，而伸于万世者，以万世视二三百年，直旦暮耳。区区成败利害，乌足较哉！乌足较哉！①

方孝孺的影响不仅在儒林内部。清代文学家蒲松龄在撰写《聊斋志异》的时候，讲到忠孝之人，忍不住拈出解缙和方孝孺两人加以对比。当年，解缙答应方孝孺一同殉国。结果，方孝孺不屈而死，名垂青史，而解缙为了荣华富贵，主动投附。即便如此，解缙后来也死于非命。②

◎ 学贵有守

世事无常，想要苟全性命的人反而纷纷殒命。其中，胡广却是少数得以终寿的一位。他奉命编纂三部《大全》，在《礼记大全》

---

① 潘耒：《方孝孺》，《遂初堂文集》卷十一，《续修四库全书》第 1417 册，第 570 页。

② 《聊斋志异》载："忠孝，人之血性；古来臣子而不能死君父者，其初岂遂无提戈壮往时哉？要皆一转念误之耳。昔解缙与方孝孺相约以死，而卒食其言；安知矢约归后，不听床头人呜泣哉？"蒲松龄著，朱其铠主编：《佟客》，《全本新注聊斋志异》卷九，北京：人民文学出版社，1989 年，第 1182 页。

注解"曾子易箦"这段经文时，很自然地引用朱子的解释：

> 易箦结缨未须论优劣，但看古人谨于礼法，不以死生之变易其所守。如此，便使人有行一不义、杀一不辜而得天下不为之心。此是紧要处。[1]

作为士，曾子弥留之际，在童子的提醒下，发现身下躺着的席子（季孙所赐）是大夫等级的，与他的身份并不吻合。发现问题后，曾子为了维护儒家礼制，不顾亲人劝阻，坚持要求更换席子，结果刚换上新席子，他就过世了。

卫国内乱，在卫国效力的子路寡不敌众，倒在血泊之中。临死之前，子路发现冠下的缨带没有系好，不符合君子的形象。在系好之后，他坦然接受死亡。

易箦和结缨看上去无关紧要，却体现古人谨于礼法的态度。即便在死生之际，儒者也不会违背毫厘。所以，朱子特别提醒弟子，读书也好，做人也好，千万不能放过这些细节。这些细节正是关乎儒者身家性命的紧要之处。

毋庸置疑，胡广对这些道理烂熟于心。如果曾子、子路等先贤连易箦、结缨这种事情都不肯略过，胡广又如何面对背叛建文帝、投附燕王的往事？

在《四书大全》中，胡广解释"笃信好学，守死善道"时，也引用宋儒的解读：

> 盖有学贵乎有守，然必有学，然后能有守。学问之深者，

---

[1] 胡广：《礼记大全》卷三，景印文渊阁《四库全书》第122册，第79页。

虽以之处死生之变可也，而况于去就之义、出处之分哉？[1]

儒学绝非构筑在空中的纯理论，而是关乎伦常日用的实践性学说。判定真儒的标准，不是此人有哪些著述，有多高的官职。首先是道德人品，其次才是在教学或者仕宦方面的成就。胡广对去就之义、出处之分等道理十分熟稔，却只是停留在表面。

当年，胡广和解缙陪同朱棣在皇宫用膳。餐桌上，朱棣打趣说："你们二人是同乡，又是同学，还是同僚。现在解缙有一个儿子，胡广到时再生一个女儿，你们两家将来就可结为亲家。"胡广惶恐回答："微臣的妻子还在孕期，不确定生男生女。"朱棣笑着说："爱卿肯定会生女儿。"一如朱棣所料，胡夫人果然生下一名女儿。胡、解二家便为儿女定下亲事，只待长大完婚。

永乐十三年（1415），解缙被杀，他的儿子解祯亮受到牵连，被发配辽东。胡广本着务实的一贯态度，要求女儿解除婚约。女儿坚决不从，还割下自己的耳朵以明心志："女儿的亲事是皇帝主婚，父亲大人当面答应。如今，我非解公子不嫁！父亲大人如再逼迫，女儿唯有一死！"[2]事已至此，胡广只好作罢。明仁宗即位后，赦免解缙家人。皇天不负有心人，胡广的女儿如愿嫁给解祯亮。

儒学真能改变一个人的品行吗？胡广学识渊博，赫然为儒林宗主，在大是大非面前，反而不如可能没读过几本书的女儿。质言之，儒学对胡广这些人而言，不过是谋求利禄的工具而已。

大浪淘沙，泥沙俱下。正因解缙、胡广这些人的衬托，才让后

---

[1]　胡广：《论语集注大全》卷八，景印文渊阁《四库全书》第205册，第290—291页。

[2]　《明史》卷一百四十七《解缙传》，第4122页。

人更加意识到方孝孺的可贵，所谓"千秋正学"是也。[①] 方孝孺物故后，明代儒林的内部分化更为明朗：有些人心系棘闱，亦儒亦官，立身于虎狼之间，周旋于名利之场；有些人则看淡这一切，不求闻达，躬耕自养，为儒学的发展另辟一方新壤……

---

① 黄宗羲高度评价方孝孺："继而时命不遇，遂以九死成就一个是，完天下万世之责。其扶持世教，信乎不愧千秋正学者也。"《师说》，《明儒学案》，第1页。

第三章 北方之儒

第一节 一月映万川

> 方正学（指方孝孺）而后，斯道之绝而复续者，实赖有先生（指曹端）一人。
>
> ——黄宗羲
>
> 盖明代醇儒，以（曹）端及胡居仁、薛瑄为最，而（曹）端又开二人之先。
>
> ——《四库全书太极图说述解提要》

◎ 从祀孔庙议

道光三十年（1850）冬，河南渑池县的儒生周尚冕会同乡绅胡廷弼、张书绅等人，提出将明儒曹端从祀孔庙的建议。周尚冕认为，明儒薛瑄、胡居仁等人都从祀孔庙，而本县的曹端却没有从祀，实为阙典。

在渑池县知县看来，如今兵荒马乱，到处都在打仗。自庚子年（道光二十年，1840）以来，外有英、法等国不断侵扰，内有灾荒饥馑与各地叛乱。朝廷对这些军政大事尚且应接不暇，哪有心思去考虑从祀之类的问题？更何况曹端还是前朝儒者，已经死去四百多年……由于知县的反对，周尚冕等人的计划戛然而止。

光阴荏苒，到了咸丰九年（1859），河南学政李鸿藻让手下人编纂明儒曹端的遗书。饶公清时任渑池县学教谕，参与编纂工作。当他把这个消息告诉好友周尚冕之后，周尚冕兴奋异常！他觉得这是一次让曹端从祀孔庙的良机，应该把握！周尚冕又找到张书绅等人，一同商议。

随后，在编纂曹端遗书之余，饶公清、周尚冕、张书绅等人整理材料，论证曹端从祀孔庙的必要性。根据这份材料，本县名儒曹端天生聪颖，五岁的时候就开始探询关于河图、洛书的玄妙问题。此后，他坚持儒家立场，排斥佛老。刻苦向学，经常伏案读书，以至于书案下的两块砖都被踩穿，足见用功之勤。他孝顺父母，垂范一方。在父母去世后，严格按照朱子的《文公家礼》举行丧祭。担任山西霍州学正期间，他厉行教化，吸引四方学子数百人。另外，曹端著作等身，作品主旨都与程朱理学若合符契。不仅如此，薛瑄等大儒都对曹端高度赞扬。据相关史籍记载，曹端本人在明代就有"理学之冠"的美誉，也有彭泽、李桢等多人提议从祀孔庙。可惜，明廷未能批准，致使曹端"潜德待彰"，[①] 留下遗憾。逮乎圣朝，我大清理应让曹端从祀孔庙。

问题在于，英法联军虎视眈眈，太平军也在四处进攻，清朝实力大不如前。在这种背景下，清廷会同意曹端从祀孔庙吗？即便饶公清、周尚冕、张书绅他们取得河南学政李鸿藻的支持，还有渑池

---

① 曹端：《曹端集》附录四《从祀录》，王秉伦点校，北京：中华书局，2003年，第348页。

县知县、河南府知府、河南布政使以及河南巡抚等大小官员，他们也会支持吗？退一步讲，即便河南官员全票赞成，这份申请还要呈送中央朝廷。届时，礼部官员、大学士和军机大臣等人能通过吗？从祀孔庙，兹事体大，咸丰皇帝本人会恩准吗？

◎　**渑池县学**

建文四年（1402），明朝正在经历一场巨变。燕王朱棣攻陷京师，成为国家的新主人，而拒绝臣服的方孝孺、练子宁等名儒纷纷死于非命。距离京师八百多公里的河南渑池，则非常平静。此时的曹端年仅二十七岁，去年刚在渑池县学谋得一份差事。正是这份差事让他锒铛入狱。

事情的起因不过是上官在检查文卷时，发现纰漏，误以为是曹端的责任，实则是之前的官员所为。查明真相后，曹端被无罪释放。他也因祸得福，获得包括知县在内的诸多官员的信任。就在朱棣在京师大肆屠戮建文旧臣的时候，曹端凭借知县的信任，建议捍卫儒教，摧毁本县一百多处淫祠，并很快付诸实践。

在他看来，国家理当以儒教立国，岂能放任百姓祭祀各路鬼神！所以，除了夏禹庙、雷公庙等，其余的祠庙统统予以捣毁。他还另建里社坛、里谷坛代替淫祠，供乡人祭祀。

永乐三年（1405），河南省举行乡试。曹端即便学富五车，却还是名落孙山。曹端的落第让众人深感意外。落第之后，曹端一边读书教学，一边整理家务。为了树立良好的家风，他借鉴《义门郑氏家规》，创作《家规辑略》。曹端既没有显赫的师承，也没有良好的家学。他的父亲九岁成为孤儿，而且目不识丁。[①]国家建立之初，饱学宿儒往往云集在京师、江南等发达地区，而渑池一地尚无可称名师者。不仅渑池，整个中原地区饱经战乱，文教凋零，这也是人尽皆知的事实。所以，对曹端这类小地方儒者而言，自学几乎成为唯一途径。

元明是程朱理学的重要传播时期，宋儒的著作在社会上也比较常见。所以，曹端对周敦颐、张载、程颢、程颐、朱熹等宋儒的书籍较为熟悉。与他人粗略翻检不同，经过研读之后，曹端相信，真理就隐藏在这些经典之中：

> 读宋儒《太极图》《通书》《西铭》，叹曰："道在是矣。"[②]

明朝初年，地方百姓的信仰杂乱不一。一方面，朝廷竭力主张恢复先王之道，扶持儒教；另一方面，这些恢复儒家思想的工作远远没有落地。有感于斯，曹端便继续推动儒家学说的传播。在捣毁本县大小一百多处淫祠之后，曹端还说服父亲，在家中建立一座祠堂。他按照《文公家礼》的记载，将曹氏祖宗神主安放其中，并划出二十亩祭田，专供祭祀之用。就在曹端作为儒家卫士声望日隆之际，他也遇到一大苦恼：他的父亲是一名虔诚的佛教徒！

在儒学宗师方孝孺去世后，人心激荡的时代落下帷幕，其他儒者的生活还要继续。失去领袖之后，儒者的道路该如何抉择？儒学信仰又该向何处追寻？大多数人无论是否心甘情愿，还是选择向现实低头，与永乐政权合作。他们避开层层忌讳，继续埋首苦读，背

---

① 《夜行烛序》，《曹端集》卷四，第128页。
② 《明史》卷二百八十二《儒林传一》，第7238页。

诵科场文章，重复唐宋以来金榜题名的人生故事。

永乐六年（1408），曹端三十三岁，比起今年即将参加的乡试，他更为挂心的是，如何转变父亲的信仰。

佛教流行已久，倡导生死轮回、因果报应。相信佛法的人，会升入天堂；否则，会堕入地狱。佛家教人，诸恶莫作，众善奉行，也有导人积德行善的功能。这些朴素的说教在民间广为流行，包括曹端的父亲在内，信佛礼佛已经成为百姓日常生活中不可或缺的一部分。

随着知识和阅历的增长，曹端越来越无法容忍这些淫祠、流俗、异端对儒家文化阵地的侵占。他凭借扎实的经学知识，耐心地劝导父亲，让他逐渐意识到天堂、地狱这些说法的荒谬。这项劝说工作绝非一蹴而就。曹端为此专门编纂《夜行烛》一书，历数古往今来的典故，申明尊崇儒学、排斥佛教的必要性。

曹端将儒学经典通俗化的工作出奇成功。他将儒家片段式的经典表述一一介绍给父亲，让父亲领悟到，自己之前受佛老所惑，如人之夜行，唯有儒家的烛火才能将自己引向光明。曹端的这种转化工作后来也被传为儒林佳话。

就在让父亲改信儒学的当年，曹端一身轻松地参加乡试。这一次，他不负众望，考取全省第二名。乡试每三年才举行一次，一次录取名额不过四十名左右，[①] 而河南省共有一百多个州县，三千八百多

---

① 在不同时期，各个行省分配的举人名额不尽相同。以明初为例，史载："（洪武三年）五月，诏京师及各行省乡试，选五百名为率。直隶府、州、县贡额百名，河南、山东、山西、陕西、北平、福建、江西、浙江、湖广各四十名，广东、广西各二十五名。若人才多处，或不及者，不拘额数。"张弘道、张凝道：《明三元考》卷一，《四库全书存目丛书·史部》第 271 册，第 55 页。

个里，①每里儒生中举的几率不过百分之一！所以，对河南考生而言，遑论考中进士，就连考中举人，也异常艰难。为了表示对这位举人的激励，当地官员下令，将曹端居住的窟陀里更名为端士里。

次年（1409）二月，曹端南下京师参加会试，虽未考中进士，却也获得乙榜第一名的成绩。四月，被朝廷任命为山西霍州儒学的学正。② 从此，他开启了一段新的人生历程。

◎ **曹端悟道**

中国古人喜欢用高度抽象的言语来表达对宇宙本体的认识。这种解读方式从一开始就存在巨大的不确定性，从而引发各种分歧。就三教来说，无论是儒家，还是道家、佛家，都在讲"道"。这个"道"究竟是什么，又和万事万物之间有何联系？古往今来，言人人殊。

老子提出"道生万物"的理念，所谓"道生一，一生二，二生三，三生万物"（《道德经》第四十二章）。道本无名，强名为一，然后化生天地，引出阴阳之气，生养万物，而万物又各有其道。

佛家也讲佛法之于万物的映射。唐代的一位高僧就提到："一性圆通一切性，一法遍含一切法。一月普现一切水，一切水月一月摄。"（《永嘉大师证道歌》）佛性、佛法圆融自足，就像月亮一样，照在不同的水面就会呈现不同的倒影。这些倒影也是月亮，但又不是真正的月亮。

宋儒则用"太极""理"加以解读。周敦颐认为："无极而太极。太极动而生阳，动极而静，静而生阴，静极复动。一动一静，互为其根。

---

① 《明史》卷四十二《地理志三》，第 977 页。
② 《曹端集》附录二《年谱》，第 271 页。

分阴分阳，两仪立焉。阳变阴合，而生水、火、木、金、土。五气顺布，四时行焉。"（《太极图说》）除了"太极"之外，朱熹也用"理"进行阐释："天地之间，理一而已。然'乾道成男，坤道成女，二气交感，化生万物'，则其大小之分，亲疏之等，至于十百千万而不能齐也。"（《西铭解》）类似的说法在宋儒之间颇为常见，不胜枚举。

初看下去，三教之间的说辞颇为雷同，仔细分析，却并非如此。在一番比较之后，曹端选择服膺宋儒的解说。为此，他写下一系列论著，解释宋儒的观点，包括《太极图说述解》《通书述解》《西铭述解》等。

明宣宗宣德三年（1428）三月，霍州学正曹端五十三岁，刚完成《太极图说述解》这部代表作。在《序文》中，他总结一生的学问路径：

> 成童业农，弱而学儒，渐脱流俗，放异端，然尚縻于科举之学者二十余年。自强而后，因改所学而潜心玩理。[1]

同年七月，他又完成另外一部著作《存疑录》。在《序文》中，同样交代自己求学以来，如何为流俗、异端所惑，挣脱二者的困扰之后，还放不下科举功名的羁绊，长达二十多年。人过五十，已到所谓知天命之年，来日无多，如果还放不下这些功名，可能碌碌一生，无所作为。他在茫茫的学海之中，奋力寻找，终于看到程朱理学的灯塔，将其作为人生的依归。所以，刚完成《存疑录》的写作，

---

① 《太极图说述解序》，《曹端集》卷一，第3页。

他就自称"伊洛后学"，[1] 化身为程朱理学的坚定信徒。

经过多年来的读书、教学、写作，结合人生阅历，曹端越发相信，宋儒所言非虚。天下书籍林林总总，唯有四书五经才是最正确的理论，而真正阐发圣人性理之学的正是濂（湖南濂溪周敦颐）、洛（河南洛阳程颢、程颐兄弟）、关（关中张载）、建（也作"闽"，指福建朱熹）这些大儒：

> 性即理也。理之别名曰太极，曰太乙，曰至诚，曰至善，曰大德，曰大中，随意取名不同，而道则一而已。六经、四书之后，阐明开示至当归一之论，惟濂、洛、关、建大儒真得孔孟宗旨。[2]

根据程朱理学，他反复研究、印证，也从未停止著述。宣德六年（1431），曹端突然感到，自己领悟到了理学的精髓，便写下一首《月川图诗》：

> 天月一轮映万川，万川各有月团圆。
> 有时川竭为平地，依旧一轮月在天。[3]

这首诗很像佛家的证道诗。但是，曹端恪守儒家立场，并没有倒向佛家。为了庆祝自己在求道之路上的体悟，曹端还为自己取了一个号——月川子。这也是后人尊称他为月川先生的由来。

人人都有一个太极，太极就是理。此理投射在万人之中，就像一轮圆月照在万条江川之上。江川有时充盈，有时干涸，但是不会

---

[1]　《曹端集》附录二《年谱》，第 295 页。
[2]　《曹端集》附录二《年谱》，第 294—295 页。
[3]　《曹端集》附录二《年谱》，第 298 页。

对月亮造成影响。理永世长存，就像天上的月亮一样。如果人们能体悟其中的道理，在自家身心上印证，立志与圣贤为伍，便不会再为流俗、异端所惑。

正是因为体会到其中的道理，所以曹端一生以理自守，乐在其中。比如，他从不饮酒，甚至都不喝茶（这在中国士大夫群体中十分罕见）。冬天再冷，他也不用暖炉；夏天再热，他也不用扇子。他高度关注内心的精神生活，对外在的诱惑无动于衷。在担任学正期间，他一年四季都整理好冠带才到讲堂授课，从无一日懈怠。遇到学生请教问题，哪怕正在吃饭，他也会马上停下来；哪怕是深更半夜，他也会披衣起身。①

悟道后三年（宣德九年，1434），一代儒宗曹端正襟危坐，与世长辞，享年五十九岁。临终前，他告诫霍州儒学的学生们要"尊所闻，行所知"，②尊重知识，躬行实践，颇有知行合一的韵味。至于遗命，则是严令弟子用儒家的礼仪为自己举行丧葬，断不可用佛家、道家的仪式污染自己。

在理学上，曹端确有造诣，各种著作均可佐证。他对太极之学别有体会，教导门人弟子，要从探寻最根本的真理入手。学习儒学如果不从根本处探寻，那么所知所学就不可靠。儒家的真理便是宋儒揭橥的"太极"：

---

① 《曹端集》附录二《年谱》，第302—304页。曹端言行一致，无论对家人，还是对弟子、乡人，都发挥莫大的教化作用。有人称他："濂、洛、关、闽之后，道学之传，心法之微，先生一人而已！"《曹端集》附录二《年谱》，第305页。
② 《曹端集》附录二《年谱》，第302页。

> 学欲至乎圣人之道，须从太极上立根脚。①

曹端绝非纯思辨的儒者，也富于救世精神。即便只是小小的学官，在荒年的时候，他也发挥自己的影响力，建议知县及时赈灾，以此存活不少百姓。由于这位先生的教化，霍州风气逐渐改善，人们很少诉讼，而是注重廉耻操守。②

他的名声也吸引不少官员前来拜访。当知府郭晟询问为政之道时，曹端回应说：

> 公则民不敢谩，廉则吏不敢欺。③

曹端言语不多，却能抓住要点。对于一名官员而言，秉公心、做公事，民众自然不会轻慢，因为官民势同一体，都在为改善公众的福祉而努力；官员能洁身自好，保持廉洁，那么手下的胥吏也无法欺瞒自己，能够及时解决问题，改善局面。即便在临终之际，曹端还在劝谏施行宽政。官员多一分宽政，民众就多一分实惠。④ 如果官员作威作福，厉行苛政，那么百姓救死犹恐不赡，无缘过上礼义廉耻的生活。

---

① 《明史》卷二百八十二《儒林传一》，第 7239 页。
② 关于曹端推行地方教化的研究，可参黄友灏：《明初地方生员与民间教化政策的推行——以曹端及其〈家规辑略〉、〈夜行烛〉为例》，《明清论丛》2016 年第 1 期等。
③ 《明史》卷二百八十二《儒林传一》，第 7238 页。
④ 史称："先是，州大夫入问疾，曰：'诸大夫能宽一分，则民受一分之赐，吾无遗恨矣。'"《曹端集》附录二《年谱》，第 302 页。

◎ 明代最知名的学正

儒学学正的官职听起来颇为动人，学以正己，学以正人，实则极其卑微。按照明朝的职官设定，府学教授只是从九品的小官，另有四名训导，均未入流。至于州、县的学官更不入流，州学的长官有学正一名，另有训导三名，县学的长官有教谕一名，另有训导两名。[①]方孝孺做过汉中府学教授，后来被建文帝召入京城，官拜文学博士，成为天子顾问。相形之下，曹端一生都与学正结缘，前后二十年始终没能升迁。他先后担任山西霍州学正、蒲州学正，又转回霍州学正，最后死在霍州学正任上。

明朝两京十三省共有 193 个州，1138 个县，[②] 每个州县都有学校，也设有学正、教谕等学官。在明朝两百七十六年的历史上，这种未入流的学官不计其数，但是没有一位像曹端这样引起儒林瞩目。可以说，曹端是明代最知名的学正。他的职务如此之低（未入流），声名如此之高（理学之冠），在有明一朝，乃至整个中国儒学史上，都不多见。

鉴于出过曹端这等具有影响力的名儒，学官一职也引发后人重视。万历年间，担任山西巡抚的吕坤就特别指出学官、教官对引领地方风气的重要性：

> 官之重无如教官重，官之坏亦无如教官坏矣。[③]

---

① 《明史》卷七十五《职官志四》，第 1851 页。

② 《明史》卷四十《地理志一》，第 882 页。

③ 吕坤：《实政录》卷一，《吕坤全集》，王国轩、王秀梅整理，北京：中华书局，2008 年，第 915 页。

学官虽未入流，却在为国家培养人才，也与地方风气的好坏紧密相连。在追述本朝杰出学官的事迹时，吕坤不禁联想到曾经在霍州、蒲州担任学正的名儒曹端。曹先生做学正的时候，规矩严明，崇德尚贤。学生们深受熏陶，相互以道德学问砥砺。当年为了让曹先生继续在本地执教，霍州、蒲州的学生争先恐后上章挽留。

永乐十六年（1418），时任霍州学正的曹端接到母亲去世的消息，回到家乡渑池奔丧。安葬母亲之后，在坟墓旁结庐守丧。三年期满，曹端到京师吏部报到。次年（永乐二十年，1422），被朝廷任命为蒲州学正。

洪熙元年（1425），就在担任蒲州学正满三年后，曹端到吏部参加考核，等待朝廷的分配。就在这时，蒲州、霍州的学生自发从家乡出发，奔赴千里之外的京师，请求让曹先生来本县儒学执教。由于霍州离北京更近，所以霍州学生捷足先登，呈递诉求。最终，朝廷将曹端改到霍州儒学担任学正。[①]

吕坤认为，蒲、霍两州学生拥戴月川先生，乃至跑到京师上章请求，这绝非用行政命令约束的结果，而是因为月川先生学养深厚，淡泊明志，用自己的学识和人格赢得学生发自内心的尊重。所以，本省各府、州、县的学官不要妄自菲薄，要学习月川先生的事迹，提高教学水平，改良社会风气。在教学过程中，也要扪心自问：

> 教授授以何术？学正正得何人？教谕谕以何事？训导导者何说？[②]

---

① 《曹端集》附录二《年谱》，第286页。
② 吕坤：《实政录》卷一，第916页。

　　一般而论，曹端的形象都是正面的，催人奋进：既能教化学子，也能教化百姓。翻读他的《年谱》，我们发现，他对盗贼都予以极大的宽容。有一次，盗贼潜入他的家中，偷走两匹绢。别人劝他报官，缉拿盗贼。曹端却认为："人失人得，不足介意。"①

　　曹端对盗贼尚且如此宽容，然而对女性的态度却截然不同。根据他苦心编纂的《家规辑略》，女性成为被严厉管教和责罚的对象。家中妇人必须鸡鸣起床，打扫内外。公公婆婆起床后，再去帮他们整理床铺。之后，还要到他们身边伺候，等待命令。夜幕来临，她还要帮公公婆婆展开被褥，安置妥当，才能退下。日复一日，年复一年。不仅如此，妇女还被剥夺私人财产权。接受他人的馈赠，无论是饮食、衣服、布帛、金银之类，一律上缴公公婆婆管理。胆敢私藏私用，就会遭到严惩。

　　作为程朱理学的虔信徒，曹端还特别鼓励妇女守节。家族中如果有妇女在丈夫死后愿意终身不嫁，应该鼓励，妥善抚恤。如果妇女愿意为丈夫殉节，自杀身亡，家人在报官之后，也要予以厚葬。如果寡妇不能守节，就是忘恩负义，在她改嫁之后，全家人终身都不许与之往来。在她死后，她留在家族的儿子也不用服三年之丧。

　　在曹端看来，女性从小就应当接受严厉的规训，"使知三从四德之理、贞静专一之道"。②妇女不准穿华丽的衣服，不准打扮靓丽，也不准饮酒。如果她们胡作非为，犯了淫邪之罪，就把她们关到牛棚、驴棚之中，送给她们刀子或者绳子，让她们自我了结。对待这种妇人，族长还要在家谱中删除她们的姓名。她们活着，不许踏入祠堂半步；

---

　　①　《曹端集》附录二《年谱》，第 266 页。
　　②　《曹端集》卷五《家规辑略》，第 193 页。

她们死后，不得葬入祖坟之中。总之，妇女要温柔顺从，服从管教，必要的时候，还要成为贞节烈女。

◎ **本朝理学之冠**

曹端写下的作品固然很多，但是阐发新意、能够流传的十分有限。他的许多著作，比如《孝经述解》《四书详说》《存疑录》《儒家宗统谱》《性理论》等都已失传。至于流传下来的书，像《太极图说述解》《通书述解》《西铭述解》等都是依傍宋儒，篇幅过简。至于《家规辑略》大半抄自前儒，而排斥佛老的《夜行烛》则全部摘录前人言论，并非严格意义上的著作。可以说，曹端在儒学上的贡献，并非写出儒学名著。

地方学者远离京师，影响力极为有限。很多没有到过河南渑池与山西霍州、蒲州等地的人对曹端此人了无印象。科举流行之后，一些有实用价值的教辅图书被书商看中，刊印传播，曹端的《四书详说》就是其中之一。所以，人们对曹端要么没有印象，要么印象停留在擅长写科场文章的老儒上面。

明武宗正德年间，陆深担任国子司业。太子太保都察院左都御史彭泽忽然上疏，请求将渑池曹端从祀孔庙，还说曹端是"本朝理学之冠"：

> 我朝一代文明之盛、经济之学，莫盛于诚意伯刘公（指刘基）、潜溪宋先生（指宋濂）。至于道学之传，则断自渑池月川曹先生始也。[1]

---

[1] 陆深：《俨山外集》卷十七，景印文渊阁《四库全书》第885册，第99页。

　　和很多大臣一样，陆深听到消息之后，无比惊愕。身为国子司业，他并不赞同彭泽的主张。他依稀记得，早年为了科举考试，他也读过一本名为《四书详说》的书。此书虽然符合程朱理学的宏旨，却还是举业之书，了无新见。

　　后来，陆深奉命提学山西，访问当地的师生，才了解到曹端的生平。月川先生少负奇质，仰慕圣贤之学，无论是读书，还是教书，在霍州、蒲州都有口皆碑。可惜，这位儒者的活动范围相当有限，除了到京师考试和述职之外，大体不出山西、河南两地。曹先生培养的弟子也极少入朝为官，所以无怪乎大家对他的学问、生平一无所知。若非太子太保彭泽突然提出让曹端从祀孔庙，恐怕山西、河南之外的人都不会注意到曹端的存在。当时，河南巡抚李桢也提请曹端从祀孔庙。但是，我大明绝非只有一个河南省，如果每省的巡抚都要求将本省儒者从祀孔庙，成何体统？

　　陆深还了解到，曹月川著作等身，号称"著书不下千种"。[1]但是，真正刊刻流传下来的屈指可数。要之，曹端作为地方儒者，虽然生平、著述都有功于道学，但是想要从祀孔庙，则难于登天。

　　万历末年，山西提学副使吕纯如请将宋代的范仲淹和本朝的曹端从祀孔庙，并未获得理睬。[2]另外，早在万历十九年（1591），面对曹端从祀孔庙的奏疏，万历皇帝就降下旨意，加以斥责：

　　[1]　陆深：《俨山外集》卷十七，景印文渊阁《四库全书》第885册，第100页。
　　[2]　《明神宗实录》卷五百七十三，万历四十六年八月丁卯，第10827—10828页。

> 这祀典屡经奏请，未有定论，如何又来烦渎？①

从祀孔庙绝非小事，和士大夫的集体态度关系密切。就像有关学者指出的那样："孔庙从祀的政治性太大，大到超出了皇帝个人的控制范围，皇帝个人不可能操控，所以会有廷议和整体官僚士大夫的关怀。"②从祀孔庙并非皇帝本人一纸诏书就可以决定，而是取决于整个士大夫集团的意见。在万历皇帝看来，既然士大夫对曹端的学术地位并未取得一致意见，这些地方官员为何屡屡拿这种奏疏来烦扰朕呢？

不仅廷臣对曹端的学术地位没有予以充分认可，就连有关著作也开始忽略曹端。明儒杨方震在撰写《理学录》的时候，把曹端之后的儒者都收录进去，唯独缺少曹端。这让有的儒者（比如陈建）颇为愤慨：

> 曹月川学行犹在吴康斋（指吴与弼）之右，杨方震《理学录》乃载康斋而遗月川，岂薄其为校官耶？③

在陈建等人看来，杨方震之类的儒者似乎过于势利，只因为曹端官职卑微，仅是一名学正，就罔顾事实，忽略此人。要知道，在太子太保彭泽等人的表述中，曹端可是本朝理学之冠，岂有撰写《理学录》而遗漏曹端的道理？

---

① 《明神宗实录》卷二百四十二，万历十九年十一月丁丑，第4517—4518页。

② 朱鸿林：《儒者从祀孔庙的学术与政治问题》，《孔庙从祀与乡约》，北京：三联书店，2015年，第23页。

③ 沈佳：《明儒言行录》卷二，景印文渊阁《四库全书》第458册，第615页。

陈建等人的抗议无济于事。曹端作为地方学官，门人弟子有限，影响亦有限，想要获得朝廷认可，从祀孔庙，阻力如山。此外，"理学之冠"的说法从未取得官方认可。朝廷不但不同意从祀的请求，甚至也没有赐予他谥号，以至于曹端的弟子们只能为乃师奉上"静修"的私谥。[①]

◎ **方孝孺、薛瑄之间**

明亡之后，清儒对明代儒者的看法更为从容。夏燮认为，元朝涌现出许衡、姚枢两位儒者，继承伊洛之学，成为北方儒学的领袖。元亡明兴，斯文未绝，曹端崛起于河南，接续伊洛之学，被称为明代理学之冠。[②]学林尊称他为月川先生，实至名归。

如果说，明廷碍于士大夫之间的争执难以形成公论，故而反对曹端从祀孔庙，那么到了清朝后期，咸丰十年（1860），清朝君臣则完全没有这种负担。在他们看来，经过有明一代的反复争论，曹端的地位反而越来越被儒林认可。

河南学政李鸿藻崇奉程朱理学，[③]故而对理学前辈曹端格外钦敬。在他的强力支持下，渑池县知县戴作义、河南府知府樊琨、河南布政使贾臻都表示赞同。此外，河南巡抚瑛棨也同意领衔上奏。既然士大夫集团的意见高度一致，清廷顺水推舟，同意他们的奏请。咸丰十年（1860）四月，曹端在离世四百多年后，终于跻身孔庙，获

---

① 《明史》卷二百八十二《儒林传一》，第 7239 页。

② 《明通鉴》卷二十一，第 899 页。

③ 《清史稿》称："鸿藻性至孝，为学守程朱。"赵尔巽等：《清史稿》卷四百三十六《李鸿藻传》，北京：中华书局，1977 年，第 12368 页。

得从祀孔子的殊荣。[①]

回溯到曹端生活的时代，明洪武、永乐之际，诸多名儒在京师效力。一方面，他们声名卓著，堪为天下儒林楷模；另一方面，他们也身不由己，生死荣辱均系于君主喜怒之间。曹端的不幸在于僻处文教有欠发达的中原一隅，故而影响力很难溢出中原地区。在方孝孺等人物故之后、三部《大全》没有扩散之前的真空期，曹端的这种不幸也让我们看到儒学发展的另外一种可能：即便没有显赫的师承与家学，也没有身居高位，地方儒者照样可以通过自学成才，在黑暗之中寻找光明。

公元 15 世纪初，曹端的光明之路即是以"伊洛后学"的身份，承担传承程朱理学的使命。靖难之后，在漫无涯涘的学海之中，曹端率先看到程朱理学的灯塔，并将此作为人生的奋斗方向，也带动了地方上的学风。随着国家颁行三部《大全》，独尊理学，曹端作为明朝理学先驱的地位愈发得到儒林的认可。

黄宗羲在《明儒学案》中给曹端盖棺定论，认为他是方孝孺、薛瑄之间承上启下的关键人物。[②]虽然只是未入流的学正小官，但是曹端在很多儒者的心目中，俨然是这一时期的儒学宗师。儒学的发展离不开风气的传承，薛瑄就是曹端之后闻风而起的接力者。

薛瑄比曹端小十三岁，与其有过交游，对曹端的学问和品行

---

① 《曹端集》附录四《从祀录》，第 343—350 页；《清史稿》卷二十《文宗纪》，第 759 页。

② 《师说》，《明儒学案》，第 2 页。

深为钦佩。^①在曹端死后，薛瑄继续光大理学。后来，他进入内阁，位极人臣，弟子众多，也极大地促进了理学的传播。薪火相传，后来居上，一个由薛瑄开创的学派即将登上历史的舞台。

第二节　河东夫子

> 自考亭（指朱子）以还，斯道已大明，无烦著作，直须躬行耳。
>
> ——薛瑄

◎ 山丹卫的小卒

陕西作为明朝十三省之一，包括今天中国的陕西省大部以及甘肃、宁夏、青海等省份的一部。在明代北边九镇之中，延绥镇［总兵驻地绥德（今陕西绥德），后改榆林（今陕西榆林）］、宁夏镇［驻地宁夏卫（今宁夏银川）］、陕西镇［驻地固原州（今宁夏固原）］三镇都在陕西，可见陕西在军事防御中的重要性。在陕西的西北方还有陕西行都司，驻地为甘肃镇［即甘州卫（今甘肃张掖）］。陕西行都司西临吐鲁番，北接鞑靼，最为边疆前线。从甘肃镇向西出

---

① 明英宗正统年间，时任大理寺少卿的薛瑄路过渑池县，再次拜谒曹端之墓，并在曹端的画像上题写赞词："质纯气清，理明心定。笃信好古，距邪崇正。有德有言，以淑后人。美哉君子，光辉日新。"《曹端集》附录三《颂赞》，第308页。薛瑄是河东学派的开创者，也是明代从祀孔庙的第一人，他对曹端的高度评价促进明代中后期儒林对曹端的肯定。四百多年后，他的这份赞词还成为清代儒者奏请朝廷让曹端从祀孔庙的一条有力依据。

发一百八十里，就是山丹卫。① 此地居民基本上由军户及其家属组成，也不乏寻求财富与好运的商旅和冒险家。

由于地处前线，山丹卫军民不时遭到鞑靼军队的袭扰。依照常理，这里只有无休止的战乱。军民尚难苟全性命，遑论知书达理，即便称此地为"文化的沙漠"似亦不为过。然而，15 世纪前期，此地竟然出现一位大儒——周蕙。

周蕙，字廷芳，别号小泉，山丹卫人。他不仅在明代威望素著，在清儒之中也不乏拥趸。19 世纪后期，清代名将左宗棠奉命征讨阿古柏，途径山丹时，特地下令在此地立碑，上题"周小泉故里"，以示敬仰。

周家后来迁徙到秦州（今甘肃天水）。年轻的周蕙依旧隶属军籍，主要任务就是操练和驻守，并且和绝大多数士兵一样目不识丁。对于周蕙这等军户而言，地方府、州、县学只对民籍子弟开放，可望而不可即。所幸，15 世纪的明代中国流行讲学的风气，边陲之地亦不例外。作为提升民众教育水平的补充手段，讲学越来越受到人们的欢迎。也正是因为旁听讲学，二十岁的周蕙才知道人间还有《大学》这等圣贤之书。特别是开篇的"大学之道，在明明德，在新民，在止于至善"，对他触动极深。② 从此，他不顾战友的取笑，不顾身份的卑微，作为一个士兵开始主动读书问学，渐渐脱离文盲的身份。

---

① 《明史》卷四十二《地理志三》，第 1014 页。

② 史称："（周蕙）年二十，听人讲《大学》首章，奋然感动，始知读书问字。"过庭训：《本朝分省人物考》卷一百五，《续修四库全书》第 536 册，第 103 页。

求知的种子一旦种下，就慢慢生根发芽。后来，周蕙被调到临洮卫所辖兰州，负责军墩的警卫工作。就在苦于无师问学之际，周蕙听说兰州城中有名大儒召集民众讲学。

段坚，字可久，号容思，景泰五年（1454）就中了进士，后来在河南做了南阳府知府。其先进事迹还被写入《明史·循吏传》之中，史称"能以儒术饰吏治"。[1] 为官期间，他留意开启民智，比如创建志学书院，聚集民间子弟公开讲学。[2] 回到乡里，段坚痛感当地教育水平的低下，开始肆力讲学。

人山人海之中，段坚和弟子发现一位士兵混迹其中。这位士兵的出现也让不少持有成见的民众嗤之以鼻："一个当兵的，跑来凑什么热闹？"通过私下接触，段先生惊讶地发现，眼前的这位士兵虽然读书不多，但是天赋过人。

在一次论辩之中，段先生开口道："非圣弗学。"

段先生身边衣冠楚楚的众位弟子还没反应过来，周蕙就脱口而出"惟圣斯学"，表达学习圣人之道的坚定信仰。[3]

段先生秉承孔夫子"有教无类"的教育理念，将这位士兵收入门下。除了四书五经之外，段先生也不时教授周蕙等门人诗词，偶尔也会谈论本朝政治和学林中事。时光荏苒，周蕙结束兰州的驻防任务，回到秦州。在那里，他又得到当地清水县教谕李昶的指导，而李昶和段坚两人师出同门。

---

① 《明史》卷二百八十一《循吏传》，第 7209 页。

② 程嗣章：《明儒讲学考》，《四库全书存目丛书·子部》第 29 册，济南：齐鲁书社，1995 年，第 598 页。

③ 《明儒学案》卷七，第 132 页。

周蕙这位西北小兵没有辜负乃师的期望，通过不懈努力，参详程朱理学，成为西北地区赫赫有名的儒学宗师。当地显贵恭顺侯吴瑾在陕西任总兵的时候，听闻周小泉先生的大名，想要延请他到自己家里教育两个儿子。周蕙这名士兵却出人意料地予以回绝："如果恭顺侯以总兵的身份下令，作为士兵，周某人理当奉命而行；但如果是一位父亲为自己两个儿子聘请老师，师傅怎么能被随意召唤过去？"礼闻来学，不闻往教。儒家强调师道尊严，但是一位小兵在总兵之前讲师道尊严，无疑需要极大的勇气，也要冒极大的风险。令人意外的是，这位总兵还是亲自带着两个儿子，屈尊来到周先生家中，献上见面礼，[①]为自己的儿子找到了理想的明师。

听到弟子的事迹，老师段坚也为之动容。成化年间，段先生路过秦州，还专程去这位弟子家里看望。可惜，周蕙碰巧有事，不在家中。段先生便留下两首诗，其中一首如是写道：

> 小泉泉水隔烟萝，一濯冠缨一浩歌。
>
> 细细静涵洙泗脉，源源动鼓洛川波。
>
> 风尘些子无由入，寒玉一泓清更多。
>
> 老我未除尘俗病，欲烦洗雪起沉疴。[②]

在诗中，段先生用"洙泗脉""洛川波"来表达对小泉这位弟子继承孔、孟、程、朱之学的高度赞赏。星星之火，可以燎原。本来战火纷飞的西北，因为段、周等人的存在，在不经意间点亮了儒

---

① 《明儒学案》卷七，第 132 页。

② 冯从吾：《周廷芳蕙传》，参焦竑：《国朝献征录》卷一百十四，《续修四库全书》第 531 册，第 466 页。

学的希望之火。

周蕙本是明王朝北边默默无闻且目不识丁的小卒，极可能殒命疆场或者转死沟壑，无人在乎。经过段坚等人的指导，他开启智慧，并承担赓续程朱理学的重大使命，成为声动一方的大儒。除了运气之外，这也离不开名师的慧眼识珠。段坚之所以拥有化腐朽为神奇的能力，同样离不开他本人的师承，而这种师承通过面授或者私淑等方式，可上溯到弟子遍布山西、山东、河南、关陇等地区的一代儒宗——薛瑄。[1]

◎ **道学正脉**

薛瑄，字德温，号敬轩，山西平阳府河津（今属山西运城）人。黄河在中国北方形成一个大大的"几"字湾，而山西大部位于黄河东部，所以也被称为河东地区。薛瑄成名之后，不少史籍都用"薛河东"来尊称这位大儒，就像人们尊称唐代柳宗元为"柳河东"一样（柳宗元祖籍在河东地区）。

和来自河南渑池的曹端相仿，薛瑄出身普通的耕读家庭。比曹端幸运的是，薛瑄的父亲薛贞从元末以来就担任地方学校的教谕一职，所以薛瑄接受教育的机会远轶常人。薛贞做过河北真定、玉田以及河南荥阳、鄢陵等地的教谕，[2]长达四十年未能升迁，有史籍

---

[1] 史称："坚之学，私淑河东薛瑄，务致知而践其实，不以谀闻取誉，故能以儒术饰吏治。"《明史》卷二百八十一《循吏传》，第 7209 页。

[2] 李贤：《薛文清公神道碑》，参王鸿：《薛文清公行实录》卷一，《薛瑄全集》，孙玄常等点校，太原：山西出版传媒集团、三晋出版社，2015 年，第 1127 页。

干脆称他为"教谕公"。① 如果不出意外，薛瑄也很可能成为薛贞、曹端之类的小小学官，终此一生。

根据《明史·儒林传》的记载，和不少略有文采的青少年一样，薛瑄从小喜欢吟诗作赋，并引以为傲。后来，父亲聘请魏希文、范汝舟等师傅来教儿子理学，才让儿子"尽焚所作赋诗，究心洛、闽渊源，至忘饮食"。② 然而，真实情况恐非《明史》描述的这样。

就当时文教水平而言，无论是山西、河南，还是河北，都不甚发达，所在学子也很难遇见名师。根据万历时期儒者杨鹤编纂的《薛文清公年谱》，魏希文、范汝舟自身对程朱理学的把握并无多大信心。他们的身份也非常尴尬，是被朝廷发配到河北玉田的罪人。所以，这些儒者无论是出于谦让，还是出于自知之明，他们"皆避师席，结为友，与习宋诸儒性理诸书"，③ 成为薛瑄的朋友。

薛瑄后来在外地做官，不忘和魏希文等人书信往来。在书信中，他也只是称魏希文等人为朋友，而非老师。④ 在魏希文死后，时任山东按察使司金事的薛瑄撰文悼念，其中提到，"以清酌之奠，致祭于友人魏希文之灵"。⑤ 此外，薛瑄当年"尽焚所作赋诗"的举动也并不表明他放弃诗歌创作，只是研习重点转向程朱理学而已。

---

① 杨鹤：《薛文清公年谱》，《薛瑄全集》，第1179页。
② 《明史》卷二百八十二《儒林传一》，第7228页。
③ 杨鹤：《薛文清公年谱》，《薛瑄全集》，第1182页。
④ 薛瑄提到："希文名纯，山东莱州府高密人，时谪戍玉田。"在诗中以"友生"称呼魏希文，而非"先生"："冬夜气何厉，冰雪辉前楹。单居不能寐，怀我旧友生。行云去不息，宾鸿各时征。两情旷难合，欲语谁当听。惟有寒月光，见子心宇清。展转遂至旦，远思徒营营。"薛瑄：《冬夜怀魏希文》，《文清公薛先生文集》卷二，《薛瑄全集》，第92页。
⑤ 《文清公薛先生文集》卷二十，《薛瑄全集》，第584页。

他在后来的仕宦生涯中，留下不少诗篇，而且不乏脍炙人口之作。[①]

要之，薛瑄并无显赫的家学和师承。和曹端一样，年少的薛瑄主要靠个人的阅读和体悟，辅以父辈和朋友的帮助，意识到程朱理学的高明之处：

> 此道学正脉也。[②]

永乐年间，各地学子都以科举为重，把程朱理学的精义当成叩开仕宦之门的拜帖。在严苛的考课之下，各个州县的学校也在互相攀比培养举人的数量：数量多者则扬眉吐气，该校师生走在街上，不免昂首阔步；数量少者即便出门，也自觉低人一等；没培养出举人的地方，则惶惶不可终日。在人心奔竞的大环境中，薛瑄不为所动，一心景仰程朱理学，对科举之事视若纤芥。况且，朱子本人就做过分疏：

> 士人先要分别科举与读书两件孰轻孰重：若读书上有七分志，科举上有三分，犹自可；若科举七分，读书三分，将来必被他胜却。况此志全是科举，所以到老，全使不着，盖不关为己也。圣人教人，只是为己。[③]

颇为反讽的是，朱子的这段话被选入明廷颁行的《性理大全》

---

① 关于薛瑄求道与作诗相结合的研究，可参郭万金、艾东景：《道学与诗的人生绾结——理学视野下的诗人薛瑄》，《河北大学学报（哲学社会科学版）》2018 年第 3 期。

② 杨鹤：《薛文清公年谱》，《薛瑄全集》，第 1182 页。

③ 胡广：《性理大全书》卷五十五，景印文渊阁《四库全书》第 711 册，第 226 页。

之中。对大多数人而言，这段话讲得固然很好，但是科举功名万万不可缺少。薛瑄却依然故我，拳拳服膺先贤教诲，主动跳出科举功名的人生模式。在他看来，真正求道之人怎么能一边修习崇高的圣贤之学，一边还眷恋无谓的科场之名？史称：

> 先生自少即厌科举之学，慨然有求道志，学务力行。[①]

理想是丰满的，现实却很骨感。看到儿子沉浸理学，父亲薛贞既深感欣慰，又愁眉不展。

永乐十七年（1419），自从担任河南鄢陵县教谕之后，薛贞几乎陷入绝境。鄢陵县位于河南中部，兵燹之余，民生凋敝，文教落后，由来已久。河南省共有 107 个州县，[②] 而乡试三年才举行一次，每次录取名额不过 40 人左右，意味着大部分州县的学校都在陪跑。鄢陵县作为开封府辖县，多年来从未出过一个举人。依照朝廷规定，如果当地教谕多年都不能培养出一位举人的话，就会面临戍边的惩罚。薛贞也试图从鄢陵县学的学生中发掘人才，重点培养，可惜无论怎样努力，都是白费力气。无奈之下，他将目光投向自己的儿子。

儒家提倡百行孝为先。即便内心非常抗拒，父命难违，薛瑄最终选择妥协。于是乎，这位山西学生在竞争激烈的河南参加考试，前后准备了一年的时间。永乐十八年（1420），薛瑄没有辜负乃父的期望，通过乡试，成为举人，而且是以全省第一名的成绩。

次年（辛丑，1421），薛瑄三十三岁，赴京会试，顺利上岸，

---

① 沈佳：《明儒言行录》卷二，景印文渊阁《四库全书》第458册，第625页。
② 《明史》卷四十二《地理志三》，第977页。

成为大明朝的进士。①可以说，这是一位被父亲"逼出来"的进士。无论如何，薛贞内心无比欣慰。没过几年，他就带着这种欣慰离开了人世。

能够考取进士的人未必都是只会考试的书呆子，譬如，辛丑科的进士之中就不乏英才。在京师羁留期间，薛瑄结识了一位来自浙江钱塘的朋友。这位同年姓于名谦，字廷益，正和自己一样等待朝廷任命，准备迎接未知的人生旅程。②

◎ **学而优则仕**

即便考中进士，薛瑄也不以为荣。多年以后，名满天下的薛瑄赋闲家居。很多外省（比如陕西、江西等）的学生慕名前来，并执弟子礼。面对学生们的提问，薛夫子向来和颜悦色，以洒扫应对、居敬以立、躬行实践等教义谆谆教诲。但是，如果有学生询问科举的事情，这位河南解元却瞬间变脸——"问及科举之学，则默然不对"。③在他看来，科举之事是不得已而为之的末技，真正的好学之士理应谋道不谋食，决不可本末倒置。

薛瑄在为父亲服丧期满之后，获得朝廷任用。宣宗宣德年间，不惑之年的他被任命为监察御史。④履职不久，他就接到监察湖广银场的任务。在同僚看来，这绝对是一份肥差，纷纷向他道贺。坚守理学的薛御史却引用古诗表明己志："此乡多宝玉，慎莫厌清

---

① 杨鹤：《薛文清公年谱》，《薛瑄全集》，第1182页。

② 《明史》卷一百七十《于谦传》，第4543页。

③ 阎禹锡：《礼部左侍郎兼翰林院学士薛先生行状》，参王鸿：《薛文清公行实录》卷一，《薛瑄全集》，第1124页。

④ 杨鹤：《薛文清公年谱》，《薛瑄全集》，第1184页。

贫。"①身正不怕影斜,他严格按照律法监督湖广银场的运营,不仅查处了一批贪官污吏,还改善了当地风气。

湖广银场向来都是熙熙攘攘的名利之地,可是薛御史却对钱财毫无兴致。他在这段任期内,亲自抄写一遍《性理大全》,并潜心读诵。《性理大全》在常人眼中不过是为了应付功名的科举册子,可在薛御史心中,这其中蕴藏着古圣先贤的智慧。他经常读书到深夜,无论严寒酷暑,从不中辍。有时候突然明白其中一两句话的奥妙,哪怕在半夜也会起身,点灯写作,记录自己的心得。②在本可以轻松捞取钱财的银场,薛御史却找到截然不同的乐趣。这些读书和思考也为薛瑄后来代表作《读书录》《读书续录》的问世奠定基石。

宣德末年,他听闻继母去世,回家守丧三年。正统年间,他被朝廷委派,提调山东学校。接到新的任命,薛瑄欢喜无似:"此吾事也。"③比起当年考中进士和做御史,薛瑄认为教师才是他最心仪的职业,何况以山东提学佥事(正五品)的身份负责一省的文教工作。④在提学山东期间,他用朱子制定的白鹿洞书院的学规作为准绳,教育当地师生。

和普通老师不同,薛瑄讲学,首重力行,其次才是学文。学问分为为人、为己之学,只有为己之学才是通透之学,自家才能受用:

---

① 阎禹锡:《礼部左侍郎兼翰林院学士薛先生行状》,参王鸿:《薛文清公行实录》卷一,《薛瑄全集》,第1122页。

② 过庭训:《本朝分省人物考》卷一百,《续修四库全书》第535册,第706页。

③ 过庭训:《本朝分省人物考》卷一百,《续修四库全书》第535册,第706页。

④ 《明史》卷二百八十二《儒林传一》,第7228页;《明史》卷七十五《职官志四》,第1840页。

读圣贤书，于凡切要之言，皆体贴到自己身心上，必欲实得而力践之，乃有益。不然，书自书，我自我，虽尽读圣贤书，终无益也。[1]

当时流行一条恶政：学校生员犯罪，可以通过纳米赎罪。所以，有钱人家的子弟屡屡违犯校规，扰乱教学秩序。州县教官如果多年培养不出一位举人，却要遭到发边的严惩。这让薛瑄痛心疾首！为什么国家政策苛责教师，却厚待学生？师道尊严何在？他随即上疏，请求修正。结果，朝廷下令废除纳米赎罪的规定，如果生员作奸犯科，"发附近军民衙门充吏"。[2]

除去恶政之后，他一心扑在讲学的事业上。他的讲学也不拘一格，有时边走边和学生交流，有时在学生写字作画的时候加以启发，有时则通过诗词歌赋启迪，因材施教，各有不同。遇到冥顽不灵的学生，他也不会责备，更不会体罚——尽管这种行为在古代学校频频发生——而是让学生戴好儒冠拜谒列祖列宗后，自行离去，借以激发学生的羞耻之心。

鉴于他的渊博知识，以及对性理学的独到见解，还有春风化雨般的教学风格，山东师生以及经他教化的平民百姓纷纷尊称他为"薛夫子"。在他离开山东多年之后，很多人想起他来依旧感慕不已。[3]

在山西、河北、河南、山东等地，薛瑄的名声越来越大。有人问他，你四处为官，公务繁忙，别人都应接不暇，你却还能继续学习圣贤

---

①　薛瑄：《读书续录》卷十一，《薛瑄全集》，第1029页。

②　《明英宗实录》卷五十二，正统四年闰二月乙酉，第995页。

③　阎禹锡：《礼部左侍郎兼翰林院学士薛先生行状》，参王鸿：《薛文清公行实录》卷一，《薛瑄全集》，第1123页。

之道。这是如何做到的？他如是回答：

> 真有好学之心，不以穷达而易其志，则酬应公私之余，有
> 一时之暇，即一时可学也；有一日之暇，即一日可学也；以至
> 一月一岁，无不皆然。[①]

很多儒者都难以平衡做人与做官、内圣与外王两方面的冲突。薛瑄之所以能做到，正是通过坚强的意志、超强的时间管理能力，以及对圣贤之道不可抑制的仰慕。

就在声名鹊起之际，他被朝廷一纸诏书召到京师，随即擢升为大理寺左少卿（正四品）。不仅如此，他也得到三杨（杨士奇、杨荣、杨溥）等宰辅的器重，甚至当朝掌权太监王振也对这位山西同乡抱有好感。[②]薛瑄摆脱了前辈曹端和父亲薛贞终身学官的循环，一朝进入京师这个权力中心。京师风云向来变幻莫测，险象环生。薛瑄还能继续调和内圣与外王之间的冲突吗？

◎ **黄宗羲的臧否**

黄宗羲在《明儒学案》中对河东学派的创始人薛瑄做过一番评价。作为晚辈，他对本朝前辈们如何褒崇薛瑄的言论无比熟稔。薛瑄在明代儒林中的地位不容撼动，特别是经过多年的争议，朝廷最终在隆庆五年（1571）允许薛瑄从祀孔庙——这是明朝第一位获此

---

① 《文清公薛先生文集》卷十二，《薛瑄全集》，第428页。
② 《明史》卷二百八十二《儒林传一》，第7228页。按，王振，蔚州（今河北蔚县）人。明代蔚州属山西大同府管辖，所以王振和来自平阳府的薛瑄是山西同乡。参《明史》卷三百四《宦官传一》，第7772页；《明史》卷四十一《地理志二》，第967—968页。同乡情结成为后来王振免除薛瑄死刑的因素之一。

殊荣的儒者。①

即便如此，黄宗羲本着"责贤"的精神，也对薛瑄在职期间的行为加以批评：（1）在宣德、正统年间，作为御史，薛瑄几乎没有谏诤一事；（2）哪怕在景泰帝改立太子这种大事上，钟同等人冒死进谏，而身为大理寺丞的薛瑄竟然一言不发；（3）最让人难以容忍的是，英宗复辟之后，全天下都知道于谦是被冤枉的，却被朝廷处以极刑，即凌迟处死，但是薛瑄身为朝廷重臣，仅仅请求罪减一等免予凌迟而已，坐视忠良之死而不救！这位大儒经常把"学贵践履"挂在嘴边，难道就是这样践履理学的吗？②

黄宗羲的这些指控非常犀利。如果薛瑄果真尸位素餐，乃至放任奸佞枉杀忠良，那么，他一生学问，都可能被认作伪学，即便他是被官方认可的从祀孔庙的大儒。我们不禁好奇，薛瑄入朝之后，究竟遇到了什么事情？黄宗羲的这些指控究竟有无道理？

明英宗正统六年（1441），年过五旬的薛瑄应召入京。当时，宦官王振弄权，就连三杨都不敢得罪。三杨派人知会薛瑄，召他入朝也是王公公的意思，按照规矩，他应当到王公公面前谢恩。三杨的好心提醒遭到薛瑄的断然驳斥：

> 拜爵公朝，谢恩私室，吾不为也。③

---

① 《明穆宗实录》卷六十一，隆庆五年九月戊辰，第1484页；《明通鉴》卷六十五，第2608页。朝廷同意薛瑄从祀孔庙发生在隆庆五年，而《明史·儒林传》以为隆庆六年，不确。参《明史》卷二百八十二《儒林传一》，第7229页。

② 《明儒学案·师说》，第2—3页。

③ 过庭训：《本朝分省人物考》卷一百，《续修四库全书》第535册，第706页。

不仅如此，在东阁议事的时候，各位大臣见到王振无不下跪行礼，唯有这位新任的大理寺少卿屹立不动。看到这一幕，王振反而向薛瑄作揖："多罪，多罪！"其实，他非常恼火，从此怀恨在心。王振走后，跪在地上的官员们陆续起身，不仅没有赞赏薛瑄，有人反而认为这位乡村老儒不知好歹，"泥古，不知变通"。[1]当谄媚权贵成为风气，坚守自我便是罪行。

薛瑄很快为自己的"罪行"付出代价。正统八年（1443）春天，他被逮入诏狱，判处死刑。事情的起因并不复杂：在某位军官死后，王振的侄子王山看上这位军官的小妾，这位军官的妻子却坚决不肯放人。王山便诬告这位妇人毒杀亲夫，依律当斩。案子送到大理寺复审，遭到薛瑄的驳回，而且接连三次均予以驳回。王振便授意官员诬告薛瑄受贿，依律处以死刑。

薛瑄三个儿子为了营救父亲，一个愿意代替父亲接受死刑，两个愿意发边充军。但是，三人换一人的请求也被王振拒绝。在王振弄权的时代，大臣们纷纷缄口，而薛瑄之死几成定局。

秋后的京师，风也萧萧，雨也萧萧。就在行刑当天，王振手下一位不知名的山西老仆在厨房做饭的时候嚎啕大哭。问询之后，王振才知道，这位老仆听说薛瑄今天要被处死，五内俱焚，泪如雨下。根据这位老仆的诉说，薛夫子也是山西人，学识渊博。无论对方是王公贵族，还是贩夫走卒，他都待之以礼，所以深得人心。[2]百姓

---

① 杨鹤：《薛文清公年谱》，《薛瑄全集》，第 1191 页。

② 薛瑄的儒学并非精英儒学，也下灌到平民百姓中间。他本人提倡对出身卑微的人一体尊重："处乡人皆当敬而爱之，虽三尺童子，亦当以诚心爱之，不可侮慢也。"薛瑄：《读书续录》卷三，《薛瑄全集》，第 951 页。

们都知道薛夫子的大名，无限仰慕。这么好的一位夫子，为什么非杀不可呢？山西父老闻讯之后，该有多么伤心……

王振也是山西人，不知是念及同乡之情，还是被这位无名老仆的真情打动，抑或碰巧接到兵部侍郎王伟冒死营救的请求，他最终下令：免去薛瑄的死刑，将他革职为民，放归故里。①

从鬼门关回来的薛瑄感慨万千，离京时，做了两首律诗。其中一首写道：

> 久知樗散是非材，廿载超迁历寺台。
> 松柏每期冬雪茂，杏花不逐艳阳开。
> 数茎白发还禁老，一寸丹心未觉灰。
> 此日为农归故里，河汾岁晚兴悠哉。②

从永乐十九年（1421）考中进士到正统八年（1443），薛瑄前后为官二十多载，曾得到朝廷的格外开恩，被提拔到大理寺担任少卿。可惜，就像《庄子》笔下的大樗树，薛瑄自认为并非当官的材料。好在内心坚守理学，就像松柏一样，历经风霜而不枯萎。如今年过半百，虽然白发只有数根，精力犹然充沛，但是经此事变，报效朝廷的丹心已经凉了大半。现在离开京师，满心所想，无非是回到河汾大地，享受一介老农的悠悠晚年。

在此后六年中，薛瑄闭门不出，潜心理学，造诣更为深厚。也正是在这一时期，很多学生投其门下。特别是洛阳学子阎禹锡徒步来到河津，虚心问学，深得薛瑄的衣钵。在阎禹锡离开时，薛瑄不

---

① 《明史》卷二百八十二《儒林传一》，第7228—7229页。
② 《文清公薛先生文集》卷九，《薛瑄全集》，第358页。

仅亲自送出家门，还破例送到里门，并嘱咐这位学生："程门教人，以居敬穷理为要。"①一个影响巨大的河东学派也开始成型。

正统十四年（1449），震惊朝野的"土木之变"爆发，英宗被俘，国家危在旦夕。薛瑄接到朝廷召唤，紧急赶往京师，参与北门的防卫工作。此后，他又奉命到贵州督饷，将边地粮饷送往京师，以解京师之急。

后来，薛瑄担任南京大理寺卿。他廉洁奉公，不畏强权。当时有富豪草菅人命，执法者迫于权势，想要免去其死刑，结果在薛瑄的坚持之下，此人被依律处死。太监金英出使南京，在离开时，各位公卿都到江边饯行，唯独薛瑄没有露面。当年，薛瑄不为三杨、王振折腰，如今"故态复萌"，坚持理学信仰，不肯向宦官低头。

孰料金公公回宫复命时，没有像王振一样谗害此人，反而说道：

南京好官惟薛卿耳。②

由于金公公的美言（也可能是讽刺），薛瑄名闻遐迩。他本人也被调回京师，升任大理寺卿。

景泰八年（1457），在曹吉祥、石亨、徐有贞等人的拥护下，明英宗复辟，史称"夺门之变"。此时，年近七旬的薛瑄被明英宗任命为礼部右侍郎兼翰林院学士，召入内阁，参与机务。位极人臣，在君主身边效力，这本是无数儒者的梦想。可是，入阁之后，薛瑄很快迎来人生中的梦魇。

---

① 阎禹锡：《礼部左侍郎兼翰林院学士薛先生行状》，参王鸿：《薛文清公行实录》卷一，《薛瑄全集》，第1124页。
② 《明儒学案》卷七，第111页。

按照石亨、徐有贞等人的计划，必须以谋逆的罪名将于谦处以极刑，也就是凌迟处死。国家动荡之际，任何为于谦辩解的行为都可能被贴上勾结逆贼的标签，所以文武百官率皆缄默不语。此时此刻，明哲保身成为官员们尊奉的金科玉律。

就在众人面面相觑之际，薛阁老不禁开口："此事人所共知，各有子孙。"[1]言外之意非常明显：如果大家都明哲保身，百年之后，子孙后人又将如何看待我们？

石亨盛气凌人地反驳薛瑄："事已定，不必多言。"

薛瑄还是没有死心，向英宗进言："陛下复登宝位，天也。今三阳发生，不可用重刑。"[2]

言罢，薛瑄也在等待其他大臣的响应，然而在场的所有官员几乎没有一人附和。这让薛瑄备感孤独，所谓的入阁辅政不过是虚名罢了。看到大臣们用沉默做出了选择，明英宗下令，不再凌迟处死于谦、王文等人，而是直接判处死刑。

无论如何，作为阁臣，薛瑄没有成功挽救于谦的性命，所以黄宗羲的批评并非虚构。但是，回到英宗复辟的特殊历史时期，薛瑄

---

① 《明儒学案》卷七，第111页。薛瑄和于谦同为永乐十九年（1421）的进士，对于谦的功绩和人品非常钦佩。宣德年间，时为监察御史的薛瑄写诗给时任兵部侍郎的于谦："黄甲同年二百人，大名飞步独超伦。乘骢正仰风霜肃，司马俄承宠渥频。列郡年丰争转粟，两河春暖见归民。天书重叠膺殊宠，好布人间雨露新。"薛瑄：《寄于侍郎廷益》，《文清公薛先生文集》卷八，《薛瑄全集》，第333页。关于此诗的研究可参范增智：《薛瑄交游考》，《文教资料》2016年第12期。宣德年间，国家有治平气象，薛瑄和于谦踌躇满志，想要有一番作为。不料，后来在"夺门之变"的关口，昔日的同年于谦死于非命，而薛瑄不久也告老还乡，从此不问政事。

② 《明儒学案》卷七，第111页。

的言行举止无愧于他坚守的道义。在权臣当道的时代，不管他如何呐喊，都注定是荒漠上的余响，于事无补。

薛瑄并非没有奋力营救于谦，只是在当时的政局斗争中，无力与当权者抗衡，后来只好辞职。天下有道则见，无道则隐。既然朝纲混乱，浊浪滔天，自己何不求全己志，告老归田？

明英宗天顺二年（1458），薛瑄回到故里，收徒讲学，弦诵不辍。比起辉煌的庙堂，朴素的杏坛才是最适合自己的地方。在人生最后几年的光阴中，薛瑄看到程朱理学在本朝复兴的希望。

根据晚年的读书、思考，薛瑄对自己的从政生涯做出检讨。无论是当御史，还是做阁臣，他从未表露出得意的一面。相反，官做得越大，在理学上越觉得不安。

> 读书不体贴向自家身心上做工夫，虽尽读古今天下之书，犹无益也……自家一个身心尚不能整理，更论甚政治……将圣贤言语作一场话说，学者之通患。[①]

他的这段话不仅是对个人为学、为政生涯的总结，更像是对明朝官场生态的鞭挞。孔子云："政者，正也。"（《论语·颜渊》）如果学者连自家身心都不能整理，如何正得了他人？为什么在国家混乱之际，甚至在于谦这等忠良骈首就戮之时，饱读圣贤书的儒臣缄默不语？难道大家不晓得杀身成仁、舍生取义的古训吗？非也！因为天底下太多的儒者官员都是说一套，做一套，表面上讲的是尧、舜、孔、孟与礼、义、廉、耻，私底下还不是为了财、色、名、利

---

① 薛瑄：《读书录》卷二，《薛瑄全集》，第715页；沈佳：《明儒言行录》卷二，景印文渊阁《四库全书》第458册，第634页。

与明哲保身？这种人也配谈读书、谈政治吗？

所以，于谦之死与其说是薛瑄没有极力营救的结果，毋宁说是明朝官僚群体丧失信仰与担当的必然恶果。有明一朝，于谦既不是第一个被枉杀的忠良，也绝非最后一个。人们都厌恶混乱的朝局，但是朝局的混乱不正是从众人一次又一次的沉默中积累出来的吗？

◎ 性天通

天顺八年（1464）夏六月，七十六岁的薛瑄缓缓起身，[①] 整肃衣冠。随后来到书案前，提笔写下一首七绝诗：

> 土床羊褥纸屏风，睡觉东窗日影红。
>
> 七十六年无一事，此心惟觉性天通。[②]

"通"字才写一半，薛瑄就悠然而逝。

薛瑄死后，朝廷赠官礼部尚书，并赐予"文清"的谥号。得知故人去世，李贤专门撰写《薛文清公神道碑》。在文中，李贤如是说：

> 每以圣贤为师，随其所寓，图书箴规常在左右，手不释卷，一言一动于理稍有违失，便觉身心不安。凡辞受取予必揆诸义，

---

① 据杨鹤《薛文清公年谱》，薛瑄享年七十六岁（杨鹤：《薛文清公年谱》，《薛瑄全集》，第 1201 页）；据《文清公薛先生文集》，薛瑄遗诗中也说"七十六年无一事"（《文清公薛先生文集》卷五，《薛瑄全集》，第 218 页）；据黄宗羲《明儒学案》，薛瑄享年七十有六（《明儒学案》卷七，第 111 页）。而《明史·儒林传》载，薛瑄"天顺八年卒，年七十有二"，不确。《明史》卷二百八十二《儒林传一》，第 7229 页。

② 《文清公薛先生文集》卷五，《薛瑄全集》，第 218 页；杨鹤：《薛文清公年谱》，《薛瑄全集》，第 1202 页。

一毫不苟。晚年玩心高明，默契其妙，有不言而悟者矣。其出处大节光明峻洁，于富贵利达泊如也。[①]

只有伟岸的人格才能留下伟岸的事迹，也才能感召难以计数的追随者。从学理上分析，薛瑄对程朱理学的宗奉比曹端有过之而无不及。由于官位卑下，曹端的贡献更多地体现在"内圣"方面，罕及"外王"。有生之年，他的理学信仰很少推及霍州、蒲州、渑池之外的区域。薛瑄后来居上，比起曹端，他不仅对程朱理学更加服膺，而且随着官位的提升，乃至入阁，他的学问越来越受到朝野人士的尊崇。公元15世纪，尤其自正统以降，薛瑄的门人弟子遍布北部中国，从河北、山东、到山西、河南，再到西北边地，均有河东学派的传人。

在官场前后周旋二十多年，时进时退，从御史做到礼部侍郎，参与机务，薛瑄一度自信可以像历史上很多政治家一样，施展抱负，将平生所学的知识化作润泽民众的福祉。就在他认为自己在"内圣""外王"之间找到平衡之际，王振、石亨、徐有贞等人的出现，将他的政治理想击得粉碎。虽然他在"外王"上比乃父薛贞和前辈曹端多走了一些路程，可是到头来，还要退到"内圣"上安身立命。

即便寡于著述（薛瑄的很多作品都是后人所辑，本人创作的并不多），薛瑄对理学的提倡和传承居功甚伟。比起章句之学、科举之文，他最在意的还是身心之学：

> 圣人千言万语，皆说人身心上事。诚能因其言反求之身心，

---

① 李贤：《薛文清公神道碑》，参王鸿：《薛文清公行实录》卷一，《薛瑄全集》，第 1129 页。

摆脱私累，则身心皆天理矣。①

当年，他得罪宦官王振，离京时，华盖殿大学士李贤、尚宝司少卿朱祚等人前来送行，赋诗相赠。李贤在诗中鼓励他回乡之后，"到家莫废韦编业，伊洛高踪尚可追"。②后来，他并未辜负李贤的期许。朱祚的赠诗则让他心有戚戚：

> 名利场中一梦醒，如君端不负苍冥。
>
> 村醪且去随时饮，涧水重来洗耳听。
>
> 俗眼任他终日白，山光还似旧时青。
>
> 从教门外尘如海，坐向空斋阅圣经。③

这首诗也提醒薛瑄认清自己的价值，从名利一梦中醒来。既然"外王"不得，何妨退居乡里，潜心读书讲学，将"内圣"的事业向前推进？对大明王朝而言，国家欠缺的也许并不是一位高官，一位阁老，而是真正潜心学术的儒者，真正有气节、有担当的士人。在这一点上，薛瑄无疑是其中的翘楚。不经意间，他还开创了明朝历史上第一个声势浩大的学派——河东学派。

在薛瑄谢世一百多年后，明穆宗隆庆五年（1571），经过漫长的争论，朝臣终于达成一致意见，同意薛瑄从祀孔庙。寿终正寝易，盖棺定论难。在一份公开的奏疏中，儒臣们如是评价本朝第一位从

---

① 沈佳：《明儒言行录》卷二，景印文渊阁《四库全书》第458册，第625页。

② 李贤：《赠敬轩先生致仕》，参王鸿：《薛文清公行实录》卷四，《薛瑄全集》，第1166页。

③ 朱祚：《又赠（敬轩先生致仕）》，参王鸿：《薛文清公行实录》卷四，《薛瑄全集》，第1167页。

祀孔庙的儒者：

> 至于立朝行己之际，不折节于权门，不谢恩于私室，不屈
> 法于贵近，不慑志于临刑，荣辱不以关其心，死生无以易其操，
> 此其树立之大节也。故一时信从者有河东夫子之称、一代真儒
> 之许。①

第三节　关学南下

> 有明一代，吾关中理学所称，最纯者高陵泾野吕先生（指
> 吕枏）而已。

——贺瑞麟

◎ 四为

公元 11 世纪 40 年代，一位来自凤阳横渠（今陕西眉县横渠镇）
的青年踌躇满志，不甘于大宋边疆被西夏小国侵凌的现实，想要收
复失地。为了实现个人志向，这位二十多岁的儒生前往位于北方边
陲的延州（今陕西延安）军府，拜谒时任陕西经略安抚招讨副使的
范仲淹，表达投笔从戎的想法。

范仲淹坐在堂上，看到来者器宇不凡，一边为这位爱国青年的
热情所打动，一边也不禁忧虑起来。军国大事，并非儿戏。如果答
应张载的请求，可能过不了多久，他就会马革裹尸。近年来，我大

---

① 《明穆宗实录》卷六十一，隆庆五年九月戊辰，第 1485 页。

宋王朝屡屡被西夏小邦打败，难道仅仅因为缺乏一两位将领吗？朝中细事也不便向人多说，他转而劝告面前的这位儒生打消从军的念头：

> 儒者自有名教可乐，何事于兵？[1]

人生天地间，禀赋不同，并不是所有人都适合投身军旅。他鼓励张载回去阅读《中庸》，体味圣贤的教训。[2]假以时日，以阁下的天赋，完全可以在儒林占有一席之地，岂不胜于沦为疆场上的枯骨？

有幸聆听长者的告诫，张载南归之后，在人生规划上做出重大调整。他反复研读儒家经典，参考各类书籍，后来考中进士，入朝为官。此后，遇到"拗宰相"王安石当政，锐意变法。苦于政见不合，他辞官回到横渠故里。

失之东隅，收之桑榆。正是在这段时间，他陆续完成诸多影响深远的著作，比如《西铭》等，本人也被尊称为"横渠先生"。他的著作篇幅不长，文字却铿锵有力，将儒者的心胸与志趣表达得淋漓尽致，特别是他提出的"四为"（又被称作"横渠四句"），传诵至今：

> 为天地立心，为生民立命，为往圣继绝学，为万世开太平。

鉴于家乡处于关中，他开创的学问也被称为"关学"。宋代理学

---

① 脱脱等：《宋史》卷四百二十七《道学传一》，北京：中华书局，1977年，第12723页。

② 关于宋代《中庸》的兴起与发展，可参夏长朴：《论〈中庸〉兴起与宋代儒学发展的关系》，《中国经学》2007年第2辑。

濂、洛、关、闽四个派别，关学就位列其中。可惜，从北宋以降，南宋朝廷偏安一隅，北方河山非复我有，而关学也后继乏人，走向消沉。金元以来，在程朱理学的光芒之下，关学更显衰微。

◎ 关西夫子

公元 15 世纪末，陕西高陵（今属陕西西安），一个少年正在家中苦读。即便孝宗皇帝即位之后，励精图治，大明王朝有"弘治中兴"的气象，但是国家的富强并没有改变诸多民众贫困的现状。盛世之下，这位少年家徒四壁，环堵萧然，全家人饱受贫困的摧残。

骄阳似火，炙烤地面。他端坐在土屋之中苦读，不为所动。到了寒冬，大雪纷飞，最为煎熬。由于缺乏御寒的衣被，他找来很多麦草，塞进衣服里、垫在脚底下，就这样度过一个又一个夜晚。对于这种穷苦人家出身的孩子而言，读书考试几乎成为改变命运的唯一途径。后来，他通过考试，进入县学，获得廪生的资格，可以从官府领取少量补助，减轻家庭负担。此后，母亲的去世让他哀毁骨立。不久，父亲又身患重病。听闻消息，寄居寺庙读书的他飞奔回家。父亲病愈之后，他才回去安心读书。

功夫不负有心人，他先后通过乡试、会试，在明武宗正德三年（1508）高中状元。消息传来，不仅高陵乃至陕西的士庶雀跃欢呼，朝野很多显宦也都前来祝贺。本应是春风得意马蹄疾的高光时刻，这位而立之年的状元却出奇安静，史称："漠然不动，若固有之。"[1]

任何一种学说的建立绝非无源之水、无本之木，而一个人学问

---

① 过庭训：《本朝分省人物考》卷一百四，《续修四库全书》第536册，第61页。

的养成离不开切身经历。吕柟后来号称"关西夫子"，就特别主张"甘贫改过"。

> 与诸生前日所讲甘贫改过而已。某平生无过人处，只守拙不改。①

在不少人眼中，甘贫也好，改过也罢，都是老生常谈。吕柟作为一代大儒，实在不该把这种常识性的观点作为自己的核心学说之一。所以，"甘贫改过"的言论一出，立刻引发质疑：这是什么大儒，学说竟然肤浅如斯！

面对这种质疑，晚明时期的关中儒者冯从吾却持不同意见：

> 先生之学盖得之颜子者也，箪瓢陋巷不改其乐，非甘贫乎？有不善未尝不知，知之未尝复行，非改过乎？故曰屡空，又曰不贰过。圣贤之学大抵如此。以此而疑其浅也，则佛老深矣。②

好高骛远，喜新厌旧，甚至不惜攻讦前人，以立己说，乃学人通病。在冯从吾看来，吕柟之学上承孔颜，深得圣贤之学的三昧。如果有的儒者这么喜欢故作高深，去佛老二家的著作中找寻，应该不会失望。

北方学者每耽于守旧，南方学者则常能开新。无论冯从吾如何为吕柟辩护，他都无法否认的是，自16世纪以来，随着一些南方学者特别是王守仁、湛若水等人的学说兴起，学林的风气发生丕变。

---

①　吕柟：《泾野子内篇》卷二十四，赵瑞民点校整理，西安：西北大学出版社，2015年，第202页。

②　冯从吾：《少墟集》卷二，景印文渊阁《四库全书》第1293册，第55—56页。

人们不甘于株守旧说，而是喜欢用新的理论解读圣贤之道，安顿身心和家国。回到关学，吕柟的学说除了和他本人的经历之外，也和其师承有关。

15 世纪，明代主流学说还在唯程朱理学马首是瞻。其中，最为煊赫的学派即是薛瑄创立的河东学派。根据《明儒讲学考》，我们可以清晰地看出薛瑄一脉的传承谱系。薛瑄的一传弟子即是从洛阳徒步到河津求学的阎禹锡。阎禹锡后来官至御史，提学京畿，著有《自信集》等。阎禹锡的弟子即是兰州段坚。段坚在南阳知府任期内，求学于阎禹锡，故而成为薛瑄的再传弟子。段坚慧眼识珠，擅长收徒于贫贱之中，将身为府胥的王鸿儒纳入门下，王鸿儒后来官至南京户部尚书；又让来自山丹卫的小卒周蕙投入薛门，周蕙后来成为西北名儒。周蕙也广收门人，包括王爵、薛敬之、李锦等人，使他们成为薛瑄的四传弟子。吕柟又拜薛敬之为师，于是成为薛瑄的五传弟子。[①]

薛门规矩森严，这也是从周蕙门下传承而来。当年，薛敬之求学的时候，鸡鸣而起，跑到周先生家门口等候，等到先生家人开门，主动洒扫，并布置座位。周先生出现的时候，薛敬之和师兄弟下跪行礼。周先生讲课的时候，弟子们也一律跪着听讲。他们之所以如此恭敬，还是受到周先生人格魅力的感召。在他们眼中，周先生躬行孝悌之道，学问深厚，实乃二程、朱子一类的大儒。[②]

薛瑄的弟子以北方人为主，宗奉程朱理学，居之不疑。他们在

---

① 程嗣章：《明儒讲学考》，《四库全书存目丛书·子部》第 29 册，第 597—598 页。

② 《明儒学案》卷七，第 133 页。

理论上倡言理气之说，在行动上则以躬行实践为主。薛瑄弟子一脉相传，人数众多，影响最大的还是五传弟子吕柟。[①]另外，自张载以来，关学衰微久矣。四百多年后，吕柟的出现让儒林看到关学复兴的希望。[②]

◎ 躬行礼教

同声相应，同气相求。作为河东学派的五传弟子，吕柟和祖师薛瑄的经历有诸多相似之处。比如，入朝之后，薛瑄受到太监王振的陷害，而吕柟则受到太监刘瑾的排挤。和薛瑄不同的是，吕柟及时辞职，回到故里，躲过牢狱之灾。再如，薛瑄在英宗复辟后，试图拯救于谦，而不见听从；吕柟在嘉靖皇帝即位之后的大礼议之争中，也因言得罪，最后被贬到山西解州做判官。另如，在官位上，二人都是进士出身，薛瑄以礼部侍郎的身份入阁，参与机务；而吕柟也官至南京礼部侍郎，成为南都重臣。[③]

与薛瑄不同的是，吕柟在理学之外，还在"礼教"上卓有建树。

---

① 明儒王圻对吕柟评价甚高，所谓"其训释经籍，皆躬行心得之言，有程朱之所未发者。本朝学者见道分明、践履笃实、粹然成德者，惟河津薛文清公一人，观于《读书录》可知也。乃至于今泾野公出焉，完名令德，不忝文清。至于著述，公则为盛其大者，若《周易说翼》《尚书说要》《毛诗说序》《春秋说志》《（礼）问内篇外篇》《四书因问》《宋四子抄释》，足以发前圣之奥旨，正后贤之偏识，指来学之迷途。若斯人者，谓不有功于圣门，可乎？"王圻：《续文献通考》卷二百六，北京：现代出版社，1986年，第3079页。比起薛瑄，吕柟著述颇丰，不下三十种。可参《泾野子内篇》附录四《吕柟著述知见录》，第272—284页。

② 关于明代关学的研究详参萧无陂：《吕柟与关学》，《船山学刊》2007年第4期；刘莹、米文科：《明代关学的形成与发展》，《甘肃社会科学》2019年第1期等。

③ 《明史》卷二百八十二《儒林传一》，第7228—7229、7243页。

吕柟，字仲木，号泾野，人称泾野先生。按照黄宗羲的话来说：

> 关学世有渊源，皆以躬行礼教为本，而泾野先生实集其
> 大成。[①]

儒者之学，每在内圣与外王之间周旋。黄宗羲所谓"躬行礼教"在吕柟的仕宦生涯中独具特色，成为吕柟之学"外王"的生动体现。

在担任山西解州判官期间，吕柟做了很多其他循吏都做过的事情，比如劝课农桑、兴修水利等等。与一般循吏不同的是，他还将解州变成实现儒家礼教社会的试验田。在一位御史的帮助下，他把一处废弃的寺庙改建成解梁书院，遴选当地民间子弟入学。学习内容不仅有四书五经，还有朱子《小学》之类。一片荒芜的土地迸发出勃勃的生机，很快成为传播理学的热土，吸引四方学子前来求学问道。

除了培养青少年之外，吕柟也留意教化民众。他延请当地耆老于每月初一、十五召集民众讲习《明会典》中的士庶礼仪，让大家学习遵守。另外，他也仿效《吕氏乡约》，建立政教合一的管理机构。作为程朱理学的信徒，他还仿照《文公家礼》，恢复冠、婚、丧、祭，让当地民众在礼仪实践中养成彬彬有礼的君子气象。慎终追远，礼之大节。为了提振民风，吕柟访求子夏的后人，并兴建宋代大儒司马光的祠堂，率领大家祭祀，学习先贤的事迹。[②]君子德风，小人德草。民众有了崇拜的偶像，也有了需要遵守的各种礼仪、乡约，便知道

---

① 《明儒学案·师说》，第11页。

② 马理：《南京礼部右侍郎泾野吕先生墓志铭》，参《泾野子内篇》附录三，第260页。

何去何从。所以，没过多久，解州就成为远近闻名的文化圣地。

吕柟在儒林威望素著，然而这种威望限于北方儒林。此后，他到南京做官，打算将关学南传。可是，到了南京之后，他发现一切都变了模样。

◎ **南都论学**

南米北面，南京的饮食习惯与陕西、山西等北方地区截然不同。不仅饮食如此，风土人情也大不相同。北方地区坡高土厚，民风淳朴，其弊则在于守旧。南方地区山水交错，相对富庶，人们对新事物喜闻乐见，并不像北方人一样恪守传统。

在南京做官期间，吕柟不改在解州的作风，继续推行礼教。他的说辞还是传统的正人心、行忠孝以及居敬穷理之类。在实践课程方面，他还号召学生研读古老的《仪礼》，并参考诗乐图谱，恢复礼乐。根据《礼记·乐记》的教诲，"礼乐皆得，谓之有德"，吕柟确实迈出复古的步伐，也影响了一批学子，[①]甚至一些王公贵族都把子弟送来，跟随泾野先生学习。[②]

河东之学陆续推广，而吕柟这位状元、夫子的声名也越来越为南方儒林知晓。就在他的学说影响日渐扩大之际，两位南方儒者飘然而至。这两人分别是陈献章的弟子湛若水与王阳明的弟子邹守益。他们也在南京为官，而且聚众讲学，追随者如影如云。

---

① 吕柟在南方地区也有一定影响力，史称："吴、楚、闽、越士从者百余人。"《明史》卷二百八十二《儒林传一》，第 7243 页。

② 过庭训：《本朝分省人物考》卷一百四，《续修四库全书》第 536 册，第 62 页。

吕柟与湛、邹三人共主讲席，各不相同。当时，包括南京在内，南部中国的很多儒生都投在王阳明和湛若水的门下，"时天下言学者，不归王守仁，则归湛若水"。[①]来自浙江余姚的王阳明主张"致良知"，来自广东增城的湛若水则主张"随处体验天理"。[②]无论主张为何，相较于传统的程朱理学而言，王、湛之学都足以新人耳目。故此，恪守程朱理学的吕柟反而显得有些过时。泾野先生不再是独尊一方的儒林宗师（像在山西时那样），而只是南都学子可选择的众多导师中的一员而已。

君子之学，和而不同。对于逐渐风靡的阳明学，吕柟未敢苟同。他认为，真正的儒者不一定要善于讲学，更要注重实际行动。要重于操守，而不可徒逞口舌。至于知行合一之说，应该重行而非知。学而后行，行为合理，无损于学；相反，即便学富五车，没有实际行动，终究是无益之学。[③]

◎ **明道气象**

当年，吕柟攀登华山，赋诗一首，以抒胸臆：

扰扰风尘近玉燕，壮心不欲负前贤。

[①] 《明史》卷二百八十二《儒林传一》，第7244页。

[②] 《明史》卷二百八十三《儒林传二》，第7267页。

[③] 何乔远：《名山藏》卷七十五，《续修四库全书》第427册，第247页。需要注意的是，吕柟并不反对讲学，甚至非常鼓励讲学。当弟子问询如何治理天下的时候，吕柟就回答说："莫先于讲学。"通过讲学可以选拔同心同德的人才，匡正学术，一道治理天下。参《泾野子内篇》卷十，第78页。

华山山是寻常石，特立孤参万古天。①

这首七绝朴实无华，一如吕柟的为人。吕柟自信践履的大道是圣贤之道，所以对标新立异之事不以为意。人生苦短，自当以圣贤自期。圣贤之学无关于记诵，无关于高谈，而应"得之于心，见之于行"。②

尽管主张不同，吕柟对王、湛二人都非常尊重。当时，有人建议朝廷将湛若水之学定为伪学，遭到吕柟的极力反对：

圣皇在上，贤宰相在下，岂可使明时有学禁之风乎？③

正如古人所言，"万物并育而不相害，道并行而不相悖"（《礼记·中庸》），学禁之风断不可行。退一步讲，吕柟宁可自己门庭冷落，也绝不愿意看到朝廷对学术的打压，更不会趁着政治风向的迁移而将其他学派置于危险之地。毕竟，一个健全的学界不应当只有一种声音。

吕柟的一生是表里如一、光明磊落的一生。即便仕宦三十余年，乃至官居三品，④他的家中无非只有图书，并无各种装饰。除了妻子之外，他别无媵妾。在物质生活上，他要求极低，与自己高官的身份完全不相匹配。

---

① 吕柟：《华山》，参张维新：《华岳全集》卷十三，《四库全书存目丛书·史部》第232册，第401页。

② 《泾野子内篇》卷二十七，第233页。

③ 何乔远：《名山藏》卷七十五，《续修四库全书》第427册，第247页。

④ 按，吕柟官至南京礼部侍郎，南京官员的品秩和北京相同，均为正三品。参《明史》卷七十二《职官志一》，第1745页；《明史》卷七十五《职官志四》，第1832页。

有一次，他在家中吃饭，仅仅用面饼应付。门人来报，有客人远道而来，马上就到吕府。家人闻讯后，赶忙要把面饼收起来，另外准备饭菜，却遭到吕柟的训斥："现在的人吃到美味佳肴就在人前炫耀，吃到疏食菜羹就躲到房里，却又何必？"于是，他让客人和自己一起坐下来食用面饼。还有一次，他的弟弟生病，专门请来名医，并留宿家中。让这位医生震惊的是，吕先生这位名宦大儒，用的足布（擦脚布）破烂不堪，却不舍得扔掉。①

在人际交往上，吕柟一向干干净净，从来不向别人托请，也不接受别人的托请。作为老师，他素来严格自律，"端严恪毅，门人从之数十年，未尝见其偷语惰容"，②颇有宋代大儒程颢（号明道，学界尊称"明道先生"）的气象。

吕门弟子虽然也有湖广、江浙之人，得其学者仍以北方人（特别是关中地区之人）居多，比如吕潜、张节等。来自福建建安（今福建建瓯）的杨应诏是吕柟门下为数不多的南方人，作为薛瑄的六传弟子，同样坚守躬行实践之说。针对南方儒者争从王、湛之学的风气，杨应诏不无感慨地说：

> 今世学者，病于不能学颜子之学，而先欲学曾点之狂，自其入门下手处便差……学者惟在日用平实伦纪处根求，不在玄虚夸大门户处寻讨；惟在动心忍性苦楚中着力，不在摆脱矜肆洒落处铺张。③

---

① 《泾野子内篇》附录二，第251页。
② 沈佳：《明儒言行录》卷四，景印文渊阁《四库全书》第458册，第740页。
③ 《明儒学案》卷八，第157页。

　　孔门之中，颜渊最有德行，最能"甘贫改过"，正像杨应诏的老师吕柟一直推崇的那样。然而，孔门并非只有德行一科，还有言语、政事、文学等。花开枝茂，尚不能叶叶相同。偌大的明朝，偌大的儒林，又岂是程朱理学这一棵大树所能支撑？

　　从 15 世纪中叶到 16 世纪中叶，河东学派恪守程朱之学，六传而斩，逐渐完成历史使命，也缓缓淡出历史舞台。泾渭之滨悄然褪色，姚江之水滚滚而来。在河东学派式微的前夜，明代儒学的中心也从北方迁移到南方。一位旷世大儒及其学派异军突起，开始与程朱理学分庭抗礼。

第四章　南方之儒

第一节　镰刀与三文钱

人生须自重。

——吴与弼

◎ 水稻田边

公元 15 世纪前期，江西抚州府崇仁县，一位农民和家人正在田中割稻。一不留神，他被镰刀割伤手指，鲜血汩汩流出。看到此情此景，身边的家人簇拥过来，劝其回家包扎。不料，这位农民却淡然地说了一句：

何可为物所胜？[①]

我怎么能被区区一道伤口战胜？于是，他不顾劝阻，继续割稻。俄而，鲜血停止流淌。夕阳西下，完成今天的割稻任务之后，他和家人满载而归。稻田如画，残阳如血，平平常常的一天就这么过去了。

[①] 《明儒学案》卷一，第 15 页。

对于不熟悉这位先生的人来说，他不过是普普通通的一介老农，穿的是粗布衣裳，吃的是粗茶淡饭，完全没有士人应有的光鲜。可是，稍稍熟悉他的人都知道，此人来历不凡。

吴与弼，字子传（一作子傅），号康斋。他的父亲吴溥在建文时期官至国子司业，颇负盛名。永乐帝即位后，吴溥担任翰林修撰。[1]依照常理，吴与弼作为官宦子弟，应该衣食无忧，何必甘为"贱民"，忍受这般苦楚？

早年负笈京城，他也一度醉心科举，可是读到《伊洛渊源录》等书籍后，幡然醒悟，意识到科举之业和圣贤之道比起来恰如稊米之于太仓，从此中途易辙，绝意棘闱。他闭门不出，换一种完全不同的视角，重新阅读四书五经以及宋儒著作，很快发现更为广阔的儒学天地。比起北方之儒薛瑄，吴与弼更为幸运，因为他的父亲并没有强求他回到科举功名的"正轨"。

当初踏上这条人迹罕至的道路，吴与弼就很清楚将要面临什么。舍去了荣华富贵，贫苦便会成为余生最忠诚的伴侣。有一次，他要到抚州东边的武夷山办事。和很多贫寒人家一样，吴与弼出行主要依靠步行。

夜色来临，吴与弼来到一家客栈。因为近来商旅繁多，所以店家比平时多收了三文钱。对于常人而言，出门在外，总要破费些，适当的溢价也可以接受。旁边的旅客劝他不必计较，多给三文钱而已。对于坚守理学的吴与弼而言，即便是三文钱也不能突然提价，那明显有违常理。他既然不能改变别人，又懒得辩解，索性挑着担子，

---

① 　《明史》卷二百八十二《儒林传一》，第 7240 页。

一个人赶着夜路朝山中走去。①

山林漆黑，阴风不定，时有野兽出没，就连山贼都罕在夜间"工作"。明代文学家冯梦龙在编纂《古今笑史》时，也将这则三文钱的故事收入其中。②在时人看来，吴与弼的行为简直匪夷所思：为了区区三文钱，这位儒者至于以身试险吗？难道身家性命还抵不过三文钱？

吴与弼的"迂"不止体现在镰刀与三文钱上。父亲对儿子绝意科举之事并不反对，但是"不孝有三，无后为大"。在儿子成年之后，他命其回到江西老家完成婚礼。吴与弼奉命还乡，乘船西进。蹊跷的是，举行完婚礼，吴与弼却拒绝和新娘同房。在他看来，没有向父亲复命，就不算真正完成婚礼，所以还像对待客人一样对待新娘。回京路上，他特意租了两条船，夫妻二人一人一船。③

等到回京拜见父母之后，吴与弼才和妻子同处一室。父亲吴溥得知情况，哭笑不得，却也无可奈何。一时间，吴与弼名满京城，不过是以一种所有人都意料不到的方式。有人替新娘委屈，有人认为这位儒者实在迂腐透顶……

吴溥的朋友孔谔闻讯之后，上门安慰，说自己和阿弼（吴与弼）交谈，发现此人"有富贵不淫、贫贱不移之象，今虽见迂，后当大显"。④古往今来，奇人异事不胜枚举。阿弼虽然一时迂拙，不通人情，

---

① 沈佳：《明儒言行录》卷三，景印文渊阁《四库全书》第458册，第666页。

② 冯梦龙：《古今笑史》，石家庄：花山文艺出版社，1985年，第44页。

③ 史称："处士吴与弼，抚州人，司业溥之子。父在京日，命还乡，毕姻而来。及亲迎后，不行合卺之礼，与妻另舟赴京。拜父母毕，始入室。"张萱：《西园闻见录》卷一，《续修四库全书》第1168册，第23页。

④ 何乔远：《名山藏》卷八十四，《续修四库全书》第427册，第383页。

但是立场坚定、是非分明，日后定然出人头地。老先生又何必多虑？

听了友人的劝告，吴溥心中多少有些宽慰。他还听说，儿子之前还乡途中在长江遭遇大风，险些丧命。就在众人惊慌失措之际，唯有儿子正襟危坐，不以为意。好在有惊无险，客船在风涛之中幸免于难。事后，同船的人问他为什么了无惧色。吴与弼的回答干净利落：

守正以俟耳。①

听到这则逸闻，吴溥既为儿子逢凶化吉感到欣慰，也对儿子能在危难之中沉着冷静颇为赞赏。人各有志，不能勉强。既然儿子沉浸于理学之中，不愿应试做官，就由他去吧。退一步讲，在永乐朝做官凶多吉少，让儿子归乡，也未必是件坏事。

后来，吴与弼与父母辞别，带着新婚妻子返回江西。来往路上，他们都穿着朴素，完全没有一点儿官宦人家的气派。只不过这一次，他们夫妇二人如鹣如鲽，同船而行。

◎ **寒饥中的修行**

明朝官员待遇之低在整个中国历史上都属罕见。吴溥为官二十余年，依然一贫如洗。在他死后，留下的资产都不够支付丧葬费用。当然，这也和吴溥本人的秉性有关。无论在国子监还是在翰林院为官，他绝不屑于以权谋私。即便俸禄微薄，他还坚持接济亲友。②清贫的生活固然辛苦，和方孝孺、练子宁等人被朝廷满门屠戮相比，已

---

① 《明儒学案》卷一，第 14 页。
② 凌迪知：《万姓统谱》卷十，景印文渊阁《四库全书》第 956 册，第 224 页。

经是万幸了。

在建文、永乐政权更迭之际，吴溥继续为官，内心之苦楚唯有自己清楚。政局多变，国家多难，也并非想要辞官就可以辞官。如果贸然请辞，还可能引起君主的猜忌，将自己与家人置于险地。

晚年，吴溥吟诗作赋，自叹平生，表达浓浓的莼鲈之思。在送友人出游北京的诗中，他感慨道：

> 万里扁舟一叶轻，春风移棹过金陵。
>
> 百年乡思知多少，半是江湖夜雨声。[1]

离乡三十载，吴溥何尝不想终老故园。即便夙愿以偿，告老还乡，昔年亲友也凋零无几，所谓"去乡三十年，颜貌总非昔。昨日乡人来，人人不相识"。[2]

乃父去世后，吴与弼靠着亲友的赙金，勉强举行完葬礼。根据史籍的披露，吴与弼在中年以后，贫困日甚一日，"衣食不足，风雨不蔽，躬亲耕稼，手足胼胝"。[3]

吴与弼留下的文字资料，相当一部分都是与贫病斗争的实录。贫困之中，又身患病疮，没钱看病，他也会和常人一样躁动。于是，他整理好破旧的衣冠，强打起精神，阅读圣贤书籍，从中汲取精神力量，全身的血脉也慢慢舒畅起来。

---

[1] 吴溥：《送人游北京》，参曹学佺：《石仓历代诗选》卷三百四十八，景印文渊阁《四库全书》第1391册，第731页。

[2] 吴溥：《自叹》，参曹学佺：《石仓历代诗选》卷三百四十八，景印文渊阁《四库全书》第1391册，第731页。

[3] 过庭训：《本朝分省人物考》卷六十一，《续修四库全书》第534册，第686页。

面对贫病交侵的生活，他自己尚能通过读书消解不顺之气，可是家人呢？很多个夜晚，他无法安眠，也盘算着如何整理家务，纾解困境。思来想去，始终没有出路，这让他更加心神不宁。于是乎，他将种种困厄视作上天对自己德行的考验。孟子不是说过"贫贱不能移"吗？古圣先贤都通过了贫贱的考验，我吴某人为何就不能打通此关？

类似这种自我宽慰反复出现在吴与弼的记录之中。有时，他也会有一些算计，让自己和家人的生活好转起来，但最后还是坚守了底线。有时，他也会恶言恶语，让家人难堪，事后也因迁怒于人深刻检讨。战胜贫苦并非易事。这样的生活没有尽头，让人备感无奈，"岁月如流，岂胜痛悼，如何，如何"。[①]

在崇仁家中，陋室穷巷，他不时回忆年少时期读书京师的欢乐时光。那个时候，在父亲的庇护下，他不用担心衣食住行，可以专心读书，所以对圣贤之道的把握不断精进，自觉欢喜。最近十余年来，人生完全变成另外一副模样，自己和家人经常遭到贫病的光顾。一时间，无力扭转，只好取法圣贤。孟子也说："我善养吾浩然之气。"（《孟子·公孙丑上》）越是这种时候，越要克服困难，绝不能让心神被贫病迁移，绝不能让刚正之气遭到侵蚀。换言之，吴与弼在十几年的贫病生活中，慢慢找到生活的节奏，也坚定了自己的意志。

家里来了客人，总要招待。可惜，家中米缸早就见底。他让家人到邻居家里借了一点粮食，欣慰之余，又忧心忡忡：我们家上次借的粮食还没有归还，如今又去讨借，什么时候才能还清？宋儒程

---

① 《明儒学案》卷一，第19页。

颢诗云："富贵不淫贫贱乐，男儿到此是豪雄。"（《秋日》）说来容易，程颢等人何尝经历这般贫窭的生活？君子素其位而行，既然此生要与贫贱同行，也只能如此罢了。[①]

白天忙于农活，晚上才有空读书，家里并没有烛火。刚开始，吴与弼还向邻居家借一些灯油，时间久了，也不好意思再去打扰。无奈之下，他就让妻子烧柴取光，在摇曳不定的柴火之中吟咏不辍。有时，天降大雨，家中到处都在漏雨，吴与弼却处之泰然。冬天来临，被子单薄，冷得直打哆嗦。吴与弼就让妻子把夏天的衣服、布帐全都找来，东拼西凑，层层叠压，这才勉强入睡。

很多慕名而来的弟子来到吴先生家里，看到贫困潦倒的情状，为之酸鼻。同时，也为吴先生坚强的意志所折服。他的学问绝非纸面上得来，而是通过极为清苦的生活点点滴滴磨砺出来，更觉真实可靠。所以，无论吴先生讲《论语》还是讲《孟子》，都饱含激情，充满了力量，也感染了众多弟子。

有一天夜晚，家里实在揭不开锅了。吴先生左思右想，也没有谋生的好方法。次日清晨，他难得睡了懒觉。最后，他意识到一点：无论生活如何艰难，唯有"随分安贫"而已。所谓"随分"，君子要能知命，每个人的造化不同，贫富各异，不可强求。所谓"安贫"，即不要让贫贱扰乱自己追求圣贤之道的初心：

> 誓虽寒饥死，不敢易初心也。[②]

薛瑄的五传弟子吕柟（1479—1542）也有"甘贫改过"之说，

---

① 《明儒学案》卷一，第22页。
② 《明儒学案》卷一，第25页。

和吴与弼（1391—1469）颇有相似之处。与吕柟不同的是，南方的这位前辈儒者终生都拒绝为官，将贫贱的生活进行到底，作为修行的考验。①

对吴与弼而言，想要改变自己的贫贱生活并非难事。他的父亲在京为官二三十年，交游甚广。借助父亲的关系，提高生活水平如俯身拾芥一样容易。然而，如果吴与弼这么做的话，就绝非吴与弼，也绝不会有后来崇仁学派的诞生。

"岁寒，然后知松柏之后凋也"（《论语·子罕》），吴与弼越是坚持初心，坚持自我，越引发世人瞩目。明英宗正统年间，山西按察使司金事何自言上奏朝廷，江西崇仁县吴与弼"年过五十，不求闻达，弟子乐从，乡人敬式，真儒林之清节、圣代之逸民"。②景泰年间，监察御史涂谦、陈述以及抚州知府王宇先后上疏，请求朝廷征召此人入京。朝廷也派遣江西巡抚韩雍等人专门到崇仁礼请，却遭到谢绝。③

朝廷在科举之外，重启荐举，吴与弼依然不予配合。即便他非常清楚，只要稍微妥协，就可以立刻改变贫病交加的惨痛现实。至于坚持不赴召的原因，按照吴与弼的解释：当今天下，宦官弄权、佛教盛行，并非一己之力所能驱除。道不同，不相为谋，自己又何

---

①　关于吴与弼的人格修养研究可参张俊相：《吴与弼的人格修养论》，《求是学刊》1994 年第 2 期。

②　何乔远：《名山藏》卷八十四，《续修四库全书》第 427 册，第 384 页。

③　何乔远：《名山藏》卷八十四，《续修四库全书》第 427 册，第 384 页；《明史》卷二百八十二《儒林传一》，第 7240 页。

必卷入其中？ [1]

在古代中国，儒学的鲜明特征之一即是强烈的政治关怀。对儒者而言，"仕而优则学，学而优则仕"（《论语·子张》）。即便儒者抱定"内圣"的人生志向，不愿出山成就"外王"的事业，也很难坚持到最后。英宗复辟之后，石亨为了增加自己的威望，主动引荐贤人入朝。这一次，面对天子派遣的使者，吴与弼逃无可逃。

◎ 龟山之鉴

宋神宗熙宁九年（1076），来自福建南剑（今福建明溪）的杨时考中进士。真正让这位儒者兴奋的并非璀璨的仕途，而是他在河南遇到程颢、程颐两位宗师。他万万没想到，自孔孟以来，还有二程夫子这样出类拔萃的儒者。万分崇拜之余，他没有接受朝廷任命的官职，而是转投二程门下，执弟子之礼。

儒者快乐的来源之一，便是得英才而教育之。程颢对这位学生格外器重，在杨时学成南归时，语重心长地说道："吾道南矣。"程颢很清楚这位弟子的儒学造诣，也坚信他会把圣贤之道在福建等南部地区发扬光大。

北宋后期，国家处于多事之秋，外有辽国等强敌进犯，内有蔡京等佞臣擅权。蔡京为了收拢人心，从天下各地延聘一批德高望重的贤士，杨时就是其中之一。蔡京声名狼藉，所以面对这种征召，杨时内心也颇为犹豫。他最终还是入朝为官，先后担任秘书郎、著作郎、谏议大夫等官职。北宋灭亡之后，宋高宗南渡，成立南宋王

---

[1] 吴与弼多次拒绝朝廷的荐举，也有对宦官专权、佛教盛行的忌惮："宦官、释氏不除，而欲天下之治，难矣。吾庸出为！"《明儒学案》卷一，第15页。

朝，而杨时则被任命为工部侍郎。晚年，他告老还乡，"优游林泉，以著述讲学为事"。[①]

杨时拥有杰出的儒学修养，又是二程嫡传正宗，所以在南宋儒林地位极高，学者尊称他为龟山先生。后来的儒者，包括朱熹等人，多少都受其影响。可是，杨时晚年应蔡京之召入朝为官，也成为他人生中最受争议的地方。朱熹对杨时也不无讥讪：

> 龟山做人也苟且，是时未免禄仕，故胡乱就之。苟可以少行其道，龟山之志也。然来得已不是；及至，又无可为者，只是说得那没紧要底事。[②]

杨时在儒林声望极高，出处之际，犹有贪图功名的嫌疑。加上他入朝为官，分不清轻重缓急，所作所为无补政局，不仅本人在学林受到訾议，也让世人对儒学的功效产生质疑，"所以使世上一等人笑儒者以为不足用，正坐此耳"。[③]

15 世纪中叶，类似的事件又一次上演。在权臣石亨的荐举下，江西耆儒吴与弼接到天子征召，可否像之前一般婉拒？吴与弼饱读宋儒之书，对杨时的故事了然于胸。殷鉴不远，进退两难，他本人又该何去何从？

◎ 处士进京：朱吴会

明英宗天顺元年（1457）正月，由于石亨等人的陷害，兵部尚

---

① 《宋史》卷四百二十八《道学传二》，第 12743 页。
② 黎靖德：《朱子语类》卷一百一，王星贤点校，北京：中华书局，1986年，第 2572 页。
③ 《朱子语类》卷一百一，第 2569 页。

书于谦、大学士王文等人被杀，天下冤之。在之后的一年中，石亨弄权，越发不可收拾，凡是忤逆自己的官员，就以于谦逆党的罪名加以迫害。同时，石亨及其同党也担心舆情汹汹，于己不利。经过谋士的提醒，石亨决定荐贤。

同年十月，忠国公石亨上疏，江西抚州府崇仁县处士吴与弼"学贯古今，行著乡曲，出为世用，必有可观"，[①]请求皇帝派遣使者，敦聘至京。明英宗随后派遣行人曹隆带着敕书前往江西。

半年后，天顺二年（1458）五月，六十八岁的吴与弼跟随使者车船相继，辗转大小驿站，跋涉三千多里，才从江西抵达京师。在阁臣李贤的建议下，明英宗让吴与弼担任左春坊左谕德，[②]辅佐太子读书。面对突如其来的官位，吴与弼诚惶诚恐，上疏坚辞。

文华殿中，见到吴与弼，明英宗觉得这位老儒不像自己想象的那般迂腐，不堪实用。为此，他还特别叮嘱李贤：

> 此老非迂阔者，必令就职！[③]

至于吴与弼三番五次的推辞，明英宗坚决不允，还赐宴文华殿，另外派人到他京师的临时寓所赠送彩币、羊酒、薪米。京师官民闻讯之后，争相拜访，只为一睹这位布衣大儒的风采。

面对荣华富贵，吴与弼表现出超然的冷静。他坚持上疏，希望皇帝"听臣辞免前职，容臣儒冠儒衣，日近清光，以图补报于

---

① 《明英宗实录》卷二百八十三，天顺元年十月壬寅，第6076页。

② 据《明史·职官志》，左谕德从五品，辅导太子。《明史》卷七十三《职官志二》，第1783页。

③ 何乔远：《名山藏》卷八十四，《续修四库全书》第427册，第384页。

万一"。① 吴与弼越是在奏疏中将自己贬得一无是处，明英宗越是看重此人，坚决要他接受任职。

不仅如此，明英宗还让人问询他在京师是否住得习惯，衣食住行之外，还有无其他请求。不在其位，不谋其政。吴与弼一介布衣，不愿过问朝事，便提出：微臣僻处山林，所得书籍有限，陛下能否开恩，让微臣阅览朝廷所藏秘书，一饱眼福。接到吴与弼的请求，明英宗表示同意，但是有一个条件：吴与弼必须先接受左春坊左谕德的任职。② 就这样，君臣二人的见面不谈军国大事，反而围绕任官、辞官以及能否阅读秘书展开……

这场较量的核心品质在于耐心，而终生与贫病周旋的吴与弼最不缺乏的就是耐心。明英宗也多次派遣太监打探这位老先生的状况，发现他的身体状况确实堪忧。相持两个月之后，秋天来临，朝廷率先妥协，同意吴与弼辞官还乡。为了表示礼贤的美意，明英宗特意赏赐吴与弼诸多银两，还下令江西当地政府每月发放廪米，予以优待。③ 离京后，处士吴与弼照例上表谢恩，条陈十事，总算结束了这场并不愉快的面圣之旅。

朱祁镇并非朱元璋，吴与弼也不是朱升。所以，关于明英宗朱祁镇与处士吴与弼的这场"朱吴会"，很多人从一开始就没抱太大期望。比起朱元璋当年拔擢人才的魄力，朱祁镇的作为更像是一场政治表演，为"夺门之变"后的天顺政权增加些许光彩，借以笼络人心。对吴与弼而言，他年近七旬，早就过了血气方刚的年龄，也无

<hr />

① 《明英宗实录》卷二百九十一，天顺二年五月戊申，第 6225 页。
② 《明英宗实录》卷二百九十一，天顺二年五月己酉，第 6226 页。
③ 《明英宗实录》卷二百九十三，天顺二年七月辛卯，第 6252 页。

力重整政局。为了配合复辟天子的表演，他又不得不从江西老家赶往数千里外的京师。

当年，杨时应蔡京之召入朝为官，留下一些谏言，也产生了一些实效。可是，反观吴与弼在京两月的作为，罔有靖献。所以，他这次奉诏进京，也引发了非议。据称，吴与弼为了成功辞归，在为奸臣石亨族谱题写的跋语中，自称"门下士"，露出谄媚的嘴脸。[①]

对此，有人予以同情的理解。比如，何乔远在《名山藏》中说：

> 予读谱跋，寥寥数言耳。石亨当时有震主之功，巽以处之，亦或当尔。至其辞职不受，意殊可见。[②]

黄宗羲在《明儒学案》中引用顾允成的说法："此好事者为之也。"[③]同时，黄宗羲也认为，吴先生自称"门下士"也可能确有其事。如若不然，大费周章荐举他入京的石亨怎会轻易放他回乡？

当然，也不乏学者对吴与弼晚节不保感到惋惜。他当初就不该听从石亨的征召，所谓"昔杨时赴蔡京之荐，朱子讥之。与弼虽不拜官，第石亨之荐，不出可也"。[④]

另外，也有学者毫不客气地批评吴与弼，认为盛名之下，其实

----

① 吴与弼在《跋忠国公石亨族谱》中写道："右忠国公石氏族谱一通，命仆题焉。夫公元勋盛德，在天下著太常而重彝鼎，所以显其亲而光其族也至矣。虽能言之士无所容喙，况在于仆，敢赘乎哉？天顺戊寅七月二十一日，门下士崇仁吴与弼拜观。"吴与弼：《康斋集》卷十二，景印文渊阁《四库全书》第1251册，第588页。

② 何乔远：《名山藏》卷八十四，《续修四库全书》第427册，第385页。

③ 《明儒学案》卷一，第17页。

④ 项笃寿：《今献备遗》卷二十六，景印文渊阁《四库全书》第453册，第647页。

难副。我大明开国以来，选拔人才的途径主要有三：科举、岁贡与荐举。自太祖、太宗以来，荐举之道用来选拔非常之士，以备缓急之需。吴与弼拥天下之盛名，却不能救一时之极敝。既然同意入京，就应该发挥"外王"的实效，结果羁留数月，毫无贡献，让朝廷对荐举这条选拔人才的途径更加轻视。所以，对于荐举之路的堵塞，吴与弼之流难辞其咎。①

儒林内部对吴与弼应召入京的态度意见不一，让人眼花缭乱。此事传到民间，又多了一分戏说的色彩。当年，处士吴与弼见到天顺爷，本想发挥所学，裨益时政。就在天顺爷问话的紧要关头，吴与弼面红耳赤，支吾不清。站在一旁的李贤也跟着着急，无如之何。至于真实原因，则是吴与弼遭遇意外——不知何时，有一条蝎子潜伏在儒冠之下，突如其来的一蜇让他苦不堪言：

> 但见吴与弼面孔紫胀，双眉顿蹙，一句话也说不出，急急将头巾除将下来一看，原来头巾内有一个大蝎子。问对之时，正被此物一尾钩蜇着，疼痛莫当，所以一句答应不出。
>
> 李贤同吴与弼一齐惊叹。你道此物真个作怪跷蹊，可可的钻在头巾之内，正当召对之时，蜇上一尾，可不是鬼神莫测之事。况天恩隆重，千古罕见，若一一敷陈，必有可观，岂不为朝廷生色、处士增光？不知有多少济世安邦之策，匡王定国之猷。②

---

① 茅元仪：《石民四十集》卷六十六，《续修四库全书》第1386册，第598页。关于吴与弼的弟子陈献章在明宪宗成化年间奉诏入京之事，本章第三节会加以详述。

② 周清原：《西湖二集》卷三，北京：华文出版社，2018年，第36页。

总之，根据民间流传甚广的说法，并非吴与弼不愿为官，而是遭遇意外，所以错过了报效朝廷的大好时机。此事只缘吴与弼终究是山野中人，所谓"命运不该朱紫贵，终归林下作闲人"。[①]

儒林内部各执一词，民间传说以讹传讹。对吴与弼本人来说，入京以来，虽然锦衣玉食，但是他内心深处异常清醒：眼前的这一切并不是自己真正想要的。也许，在应召之初，吴与弼还抱有一丝"致君尧舜上"的幻想，可是进京之后，他发现，时局杌陧，并非一己之力就可扭转。

僵持数月之后，天子、权臣终于放行，吴与弼如释重负。久在南方生活，北国风光自有一番韵味，令人新奇，但是无法消除思乡之苦。在杨柳依依的春季，吴与弼从故乡启程北上。如今返乡，已是深秋时节。

南归途中，吴与弼立在船头，眺望两岸，但见树木萧森，不禁悲从中来。秋风掠过，红叶纷飞，他忍不住吟诗一首：

> 船头时作望乡吟，难写浮生去住心。
>
> 忽忽不知为客久，谁家红树报秋深。[②]

沿着京杭运河，吴与弼一路南下，高柳收帆，平芜纵目。沿途两岸很多士大夫渴望一睹风采，却被他小心躲过。总有一些执着的士大夫不肯放弃，所以等吴与弼的使船刚抵达南京的驿站，他们就簇拥上来。来者峨冠博带，滔滔不绝，问了很多问题，其中他们最

---

① 周清原：《西湖二集》卷三，第 36 页。

② 吴与弼：《舟中见红树》，《康斋集》卷五，景印文渊阁《四库全书》第 1251 册，第 455 页。

感兴趣的是：咫尺天颜，令人称羡，先生何不留在京师效劳？

对此，吴与弼早有预料。他懒得饶舌，用一句话打发了众人：

> 吾欲保性命而已。[①]

◎ 学不待言

15 世纪依然是程朱理学的世纪。无论薛瑄在北部中国开创的河东学派，还是吴与弼在南部中国建立的崇仁学派，都以继承程朱理学为己志，这是两大学派最大的共同点。[②] 同时，受到宋儒的影响，无论是薛瑄，还是吴与弼，都对著述之事不以为意。比起开创自己的学说，他们更愿意领悟程朱之学，进而上溯孔孟之道。

评价一位儒者是否为真儒，看的并不是此人留下多少作品，而是出处之际的大节。王阳明写过一篇记文悼念吴与弼，其中特别提到：

> 方其贵近之荐，固可见好德之同。及夫官爵之辞，尤足验先几之哲。盖宣和之疏于龟山无嫌，而明堂之留在汉儒为愧，出处不至于失己，学术何待夫立言？[③]

---

① 过庭训：《本朝分省人物考》卷六十一，《续修四库全书》第 534 册，第 687 页。

② 作为吴与弼的弟子，陈献章如是回忆乃师："予年二十七游小陂，闻其论学，多举古人成法，由濂、洛、关、闽以上达洙泗；尊师道，勇担荷，不屈不挠，如立千仞之壁，盖一代之人豪也。"陈献章：《书玉枕山诗话后》，《陈献章全集》，黎业明编校，上海：上海古籍出版社，2019 年，第 95 页。

③ 参何乔远：《名山藏》卷八十四，《续修四库全书》第 427 册，第 385 页；谈迁：《国榷》卷三十五，第 2276 页。

从山野村夫的极贫贱，到天子上宾的极尊荣，吴与弼始终不改书生本色。作为一名真儒，吴与弼所思所想绝非证明自己有什么过人之处，而是用自己的一生证明：儒者之学可以也应当从修行实践之中真切地体现出来。故此，明儒项笃寿评价吴与弼："其学无所概见，所著《康斋语录》及上言十事，无过人者。要之，力学修行，儒之醇者也。"①

吴与弼并非拙于著述，而是痛感各种注解之弊，所谓"注笺繁，无益"。②圣贤之说就在那里，唐宋以来，名家注解俱在，何必叠床架屋？今人所谓注解，打着辅翼经典的名号，实则还是在证明自己比古人如何高明而已。这种为人之学偏离正轨，只会将儒学推向无穷无尽的堆砌材料、玩弄概念的深渊。

比起著述之学，吴与弼的学问更像生命之学。他把所学化成所行，融入自家生命之中，真实不虚。儒家推崇的敬义、诚明绝非文字功夫，而是修身功夫。这种修身功夫并非庋藏在高文巨册之上，而是昭著于日常生活之中，一如黄宗羲所揭：

> 先生上无所传，而闻道最早，身体力验，只在走趋语默之间。出作入息，刻刻不忘，久之自成片段，所谓敬义夹持、诚明两进者也。③

四方学子纷来沓至，甘执弟子之礼，江西崇仁也由此成为文化

---

① 项笃寿：《今献备遗》卷二十六，景印文渊阁《四库全书》第453册，第647页。

② 过庭训：《本朝分省人物考》卷六十一，《续修四库全书》第534册，第687页。

③ 《明儒学案》卷一，第16页。

圣地。吴与弼给弟子讲学并非总是高坐堂上，有时师生一起下田劳作，切磋儒家经典。下雨天，他披着蓑笠，和弟子一边干着农活，一边讨论《周易》。斜风细雨之间，师生一道体味《周易》洁静精微之妙。

用餐时，他和弟子们坐在一起，饭糗蔬豆，自得其乐。有位从广东前来求学的弟子，刚开始并不适应吴先生这种教学方法，早晨还在睡懒觉，就被吴先生堵在门口大声教训："秀才这么懒惰，何从到伊川门下，又何从到孟子门下！"[①] 在崇仁学派，儒学和儒行就这样亲密无间地结合到一起。

诗言志，歌咏言。闲暇之余，吴先生也会和弟子们赋诗。他的诗作涵养性情，不事雕琢。在一首《咏桃诗》中，他如是写道：

> 灵台清晓玉无瑕，独立东风玩物华。
> 春气夜来深几许，小桃又放两三花。[②]

春天来临，吴先生带着众位弟子踏青。来到一处高台之下，众人沐浴于春风之中，欣赏桃花初放、万物复苏的美好。这首诗看似平淡无奇，却有孔门风乎舞雩的气象。

靡不有初，鲜克有终。很多人之所以犯下出格之事，皆始于不甘贫贱之念。为了摆脱贫贱，一心上位，出卖自己，讨好他人，将曾经视若立身之本的德操弃若敝屣。白沙在涅，与之俱黑；久处鲍肆，不觉其臭。吴与弼及其门人饱受贫贱生活带来的各种磨砺。环境越艰苦，初心反而越澄澈。只要此身不为饥寒所毙，便可以有一番作为。一如孟子教诲的那般："故天将降大任于是人也，必先苦其心

---

① 　《明儒学案》卷一，第 15 页。
② 　沈佳：《明儒言行录》卷三，景印文渊阁《四库全书》第 458 册，第 663 页。

志，劳其筋骨，饿其体肤，空乏其身，行拂乱其所为，所以动心忍性，曾益其所不能。"（《孟子·告子下》）有明一代，吴与弼及其崇仁学派也许最能体现儒家的这股坚忍精神。

南北儒学虽然有诸多相通之处，但是彼此之间也各有不同。河东弟子多官宦之气，而崇仁门下多山林之风。北方儒者好做官，风俗使然；南方儒者多布衣，不得已才做官。河东学派为官者比比皆是，而崇仁学派从吴与弼开始，即便天子赐官，也坚辞不受。衣钵相传，世相付授。吴与弼的学行深刻地影响千百名弟子，其中尤以胡居仁等人最得乃师精髓。

第二节　布衣胡居仁

学以为己，勿求人知。

——胡居仁

◎ **第一学案**

明宪宗成化五年（1469）秋冬之际，江西省崇仁县，落叶无声，寒鸦栖寂。身形癯瘦的吴与弼脉搏微弱，奄奄一息。人生七十古来稀，何况自己七十有九。吴与弼十分清楚，自己行将就木。自从七十岁以来，身体大不如前，还不时梦到过去种种。那个时候，条件异常艰苦，自己特立独行，不逊他人：

孤风自许追千古，特操何曾让一人。[①]

儒者心法，反求诸己。纵使学行深纯，名满天下，吴与弼意犹未尽，仿佛虚度七十春秋，"中宵忽感平生志，回首空过七十春"。[②]这既是儒者的自谦之辞，更是儒者自强不息的生命体现。如今，人生走到尽头，他心如止水，波澜不惊，"穷通得丧，生死忧乐，一听于天。此心须澹然，一毫无动于中"。[③]

修短随化，终期于尽。在他去世后，不仅亲友弟子哀悼不已，江西大小官员也前来吊丧。车水马龙的队伍将吴家围得水泄不通，好像去世的不是一个平民百姓，而是一位高官显宦。事实上，吴与弼既无一官半职，又无万贯家资，甚至没有进士、举人等头衔。

明英宗天顺二年（1458），他获得天子征召，受到格外礼遇，却辞官不就，让天下儒者愈发想望其风采。本朝开国以来，一位布衣儒者受到天子破格礼遇，却能坚持己志，旷世罕见。不仅如此，吴与弼凭借个人的学识和操守吸引了千百名弟子，并开创了一个可与河东学派比肩的崇仁学派。黄宗羲在《明儒学案》中更是将这位布衣儒者开创的崇仁学派排在第一，所谓"第一学案"。

自洪武、永乐以来，明代儒者的境遇颇为屯遭。想要高尚己志，却难以抵御朝廷多次荐贤。面对大小官员的催逼，他们不得不入朝为官。一旦入朝为官，伴君如伴虎，罕有善终者。洪武时期，宋濂、

---

① 吴与弼：《康斋集》卷二，景印文渊阁《四库全书》第1251册，第381页。

② 吴与弼《冬夜枕上作》全诗如下："遥忆当年学立身，兢兢常恐暂埃尘。孤风自许追千古，特操何曾让一人。因病简编寻旷弛，离群践履转逡巡。中宵忽感平生志，回首空过七十春。"吴与弼：《康斋集》卷二，景印文渊阁《四库全书》第1251册，第381页。

③ 吴与弼：《康斋集》卷十一，景印文渊阁《四库全书》第1251册，第573页。

吴伯宗等人下场悲戚，妇孺皆知；建文、永乐之际，方孝孺、练子宁等人死于非命，至今让人心有余悸。建文四年（1402），身处京师的吴与弼已经十二岁，对此起彼伏的屠戮案件记忆犹新。他的父亲归顺永乐政权，选择就任翰林修撰，委曲求全，也有不得已而为之的苦衷。否则，吴家早就满门受戮，一如建文忠臣普遍的遭遇。果真如此，明朝历史上就不会有吴与弼，更不会有影响深远的崇仁学派。

迷途未远，今是昨非。吴与弼随后绝意仕途，放弃科举，直入儒学堂室，并将程朱理学作为自己的精神指引。儒学并非仅关乎个人修身的学问，儒者还要担负起家国天下的责任。所以，"夺门之变"后，面对朝廷屡次征召，年近七旬的吴与弼毅然扶病北上。入朝之后，他亲见石亨等人擅权，时局无复可为，便坚决隐退。他的这种行为未免让人联想到《礼记·儒行》中对儒者规范的表述：

> 儒有上不臣天子，下不事诸侯，慎静而尚宽，强毅以与人，博学以知服，近文章，砥厉廉隅，虽分国如锱铢，不臣不仕。

功亏一篑，吴与弼差一点就完全合乎这种规范。因他求退心切，在石亨的族谱中题下"门下士"三字，引发后人非议。明朝近三百年的历史上，涌现众多名儒，从祀孔庙者仅有四位而已：薛瑄、胡居仁、陈献章、王守仁，其中胡、陈两位都是吴与弼的弟子。两位弟子都从祀孔庙，而老师却被冷落，这也是儒林奇闻。换言之，吴与弼的一生也为弟子和后人提供了深刻的经验教训：在出世、入世之间应早作抉择，在德操方面务必善始善终。

吴门之中，论资历与悟性，胡居仁都不是最突出的一位。他比乃师小四十三岁，这种年纪差距相当于孔子与弟子子夏、有若、曾参等人的差距。吴与弼的弟子当中以胡九韶从学最早，与乃师关系最密。胡九韶，字凤仪，江西抚州府金溪县人。鉴于金溪县与崇仁县毗邻，胡九韶自幼听闻吴先生的大名，追随左右。吴与弼在外，也带上这位弟子，并以"故人"视之。[1] 后来，凡是四方求学的弟子，吴与弼都命令先跟随这位大师兄读书学习。[2] 在后进弟子之中，陈献章比胡居仁年长六岁，后来凭借超凡的悟性，自立门户，开创崭新的白沙学派，这种魄力也非胡居仁所能企及。

即便如此，在学问理路和个人气质上，胡居仁与乃师最为接近。他仿佛孔门中的曾参，看起来迟钝，所谓"参也鲁"（《论语·先进》），却得到孔子一贯之道，所谓"夫子之道，忠恕而已矣"（《论语·里仁》）。

成化五年（1469），胡居仁三十多岁，学问格局基本成型。随着吴先生的谢世，胡居仁继续探索儒学的方向。另外，早在五年前（天顺八年，1464），北方名儒薛瑄就已去世。对儒林而言，薛、吴的先后离世无疑是巨大的损失。后继者能否站在两位巨人的肩膀上，将儒学的事业继续向前推进？

◎ 墨衰讼官

胡居仁，字叔心，江西饶州府余干县人。少年时期，他和很多

---

[1] 吴与弼给弟子胡九韶赠诗中提到："顽钝淬磨还有益，新功频欲故人闻。"《明儒学案》卷二，第46页。

[2] 史称："诸生来学者，与弼令先见九韶。及与弼殁，门人多转师之。"《明史》卷二百八十二《儒林传一》，第7241页。

同辈一样，抱定科举成名的志向，将读书、考试、做官作为人生发展的不二追求。为了实现这一志向，他拜倒在耆儒于同门下。于同，字世衡，饶州府安仁县人，官至松江知府。[①]

在于先生的引导下，胡居仁考试能力大为提升。只要坚持下去，将来完全可以像乃师一样金榜题名，成为地方州县的长官，过上荣华富贵的生活。可是，越是在科场文章中周旋，胡居仁越发迷惘：人的一生难道就只能拘囿在读书、考试、做官的圈子之中吗？

饶州府毗邻抚州府，此时崇仁吴先生的大名传遍江西各地。和大多数先生迥然不同，吴先生教育门人，从不以科举、做官、牟利为方向。听到这则消息，年少的胡居仁将信将疑，仿佛看到了走出思想困境的希望。

一路步行，胡居仁抵达崇仁。这里果然没有让他失望，到处充满生机。读书不再是呆坐在书桌边摇头晃脑的死记硬背，而是在田间、谷场、山林、河畔等各种场所均可进行的切磋琢磨。在这里，你既可以为考取功名而读书，也可以只为读书而读书，而且没人会把你当成另类。读书修身是自家之事，大可不必将其与功名利禄联系到一起，让自己活在焦虑与虚幻之中。在聆听吴先生几次讲学之后，他深深折服，虔心投入门下。史称：

> 及闻吴与弼讲义理学，尽弃旧学而学焉。[②]

胡居仁人生道路的调整和薛瑄、吴与弼非常相似，都是挣脱科举考试的羁绊，转而投向儒学内在的精神世界。一名真正的儒者，

---

① 何乔远：《名山藏》卷八十四，《续修四库全书》第 427 册，第 385 页。
② 何乔远：《名山藏》卷八十四，《续修四库全书》第 427 册，第 385 页。

不可能既侍奉肉体的欲望，又满足精神的需求。一旦选择放弃科举为官的康庄大道，就极可能坠入贫困生活的泥淖之中。

和吴先生早年一样，胡居仁也面临贫困的考验。他每天靠着一点儿食物充饥，而且穿的衣服也是鹑衣（打满补丁的衣服）。昔日同窗看到他如此落魄的光景，眉心紧蹙：仁兄何苦选择一条"不归路"？悬崖勒马，其时未晚！

对此，胡居仁却乐在其中：

> 以仁义润身，以牙签润屋，足矣。[1]

宋儒教人寻找"孔颜乐处"，谈何容易？对胡居仁来说，生活越是艰辛，越能乐在其中。吴先生不就是最好的榜样吗？儒者在希圣希贤的道路上最怕两点：一是识见不真，二是工夫间断。[2] 既然意识到圣贤之道不在考试做官上面，不在官定教科书上面，何不迷途知返？既然选择与圣贤为伍，就应该持之以恒，决不能因贫困、疾病等逆境中断修行。

只要工夫不断，生活中这些艰难又算得了什么？有一次，连日大雨，家中不仅断粮，而且墙壁都倒塌了。对常人而言，这分明是让人崩溃、绝望的生活。可是事后回忆起来，胡居仁却淡然地赋诗一首：

> 去岁墙倾更绝粮，今年净几与明窗。

---

① 沈国元：《皇明从信录》卷二十三，《续修四库全书》第355册，第387页。
② 沈国元：《皇明从信录》卷二十三，《续修四库全书》第355册，第387页。

人生苦乐何须计，流水行云语意长。[①]

此时之苦未必非为他时之乐，此时之乐未必非为他时之苦。儒学并非说说而已，而是贯彻到人生之中。人生苦也罢，乐也罢，行云流水，自有一番况味。吴先生当年教导弟子："吾平生每得力于患难。"[②] 斯言大矣哉！儒者之学唯有经过患难磨砺，所知所行才稳若磐石。反之，遇到贫贱困厄就怨天尤人，不堪忍受，遇到功名利禄就汲汲营营，唯恐落后，这算什么儒学？

在他人看来，吴先生镰刀与三文钱的故事可能是迂腐的体现，可是在弟子们的眼中，这正体现了儒者的坚韧。如果没有这种坚韧，儒者就没有足够的勇气与定力抵抗流俗的侵扰。任尔狂风暴雨，我自岿然不动，这不正是儒者应有的操守吗？

真正让缙绅先生听闻胡居仁大名的是一桩诉讼。在父亲死后，胡居仁哀毁骨立，不从流俗，而是严格按照儒家丧礼，在父亲坟墓边守丧三年。丧葬之仪，一依古典。由于坚守古制，他被个别里人视为异类，多方刁难。无奈之下，他选择对簿公堂，以证清白。根据儒家礼制，丧服（一般通用的素色丧服）不入公门，所以胡居仁穿着墨衰（黑色的丧服）进入公堂。很多百姓生平第一次看到有人穿黑色的丧服，感到十分可笑。看热闹的人越来越多，拥挤到衙门外。此事很快传遍乡里。正因如此，远近士绅才知道余干县还有这么一位特立独行之士。毕竟，身着墨衰入公门正是符合礼制的体现。[③]

---

① 胡居仁：《去年此日被风雨倒墙兼绝食》，《胡文敬集》卷三，景印文渊阁《四库全书》第1260册，第71页。

② 《明儒学案》卷二，第46页。

③ 何乔远：《名山藏》卷八十四，《续修四库全书》第427册，第385页。

◎ 圣贤工夫莫切于敬

此后，很多儒生赶到余干县，拜胡居仁为师。他们还集资修建一座书馆，供先生讲学之用。面对人数众多的弟子，胡先生反复强调，为学应该是为己之学，让自家受用，而不是表露自己，赚取功名。至于为政之道，古往今来，唯有遵行王道才是正途。[①]

在不同的学派和儒者之间，彼此的学说异同并非泾渭分明。一个人核心学说的养成，自有漫长的过程。比如，薛瑄、吴与弼二人都是程朱理学的坚定追随者，所以在立说上，大体都离不开居敬穷理。他们二人的区别与其说是学说主张的区别，毋宁说是出处之间的区别。河东之学"外王"的色彩更浓厚一些，崇仁之学则更偏重"内圣"。至于吴与弼的弟子胡居仁，他的学说和薛、吴二人并无根本差异。如果一定要从中拈出胡居仁学说的核心，那就是一个"敬"字：

> 居仁之学以主忠信为本，求放心为要，以圣学成始成终在敬，因以敬名斋。[②]

他的居敬之学与明初以来的儒者看似了无分别，却以一种被强化的方式体现在生活之中。比如夫妻之间，他待以宾客之礼；处理家务，就像升堂一样严肃；和朋友相处，从来不苟言笑。后来，家境好转，器物稍稍多了起来。对于一器一物，他定要区别精审，摆放整整齐齐……"君子不重则不威"（《论语·学而》），儒者一举一动，自有威仪。他的类似行为并非强迫症的表现，而是坚持理

---

① 项笃寿：《今献备遗》卷二十六，景印文渊阁《四库全书》第453册，第647页。

② 何乔远：《名山藏》卷八十四，《续修四库全书》第427册，第385页。

学生活的题中之义。

虽然不求科举功名，但是胡居仁在读书学习上未尝放松。他每天都会制订课程计划，从早到晚，孜孜不倦，像一名苦行僧。[①] 和佛教徒不同，胡居仁从不追求往生极乐、立地成佛之类的目标，而是要把儒家的精义充分地体现在今生今世，依理修行。读书闲暇，他也会感到疲惫，便走出书斋，到林中读书。秋高气爽，微风习习，颇有自得之意。即便在林中无人处，他也提醒自己，要衣冠整肃，以礼法自持。[②]

除了读书、教学之外，胡居仁少有爱好。在为数不多的诗词之中，他留下一组《看鸟》诗。故此，看鸟勉强可以算作他的爱好。即便看鸟，他也竭力建立与孔子之间的联系，并表露对真理的追求。当然也不会忘记，看鸟之余务必注意"正衣冠"。

看鸟（其一）

幽禽碧树里，何事不予惊。孔子不射宿，拳拳素服膺。

看鸟（其二）

漫向幽岩学养真，青山绿水隔红尘。

虽然仰面贪看鸟，也未回头错应人。

---

① 徐咸：《皇明名臣言行录后集》卷十二，《四库全书存目丛书·史部》第 90 册，济南：齐鲁书社，1996 年，第 372 页。

② 《又读书林间》载："劳劳曾可似闲闲，日月携书到处看。好是薰风惬人意，时来林下整衣冠。"胡居仁：《胡文敬集》卷三，景印文渊阁《四库全书》第 1260 册，第 69 页。

看鸟（其三）

藤萝幽树覆岩端，岩下清泉九夏寒。

敢效南阳称八达，肃然起坐正衣冠。①

要之，胡居仁的学问始终离不开一个"敬"字。按照他本人的说法：

> 圣贤工夫虽多，莫切要如"敬"字。敬有（惕然）自畏慎
> 底意思，敬有肃然自整顿底意思，敬有卓然精明底意思，敬有
> 湛然纯一底意思，故圣学就此做根本。②

另外，根据黄宗羲的总结："先生一生得力于敬，故其持守可观。"③在胡居仁从祀孔庙之后，明神宗万历三十七年（1609）八月，朝廷为布衣胡居仁赐谥"文敬"，④也和"敬"字有关。

胡居仁抓住一个"敬"字，真知真行，做到极致，将儒家经典的冰冷记载鲜活地演绎出来，既获得朝野儒者的一致肯定，也提升世人对儒学的信心。这也许正是他超越乃师的独到之处。

◎ 游学南国

青出于蓝而胜于蓝，胡居仁超越乃师的不止居敬一处。对儒者而言，天下有道则见，无道则隐。有道之世难以判断，无道之世却

---

① 胡居仁：《胡文敬集》卷三，景印文渊阁《四库全书》第1260册，第69页。

② 参胡居仁：《居业录》卷二，景印文渊阁《四库全书》第714册，第10页；邓元锡：《皇明书》卷三十五，《四库全书存目丛书·史部》第29册，第445页；等。

③ 《明儒学案》卷二，第29页。

④ 《明神宗实录》卷四百六十一，万历三十七年八月戊寅，第8711页。

一目了然。当年，薛瑄入朝为官，触怒王振，差点命丧囹圄。吴与
弼受召入朝，发现石亨擅权，求退不能，为了"保全性命"，自称"门
下士"，通过这种自辱的手段获准归乡。他们当初未尝不愿得君行道，
匡补政局，无奈时运不济，回天无力。

　　和本朝曹端等前辈儒者株守一两处地方不同，胡居仁学成之后，
多方交游。个人的智慧毕竟有限，"独学而无友，则孤陋而寡闻"（《礼
记·学记》）。他从江西余干出发，在弟子的陪伴下，南下福建，
又到浙江，北上南京，之后溯江而上，抵达鄱阳湖泛舟，而后折返。
他的足迹虽然只涉及东南地区，但是这些地区物阜民康，文教发达，
堪为学术交流之沃壤。在交游中，除了拜会同门师兄弟之外，胡居
仁先后结识章懋、罗伦、张元祯等著名儒者。[1]

　　儒者之学绝非记诵之学，既要付诸日常践履之中，也要通过交
游等方式互相印证。君子以文会友，以友辅仁。正是通过交游，各
地学者之间产生思想上的碰撞，不仅可以增广见闻，切磋学问，还
有助于陶冶心性，德业并进。

　　游览之余，胡居仁越发觉得崇仁之学深得程朱理学的真昧。在
他人看来，胡居仁作为吴与弼先生的高足，名不虚传。浙江兰溪的
一位儒者陆瑞家如是评价胡居仁：

　　　　本朝理学之臣胡叔心，完璧也，席珍怀待聘之资，遁世绝
　　忧闷之志。[2]

　　胡居仁之所以能得到类似的肯定和赞扬，不是因为他是吴与弼

---

① 何乔远：《名山藏》卷八十四，《续修四库全书》第 427 册，第 385 页。
② 何乔远：《名山藏》卷八十四，《续修四库全书》第 427 册，第 385 页。

的弟子，抑或写出过人的著述，而是因为他将程朱理学浸润到语默静止之中。一次坐船，百无聊赖，胡居仁本能地静思反省：

> 风雨篷窗不昧时，客中情绪总依依。
>
> 静思成己功难处，私意才行行即亏。[1]

无论群居，还是独处，胡居仁都按照理学规范自己。当时，有一则流传颇广的故事。有一次，胡居仁独自走夜路（不知是否同样因为拒付三文钱）。由于声名在外，连山中野鬼都知晓此人。为了惊吓这名儒者，一鬼绕到他身后，拉长声调，反复呼喊"先生""先生"……月色忽明忽暗，山风忽起忽停，这种喊声更让人不寒而栗。胡居仁不为所动，继续赶路。后来，这名野鬼又追了上来，出联挑弄，上联曰："风急有舟人莫渡。"胡居仁依旧不为所动，继续赶路。若是常人，早就被吓得惊魂失色，可是眼前这位儒者反而像木石一样，淡然自若。这位颇有才学的野鬼自觉无趣，道出下联后，便消失在夜色之中。[2] 看来，只要儒者心底干净，意志坚定，即便有野鬼侵扰，也不足为虑。

成化十七年（1481，辛丑）三月，胡居仁出游杭州。大凡到杭州旅游的人，都不会错过西湖，胡居仁也不例外。杭州地方学官丘崇育、徐旭、周璘等人陪同前往。儒者游玩除了欣赏湖光山色之外，自有一番论题。他们聊到儒学的体用之道。有人说："未发为静，

---

① 胡居仁：《舟中自感》，《胡文敬集》卷三，景印文渊阁《四库全书》第 1260 册，第 71 页。

② 下联："月明无伴路休行。"参蒋一葵：《尧山堂外纪》卷八十六，《续修四库全书》第 1195 册，第 81 页。

已发为动；静为体，动为用。"在胡居仁看来，"动静无端，体用全备"，体用不可偏废，"皆以敬为主"。①

听闻胡先生莅临，越来越多的士绅前来拜谒。毛敏、舒升等人纷纷加入，一同登船。杭州富庶，但作为客人的胡居仁要求招待从简，仅用酒肴蔬果数品——现在杭州风俗奢靡，正当示之以俭。

西湖上，波光潋滟，游人如织。很多人纵酒酣歌，不知礼节。看到这番景象，胡居仁提议按照礼经记载，举行乡饮酒之礼，得到大家的响应。之后，消失已久的乡饮酒礼出现在西湖边，而且长达一周，引发士庶驻足。

前来拜访胡居仁的人越来越多，有的携贽拜师，有的切磋学问……通过寻常的西湖之旅，胡居仁和同道谱写出一曲教化之歌。按照周璘等人的说法："先生之游，非世俗之游也。"② 最后，他们还请胡居仁撰写一篇《游西湖记》，记录这桩学林盛事，供后进子弟学习。

回到江西，路过九江府，提学李龄邀请胡居仁到白鹿书院主讲。他在书院讲学，以程朱理学特别是朱子学为核心，所谓："古之学者必以修身为本，修身之道必以穷理为先，理明身修，则推之天下国家，无不顺治。"③ 他的门人越来越多，其中，广信府贵溪县的

---

① 胡居仁：《游西湖记》，《胡文敬集》卷二，景印文渊阁《四库全书》第 1260 册，第 41 页。

② 胡居仁：《游西湖记》，《胡文敬集》卷二，景印文渊阁《四库全书》第 1260 册，第 41 页。

③ 胡居仁：《白鹿洞讲义》，《胡文敬集》卷二，景印文渊阁《四库全书》第 1260 册，第 60 页。

学生多次邀请，请他莅临本县桐源书院讲学。[①] 经过饶州府的时候，淮王专门请他主讲《易传》，待以宾师之礼。[②] 路过余干县，当地知县听说他在西湖带领众人演习乡饮酒礼，便延请胡先生在本县指导乡饮酒礼，借以提振学风，改良风气。[③] 在外交游多年，胡居仁席不暇暖。比起观赏各地风光，他将时间和精力都投入结交同道以及讲学之中。

　　吴与弼由于入朝之事，名节受损，而弟子胡居仁却以布衣终身。胡居仁所到之处，越来越多的儒者意识到此人的伟岸之处。敬仰之余，有人如是评价：

　　　　薛瑄之后，粹然一出于正，居仁一人而已。[④]

　　成化二十年（1484），布衣胡居仁在家中逝世，年仅五十一岁。一百年以后，万历十二年（1584），明廷下令将胡居仁与陈献章、王守仁等人一道从祀孔庙。[⑤] 胡居仁是明朝开国以来也是整部明史中唯一一位以布衣身份从祀孔庙的儒者。

---

①　《明儒学案》卷二，第 29 页。

②　《明史》卷二百八十二《儒林传一》，第 7232 页。

③　邓元锡：《皇明书》卷三十五，《四库全书存目丛书·史部》第 29 册，第 446 页。

④　《明史》卷二百八十二《儒林传一》，第 7232 页。

⑤　关于胡居仁、陈献章、王守仁三人从祀孔庙的时间，《明神宗实录》《明会典》系于万历十二年（1584）。参《明神宗实录》卷一百五十五，万历十二年十一月庚寅，第 2865—2866 页；申时行等：《明会典》卷九十一，北京：中华书局，1989 年，第 521 页。《明儒学案·崇仁学案》《明史·儒林传》均作万历十三年（乙酉，1585），不确。参《明儒学案》卷二，第 29 页；《明史》卷二百八十二《儒林传一》，第 7232 页。

◎ 持敬，死敬？

比起身后的荣耀，胡居仁在生前自觉幸运。这份幸运源于他坚定地皈依程朱理学，从中找到读书修身的不二法门。在两首诗中，他如是感叹道：

叹古人读书（其一）

圣贤文字传千载，不遇程朱怎奈何！

刺股悬梁辛苦志，其如一敬得功多。

叹古人读书（其二）

刺股悬梁枉自勤，岂知心在检其身。

只因未遇程夫子，苦杀当年多少人。[1]

对于胡居仁的居敬工夫，也有学者提出质疑。比如来自浙江兰溪的名儒章懋就批评胡居仁：

> 胡居仁持敬有工夫，但亦是死敬，适于用处不通，欠明义工夫。且如赴庠序乡饮为大宾，是时，年尚未五十。[2]

比起操守大节，这种年未五十就当乡饮大宾（乡饮大宾一般选"年高"德劭者）的批评，对胡居仁而言，瑕不掩瑜。万历时期，在讨论从祀问题时，儒臣对胡居仁的同门陈献章颇多批评，对王守仁的批评更加严厉，唯独对胡居仁没有异议。故此，最初呈奏给万

---

① 胡居仁：《胡文敬集》卷三，景印文渊阁《四库全书》第1260册，第73页。
② 章懋：《枫山语录》，景印文渊阁《四库全书》第714册，第129页。

历皇帝的奏议，仅允许胡居仁一人从祀。[1]

在不少儒者眼中，胡居仁和薛瑄有很多共通之处，毕竟他们都是程朱理学的坚定捍卫者和传承者。按照御史李颐的说法，自宋儒周敦颐、二程、张载、朱子以来，我朝薛瑄、胡居仁接续道统。薛瑄入朝为官，得君行道，河东之学，人所共知；胡居仁隐处草泽，不求闻知，却名动天下，知名度不亚于薛瑄。[2]所以，胡居仁从祀孔庙是天经地义之事。

李颐的说法颇具代表性。即便到了清朝，像沈佳之类的儒者，依然高度赞同，维护胡居仁传承理学的崇高地位：

> 先生笃守朱子之学，教人专从《小学》《近思录》入，纯修实诣，不杂不偏。河东夫子而后，一人而已。[3]

儒学的发展不仅要守旧，还要革新。明代自开国以来，至于15世纪末，儒林已经尊奉程朱理学一百多年。学者宁道孔孟之非，也讳言程朱之过。可是，如果官定教科书所载并非儒学的全部，如果读书、考试、做官并非人生道路的唯一选择，那么程朱理学就是儒学唯一正确的表达吗？

吴与弼凭借坚强的意志与超凡的坚韧开创了崇仁之学，门下弟

---

① 明穆宗隆庆五年（1571），薛瑄从祀孔庙之后，成为本朝其他儒者能否从祀的标杆。在胡居仁、陈献章与王守仁三人之中，胡居仁的言行与薛瑄最为接近，而陈、王二人自立门户，显得另类。所以，万历时期，朝臣讨论从祀儒臣，"议者杂举多端，于守仁犹訾诋，部议独祀胡居仁"。《明神宗实录》卷一百五十五，万历十二年十一月庚寅，第2867页。

② 《明神宗实录》卷二百二十，万历十八年二月丁亥，第4122—4123页。

③ 沈佳：《明儒言行录》卷三，景印文渊阁《四库全书》第458册，第681页。

子众多，尤以胡居仁、娄谅与陈献章为著。三人同出吴门，治学方向并不相同。胡居仁所学所行最符合程朱理学，他本人居敬的一生也是理学熏染下儒者人生的至高典范。在为人为学上，他不仅不逊于乃师，甚至可以与薛瑄这等宗师级人物不相伯仲。如果继续按照程朱理学的路子，明代后来的儒者不可能再超越胡居仁。娄谅则主张收放心才是居敬的法门，又以何思何虑、勿忘勿助为居敬的要旨。对此，胡居仁认为，这位同门违背程朱理学的教诲，偏向陆九渊的心学。[1]

比起居敬，陈献章则主张静坐，要从静中养出端倪。对此，胡居仁毫不客气地指出，这位同门的主张不仅违背理学，甚至将儒学引向佛教的禅宗。[2]胡居仁对儒学的理解倚傍程朱，舍程朱而谈儒学，就像想要过河、涉水，却不凭借舟楫、桥梁。对程朱理学之外的儒学，他尚且排斥，至于佛教之类，更以异端视之。在早年赠友人的诗中，他提到："功名不是吾儒事，王道根基在自新。目下升高当远步，莫教对塔说相轮。"[3]既然选择儒学，就应该坚持为己之学，坚持王道之治，就应该主动远离佛教等异端，不要诉说相轮之类荒诞不经的事情。

胡居仁撰有《居业录》一书，坚定地站在维护程朱理学以及排斥佛老的立场之上，一如曹端在《夜行烛》一书中彰显的立场。此外，和薛瑄《读书录》一样，《居业录》持论中规中矩，罕有新见。

---

① 《明史》卷二百八十三《儒林传二》，第 7263 页。

② 《明史》卷二百八十一《儒林传一》，第 7232 页。

③ 胡居仁：《赠超元弼》，《胡文敬集》卷三，景印文渊阁《四库全书》第 1260 册，第 73 页。

这部书的价值与其说在于内容，毋宁说在于巩固儒学特别是程朱理学主体地位的立场以及思想的纯正性。明儒杨廉如是评价胡居仁及其《居业录》：

> 本朝正统、景泰间，以理学为倡者河东薛敬轩。其《读书录》，廉年二十六七始得见之。自是，遍考国初以来诸公所著述，求其粹然一出于正，未有或之先者也。近年，乃得余干胡敬斋所为《居业录》……其言精确简当，亦粹然出于正者。《读书录》之外，所见惟此耳。①

杨廉是胡九韶的弟子，也是胡居仁的师侄，成化年间考中进士，嘉靖时期官至南京礼部尚书。②从某种程度上说，他对师叔的高度评价代表了崇仁学派内部对胡居仁的看法。所以，无论崇仁学派内外，还是明廷朝野上下，对胡居仁的称扬都高度一致。

宋元以来的儒学史离不开朱、陆异同，朱熹之学重居敬穷理，而陆九渊即心即理，提供读书穷理之外的别样选择。明朝开国以来，儒林虽然宗朱而轻陆，但是绝不可因朱而废陆。自曹端至于薛瑄、吕柟、吴与弼、胡居仁，众多儒者都不约而同地选择匍匐在朱子的脚下。沿着这种理路修行，儒者无论如何努力，再走下去，最多成为另外一个薛瑄、胡居仁而已。既然此路可以一眼望到尽头，何妨再开辟一条新途？

毋庸置疑，布衣胡居仁的一生就是居敬的一生，恭敬诚敬，战

① 杨廉：《胡敬斋居业录序》，《杨文恪公文集》卷十七，《续修四库全书》第1332册，第517页。

② 《明史》卷二百八十二《儒林传一》，第7247—7248页。

战兢兢。他也注意到"致良知",但是笔锋一转,从"致良知"引向"养良知""保良知",而"养良知""保良知"还是离不开居敬的工夫:

> 良知出于天,致知在乎人,养知在于寡欲,保其知而勿丧在于诚敬……良知良能本于天德之自然,须要养,不养则丧灭,故古人自幼便教之洒扫应对、孝弟恭敬。①

条条大路通罗马,通往圣贤之域的道路也绝非只有居敬一条。在胡居仁的时代,程朱理学主宰儒林由来已久,难以撼动。与此同时,一些新的反思和探索也开始显现。如果我们将明代儒学的发展比作一只雄鹰的成长,那么明初儒学就像正在成长的雏鹰。雏鹰既不会捕猎,只能从鹰母口中啄食,也不会飞翔,甚至不敢离开鹰巢。倘若长期安于这种现状,雄鹰便与家禽无异。当羽翼丰满之后,雄鹰定会奋力振翮,纵身一跃,飞向属于自己的大地山河。

第三节　静坐澄心

> 人所以学者,欲闻道也,求之书籍而弗得,则求之吾心可也。
>
> ——陈献章
>
> 有明之学,至白沙(指陈献章)始入精微。
>
> ——黄宗羲

---

① 胡居仁:《居业录》卷二,景印文渊阁《四库全书》第714册,第20页;胡居仁:《居业录》卷八,景印文渊阁《四库全书》第714册,第87页。

从天子到庶人，都以修身为本，可是如何修身？澡身浴德，途径非一。读书之外，宋儒非常推崇静坐，"伊川先生每见人静坐，便叹其善学"。[1]清代宿儒曾国藩同样重视静坐的工夫。无论政务如何繁忙，他都给自己制订静坐计划，"每日不拘何时，静坐一会，体验静极生阳来复之仁心，正位凝命，如鼎之镇"。[2]

20世纪，深受宋明儒学影响的国史大家钱穆先生也把静坐当成修身法宝。他二十多岁就锐意学习静坐，每天坚持。有一天，钱穆在梅村桥等船，呼唤船夫靠岸。上船之后，遇到一位老者。老者说："君必静坐有功。"[3]钱穆非常惊讶，询问老先生何以知晓。老者答道："君在桥上呼唤船家时，声音浑厚，双目迥然，必是静坐所致。"钱穆闻言大喜，笃信静坐之力。

读书固然可以启人心智，开阔视野，倘若没有定力，即使知识水平再高，也难免为外事所扰。读书是为了明理，可是稍不注意，道理、真知未获得一尺，傲慢、妄见却增长一丈，而静坐正可补救读书之弊。钱穆先生对此深有感触：

> 其时余习静坐工夫渐深，入坐即能无念……若心中自恃有一长处即不虚，则此一长处正是一短处，余方苦学读书，日求长进。若果时觉有长处，岂不将日增有短处？乃深自警惕，悬为己戒。求读书日多，此心日虚，勿以自傲。[4]

---

① 《明儒学案》卷五，第84页。

② 曾国藩：《曾国藩家书》，李金水编译，南昌：江西美术出版社，2018年，第22页。

③ 钱穆：《八十忆双亲 师友杂忆》，《钱宾四先生全集》第51册，台北：联经出版事业公司，1998年，第96页。

④ 钱穆：《八十忆双亲 师友杂忆》，第96—97页。

读书和静坐各有侧重：前者从外到内，通过阅读圣贤经典获取智慧；后者侧重内心，检点观念，思过改过，渐入佳境。两种修行方法各有利弊。读书是最常见的学习方式，效果容易观察，弊端在于拘泥文字，而静坐相对自由，回归内心，获得宁静，弊端在于难于观察，而且容易流于异端。

"异端"是儒者最忌讳的词汇之一。儒者坚定儒学信仰，宗奉孔孟之道，决不能投入佛教、道教的怀抱。假如一名儒者皈依佛门或者道教，甚至只是采用它们的宗教仪轨，都会引起儒林的不满。

◎ 天民

在个人学问养成的过程中，家学的影响不容低估。不少明朝大儒出身儒学氛围浓厚的家庭，比如薛瑄之父是儒学教谕，吴与弼之父是国子司业。家学的影响也很难定于一端：一方面，良好的家学有助于后辈打牢儒学根基，帮助他们取得更大的成就，比如薛、吴二人的儒学成就远在父辈之上；另一方面，家学在培养后辈的同时，也相对束缚了他们的手脚，甚至让他们终生都走不出父辈的影子，比如薛、吴的后人寂灭无闻，而类似儒学家庭的知识分子一生宗奉儒学却又默默无闻者何止千万。相形之下，家学对陈献章的影响却颇为特殊。

陈献章，字公甫，广州府新会县人。天下陈氏出河南，陈献章祖上是河南人，随着南宋衰亡，举家南迁，最终定居广东。他出生在宣德三年（1428），赶上明朝相对太平的时段。[①] 和吴与弼、胡

---

① 阮榕龄补注：《白沙先生行状》，《陈献章全集》，第 1291 页。

居仁等人不同，陈献章家境虽不富裕，却没有到难以为继的地步。陈献章本人还是遗腹子，在他出生前一个月，父亲陈琮就去世了。父亲的去世固然值得哀悼，但也为他此后学问的养成预留一定的自由空间。毕竟，他不用屈服于强大的父权。陈家原来居住在新会县的都会村，在父亲去世后，迁徙到白沙村。故此，在他成名之后，学者便尊称他"白沙先生"。

陈家人的学问趋向非常独特，可谓空前自由。陈献章的祖父陈永盛，号渭川，酷爱读老子之书，把道家宗师陈希夷作为人生偶像。父亲陈琮，号乐芸居士，对佛教特别感兴趣。母亲林氏亦然。作为遗腹子，陈献章全靠母亲养大，所以对母亲格外孝顺。即便陈献章后来成为天下名儒，还是尊重母亲的信仰，听凭她采用佛教的仪式祛除疾病。[①]

在正统儒者眼中，陈献章的家庭教育背景过于驳杂。曹端的父亲也曾是佛教的信徒，可是在曹端的感化下，回归到儒学的"正轨"上来。陈献章身为儒者，却对母亲信佛一事听之任之，实让儒林蒙羞。海纳百川，有容乃大。在今天看来，儒释道三教汇于一家，正为陈献章后来学问的养成提供兼收并蓄的土壤。

奇人必有异相。陈献章成年后，仪干修伟，身高八尺，右脸有七颗黑痣，像北斗七星一样布列。[②]根据《史记·天官书》的记载，北斗七星号称"帝车"，地位尊隆："斗为帝车，运于中央，临制四方，

---

① 《白沙先生行状》，《陈献章全集》，第1291、1297页。

② 《明儒学案》卷五，第79页；《明史》卷二百八十三《儒林传二》，第7262页。一说，陈献章"左脸有七黑子如北斗状"，而非右脸。参《白沙先生行状》，《陈献章全集》，第1291页。

分阴阳，建四时，均五行，移节度，定诸记，皆系于斗。"这种异相放在乱世，经常被认为是王者之相；放在治世，则被认为有王佐之才。

新会县学之中，同辈都在读诵二程、朱子的注解，摇头晃脑，不暇他顾。从老师到学生，几乎所有人都将程朱理学视作真理，视作拾取青紫的利器。比起程朱的注解，生员陈献章最钟爱的却是《孟子》一书中对"天民"的表述：

> 有天民者，达可行于天下而后行之者也。(《孟子·尽心上》)

换言之，他从青年时代开始，人生志向就绝非像曹端、薛瑄等人一样，把朱子奉为核心偶像，而是比肩孟子，心怀天下。只是，想要成为王佐之才，单凭志向远远不够，至少应该拥有功名。

明英宗正统十二年（1447），新会县学的青年学子陈献章赶到广州府参加三年一度的乡试。功夫不负有心人，他考中第九名。这对年仅二十岁的陈献章来说，无疑是极大的鼓舞。[1] 兴奋之余，他收拾行囊，于秋冬之际，一路北上，奔赴数千里外的京师，参加来年（1448）春天礼部组织的会试。

他曾创作一组《秋兴诗》，其中一首如是写道：

> 盛时不得意，衰老徒伤悲。志士曷为尔，载籍多见之。
> 翘首面昆仑，白龙有遗池。振衣一千仞，高咏秋风谁。[2]

---

[1] 《白沙先生行状》，《陈献章全集》，第1292页；阮榕龄：《编次陈白沙先生年谱》，《陈献章全集》，第1315页。

[2] 陈献章：《秋兴（其二）》，《陈献章全集》卷四，第404页。

能够振翅飞翔到千仞之上的高空，除了龙凤之外，便是雄鹰。陈献章对未来的人生踌躇满志，入京之后，他会实现一飞冲天的志向吗？

◎ 闭关

时光荏苒，景泰五年（1454），陈献章二十七岁。近年来，国家发生了不少翻天覆地的大事件。

明英宗正统十三年（1448）四月，陈献章挤在人群中查看会试结果，自己只中了副榜。从消极角度来说，这意味着他丧失殿试的资格，与进士的身份失之交臂。从积极的角度来说，由于中了副榜，他获得了监生的资格，可以到国子监继续读书，迎接下一轮会试。

就在次年（正统十四年，1449），明英宗带领五十万大军出征瓦剌，在土木堡遭遇惨败，本人被俘，史称"土木之变"。同年底，陈献章的爷爷去世，享年七十四岁。国家多难，亲人去世，陈献章苦闷无似，只有发奋读书。可是，天不遂人愿，景泰二年（1451），监生陈献章第二次参加礼部组织的会试，依旧名落孙山。[1] 带着郁悒的心情，他登上返回老家的客船。

陈献章自幼岐嶷，记忆力尤为惊人，"读书一览辄记"。[2] 可是，这又有什么用呢？连续两次落第，让他心灰意冷。爷爷前几年刚去世，家中只有五十岁的母亲。自己为了功名，常年漂泊在外，不肖之极。叹年来踪迹，何事苦淹留？第二次会试失利之后，陈献章回到广东，继续读书学习，同时也吸引了一些弟子。

---

① 《编次陈白沙先生年谱》，《陈献章全集》，第1316页。
② 《明儒学案》卷五，第79页。

15世纪50年代，崇仁学派开枝散叶，滋润南国。江西大儒吴与弼蜚声遐迩，广东地区的士人也有所耳闻。陈献章听闻后，做出一个重要决定：从广东出发，一路北上，去往江西崇仁，准备拜师。人生困顿之际，他希望从吴先生那里获得为人为学的启迪。

吴与弼比陈献章年长近四十岁，对这位岭南后生的到来并没有太多关注。吴门弟子众多，他也不可能一一照管。对于后进弟子，他一般都会让胡九韶等先进弟子教导。他也会升堂宣讲程朱义理。更多的时候，则是让弟子放下傲慢，放下清高，先到田间习劳，从小处陶冶德操。

如果一定要谈对陈献章这位弟子的印象，吴先生甚至有些失望。如本章第一节所述，昧爽时分，吴先生就和弟子带着农具准备下田，路过陈献章的房间，却发现这位弟子还没有起床。当着众人的面，他将其教训一通。

从老师的立场考虑，不怕学生愚笨，就怕有的学生自恃聪明，不肯用功。这种人即便博闻强识，满腹经纶，终究无缘闻道。吴与弼遇人无数，初识之下，便看出这位青年学子的问题，予以纠正。有史籍称，陈献章在吴与弼门下仅仅待了数月，"竟无所得于吴先生"，[①] 这实在是皮相之论。

受到吴先生别开生面的教诲，陈献章诚惶诚恐，傲慢之心渐渐熄灭，恭敬之心冉冉升起。从此以后，他夙兴夜寐，在学问之道上更加精进。以前，无论在广东新会县学读书，还是在京师国子监求学，先生们都把主要工夫花费在文字训诂和科举应试上面。进入吴

---

① 《编次陈白沙先生年谱》，《陈献章全集》，第1317页。

门，陈献章的求学之路反而变得"生活化"。

田地长了荒草，陈献章便下地除草。浇灌菜园之后，陈献章和其他师兄弟编造篱笆。幸运的时候，有人传话让他"升堂伺候"，陈献章便为吴先生研墨，像个书童。有客人到来，他和同门在客厅侍候，端茶倒水……①

类似的关系，在我们今天看来，比起师徒，更像主仆。实则，按照孔子的教诲，"有事，弟子服其劳"（《论语·为政》）。千百年来，这些洒扫、应对、进退之事正是弟子之于老师应尽的义务。师徒之间，除了传道、授业、解惑之外，也是家人的关系。知识本来就不局限在书本之上，洒扫、应对、进退也是传授知识的重要途径。理解其中道理的人，以为师道尊严有助于学问传承；不理解的人，则朝着压迫、剥削等方面解读，放大师徒之间的对立与冲突。至少，在陈献章本人看来，一日为师，终身为父，何况自己跟随吴先生数月之久。他终生都将吴与弼视作先生，即便他和这位先生见面的机会寥寥无几。在他心目中，吴先生壁立千仞，一代人豪，②粹然为本朝理学名家。

吴先生对这位广东青年的影响，除了洒扫、应对、进退这些细务之外，最重要的还是对求道志向的鼓励。根据陈献章门人的回忆：

> 先生之始为学也，激励奋发之功，得之与弼为多。③

从江西崇仁回到广东新会之后，陈献章的求道之志越发坚定。

---

① 何乔远：《名山藏》卷八十四，《续修四库全书》第427册，第386页。
② 陈献章：《书玉枕山诗话后》，《陈献章全集》卷一，第95页。
③ 张诩：《翰林检讨白沙陈先生行状》，《陈献章全集》，第1175页。

为了参悟圣贤之道，他下定决心，在白沙村开启一段闭关历程，远离城市的喧嚣。史称："自临川归，足不至城市。"①

俗语云："师父领进门，修行在个人。"陈献章逐渐领悟到，圣贤之道不离乎伦常日用。以前，他过分注重科举功名，向外求索，用力虽勤，却差点迷失本心。所幸遇到吴先生和众多师兄弟，他意识到，科举功名并非求道的必修课。一时间，远离了科举功名，远离了书本知识，远离了外界纷扰，他赫然发现，自己无所凭借。

于是乎，景泰七年（1456），他舍繁求约，构筑一座春阳台，静坐其中，苦思冥想。即便是家人，也罕见其面。每到用餐之际，僮仆便从预留的门洞中递入饮食，然后收回碗筷。日复一日，年复一年……

明朝开国一百多年来，陈献章还是第一位通过闭关静坐来修习圣贤之道的儒者。比起寻常儒者，他更像一位高僧或老道。我们不禁会问，为什么静坐让人如此着迷？

随着静坐的深入，个体不断反观自心，省思己过，进而神交古人，达到一种精神上的高峰体验。根据钱穆先生对这种高峰体验的描述：

> 初如浓云密蔽天日，后觉云渐淡渐薄，又似得轻风微吹，云在移动中，忽露天日。所谓前念已去，后念未来，瞬息间云开日朗，满心一片大光明呈现。纵不片刻此景即逝，然即此片刻，全身得大解放，快乐无比。②

年近三十，陈献章选择这种独特的方式修习儒学。在他闭关期

---

①　《编次陈白沙先生年谱》，《陈献章全集》，第 1318 页。

②　钱穆：《八十忆双亲　师友杂忆》，第 95—96 页。

间，时局动荡，无止无休。景泰八年（天顺元年，1457），明英宗在石亨、徐有贞等人的帮助下，成功复辟。次年（天顺二年，1458），石亨为了收拢人心，以天子之名，征召吴与弼入京。吴先生名动天下，抵达京师后，却无补于混乱的政局，最后坚辞朝廷任职，以布衣的身份返回崇仁故里。

崇仁学派的影响力越来越大，吴门弟子胡居仁等人更是后来居上，成为本朝理学的典范。返回故里之后，吴与弼安享晚年，当时也未必注意，在广东新会还有一位正在闭关的后进弟子。至于这位弟子能修成何种境界，没人能够预料。至少让吴先生欣慰的是，这位当年的"懒惰"学生早就"洗心革面"，动静双修，誓与圣贤为伍。

◎ 活孟子

杨时是二程的高足，也是两宋之际最著名的理学家之一，学者尊称"龟山先生"。他上接二程，下启朱熹，在儒林地位之尊，毋庸赘言。明宪宗成化二年（1466），临近岁暮，从国子监到京师各衙署，乃至市肆街坊，到处都在流传：本朝出现一位真儒，比宋代的龟山先生有过之而无不及！

有人对此不屑一顾，认为是文人之间的吹捧。身边的朋友提醒他，这可不是文人之间的吹捧，而是国子祭酒邢让邢大人的亲口赞誉。[1] 即便如此，也有人不服：邢大人又怎么样？这年头，滥竽充数、沽名钓誉的人不在少数。直到有人将一份传抄的《和杨龟山此日不再得韵》拿了出来，大家聚拢，一起读完之后，大为折服。当即就

---

① 《明儒学案》卷五，第79页。

有人表示：此人身在何处？自己要登门拜师。

> 能饥谋艺稷，冒寒思植桑。少年负奇气，万丈磨青苍。
>
> 梦寐见古人，慨然悲流光。吾道有宗主，千秋朱紫阳。
>
> 说敬不离口，示我入德方。义利分两途，析之极毫芒。
>
> 圣学信匪难，要在用心臧。善端日培养，庶免物欲戕。
>
> 道德乃膏腴，文辞固秕糠。俯仰天地间，此身何昂藏。
>
> 胡能追轶驾，但能漱余芳。持此木钻柔，其如磐石刚。
>
> 中夜揽衣起，沉吟独彷徨。圣途万里余，发短心苦长。
>
> 及此岁未暮，驱车适康庄。行远必自迩，育德贵含章。
>
> 迩来十六载，灭迹声利场。闭门事探讨，蜕俗如驱羊。
>
> 隐几一室内，兀兀同坐忘。那知颠沛中，此志竟莫强。
>
> 譬如济巨川，中道夺我航。顾兹一身小，所系乃纲常。
>
> 枢纽在方寸，操舍决存亡。胡为谩役役，斫丧良可伤。
>
> 愿言各努力，大海终回狂。①

这首诗的作者正是刚从广东抵达京师不久的陈献章。

陈献章之所以折回京师，还是由于一场意外。自春阳台静坐以来，转眼之间已过十载。儒者出关并不像影视剧中的武林高手出关那样，发出几声狮吼，劈开几块巨石。实际情况可能会让人有些失望。

陈献章出关之后，乍看上去，并没有什么不同。他继续读书教书，侍奉母亲，教育子女。讲学之余，他还让弟子购置弓箭，研习乡射之礼。乡射礼本是《仪礼》中的礼仪，而射箭也是儒家六艺之

---

① 《陈献章全集》卷四，第378—379页。

一。可是，随着射箭的人越来越多，围观的人越来越多，就有人造谣：新会陈献章打算聚众谋反！好在隔壁顺德县知县钱溥和陈献章素有交情，听到消息后，力劝陈献章尽快返回京师国子监，不然可能祸及全家……

人言可畏，不得不畏。何况自己上有老母，下有妻儿，还有众多弟子门人。一旦官府调查，百口莫辩。陈献章接受钱知县的建议，随即动身前往京师。入监之后，赶上国子祭酒让人和诗，这才有了《和杨龟山此日不再得韵》的问世。

此诗一出，陈献章名动京师，前来结交的、拜师的人络绎不绝。在国子监中，他也遇到不少故旧新知。其中，有一位来自陕西渭南的监生——薛敬之。[①] 薛敬之师承周蕙，周蕙师承段坚，段坚师承薛瑄弟子阎禹锡。如此算来，薛敬之是薛瑄的四传弟子。名师出高徒，当时国子监中即有"南陈北薛"之称。在和这位薛兄交流的过程中，陈献章发现，即便南北各异，在居敬穷理以及尊奉师长等方面，崇仁之学与河东之学并无轩轾。只不过薛敬之比陈献章更加自觉，当年在周先生门下，他鸡鸣而起，很早就到周先生家门口侍候。听到陈献章自述晏起被吴先生责骂时，薛敬之忍俊不禁。后来，薛敬之先后被委任山西应州知州、浙江金华府同知，福泽百姓，成为儒林楷模。

年近不惑，陈献章暴得大名，也于无形中化解了"造反危机"。之后，他返回广东老家。不知是由于家人或者他人的规劝，还是陈献章本人仍然眷恋功名，次年（成化四年，1468），他又前往京师，

---

① 《明儒学案》卷七，第 133 页。

准备参加来年（1469）的会试。

事不过三，成化五年（己丑，1469），陈献章第三次参加礼部会试。这一次，几乎所有人都认为，他必然上榜。可惜，造化弄人，他依旧榜上无名！至于落第的原因，有人说，他的试卷被小人故意抛在水中，并没有提交上去。无论如何，这次落第对他的打击很大，也让他大病一场：

> 仆自己丑得病以来，人事十废八九，齿发都耗，精力浸衰……[①]

明初之所以恢复科举，本意是为了选拔人才，流弊所至，反而败坏人才，让万千士子为了应付大大小小的考试浪费生命，成为扼杀想象力与创造力的元凶。如果陈献章科场得意，很可能及早被朝廷委派到地方为官，成为明朝普普通通的一位循吏。如果足够幸运，他还可能被调回京师，成为天子朝堂上的股肱重臣。可是，真要如此，儒林反而损失一位极具天赋与开创性的人才。

明朝现行的科举和评价体系，限制了很多有才华、有天赋的青年去从事真正有意义的工作，促使他们跟随主流标准，埋首故纸堆，将本来充满趣味与神圣性的学问当成应付考试和考核的工具。刚开始，他们不无抵触，积年累月，便也相信其中的道理，居之不疑。即便不相信，又能如何，身边的人不都如此吗？

陈献章和千千万万大明学子一样，深谙科举的弊端，却无法放弃功名的诱惑。即便他在吴与弼先生门下受过熏陶，即便他深知绝

---

① 《编次陈白沙先生年谱》，《陈献章全集》，第 1326 页。

意科举的同门师兄弟比比皆是，可是自己并不能完全放下。"放下"二字也许是人生最难做出的选择。

坚持和忍耐同样都有限度。如今三进会试，三次落第。他决定，此生此世，绝不踏入让他伤心欲绝的贡院号房。根据考试规定，考生需要在寒冷逼仄的小房间中连考三天，而之前准备会试的日日夜夜更加摧残心智。当年，陈献章走出考场，赋诗一首：

> 久为浮名缚，聊忻此为贫。春寒三日战，衰病百年身。
> 白发慈颜老，扁舟感兴频。平生荣辱事，来往一轻尘。[1]

如今，是时候做出了断。既然无缘成为进士，做个万年监生，也与道德学问无损。他回到家中，"杜门潜心大业，而道价响天下矣。四方学者日益众，往来东西两藩部使以及藩王岛夷宣慰，无不致礼于先生之庐"。[2]进士姜麟奉命出使贵州，还特地绕道广东新会白沙村拜谒。和陈献章交谈之后，姜麟大为折服，逢人便说："这哪里是一般的儒者，分明是活孟子！"[3]

就这样，大明王朝少了一位得意的进士，却多了一位活着的孟子。

◎ 是正宗，还是异端？

孟子教人治学，注重收放心，所谓"学问之道无他，求其放心而已矣"（《孟子·告子上》）。那么，该如何求其放心？一般的

---

[1]　陈献章：《应试后作》，《陈献章全集》卷四，第555页。

[2]　《翰林检讨白沙陈先生行状》，《陈献章全集》，第1165页。

[3]　尹守衡：《皇明史窃》卷七十二，《续修四库全书》第317册，第392页；《明史》卷二百八十三《儒林传二》，第7262页。

老师教授学生，都从读书开始，或重训诂，或重义理。陈献章教人，却从静坐开始，"其教学者，但令端坐澄心，于静中养出端倪"。[1]根据明儒的观察：

> 献章之学不立文字，以自然为宗，忘己为大，无欲为至，去耳目支离之用，全虚圆不滞之神。四方来学者，但教之端坐澄心，使其渣滓潜融，境界内朗。[2]

为此，也有不少学者质疑陈献章背离儒家信仰，使人误入禅宗的歧途。不仅如此，还有人指责他脱离师门，自立门户。

对此，陈献章自称，"仆安敢与之强辩"。[3]何谓自立门户？无论是崇仁学派，还是白沙学派，都出自孔子之门，都教人文行忠信。何谓流于禅学？乍看起来，佛家教人静坐，陈献章也教人静坐，其实，无论动静都是修身之道。后世儒者偏重动察，忽视静存，才有此误解。另据黄宗羲的理解，指责白沙之学流于禅学的说法，都是"庸人之论，不足辨也"。[4]

关于白沙之学究竟是否为儒林正宗，明清以来，聚讼未决。明儒骆问礼在比较吴门胡居仁、陈献章两位弟子的言行之后，旗帜鲜明地认为：

---

① 《明史》卷二百八十三《儒林传二》，第7262页。
② 何乔远：《名山藏》卷八十四，《续修四库全书》第427册，第387页。
③ 《明儒学案》卷五，第82—83页。
④ 《明儒学案》卷五，第80页。

胡敬斋，正学也；陈白沙，异端也。①

清儒在编纂《白沙集》的提要时，既将陈献章比作一位老和尚，又肯定他"豪杰之士"的身份：

盖以高明绝异之姿，而又加以静悟之功，如宗门老衲，空诸障翳，心境虚明，随处圆通……虽未可谓之正宗，要未可谓非豪杰之士也。②

回到 15 世纪末，无人能够忽视陈献章在儒林的影响力。著名儒者章懋认为："当时人物，以陈白沙为天下第一流。"③金无足赤，人无完人。与此同时，章懋也批评陈献章，"不免流于作诗、写字之间"，④不像纯正的儒者。

人生不如意事，十之八九，吟诗作赋是古代中国知识分子表达志向、抒发情怀的常见手段。开国以来，曹端、薛瑄、吴与弼等名儒除了富有儒学素养之外，诗词功底颇有可称。但是，从来没有一位儒者像陈献章一样爱好作诗。根据弟子张诩的回忆，他的老师陈白沙"诗文不下万余首"。⑤

---

① 骆问礼：《续羊枣集》卷八，《续修四库全书》第 1127 册，第 355 页。关于陈献章与胡居仁学问路径的差异，有学者指出："陈献章奋然于学问自得的气魄、勇于破除朱学之范围、歌颂契悟自然的真乐、撤除门户藩篱之见，和胡居仁的遵循名教礼法、笃守程朱矩矱、致力下学工夫、捍卫儒学正统，在在都是鲜明的对比。"吕妙芬：《胡居仁与陈献章》，杭州：浙江古籍出版社，2021 年，第 141 页。

② 《钦定四库全书白沙集提要》，《陈献章全集》，第 1288 页。

③ 章懋：《枫山语录》，景印文渊阁《四库全书》第 714 册，第 129 页。

④ 章懋：《枫山语录》，景印文渊阁《四库全书》第 714 册，第 129 页。

⑤ 《翰林检讨白沙陈先生行状》，《陈献章全集》，第 1177 页。

明代李贤认为，元代吴澄是著名经学家，享誉儒林，留下《易纂言》《礼记纂言》《书纂言》《春秋纂言》等重要作品。然而吴澄的学问没有被弟子继承下去，其何以故？吴门弟子中，虞集天资过人，和吴先生都是江西崇仁人，很早就拜在吴澄门下，可惜在理学上贡献无几。究其缘由，不是吴澄没有倾囊以授，而是虞集耽于词章创作，"其作诗不下万余首，宜不及于道学也"。[1] 同样的道理，在不少明儒看来，陈献章纵然天资过人，也是吴与弼先生的高足，但是耽于诗词创作，很难在道学上取得成就。

除了诗文之外，陈献章也工于作画，尤擅墨梅。广东当地不少名人请陈献章作画，却没有奉上润笔之资。陈献章不便直言，就在家中柱廊上题写"乌音人多来"字样。求画者前来，看到这五个字，不明就里。陈献章解释说，乌鸦的叫声不就是"白画，白画"吗？[2] 闻言之后，来客为之绝倒。

儒者留给世人的常见印象，是学问虽好，却比较无趣。陈献章给人留下的印象过于复杂，绝非一位安分的儒者。明儒王世贞就对陈献章做出入木三分的评价：

> 公甫诗不入法，文不入体，又皆不入题，而其妙处，有超出于法与体及题之外者。[3]

要之，在主流的儒林评价中，陈献章的确不像醇儒。本朝醇儒比如薛瑄、胡居仁等人，居敬穷理，有口皆碑。反观陈献章，他教

---

[1] 李贤：《天顺日录》，《续修四库全书》第 433 册，第 216 页。

[2] 朱谋垔：《画史会要》卷四，景印文渊阁《四库全书》第 816 册，第 530 页。

[3] 陈田：《明诗纪事·乙签》卷十二，《续修四库全书》第 1710 册，第 571 页。

人静坐澄心，有流入禅宗之嫌；儒学传承讲究一脉相承，陈献章出于吴与弼之门，却要节外生枝，从崇仁学派开出白沙学派；儒者应该把追求圣贤之道作为平生第一要事，危言危行，陈献章侵浸诗画之中，有"玩物丧志"之嫌；出处之际，儒者要么入朝为官，发挥所学，比如薛瑄等人，要么绝意科举，高尚己志，像吴与弼、胡居仁等人，可是陈献章摇摆不定，三次参加会试，三次铩羽而归……

◎ 黄麻诏的诱惑

最让人不可思议的是，三次落第之后，陈献章回到家乡教书，本应倡道东南，悠游卒岁，安于儒林宗师的角色。可是，明宪宗成化十八年（1482），朝廷下旨召见，这位宗师随之衔命北上。

关于陈献章应召的原因，有人曲为回护，将责任推给举荐贤才的广东布政使彭韶、两广都督朱英等人。特别是朱英，未经陈献章允许，就上奏朝廷，说陈献章同意赴召，正在路上。如果陈献章不去，朱英等人就会被治以欺君大罪。所以，陈献章"不得已强起"。[1]可惜，这种说辞未免漏洞百出。陈献章果然不动于心，有死而已，定然不会离开白沙村半步。他还是红尘中人，恋恋红尘，难舍功名。

白沙村口，为陈献章送行的队伍异常庞大。他的车队路过广州府城的时候，围观的民众摩肩接踵，造成前所未有的交通拥堵。不少画师嗅到商机，纷纷追着陈献章开始速写，之后加工成画作，在市面出售。

千夫诺诺，一士谔谔，送行队伍中唯独少了门人李辅的身影。

---

① 黄淳：《白沙先生应召录》，《陈献章全集》，第 1195 页。

他对老师"晚节不保"的行为难以接受，赠诗一首，以示讽喻：

> 曾向江门弄钓丝，海风吹浪泼蓑衣。
>
> 忽惊天子黄麻诏，打破先生白鹭矶。[①]

鹭矶已破，蓑衣也泼。白沙先生一生学问，无玷德操，为何迟暮之年还要多此一举，邀名市朝？前事不忘，后事之师，难道吴与弼先生戊寅年（天顺二年，1458）奉诏辱身的教训还不够深刻吗？

时代洪流滚滚向前，一个人想要完全按照自己的意志活得纯粹，谈何容易？陈献章所处的正是一个急剧动荡的时代，他先后赶上"土木之变""夺门之变"，也听闻宪宗皇帝即位之后，内阁万安如何秉政，西厂汪直如何弄权。风云变幻，朝纲浊乱，像薛瑄、吴与弼等前辈都急流勇退，陈献章又如何力挽狂澜？

成化十九年（1483）三月，陈献章风尘仆仆，抵达京师。对于这位儒者的到来，京师官员呈现出两极分化的态度。一方面，前来拜访的公卿大夫络绎不绝，称赞他"圣人复出"，[②] 这让旅途劳顿的陈献章受宠若惊，也应接不暇；另一方面，包括吏部官员在内，不少人对陈献章颇有微词。

陈献章自忖，此次天子征召，定会破格重用。自己年过五旬，精力犹在，完全可以胜任朝廷委派的差事。可是，吏部官员却坚持照章办事。经过讨论之后，吏部认为，陈献章并非处士，且保留监生的身份，此次应召前来，应该参加吏部的考试，等待考试合格之后，才可量授官职。同年五月，吏部将意见呈奏宪宗皇帝，随后接到批示：

---

① 《编次陈白沙先生年谱》，《陈献章全集》，第 1345 页。

② 《编次陈白沙先生年谱》，《陈献章全集》，第 1350 页。

　　恁部里还考试了，量拟职事来说。[1]

　　接到消息后，三试不第的陈献章差点吐血晕厥，随后请了病假，拖延两月，始终拒绝参加考试。国家人事部门的规章制度本来是为了发现人才、培养人才，而非埋没人才、沮挠人才。从地方到中央，明廷花费巨大的人力、物力、财力，将广东大儒陈献章征召入京，反而让他像小吏一样，参加吏部组织的考试。这对陈献章而言，辱莫大焉！[2]

　　八月底，身在病中的陈献章接到家书，年近八旬的老母病重。于是，他草拟一份《乞终养疏》，表达回乡侍奉母亲的坚定意愿。在奏疏中，他简要回顾自己困厄的一生：在学业方面，"一领乡书，三试礼部"；在家庭方面，自己是遗腹子，未睹父颜，全靠母亲拉扯成人。如今老母病重，还请陛下允许微臣归乡侍奉。如蒙允许，"则臣母子未死之年，皆陛下所赐"，即便自己死在南归的路上，也无怨无悔。[3]

　　看到旷世大儒陈献章这份措辞卑微的奏疏，执政大臣笑容满面，像是做成一件了不起的军国大事。他们商议之后，决定赏赐这位"圣人"一个翰林院检讨（从七品）的低等官职，才放他南归。临行前，他们还特别告诫陈献章，一旦母亲病愈，务必回京就职。

　　南归途中，陈献章最怕路过江西，却又不便绕道。路过江西南安，

---

　　① 《白沙先生应召录》，《陈献章全集》，第1195页。

　　② 史称："吏部用故事召试之。献章心谓，移文行取，当有优待，至乃召试，见如选人，因两至部门，寻托病归。"何乔远：《名山藏》卷八十四，《续修四库全书》第427册，第386页。

　　③ 陈献章：《乞终养疏》，《陈献章全集》卷一，第4页。

知府张弼在接待之余，略带挖苦色彩地问道：阁下是吴先生的高足，尊师当年入京，坚拒官职。阁下入京，为何坦然接受朝廷的"美官"？陈献章一时赧颜，推脱说：先师以布衣的身份奉诏入京，敝人则是听选国子生，形势不同，不可不受。①

即便口中应付过去，陈献章心中却难以说服自己。他下令车队尽快离开江西地面，暗自做出抉择：今生今世，绝不踏入朝堂半步。这一次，他终于"放下"，并将这个决定执行了十七年，直到离开人世。这十七年对千千万万的大明官员而言，不过是稀松平常的十七年，有人升迁，就有人贬官。对陈献章这位儒者而言，却是道德、学问愈发精进的关键的十七年。

无论是吴与弼，还是陈献章，师徒二人先后奉诏入京，结局同样不尽人意。关于陈献章奉诏入京，《明宪宗实录》的编纂者给予非常负面的评价，认为这位吏部听选监生：

> 为人貌谨愿，为诗文有可取者，然于理学未究也。②

不仅如此，还说他早年因为会试不第，就干起沽名钓誉的勾当。一些好事之徒妄加推尊，称呼他为"白沙先生"。其实，他的乡里前辈都认为此人不过尔尔。成化年间，他奉诏入京，不过获得翰林

---

① 《明史》卷二百八十三《儒林传》，第7262页。
② 《明宪宗实录》卷二百四十四，成化十九年九月甲午，第4129页。

院检讨的芝麻小官，就大搞排场，扬扬得志而去，实在可笑之极。[①]

◎ 江门风月传金针

尽管聚讼纷纷，明神宗万历年间，朝廷最终同意陈献章和同门胡居仁一道从祀孔庙，还赐予"文恭"的谥号。[②] 这些身后名的获得，存在一定的偶然性。至少说明，陈献章及其白沙学派在朝野确实拥有巨大的影响力。

经历大起大落，在人生的最后阶段，陈献章淡泊明志，宁静自然。明孝宗弘治七年（1494），广东增城一位名叫湛若水的青年慕名前来，投入门下。湛若水拜师时不到三十岁，而陈献章已经年近七旬。岁月无情催人老，这种年龄差就像陈献章当年之于乃师吴与弼一样。

对陈献章来说，值得欣慰的是，这位弟子比当年的自己更加勤勉，也比自己更加恭敬。除此之外，湛若水还表现出超凡的天赋，让陈献章感到白沙学派后继有人。欣慰之余，他写诗相赠：

> 皇王帝伯都归尽，雪月风花未了吟。

---

① 史称："自领乡荐入太学，务自矜持以沽名。因会试不偶，家居南海，不复仕进。一时好事妄加推尊，目为道学。自是，从而和之，极其赞颂，形诸荐奏者，不知其几。以其所居地名白沙，称为白沙先生。虽其乡里前辈，素以德行文章自负者，亦疑之，谓献章不过如是之人耳，何其标榜者之多也？要之，皆慕其名而不察其实者。及授官，称病不辞朝，而沿途拥驺从、列丈（杖）槊，扬扬得志而去。闻者莫不非笑云。"《明宪宗实录》卷二百四十四，成化十九年九月甲午，第4129—4130页。

② 《明神宗实录》卷四百六十一，万历三十七年八月戊寅，第8711页。

莫道金针不传与，江门风月钓台深。①

陈献章慧眼识珠，没有看错湛若水。弘治十三年（1500）二月，在15、16世纪之交，一代儒宗陈献章逝世，享年七十三岁。临终前，翰林院检讨陈献章罕见地穿上朝服，戴上朝冠，带着弟子朝京师所在的方向行五拜三叩头的大礼。陈白沙死后，门人如丧考妣。依照礼制，在师父死后，弟子服心丧即可，不用穿丧服。为了感念师恩，门人湛若水坚持穿上齐衰之服，并在陈献章墓边守丧三年。②

弘治十八年（1505），湛若水高中进士，被授予翰林院编修的职务。此后，他仕途顺遂，官至翰林院侍读、南京国子祭酒、礼部侍郎，还先后担任南京吏部、礼部、兵部三部尚书，成为二品大员。为了表示对先师白沙先生的敬重，湛若水生平所至之处，都会建立书院祭祀陈献章。③

相较于河东学派、崇仁学派，陈献章开创的白沙学派后来居上，大有席卷天下的态势。这种态势的形成离不开湛若水的推广，史称："明兴，白沙起，当时来学者至倾天下。甘泉扩其绪而大之，相从士三千九百余人。"④

湛若水，号甘泉，学者尊称"甘泉先生"。在陈白沙死后，王守仁及其阳明学派异军突起，唯有湛若水的甘泉学派可与之抗衡，

---

① 陈献章：《江门钓濑与湛民泽收管（其二）》，《陈献章全集》卷六，第915页。按，湛若水原名湛露，字民泽。参阮榕龄：《白沙门人考》，《陈献章全集》，第1524页。

② 《编次陈白沙先生年谱》，《陈献章全集》，第1395—1396页。

③ 《明史》卷二百八十三《儒林传二》，第7266—7267页。

④ 《白沙门人考》，《陈献章全集》，第1526—1527页。

史称："时天下言学者，不归王守仁，则归湛若水。"① 为了表彰甘泉学派的突出贡献，黄宗羲在《明儒学案》中专门开辟六卷，汇成《甘泉学案》。相较之下，《白沙学案》不过上、下两卷而已。

对陈献章这般阅历丰富的人来说，学问如酒，越久越醇。他一生都在出处之间周旋，既可以隐居求志，也可以朝服从事，临死拜君，不改儒臣本色。在修行方式上，他既能读书穷理，也能不畏流言，多年静坐，澄心求道。至于晚年，他的学问境界越发难测，一任自然。晚年写诗，更以通透自得为宗，不以佛儒之异自限。比如，他送给湛若水的一首诗中提到：

> 千休千处明，一了一切妙。若也不明了了心，倒头反异憧憧挠。②

依据先师的榜样，湛若水在出处之际，都能问心无愧。读书修道时，不乐仕进，高尚其志；入朝为官后，懋著忠勤，位列上卿。君子之学，和而不同。他对社会上流行的"致良知"之说不以为然，而是在乃师的基础上，提出"随处体验天理"。③读书时自有读书之理，静坐时自有静坐之理，至于待人接物，莫不皆然，何必守着腔子中的方寸之心致良知呢？

◎ 南北儒学异同

15 世纪以来，吴与弼门下弟子众多，以南方儒者为主。其中，

---

① 《明史》卷二百八十二《儒林传一》，第 7244 页。
② 陈献章：《付民泽》，《陈献章全集》卷四，第 452 页。
③ 《明史》卷二百八十三《儒林传二》，第 7267 页。

尤以胡居仁、陈献章二人最为著名。胡居仁坚守儒学，远离科举官场，不求声闻朝堂，以布衣终身，成为程朱理学在民间的虔信徒与传承者。陈献章后出转精，他的思想掺杂着三教合一的色彩，又有大起大落的阅历，加上吟风弄月的文人气质，[①]平添一份任性与自然。回首平生，他多次徘徊于朝堂、山林之间，难以抉择，[②]饱受争议，最终才找到人生的归宿，成为15、16世纪之交第一流的儒者。

儒学虽同，南北各异，或善于守成，或长于革新。北方儒者偏于守旧，以薛瑄为典型，河东学派罕见分裂新生。南方儒者每能开出新意，比如因为晏起被吴与弼训斥的青年学子陈献章，后来开出白沙学派。陈献章的弟子湛若水，同样从白沙学派中开出甘泉学派。明朝的儒学发展逐渐分化，从南北并峙，共尊理学，到南学崛起，另辟蹊径。在崛起的王、湛之学中，很多儒者不再满足成为程朱理学的小小信徒，而是求诸本心，探索自得之学。

如人之成长，孩提之时，在监护人的管教下，摸爬滚打，自有一番乐趣；成人之后，理应志在四方，如果继续墨守监护人的管教，终究难成气候。至于明代儒学兼具学问（内圣）与事业（外王）的大气候、大格局，则需等待一位伟人的到来。通过传奇的一生，他将彻底打破世人对儒者、对儒学的刻板印象。在此之前，我们也不应忘记，自开国以来，明代儒学一路跌跌撞撞，正是从陈献章开始，

---

① 陈献章《梦中作》载："翩翩复翩翩，天生我亦仙。江山足风月，吟弄到何年。"《陈献章全集》卷五，第753页。

② 关于出处问题，陈献章建议，要既能上得了朝市，也能入得了山林，不必偏执一端。在《送景易赴秋试》一诗中，他写道："未达穷通理，难忘得失心。安能谢朝市，且莫厌山林。烹鼎须兼味，吹竽当好音。文章无定价，敝帚不论金。"《陈献章全集》卷四，第502页。

终于走出程朱的道路，耕出自家的心田，[①] 就像当代学者张学智所说的那样：

> 明初"此亦一述朱，彼亦一述朱"的沉闷局面，似赖陈献章首先打破。吴与弼、薛瑄以来居敬穷理，兢兢业业、亹亹翼翼，如临深履薄的功夫路向，似赖陈献章改变。在明代儒学史上，陈献章开心学之风气的功绩实不可没。[②]

---

① 史称："原夫明初诸儒，皆朱子门人之支流余裔，师承有自，矩矱秩然。曹端、胡居仁笃践履，谨绳墨，守儒先之正传，无敢改错。学术之分，则自陈献章、王守仁始。"《明史》卷二百八十二《儒林传一》，第 7222 页。

② 张学智：《中国儒学史·明代卷》，第 121 页。

第五章　阳明弟子遍天下

第一节　龙场之心

宇宙之间，一理而已。

——朱熹

圣人之学，心学也。

——王守仁

◎ 收尸蜈蚣坡

龙场驿坐落在贵阳城西北七十里外，是贵州龙场九驿（龙场驿、六广驿、谷里驿、水西驿、西溪驿、金鸡驿、阁鸦驿、归化驿、毕节驿）的第一驿。[①] 驿站的历史要追溯到洪武十七年（1384），修建的主要目的是接待过往官员，而驿站的负责人驿丞则是不入流的小官。在大明王朝一千多座驿站中，贵州的这个龙场驿实在微不足道。

明武宗正德年间，龙场驿年久失修，连基本的招待功能都难以

---

① 关于贵州的驿路分布，可参杨正泰：《明代驿站考》，上海：上海古籍出版社，2006年，第127页。

发挥。此地崇山峻岭，地广人稀，与中原地区熙熙攘攘的驿站无法相提并论。关于驿站衰败一事，地方官员睁一只眼，闭一只眼。

公元 16 世纪初，被贬到龙场驿做驿丞的王守仁看到此情此景，一时间也难以经营。作为官驿的负责人，他自己都没有落脚之处，便在附近的一座山洞中暂时栖身。王守仁发现，此地不仅环境恶劣，万山丛薄，道路险阻，而且"苗、僚杂居"，[①] 民众之间连语言沟通也成为问题。

光阴似箭，王守仁在龙场驿度过三个春秋。三年来，驿站被稍加修葺，略有起色。由于地处偏僻，无书可读，又没有朋友可以结交，王守仁只能凭借记忆，继续领悟圣贤之道。有一次，他看到三个中原人模样的旅客经过。打听之后才知道，是一个管理文书的吏目从京城而来，携一子一仆，路过龙场，稍后借住当地土苗家中。王守仁太久没有见到中原人了，何况还是从京城而来。当天晚上，他打听到三人住址，冒雨拜访。可惜，天色太晚，对方已经休息，他只好明日早来。

次日一大清早，前去问询的童子来报，那位吏目已经起身离开。惋惜之余，当天中午，王守仁蓦然听到消息：有一位年老的汉人死在蜈蚣坡，旁边还有两个年轻人围着尸体嚎啕大哭。听罢，王守仁猜到，死者应该是早上出发的那位年老的吏目。午餐时间，王守仁实在没有胃口。当天晚上，他又接到消息，蜈蚣坡多出一具尸体，是那位吏目的儿子。次日，又有人来报，那位年轻的仆人也吊死在一旁！

---

① 《明史》卷一百九十五《王守仁传》，第 5160 页。

听到这里，王守仁心痛不已，打算带领两名童子，前往蜈蚣坡收尸。孰料，这两位童子面露难色，且口出怨言：这年头，兵荒马乱，横尸荒野的人比比皆是。再者说，王大人和他们三个素不相识，何苦差我们小的跟着受累！

王守仁做了一番思想工作，还特别点醒他们："人生无常，我们三人说不定也会像他们三个一样横尸荒野。那个时候，你们也希望没人替我们收尸吗？"听到这里，两名童子就不再多说，扛着挖土用的畚锸，带着祭祀用的鸡肉和三碗米饭，沿着崎岖的山路，朝蜈蚣坡进发。

埋葬完三人，王守仁百感交集。之后，他专门撰写一篇祭文表达哀悼：我乃龙场驿丞余姚王守仁，和你们三位都是中土之人。我和你们素昧平生，不知道你们为什么不远数千里而来。如果是为了五斗米的俸禄，吏目不过是知州属下从九品的微末小官，[①] 即便普通农夫耕种一年所得也远不止此。你们路过龙场的时候，我从远处看到你们愁眉不展的样子，应该也有难言之隐。从京城出发，你们三人翻越万水千山，筋骨疲惫，又遇到瘴疠侵袭，心中郁悒，本就是九死一生。我料到，你们可能遭遇不测，却万万没想到，短短两天之内，就出现三条人命！呜呼，痛哉！

明明是哀悼陌生人，王守仁却感到强烈的悲伤。在祭文之末，王守仁罕见地撰写了两首哀歌，其中一首甚至假想自己也随之死去：

> 与尔皆乡土之离兮，蛮之人言语不相知兮。性命不可期，
> 吾苟死于兹兮，率尔子仆来从予兮。吾与尔遨以嬉兮，骖紫彪

---

① 《明史》卷七十五《职官志四》，第 1850 页。

而乘文螭兮，登望故乡而嘘唏兮……①

王守仁的这篇祭文凄怆动人，引发后人无限唏嘘。人生苦短，生命无常。古往今来，像吏目一行三人客死他乡的故事，何其之多！清儒吴楚材、吴调侯特意将这篇祭文收入《古文观止》一书中，并感同身受地评价道：

> 先生罪谪龙场，自分一死，而幸免于死。忽睹三人之死，伤心惨目，悲不自胜。作之者固为多情，读之者能无泪下？②

回到撰写祭文的那年（正德四年，1509）秋天，王守仁并不清楚自己能否渡过难关。在不久的将来，他可能也会像那位不知名的吏目一样，以龙场驿丞的身份客死山麓。果真如此，余生只能在梦中驾龙驭凤，高驰邈邈之思，仆悲马怀，空望不归之乡。

◎ 学为圣人

王守仁，字伯安，号阳明，浙江余姚人。余姚人杰地灵，这一点从他的父亲王华身上就能得到充分证明。王华，字德辉，自幼聪颖过人，先后通过乡试、会试，并于宪宗成化十七年（辛丑，1481）参加殿试。在298名考生之中，他脱颖而出，被皇帝钦点状元，③授予翰林修撰之职，名满天下。此后，他还为孝宗讲课，敷陈治国

---

① 王守仁：《瘗旅文》，《王阳明全集》卷二十五，吴光、钱明等编校，上海：上海古籍出版社，2011年，第1049页。

② 吴楚材、吴调侯：《古文观止》卷十二，北京：中华书局，1959年，第559页。

③ 《明宪宗实录》卷二百十三，成化十七年三月辛卯，第3702页。

之道。武宗正德年间，官至礼部侍郎，后来升任南京吏部尚书。[①]

父亲中状元的时候，王守仁年仅十岁。比起父亲的成就，这位童子的成长经历让家人颇为烦忧。一般而言，都是十月怀胎，可是王守仁的母亲却怀胎十四月之久。当时，祖母岑氏梦到神人从云中送下这位孙子，所以父亲王华为他取名王云。王云直到五岁都不能说话，这让亲人格外着急。直到遇到一位异僧，将他改名王守仁，他才开始说话。[②]当时，这位异僧抚摸王云，惋惜地说："有此宁馨儿，却被名字叫坏了。"[③]中国人对名字非常看重，认为名字可以直接影响一个人的命运。

王华考取功名之后，将家人从浙江余姚接到京城。王守仁跟随父亲请来的一位塾师读书。他询问先生："何为人间第一等事？"这位先生不假思索地回答："读书登第，扬名立万。"王守仁则说："登第恐非第一等事，或读书学圣贤耳。"[④]在一旁的父亲打趣说："你小小年纪，也要做圣贤吗？"

王守仁毕竟还是少年，只是萌生希圣希贤的念头。按照世俗的标准，他还必须熟读《四书大全》《五经大全》《性理大全》等教科书。只有提高考试能力，才能赢得先机。

和明朝很多读书人一样，王守仁的青少年时期沉浸在读书、考

---

① 《明武宗实录》卷二十二，正德二年闰正月癸酉，第 628 页。

② 《名山藏》等史籍保留"异僧"之事，而《明史·王守仁传》则改为"异人"，有所回护。参何乔远：《名山藏》卷八十五，《续修四库全书》第 427 册，第 394 页；《明史》卷一百九十五《王守仁传》，第 5159 页。

③ 过庭训：《本朝分省人物考》卷五十，《续修四库全书》第 534 册，第 350 页。

④ 李绍文：《皇明世说新语》卷五，《续修四库全书》第 1173 册，第 550 页。

试之中。弘治五年（1492），年仅二十一岁的王守仁回到浙江杭州，参加乡试，榜上有名。次年参加礼部会试，却名落孙山。弘治九年（1496），王守仁再次参加会试，依旧落第。

在科举方面，明前期几位大儒的选择截然不同：宋濂、方孝孺无需参加科举，而受到君主器重；曹端没有考中进士，以举人的身份在霍州、蒲州学校做学正，度过余生；薛瑄无意科举，碍于父命参加考试，结果在河南中了解元，而且一次就考中进士；吴与弼和王守仁出身最为相似，吴的父亲是国子司业，可是本人却拒绝参加科举，以布衣终身；吴与弼的弟子陈献章一生三次科举不第，引为终身憾事，却也不妨碍他后来成为一代儒宗……

相较于这些前辈，王守仁二十多岁就中举，即便两次会试落第，他依然年轻，还有机会。另外，父亲前科状元的身份也给他造成一种无形压力——如果自己无法考中进士，恐怕无言面对家人。然而，会试竞争异常激烈，除了实力之外，也存在很大的不确定性。陈献章名满天下，不也同样三次铩羽而归吗？

弘治十二年（1499），王守仁二十八岁，第三次参加会试。明朝对参加会试并无次数限制，但是会试三年才举行一次，频繁的落第势必对考生造成身心上的重大创伤，也极有可能改变当事人的人生选择。这一次，王守仁跻身殿试，被赐予进士出身，[1] 观政工部。

我们不禁疑惑：随着年龄的增长，假如王守仁第三次、四次、五次参加会试，均以失败告终，他会做出怎样的选择？是继续复习考试，老死于科举册子之间，还是调整人生道路，跳出读书登第的圈子？这些年来，王守仁走南闯北，任侠使气，广交各路朋友，包

---

① 《明史》卷一百九十五《王守仁传》，第5160页。

括和尚、道士等。在科举失意之时，他也难免萌动出世之念。换言之，即便作为状元之子，王守仁的思想发展始终受到多种学说的激荡。

早年路过江西，王守仁慕名拜访当地大儒娄谅。娄谅是吴与弼门下最出名的弟子之一，将理学奉为圭臬。他本人没有参加科举考试，而是通过荐举的方式，官至成都训导。后来，他辞官还乡，闭门著书，成为远近闻名的大儒。和同门胡居仁等人不同，娄谅虽然宗奉理学，却意识到学者应当把收放心作为居敬穷理的法门。无论娄谅自觉、不自觉，他的类似倡导都与陆九渊的心学高度雷同。不仅如此，如果一位儒者过分强调心学，又会和禅宗的"直指人心，见性成佛"相仿。所以，当时就有儒者，比如胡居仁，批评娄谅的学说背离程朱，转向陆学，而另外一位儒者罗钦顺更是批评娄谅之说近似禅学。①

刚成年的王守仁见到娄谅时，这位老儒年近七旬。面对这位后辈，娄先生激励他，读书要抱定成为圣贤的志向。在探寻人生方向的关键时期，王守仁听到娄先生的激励，备受鼓舞，"毅然有学为圣人之志"。②与此同时，王守仁虽然问学于娄谅，但是由于他任侠使气的性格，所以并没有成为娄谅的入室弟子。

此外，娄谅的女儿嫁给宁王朱宸濠，成为宁王妃。宁王谋反之后，娄谅受到牵连，家人被捕，他的很多著作都被销毁，门人弟子离散殆尽。在王守仁奉命平定宁王之乱后，朝廷极力搜捕宁王叛党。所以，王守仁对受业于娄谅之事不再提起。③无论是崇仁学派的弟子，

---

① 《明史》卷二百八十三《儒林传二》，第7263页。

② 过庭训：《本朝分省人物考》卷五十，《续修四库全书》第534册，第350页。

③ 史称："王守仁少时，亦尝受业于（娄）谅。"《明史》卷二百八十三《儒林传二》，第7264页。

还是阳明学派的弟子，碍于叛乱这种政治事件，大家都对这段往事
讳莫如深。尽管如此，我们也不能否认娄谅对王守仁的影响，比如
树立成圣成贤的人生志向，比如关注心学等等。

◎ **1500 年**

公元 1500 年，一代儒宗陈献章逝世。从某种程度上说，这一
年也是明代儒学发展的一道分水岭。在此之前，本朝名儒陆续凋
零：薛瑄卒于 1464 年，吴与弼卒于 1469 年，胡居仁 1484 年，娄谅
1491 年……1500 年，王守仁年近三十，去年（弘治十二年，1499）
刚考中进士；日后和王守仁切磋往来的名儒湛若水，此时还在为科
举考试而奋斗，直至弘治十八年（1505）才考中进士。

在师友的印象中，王守仁这位新科进士并不像醇正的儒者。不
可否认，他能考中进士，意味着他对程朱理学在知识层面上的理解
较为熟稔。令人不安的是，他经常和和尚、道士往来，还颇有出世
的倾向。更荒诞的是，这位文弱书生竟然纵马骑射，喜言兵事，这
不是胡闹吗？

早在十五岁的时候，王守仁就说服父亲，在仆人的陪伴下，出
居庸关，赴山海关，纵观山川形胜。此次出关让这位少年格外兴奋，
他甚至偷偷溜出边境，和年少的胡人一道骑马射箭，乐在其中。在
广袤的草地上往来驰骋，他萌生领军打仗的冲动。[1]

王守仁第二次出塞的记载出现在他两次会试落第之后，史称：

---

[1]　史称："十五访客于居庸、山海关，时阑出塞，与诸属国夷角射，因纵
观山川形胜，慨然有勒碑燕然志。"王世贞：《新建伯文成王公守仁传》，参焦竑：
《国朝献征录》卷九，《续修四库全书》第 525 册，第 314 页。

"两上春官不第，乃往塞外，观山川，学兵法，习骑射。"①考虑到王守仁喜欢兵法，研习战阵，所以他出塞骑射应该远不止这两次。另外，私自出塞有违国法，而且可能危及生命，所以王守仁在考中进士接受国家任职之后，中止了这项异域冒险。

弘治十一年十二月（1499年1月）冬，边疆名将威宁伯王越逝世。为了表彰这位将军对国家做出的贡献，朝廷特别派遣工部为其造墓，而工部则派遣王守仁负责具体工作。换作寻常儒者，接到任务后，往往秉持仁心，花费最少的钱财，征用最少的民夫。王守仁却并不考虑这些。

在他眼中，成千上万名民夫正是最佳的兵法试验者。他依照军法，用什伍制管理民夫，五人设立一伍长，十人设立一什长。所有民夫必须严格执行上级命令，不得懈怠。闲暇之余，他还将这些民夫组织起来操练八阵图等阵法。

出入威宁伯府的时候，王守仁受到隆重款待。王守仁对金银之物并不在乎，反而对王越老将军收藏的兵书兴致勃勃。于是乎，王家对王守仁大开阅读兵书的方便之门。之前在梦中，他就梦到威宁伯王越以宝剑相赠。后来，修墓竣工，王家人照例赠送大量金币，被王守仁谢绝，转而以王越佩剑相赠。想到梦中场景，王守仁便不再推辞，接过宝剑。②

王守仁接过的不仅是王越的佩剑。通过阅读兵书以及与王越手

---

① 过庭训：《本朝分省人物考》卷五十，《续修四库全书》第534册，第350页。

② 过庭训：《本朝分省人物考》卷五十，《续修四库全书》第534册，第351页。

下的将领交流，加上操练民夫的经验，王守仁更加熟悉军情，也掌握了王越的兵法。史称：

> 观政工部，遣造威宁伯王越坟，即其家，益得其平生用兵法。[1]

关于这位威宁伯王越的战功以及兵法，史称：

> 久历边陲，身经十余战，知敌情伪及将士勇怯，出奇制胜，动有成算。奖拔士类，笼罩豪俊，用财若流水，以故人乐为用。[2]

如果按照师承，王守仁不仅是崇仁学派娄谅的弟子，同时也是威宁伯王越的弟子。王越久经沙场，对于洞悉敌情、出奇制胜、奖励将士、笼络豪杰等轻车熟路。

当然，王越之所以能够获得朝廷重用，放开手脚在边疆效力，也与投靠朝中重臣不无关联。比如，宪宗成化年间，王越投靠太监汪直，不然即便在威宁海子（今内蒙古正黄旗察哈尔南）取得大捷，回朝后也未必获封威宁伯。再如，孝宗弘治年间，王越又投靠太监李广，得以加封太子太保。

对于任何一位将军而言，朝中如果没有稳定的靠山，想要取得战功，几无可能。即便取得战功，也可能受到打压，多方掣肘。所谓靠山，往往是君主身边的心腹大臣，也包括太监。如果这些靠山被清算或者卷入党争之中，那么不出意外，将军也会受到牵连。

---

① 何乔远:《名山藏》卷八十五,《续修四库全书》第427册, 第394—395页。
② 《明史》卷一百七十一《王越传》, 第4576页。

王越生前行军打仗能够得到将士的拥戴，以死效忠，自有章法。[1]在他死后，即便毁誉参半，也无人可以否认他在军中的贡献。只是政局叵测，云谲波诡，王越尚且难以平衡。王守仁作为一介书生，日后进入沙场，能够把握好平衡之道吗？

◎ 仗义执言的代价

正德元年（1506）冬，阴霾充塞。天子宠信的太监刘瑾肆意弄权，朝局糜烂。内阁重臣刘健、谢迁急流勇退，告老还乡。在刘瑾等人的拨弄下，明武宗纵情声色犬马，全然不理朝政。

太阿倒持，国将不国。面对这种危急的情形，在京的言官户科给事中刘菡、刑科给事中吕翀等人纷纷进谏，却被捕入狱。钦天监官员五官监候杨源借着天象紊乱的时机，再度进谏，请天子不要只顾嬉戏，荒废朝政。刘瑾将这位江西官员抓捕，当面骂道："尖嘴蛮子，你是何等官也，要学做忠臣！"[2]

刘瑾是北方人（陕西），对南方人素无好感；加上这帮官员都是芝麻小官，竟然与自己为敌？盛怒之余，他矫旨将杨源抓捕后，加以廷杖，最后发配到河阳驿。刚到驿站没多久，杨源因为伤重得不到及时医疗，死在驿站。杨妻闻讯后，泣不成声，却无处伸冤。她砍下一些芦苇，将丈夫的尸体包裹起来，葬在驿站后面。

---

[1] 《明史》载："一夕大雪，方围炉饮，诸妓拥琵琶侍。一小校诇敌还，陈敌情。未竟，越大喜，酌金卮饮之，命弹琵琶侑酒，即以金卮赐之。语毕益喜，指妓绝丽者，目之曰：'若得此何如？'校惶恐谢。越大笑，立予之。校所至为尽死力。"《明史》卷一百七十一《王越传》，第4576页。

[2] 陈建撰，高汝轼订：《皇明通纪法传全录》卷二十七，《续修四库全书》第357册，第461页。

南京的言官听到消息之后，群情激愤。在戴铣的领头下，六科给事中、十三道御史等二十余人联名上书，"乞黜权阉遗孽，以正国法"。[①] 接到奏疏后，刘瑾假传圣旨，将这些人解送京师。

国家法度荡然，天下还有正义可言吗？时任兵部主事的王守仁不顾亲友劝阻，毅然上疏，为南京的这些言官求情。如果普天之下，有人提出异议，就要被逮捕，被折磨，以后谁还愿意为国家进言？何况言官的职责本就是仗义执言，何罪之有？王守仁猜到，刘瑾打算大开杀戒，在南京言官来京的途中痛下杀手，所以在奏疏中特别提到："万一官校督束过严，铣等在道或致失所，遂填沟壑，使陛下有杀谏臣之名。伏愿追收前旨，俾仍旧供职。"[②]

王守仁的说辞保全了这些言官的性命，却让自己陷入险境。读罢王守仁的奏疏，刘瑾怒不可遏：又来一个不怕死的蛮子！他毫不迟疑，将其抓捕入狱，又在午门前将其痛打一顿，最后发往贵阳龙场驿。[③]

事后，刘瑾仍不解气：我杀不了二十几个言官，还杀不了你一个小小的主事吗？王守仁离京之后，一路危险重重。有赖亲友的照应，王守仁万般小心，才抵达杭州。即便如此，刘瑾的杀手继续尾随。

王守仁略施小计，将自己的衣冠换在一具尸体上，漂浮江面，并留下遗诗，佯装自杀。赶来的杀手看到泡在水中变形的尸体，认出是王守仁的衣服，又看到王守仁亲笔书写的遗诗，这才停止追杀，

---

①　《皇明通纪法传全录》卷二十七，《续修四库全书》第357册，第461页。

②　张铨撰，张道濬订，田同旭等点校：《国史纪闻》卷十二，上海：上海古籍出版社，2018年，第590页。

③　《明武宗实录》卷二十，正德元年十二月乙丑，第582页。

回京复命。

摆脱刘瑾的杀手之后，王守仁在一座山中的破庙躲藏，不料一位道士翩然而至。道士常年远游，行踪不定，这座破庙也来过几次。他发现这位失魂落魄的儒生躲在其中，却没有被附近经常出没的猛虎吃掉，应该也是"异人"。经过一番交谈，他提醒王守仁：阁下躲在此处，也只是权宜之计。日后是去是留，还请三思而后行。

左右为难，去留皆苦，王守仁便请道士为自己占卜一卦，一切交给天意。经过占卜，遇到"明夷"之卦。[1] 卦象显示，"内文明而外柔顺，以蒙大难"，正契合王守仁当下的困境，而"君子以莅众，用晦而明"，说明此时还是出山莅众比较合宜。既然天意如此，王守仁决定到龙场驿上任。他从武夷山出发，抵达广信，然后乘船渡过彭蠡，继而泛舟经过沅湘，最后抵达龙场。

落难以来，王守仁太久没有碰过书了。历经千辛万苦，他抵达龙场驿之后，依旧无书可读。随着时间慢慢迁移，龙场驿也不再像他抵达之初那般衰败。在当地民众的帮助下，龙场驿逐渐恢复生机。王守仁饶有兴致地给这些建筑命名为"何陋轩""君子亭""宾阳堂""玩易窝"等。闲来无事，他"日夜端居，默坐澄心"。[2] 他的这种经历和陈献章高度相似。陈献章从崇仁学派开出白沙学派并非偶然，继之而起的王守仁又会从这段曲折离奇的生涯中获得怎样的启迪？

---

① 何乔远：《名山藏》卷八十五，《续修四库全书》第 427 册，第 395 页。

② 过庭训：《本朝分省人物考》卷五十，《续修四库全书》第 534 册，第 351 页。

◎ 龙场悟道，知行合一

作为龙场驿丞，在很长的一段时间，王守仁都在附近的石穴中思考人生。根据他本人的回忆：

> 龙场居南夷万山中，书卷不可携，日坐石穴，默记旧所读书而录之。意有所得，辄为之训释。期有七月而五经之旨略遍，名之曰《臆说》。盖不必尽合于先贤，聊写其胸臆之见，而因以娱情养性焉耳。[①]

这段文字交待了王守仁转入心学的契机。他早年在会稽山阳明洞静坐体悟，当时的环境相对安逸。[②] 如今，他死里逃生，来到一个完全陌生的环境，艰苦备尝，前途未卜，所以不得不逼迫自己进一步反思下去。

其中"不必尽合于先贤"还是很委婉的说法，根据其他史籍的披露，这位"先贤"正是朱熹：

> 一夕忽大悟，终夜不寐，踊跃若狂者两日夜。嗣后，以所记忆五经之言证之，一一相契，独与晦庵注疏若相抵牾。[③]

开国以来，朱子学逐渐成为千万士子墨守的学说。朱子本人学问高深，对圣贤之道的理解也令人钦敬。可是，朱子学就是阐明圣

[①]　王守仁：《五经臆说序》，《王阳明全集》卷二十二，第 966 页。

[②]　过庭训：《本朝分省人物考》卷五十，《续修四库全书》第 534 册，第 351 页。

[③]　过庭训：《本朝分省人物考》卷五十，《续修四库全书》第 534 册，第 351 页。

贤之道的唯一途径吗？

朱子特别提倡格物致知，而早年宗奉朱子学的王守仁也曾格竹子。结果不但没有格出其中的道理，反而大病一场。当时，他还怀疑是自己不够努力，缺乏诚意，所以这些年来，也一直研习理学。孔夫子云，"朝闻道，夕死可矣"（《论语·里仁》），人生不能闻道，岂不是白活一回？

阅读五经之余，他还泛滥于佛老之学。几乎每到一处，他都拜访高僧、道士，询问人生之道。儒释道三教各有所长，各有所胜。只是处在龙场这块蛮荒之地，即便是三教圣人，又能做成何事？ [①]

朱子教人求道，劝人读书明理。在《大学》一书中，朱子更是指导学子要按照格物、致知、诚意、正心、修身、齐家、治国、平天下的顺序修行。可真的是这样吗？尧舜之时，格的何物，读的何书？一个人不读书，就永远无法求道吗？学者把熟读五经作为求道的不二法门，那么孔子之前就没有一个闻道的吗……

一般人认为，通过读书获得知识，获得知识才能改变世界，比如做官造福百姓。可是，很多人读了一辈子书，直到死亡，都没有改变什么。书自书，我自我，于世道没有一丝益处。更有甚者，对程朱理学的著作烂熟于心，可是一旦做官从政，却只顾着谋取私利。试问，欺压百姓、搜刮民财、陷害忠良、扰乱朝纲，哪一条符合理学的教诲？这些人不还是打着理学的名义，做着不可见人的勾当？

---

① 史称："先生之学，始泛滥于词章，继而遍读考亭之书，循序格物，顾物理、吾心终判为二，无所得入。于是，出入于佛老者久之。及至居夷处困，动心忍性，因念圣人处此更有何道，忽悟格物致知之旨，圣人之道，吾性自足，不假外求。其学凡三变而始得其门。"《明儒学案》卷十，第180页。

知识水平越高，反而越没有道德。这样的读书之道有何益哉？

圣人之学，无非让世人明白道理，既可以修身养性，也可以治家理国。如今世道，过度强调知识，推崇理论，却轻视德操，轻视行动。判断一个人的儒学水平，只问他五经有没有背熟，《大全》有没有理解，却不问他有没有管理好家庭，治理好百姓。

儒学本来就是文武兼备，知行合一。世风日下，儒者普遍重文轻武，重知轻行。儒者口口声声要报效国家，可是完全不懂骑马射箭。不仅不会骑马射箭，反而将其视作分外之事。一旦有儒者言兵，便群起而攻之。在他们心中，儒家的六艺之学（礼、乐、射、御、书、数）萎缩成读书之学。本朝开国一百多年来，知行分离从未像现在一样严重。儒林推崇朱子之学俨然至于无可复加的地步，接下来要么走向歧途，要么走向伪学。

针对知行分离的情况，在龙场参悟的王守仁率先提出"知行合一"的学说。按照他的理解：

> 今人却以为必先知然后能行，且讲习讨论以求知。俟知得真时方去行，故遂终身不行，亦遂终身不知。某今说知行合一，使学者求本体，庶无支离决裂之病。①

宋儒教人博闻强识，读书穷理。博闻强识本身没有问题，但是博闻强识并不是目的。一位儒者皓首穷经，却不具备基本的常识，对家庭、乡里、社会发生的情况不闻不问，自以为是。这种人算得上真正的儒者吗？儒学在这些人的眼中，越发狭隘、渺小；在这些

---

① 沈佳：《明儒言行录》卷八，景印文渊阁《四库全书》第458册，第861页。

人的手中，越发轻微、异化。这真的是圣贤之道应有的样子吗？他们好像知道很多，却始终活在知识理论的空中楼阁之上。就像一位"游泳健将"，谈起游泳滔滔不绝，对各种姿势了如指掌，却终生都不下到水中。这种人关于游泳的知识掌握得越来越多，长年累月，却忘了河水是什么模样。

这些人不是没有天赋，也不是没有下功夫，只是弄错方向。他们将圣贤之学挂在嘴边，而非悟到心里；封存在脑海之中，而非落实在大地之上。圣人之学，即是心学，先弄明白自己的本心，不要欺骗自己的本心。知行从来都是合一的，不要墨守成规，成为只会耍嘴皮子的"名儒"……

类似问题并非王守仁第一个觉察到，而静坐澄心的方法也绝非王守仁第一个付诸实践。比如，他的前辈陈献章就在心学的道路上做出勇敢的探索。王守仁的心学比陈献章更进一步，之所以更进一步，也因为王守仁离死亡更近一步。

无论是君子，还是小人，一生当中难免说假话，或者起心动念有所涉伪。死亡猝然来临，人们就会本能似的最大程度地逼近真实。经历种种磨难，来到龙场之后，王守仁自忖：我对人世间的得失荣辱尚可做到不动心，却还保留对死亡的畏惧。毕竟，身处蛮荒之地，非正常死亡的几率远远高于中原。人到临死关头，总会挂念亲人，挂念此生想做却来不及做的事情，还有对这个世界的无限留恋。

然而，王守仁无比清楚：如果自己不能打通生死这一关，那么他之前所有的探索都是竹篮打水。眼下时日无多，他可能至死都无法打开通往圣域的大门。于是乎，他做出一道决定：为自己打造一口石椁，躺在其中感受死亡。① 听到这则消息，附近的民众纷纷叹息，以为这位驿丞命不久矣。在这片令人绝望的蛮荒之地，早一步奔向死亡也许并不是最坏的结局。

躺在冰冷的石椁中，王守仁悲喜无常。苦海浮沉，泛起万千波浪。人生在世，究竟为何奔忙？没有通过乡试的时候，自己营营逐逐，努力只为通过乡试；通过乡试之后，自己又患得患失，害怕不能通过会试；好不容易在第三次参加会试时考中进士，被朝廷授予官职。想当年，金榜题名时如何潇洒，操练民夫时如何威风，可随后触怒阉党，差点命丧黄泉。设若当时不参加科举，也不会有这般烦扰……往事种种，无论当时多么在乎，此刻想来，无非过眼烟云。

自己饱读圣贤之书，也对天文、地理、兵法等颇有自信。虎落平阳，龙游浅底，陷入这般绝境，各派学说又有何裨益？真不知孔孟处此，作何反应；程朱来居，有甚说辞。

"龙场悟道"是明代儒学史上的一桩大案。不同学者之间的解读各有千秋，但是不可否认，"龙场悟道"并非王守仁在洞穴、石椁之中轻轻松松臆想出来的结果。一个人学说、思想的升华往往发生于困厄之中。在生命危急时刻，个体本能地意识到什么才是自己最珍视的，最不能放弃的。身处绝境之中，三十七岁的王守仁因祸得福，忽然悟道，兴奋无似。他之所以能够悟道，就像一位清儒所剖析的那样：

从古圣贤得力，皆在悬崖断索之际。②

---

① 沈佳：《明儒言行录》卷八，景印文渊阁《四库全书》第458册，第860页。
② 沈佳：《明儒言行录》卷八，景印文渊阁《四库全书》第458册，第860页。

直到 21 世纪的今天，我们去阅读王守仁留下的文字，包括《传习录》等，可能会有些失望，因为这些文字看起来并没有什么过人之处。实则，这也正是阳明心学的特征之一。如果通过一些表面文字就能轻易掌握阳明心学的精髓，那么这已不是阳明心学。人生求道，正如悬崖断索，稍不留神，就会碎骨粉身。如果不能自救自度，反求诸心，就无法攀索登顶，俯瞰万里山河。

◎ **重返儒林**

正德五年（1510），就在埋葬吏目一家三口的次年，王守仁接到一则喜讯。不知是因为祖宗灵魂的保佑，还是吏目灵魂的感恩，京城传来重磅消息：权倾天下的太监刘瑾以反逆之罪，被凌迟处死！

否极泰来，物极必反。随后，朝廷开始清理一大批冤假错案。不出意外，王守仁获得平反。同年底，王守仁回到阔别五年的京师，开启一段相对安宁的居官讲学的生活。

16 世纪初，无数儒者遵循朱子学指引的方向前进，并异常坚信：圣域就在道路的正前方。行至中途，有一位之前掉队的儒者突然走过来对大家说：我们不要往前走了，我们走反了！可想而知，众人有多么惊讶！这就像柏拉图的洞穴，难点不仅在于走出洞穴，还在于走回洞穴，并让他人相信洞穴之外存在另外一个真实的世界。

王阳明悟道之初，建立自家学说的宗旨，比如"知行合一"之类，力矫宋学知行分离之弊。同时，他并没有完全摆脱程朱理学的拘囿，^① 没有脱离白沙学派的影响，尚在摸索中前行。从龙场归来，无论在京城还是外地，他继续宣讲并扩充自己的学说。很多人惊讶之余，纷纷质疑：这位儒者胆敢指出先贤朱子的问题，既然讲知行合一，他的行谊究竟如何？

面对类似的质疑，王守仁并不急于辩驳。因为他深知，自己的学说与主流的程朱理学相左，遇到一些反对声音，再正常不过。寻常儒者通过招纳弟子、开坛讲学等常规方式传播学问；王守仁自己也没有想到，除了笔墨口舌，日后宣讲心学的方式还有铁马金戈。

第二节　王阳明的微笑

> 夫忠如守仁，有功如守仁，一屈于江西，再屈于两广。臣恐劳臣灰心，将士解体，后此疆围有事，谁复为陛下任之！
>
> ——方献夫、霍韬

> 此心光明，复何言！
>
> ——王守仁

◎ 《广名将传》

明后期，名儒黄道周痛感国无良将，士气萎靡。他在前人基础

---

① 悟道之初，王守仁依然深受理学影响。比如，他在《教条示龙场诸生》中教导学生，"一曰立志；二曰勤学；三曰改过；四曰责善"，大体不出宋儒规矩。王守仁：《教条示龙场诸生》，《王阳明全集》卷二十六，第1072—1073页。

上整理《广名将传》一书，记载从周代吕尚、孙武、吴起、孙膑到本朝徐达、常遇春、戚继光、俞大猷等一百七十多位将军的事迹。在每篇传记末尾，黄道周还加上断语。考虑到武将知识水平有限，他用朗朗上口的浅显韵文，总结兵家智慧，方便记忆。

儒者为学，贵在诚正；将军用兵，兵不厌诈。兵家之书本应与儒者风马牛不相及，可是黄道周却将本朝一位儒者放入书中。他总结这位名将的事迹，比如平定宁王之叛、荡平两广之乱等。①

王守仁既是一位儒者，又被奉为一代名将，这种全才在有明一朝乃至整个中国儒学史上都屈指可数。除了黄道周之外，明儒唐鹤征也对王守仁将儒家和兵家二者完美结合备感诧异。儒家强调规矩、准绳，兵家翕张不定。儒家的仁义、诚正与兵家的杀戮、奇谲难以调和，势同水火。王守仁从事儒学，便打开程朱理学支离破碎的局面，阐明隐微的圣人之道与高妙的良知之学。他披甲挂帅，便平定积年盗贼，擒获反叛诸侯，拯救国家于危难之中。这真是旷世奇才！②

儒者之学不出考据、词章与义理三途。在常人眼中，儒学就是一群峨冠博带的知识精英在书斋中、在典册上的学问。他们坐而论道，空谈治国，却很少变革现实生活。走出书斋尚且困难，遑论走进硝烟。即便在21世纪的今天，我们都很难理解王阳明的世界。我

---

① 黄道周对王守仁的断语全文如下："从来大功，扼于群小。若无机权，性命不保。守仁高贤，江彬大狡。同立一朝，自伤酉卯。刘瑾龙场，已陷于早。宸濠之功，岂容直表。上已南巡，群奸娇娇。或曰纵之，或曰重讨。若触若违，事定颠倒。婉转托人，始不纷扰。封伯虽迟，声名自好。"黄道周注断，孟兵点校：《广名将传》卷二十，北京：书目文献出版社，1986年，第344页。

② 唐鹤征：《皇明辅世编》卷五，《四库全书存目丛书·史部》第98册，济南：齐鲁书社，1996年，第270页。

们越执着于他和门人留下来的文字，就越容易误入歧途。对于这一点，明儒王世贞做过生动的说明：听长者们的回忆，和王守仁论辩的时候，大家倾心折服。和他交往的人都有这种印象，感觉他既是一位前所未有的辩才，也是一位让人情不自禁去仰视的巨人。退而阅读他和弟子刊印的书籍，"则平平耳"，[①] 并没有过人之处。王世贞的这些记录帮我们避开一道陷阱，那就是不要迷信理解阳明之学通过研读阳明之书就足以实现。

戎马倥偬之际，王守仁坚持讲学，孜孜不倦，所谓"平生无一时一念不在于学，虽军旅劻勷中，每与诸生相对笑谈，指挥不动声色"。[②] 在军帐中，他和门人弟子探讨某个儒学概念，大家沉浸其中，如醉如痴。这时，有位裨将神色匆忙，禀告军情。学生们还没有回过神来，他就指出要害，签发军令，整个过程行云流水。大家对"谈笑间，樯橹灰飞烟灭"（苏东坡《念奴娇·赤壁怀古》）的印象还停留在充满浪漫主义的诗词想象之中，可是眼前这位先生却将其变成现实。

无论是讲好儒学，还是指挥军事，都绝非易事。即便阳明先生天资过人，发明"致良知"之学，可是，根据他的自述：

> 吾此学从百死千难中得来，岂可易说！[③]

---

① 王世贞：《弇州续稿》卷八十六，景印文渊阁《四库全书》第1283册，第260页。

② 萧良干、张元忭等：《（万历）绍兴府志》卷四十二，《四库全书存目丛书·史部》第201册，济南：齐鲁书社，1996年，第314页。

③ 尹守衡：《皇明史窃》卷七十五，《续修四库全书》第317册，第409页；沈佳：《明儒言行录》卷八，景印文渊阁《四库全书》第458册，第871页。

关于阳明"致良知"之学的由来，我们在下文中还会提到。在俗儒眼中，所谓儒学必定是正襟危坐的记诵之学或者性理之学。一群弟子在一名先生的教导下，摇头晃脑背诵教科书上的圣贤文字，辩解那些让人云山雾罩的概念，脑子中想的不过是声色犬马与金榜题名。可是，在阳明先生、王将军的帐下，无论是典籍，还是兵戈，都浸润在一种肃穆雍和的学问氛围之中。

阳明先生将儒学从僵化、狭隘的程朱孔洞之中牵引出来，赋予它前所未有的空间与生机。通过阳明先生的教诲，学生们顿开茅塞，心中欢喜。迷时师度，悟时自度。他们内心受到强大鼓舞：从今以后，和本朝开国以来的千万儒林弟子不同，他们不再甘心做程朱门下的小小书童，而是坚信，今生今世，通过知行合一，通过致良知，自己也可以成为圣贤！

◎ "章句陋儒"扫平巨寇

明武宗正德十一年（1516），王守仁被擢为都察院左佥都御史，巡抚南（南安）、赣（赣州）等地。

六年前，王守仁还是不入流的小小驿丞，随时可能命丧荒山。近六年来，他仕途平顺，成为朝廷要员。虽然只是文官，他却越来越娴熟军旅之事，捷报频传。

作为威宁伯王越的"弟子"，王守仁深知"知己知彼"的重要性。他每到一处，都建立精准的情报系统。不仅如此，他还擅长利用间谍，"守仁至，知左右多贼耳目，乃呼老黠隶诘之。隶战栗不敢隐，因赏其罪，令填贼，贼动静无勿知"，[①] 为今后的军事部署赢得先机。另外，王守仁痛感州县将士不听约束，赏罚不明，便向朝廷要权，推进军事改革，加强对军队的掌控，提升战力。[②]

儒家向来讲究仁义，可是将军打仗，固守仁义，只能把己方将士置于死地。在平定各处山贼的过程中，王守仁就以近乎绝情的手段铲除池仲容等人率领的反政府武装。[③]

正因此类功勋，王守仁被擢升为右副都御史，荫子一人为锦衣卫，世袭百户。[④] 对此，《明史》本传盛称他的功勋：

> 守仁所将皆文吏及偏裨小校，平数十年巨寇，远近惊为神。[⑤]

也有人对王守仁的专断作风以及"勾结权臣"的做法颇为不齿。王越当年能够放手在边疆立功，和背后汪直等人的庇佑不无关系。对王守仁而言，想要完成剿平山贼的军事行动，离不开朝中重臣的支持。他之所以勇于向朝廷索要对军队的管控大权，得以便宜从事，也和兵部尚书王琼的鼎力支持有关。

尽管这位兵部尚书未必有拉拢王守仁的打算，在不少朝臣眼中，王守仁就是主动攀附王琼的"小人"。他们朋比为奸，实在不可饶恕。

---

①　《明史》卷一百九十五《王守仁传》，第5160页。

②　史称："命巡抚南、赣、汀、漳等处地方左佥都御史王守仁提督军务。先是，江西畲贼作乱。守仁奏：'盗贼日滋，由于招抚之太滥；招抚太滥，由于兵力之不足；兵力不足，由于赏罚之不行。乞假以令旗、令牌，得便宜行事。'兵部议请，许之。"《明武宗实录》卷一百五十一，正德十二年七月庚寅，第2929页。

③　《明史》卷一百九十五《王守仁传》，第5160—5162页。

④　《明武宗实录》卷一百六十七，正德十三年十月庚寅，第3238—3239页。

⑤　《明史》卷一百九十五《王守仁传》，第5162页。

据《明实录》记载，攀附兵部这股歪风的始作俑者正是王守仁：

> 时王琼为兵部尚书，奏入，琼甚喜，每事必左右之。自是，诸边捷奏，无不归功于本兵者。附下罔上之风，实守仁倡之也。[①]

木秀于林，风必摧之。舆情汹汹，当避则避。接到朝廷的赏赐，王守仁诚惶诚恐，上疏坚辞。和很多官员一样，他将这一切功劳都归因于上级的领导有方。既因为兵部等各部门的妥当处置，更因为皇帝陛下的英明指挥，我军才扫平巨寇，自己只是奉命行事而已。为了强调自己的"无能"，王将军还搬出儒者的一套说辞：

> 臣以章句陋儒，过蒙朝廷收录，拔之闲散之中，授以巡抚之寄。臣时抱病，两疏乞休……[②]

面对接二连三的辞职请求，朝廷会准许这位"章句陋儒"解甲归田吗？

◎ 南昌上游

正德十四年（1519），王守仁亲率大军，奉命前往福建地区平叛。

他率军行进到丰城（今属江西宜春）的时候，见到丰城知县顾佖神色慌张。顾佖刚接到一份急报：宁王朱宸濠杀死江西巡抚等朝廷命官，在南昌称帝，举兵谋反！十万叛军浩浩荡荡，四处攻掠，其中一股正朝丰城杀来。

十万火急，王守仁取消到福建戡乱的计划，改令军队朝江西重

---

① 《明武宗实录》卷一百六十七，正德十三年十月庚寅，第3240页。
② 《明武宗实录》卷一百六十七，正德十三年十月庚寅，第3239页。

镇吉安进发。吉安人听到宁王叛乱的消息，惊恐之下，纷纷出城逃亡。有赖当地文官伍文定沉着冷静，当机立断，斩杀数人（很可能是宁王派来的细作），才稳定局面。他还将王守仁迎入吉安府城。随后，他们征调兵粮，修理战备，并传檄各地勤王，到吉安集结。

论官衔，王守仁并非江西地区官职最高的。他不过是右副都御使，而当地还有都督、都御史等人。论名分，他只是奉命讨伐福建叛军的将军，并无指挥江西全部兵马的权限。但是，论威望，前几年平定叛军的显赫功勋使王守仁成为所有官员之中最能服众的，故而毫无悬念地成为对抗宁王叛军的最佳领导人选。

各地勤王兵马陆续抵达吉安府，人心初定。此时，让王守仁最担心的不是宁王在江西的攻掠，而是宁王大军一旦沿江直下，进逼南京，昔日燕王之事就可能重现眼前。为了拖住宁王东进的部署，争取更多的备战时间，王守仁再一次生动诠释"兵不厌诈"的内涵。

他做了两件事情：一是散发檄文，声称都督许泰、郄永、刘晖、桂勇各领兵一万，水陆并进，南赣王守仁、湖广秦金、两广杨旦各率所部合十六万，直捣南昌，让沿途州县准备供给，违者以军法处置；二是采用"离间计"，给宁王的两位"丞相"李士实、刘养正写密信，赞赏他们对朝廷的忠诚，让他们催促宁王尽快发兵东进，以便被官军截杀。[①]

这两件事情做成之后，接下来就需要看敌我双方的配合。一方面，各地州县都在认真准备粮草，这确实是宁王刺探到的实情，至于有无大军，短时间内无法断定；另一方面，李士实、刘养正等人确实

---

① 《明史》卷一百九十五《王守仁传》，第5163页。

在催促宁王发兵东下，早日攻取南京，这让宁王疑心加重。

无论是假传檄文，还是离间之计，都是王守仁的攻心战术。宁王犹豫之间，顿兵不前，直到十几天后，才确信并不存在所谓的十六万大军，知道中了王守仁的"奸计"。战场局势千变万化，宁王就这样空耗十几天，错失先机。

宁王随后率军朝南京进发，攻占南康、九江，直逼安庆。安庆如被攻下，那么南京的局面便万分危急。就在宁王向东进发之际，王守仁出动主力部队向南昌挺进，寻求战机。

和王守仁这位战功卓著的将军不同，宁王朱宸濠缺乏作战经验。他敢于发动军事冒险，一则因为自己藩王的身份与积蓄多年的实力，二则抓到武宗皇帝荒淫无道、丧失民心的机会。如果他认真研究过祖先朱棣的靖难之役，就不会犯下一连串的军事错误。比如，没有抓住先机，突袭南京；比如，在速战速决的机会丧失后，没有果断撤兵，还将主力投放安庆战场；比如，在善于攻城拔寨的王守仁一部未被清除之前，轻率离开大本营南昌，造成后方空虚……即便如此，如果他的对手也犯类似的错误，他还有回旋的余地。可是，王守仁却已非十年前那个命悬一线的小小驿丞。多年来，他扫平巨寇，早就成为明军的后起之秀。

后来的事情不难预料。当宁王主力顿兵安庆之际，王守仁的主力部队攻入南昌。各地军士早就听闻宁王富可敌国，所以收复南昌之后，也犯下不少奸淫掳掠之事。王守仁一怒之下，杀死十几名行为恶劣的主犯，但屠杀平民事件依然没有停止。其何以故？

这和军功考核的机制有关。军功考核以获得敌军首级为依据，所以难免出现"唯首级论"的倾向。为了获得战功，官军在攻占城池之后，大肆屠杀，拿平民首级领赏，甚至连老人、小孩都不放过。有鉴于此，王守仁及时改变"唯首级论"的考核规定：从今以后，但凡士兵拿首级来领赏的，一律不计，只计算俘虏，且核实俘虏身份后，才记入军功册。①

南昌作为宁王的大本营，本应有重兵把守。宁王恋战安庆，"尽选强壮以行，城守皆老弱者"。②南昌方面既缺乏大将，附近又无援军。宁王刚从安庆战场撤回，本应养精蓄锐，以图后举。比如，在稳固九江、南康等地的基础上，保存实力，同时也可以利用朝野力量，对王守仁发动离间计，或者去除帝号，与武宗皇帝议和，作为缓兵之计。武宗皇帝荒诞成性，喜欢弄兵，身边也不乏宁王的耳目，这些都成为宁王左右战局的有利因素……

换言之，宁王在安庆战场失利、南昌大本营失守的情形之下，依然有诸多选择，可他本人却做出最有利于王守仁的决定，即派遣新败之兵进攻王守仁的新胜之师。夺回南昌的战役流产后，暴怒之下，他又将南康、九江的主力部队调出，与王守仁决战。宁王一旦急于决战，就等于输掉了战争。因为王守仁即便在决战中失败，对整个明廷而言，输掉的不过是江西部分地区而已，还有翻盘的机会，而宁王失败，就意味着全军覆灭。

---

① 《明实录》记载官军攻陷南昌后展开大屠杀的惨状："诸兵皆乌合，素无纪律，而大帽、华林诸寨降贼号新民者，亦have行。贪功纵杀，居民往往死于床第，有阖门无噍类者。比晓，诸门洞开，守仁始按辔整队而入，死者已数万人，亟下令禁之，至斩首以徇，犹不能禁。乃复下令，唯擒捕者得论功，不计首级，诸军稍止。数日间，积尸横路，鸡犬不鸣……"《明武宗实录》卷一百七十六，正德十四年七月辛亥，第3424—3425页。

② 《明武宗实录》卷一百七十六，正德十四年七月辛亥，第3424页。

宁王叛军的主力刚从九江、南康调出，王守仁就派军进攻，收复失地。宁王垂死挣扎，困兽犹斗。王守仁在决战中，果断无情地斩杀多名退却的士兵，挽回颓势。同时，他还将金银财宝分发给决战将士。士兵看到逃跑的同伴被王将军杀死，手中又刚领到实实在在的金银，没有理由不决死一战。

结局不出意料，孤注一掷的宁王兵败被擒。作为这场叛乱的代价，千千万万的军民成为牺牲品，江西地区的经济民生受到重创。

在宁王叛乱爆发之初，不少大臣愁云惨淡，唯独兵部尚书王琼信心满满。他颇有东晋谢安"矫情镇物"的做派，[1] 对同僚说道：

> 王伯安居南昌上游，必擒贼。[2]

从地利考虑，王守仁之所以能够在短短三十五日之内平定叛乱，既和他作战经验丰富、指挥得当有关，也因为对手宁王缺乏军事谋略——上游、腹背的官军没有消灭，就把主力调到下游、前线。他的反叛野心远远超出反叛能力，结果正如飞蛾扑火。

战场自有一套生存法则，尤以残酷无情为显著特征。即便德高

---

① 公元 383 年，在决定东晋生死存亡的"淝水之战"中，东晋统帅谢安在家与客下棋。面对前秦苻坚率领的百万大军，东晋国运命悬一线。接到前线捷报，谢安阅后放在一边，了无喜色。客人问是何事，谢安故作镇定地回答说："小儿辈遂已破贼。"回家之后，他才发现脚下的屐齿都被折断，而之前沉浸在内心的喜悦中未能觉察。参薄玄龄等：《晋书》卷七十九《谢安传》，北京：中华书局，1974 年，第 2075 页。

② 《明史》卷一百九十五《王守仁传》，第 5164 页。

望重的王守仁也不能禁戢官军在收复南昌后犯下种种暴行。[①]有鉴于此，王守仁也注意发挥儒学的教化作用。

近年来，王守仁在江西作战，逐渐形成一套战后管理举措。这套举措既有军事化色彩，比如建立保甲制度，强化对江西居民的管理；又有儒家色彩，比如订立乡约，教劝礼让。他还亲自撰写《教诫》四章，让民众学习。最终，通过这种儒、法、兵、刑杂糅的手段，使得"赣俗丕变"。[②]

不仅要安抚民众，王守仁更需安抚朝廷内外勾结宁王的大小官员。当手下告诉他发现无数封与宁王往来的信件之后，他大致翻阅，惊讶地发现，朝廷左右及内外官员"自辅臣以下，皆有交贿实迹，与往来私书"。[③]看来，朝廷的腐败已经到了触目惊心的地步，难怪宁王有恃无恐！为了避免纷扰，王守仁当机立断，下令将这些信件全部焚烧，就像曹操在官渡之战胜利后焚烧己方将士与袁绍往来的信件一样。

作为一国之君，明武宗听到宁王造反的消息后，比起担忧，更觉兴奋。他终于可以大显身手！他自封威武大将军，御驾亲征，军

---

① 史称："守仁复搜捕诸逆党，日戮数百人。军士因纵掠郡王、将军、仪宾邸第，以及富室，无不被害。濠府中诸蓄积甚富，亦多失亡者。宫人闻兵入，惶惧，纵火自焚，或相率盛服而缢，一室中有至数人者，臭达于外，所存惟赢病数十人而已。"《明武宗实录》卷一百七十六，正德十四年七月辛亥，第3425页。又称："始南昌城中人苦于宸濠之暴，至是复遭荼毒，皆归怨于守仁之不能禁戢云。"《明武宗实录》卷一百七十六，正德十四年七月辛亥，第3425页。

② 过庭训：《本朝分省人物考》卷五十，《续修四库全书》第534册，第355页。

③ 过庭训：《本朝分省人物考》卷五十，《续修四库全书》第534册，第358页。

队很快向南进发。根据时人对这位君主的德行和武略的理解，如果他真的碰上宁王大军，很可能会改写本朝的历史。比起宁王反叛，圣驾所过之处的军民更加惶惶不可终日，因为他们受够了太监和贪官的剥削与羞辱。

关于王守仁在三十五天之内平定宁王叛乱的勋绩，有史家敏锐地点评：

> 不在难，而在速！稍迟，则建业下矣。又稍迟，六师接，而江、许可购下矣。兹其所以伟也。[1]

奸臣与忠臣最大的区别就是，奸臣最擅长迎合上意，看起来绝对忠诚，实则最可能卖主求荣。如果武宗身边的奸臣江彬、许泰等人与宁王接战，只要战局不利，很可能倒向宁王。王守仁秉持公心，一心体国，从军事角度出发，把握战机，迅速击溃叛军主力，并生擒宁王。可是，天子刚出征不久，他就平定叛乱，无异于剥夺了君主参战的快感。更让人担忧的是，宁王府中堆积如山的私通信件虽然被付之一炬，但是这些信件的主人仍然掌握实权！

◎ 宁王被擒之后

读书人最大的"问题"就是执拗地认为，这个世界是有道理可言的，社会是讲道理的社会。他们认为，古圣先贤所谓的仁政、王道都可以实现。实则只是"他们认为"而已。现实的政治社会自有一套运行机制，这套机制绝不可能按照既定的道理一板一眼地运行，

---

[1] 王世贞：《弇州四部稿》卷一百四十，景印文渊阁《四库全书》第1281册，第304页。

而是按照统治者的意图以及社会形势的需要发生变化。自古以来，没有一成不变的真理，即便存在这种真理，也时常屈从于掌握大权的显贵。

王守仁擒获宁王后，威武大将军朱厚照却将军情隐匿不发，继续亲征。与此同时，朱厚照的义子安边伯许泰以及宠信的太监张忠命令王守仁释放朱宸濠，以便皇帝亲自擒获。军国大事，岂能儿戏！王守仁不为所动，在张、许等人赶到南昌前，亲自押解朱宸濠，准备献给皇帝，却遭到拒绝。本来简单的事情发展至此，王守仁进退维谷。

他抵达杭州后，拜见明武宗宠信的太监张永，极力称赞此人之前除去刘瑾的盖世功勋，并陈诉江西百姓在战乱之后的生活如何艰苦，数米而炊，饔飧不继。此时此刻，如果圣驾临幸，难免征税供应，加重百姓负担，还请张公公代为求情。

看到这位将军对自己毕恭毕敬，张永难免产生好感。他端起茶盏，呷了口茶，慢条斯理地说道：此次前来，只为调护圣躬，并非为了抢功。王公擒获反贼的功劳，我自然知道，但是做事嘛，总要讲究方略，"事不可直情耳"。① 说完，不动声色地放下茶盏。

保守的儒者拘泥道理，聪慧的官员却需要随顺人情。听完张永的一番话，王守仁心领神会，再四表示感谢张公公的理解，并主动

---

① 《明史》卷一百九十五《王守仁传》，第 5165 页。

提出将俘获的朱宸濠交给张公公全权处置。①

　　看到这位将军如此"识趣"，张公公露出满意的笑容：王公只管放心便是……然后急忙命人将朱宸濠解送事先预备好的牢笼。

　　刚解决完献俘的问题，王守仁匆匆赶回江西。他发现张忠、许泰等人带领的京兵已全面接管南昌防务。他前脚刚到，后脚就涌入不少军民，诉说京兵仗势欺人，抢夺民财，骚扰妇女。百姓稍有反抗，就被当成宁王叛党。伍文定等有功的官员被捕入狱，惨遭酷刑……②王守仁还听说，张忠、许泰他们正在草拟捷报，把江西将士的姓名全部抹去，换成一群奸佞小人。是可忍，孰不可忍！他动身前去理论。

　　纵使身为朝廷大员，王守仁还是遭到京兵阻拦，并被羞辱一番：你这个不知死活的南蛮，说不定就是你勾结宁王，才导致他反叛朝廷……这些太监和京兵点名道姓，极尽谩骂之能事，让王守仁身后的将士目眦尽裂，想要抽刀反抗，却被王守仁及时制止。这些无赖

---

　　①　《明实录》详细记载了王守仁不得已献媚太监张永，并将俘虏的朱宸濠移交此人的过程。后来在危难时分，王守仁也获得张永的庇护。史称："都御史王守仁以宸濠及诸从逆者将亲献捷于上。至杭州，上遣太监张永邀之，令复还江西。守仁执不可。时守仁携家而还，永乃潜遣人逻其资重。守仁惧，乃以宸濠付永，且厚结焉，遂与俱还。而张忠、朱泰、朱晖等已由大江趋江西，执伍文定辱之，又穷索逆党，欲以报功。守仁至，大沮。永及忠等留数旬，复械宸濠等献捷于南京。忠屡谮守仁，祸且不测，赖永为营救得免。"《明武宗实录》卷一百七十八，正德十四年九月丁未，第3475—3476页。

　　②　当时，祸害江西军民的勋贵以太监张忠、安边伯许泰、左都督刘晖为最。史载："诬指党逆，掊克军民，诈称进贡，需索万状。计所罔利，不下百万。比及脂膏殚竭，仓库罄悬，然后三人始睢盱而去，以致饿莩遍野，盗贼纵横。虽锉三人万段，不足谢江西百姓。"《明世宗实录》卷三，正德十六年六月甲辰，第148页。

正是要通过各种羞辱激起江西将士的仇恨，只要他们反抗，就立刻坐实他们参与叛乱的罪名。

风高霜清，冬至来临。王守仁想出一道让京兵尽快返京的对策，命令南昌军民举行大规模的巷祭，并上坟扫墓，安抚那些为国捐躯的将士以及惨死民众的灵魂。整座南昌城瞬间陷入巨大的悲痛之中，"时新丧乱，悲号震野"。①人非草木，孰能无情？看到南昌军民如此痛苦，加上即将过年，京兵未免想起数千里之外的家人。军心已然动摇，张忠、许泰他们害怕引起哗变，不得已下令班师。

即便如此，张忠、许泰还诬告王守仁参与叛乱，并说如果皇帝下诏，召见此人，此人肯定不会前来。王守仁闻诏之后，疾驰南京，准备面圣，虽然戳破了张、许的谎言，却又被阻拦下来，不准觐见。

这个世界还有道理可言吗？将士们九死一生，不仅没有受到应有的奖赏，反而惨遭各种羞辱。百姓们饱受战乱之苦，还要被京兵洗劫。皇帝本是天下的英明共主，如今却以"威武大将军"的名号在南京沉湎声色，纵欲不休……

在此期间，王守仁到九华山中的一座寺庙静坐。此时此刻，程朱复生，又当如何处置？他也想解甲归田，可是手下那些将士该怎么办？谁又能替他们说话？

时局的复杂性超乎所有人的想象。在皇帝宠信的勋贵、太监眼中，王守仁功劳再大，也不过是听命于皇帝的奴才而已，而自己代表皇帝前来，大可以理直气壮地抢夺功劳、搜刮钱财。君主专制的根本制度没有变化，王守仁也无可奈何。

---

① 陈鹤：《明纪》卷二十七，《四库未收书辑刊·史部》第6辑第6册，北京：北京出版社，1997年，第403页。

最后，在呈交朝廷的捷报上，王守仁不得不选择妥协。他不是以皇帝的名义讨贼，而是奉"威武大将军"的名号。归根结底，威武大将军的英明领导才是平定这场叛乱的关键。此外，他还把张忠、许泰、江彬等太监、佞臣的名字增入功臣名单，请求朝廷一并赏赐。[1]

拟完捷报，王守仁从未感到心情如此沉重，难以呼吸。于情于理，他都不应该做这些自己深恶痛绝的事情，比如谄媚太监张永，比如把奸佞小人列为功臣。但如果自己不这样做，江西军民永无宁日。

◎ 患难师徒

在古代中国，很多事情本身并不复杂，比如有功者赏、有过者罚，却因为不必要的勾心斗角、尔虞我诈变得空前复杂。然而，学问总需事上磨。当初，很多弟子加入反抗宁王叛军的队伍，这让王守仁颇为欣慰。其中一位名叫冀元亨的弟子让他最为惦念。

冀元亨，字惟乾，湖广武陵（今湖南常德）人，正德十一年（1516）考中举人。王守仁在赣州收下这名弟子，并让他主持濂溪书院，教导后学。宁王听到王守仁的大名，写信延请他到府上讲学。冀元亨主动请缨，愿意代替先生前行。

在宁王府中，冀元亨以君臣大义、父子之情晓谕宁王，提醒他不要逾越雷池。宁王嚣张跋扈，毫不领情，还威胁要杀死他。看到这位文弱的举人还有几分不怕死的胆气，宁王最终放了他。得到消息后，忧心如焚的王守仁第一时间差人迎接。半路上，冀元亨告诉来人：请先生不要为我担心。宁王必反，请先生务必早做准备！

---

① 《明史》卷一百九十五《王守仁传》，第5165页。

看到心爱的弟子化险为夷，王守仁如释重负。他当时没有想到，这位弟子后来的命运更加坎坷。

捕获宁王后，张忠、许泰等人加以审问，想从他口中套出王守仁一同叛乱的讯息。宁王直来直去，认为王守仁不可能参加叛乱。说俘虏自己的将军与自己私通，这不滑古今天下之大稽吗？你们不要脸，本王也不要脸面吗？！但是，他提到王守仁有名弟子曾经和自己交流学问。张、许等人抓住绝妙的机会，派人将冀元亨抓到京师诏狱，让他供出王守仁通敌、贪赃等罪行。

在阴森幽暗的牢房之中，冀元亨饱受折磨，包括炮烙之刑。即便体无完肤，痛不欲生，他视死如归，绝不承认阳明先生莫须有的罪名！见到这位举人如此倔强，这些奸佞改从他的家人下手。冀元亨的妻子李氏带着两个小女儿入狱，也没有屈服官府的淫威：

> 吾夫平生尊师讲学，岂有他哉？①

真相大白后，冀元亨及家人得到释放，但冀元亨本人在狱中受尽折磨，出狱五天便撒手尘寰。

有其师，则有其徒。我们今天分析王阳明与阳明学，也能从他的弟子冀元亨的事迹中得到启示。什么是真正的儒学？有时需要押上身家性命才能验证。

◎ 致良知

王守仁的学说，一曰"知行合一"，产生在龙场悟道之初，二

---

① 邓元锡：《皇明书》卷四十三，《四库全书存目丛书·史部》第29册，第591页。

曰"致良知"，产生在平定宁王之乱后。龙场悟道更多的是一名小官、一位聪慧的儒者对个人经历的总结与思考，而平定宁王之乱前后，身居要职的王守仁对整个明朝政治、军事、社会的运作有了更为全面、深入的认识。这些认识有的可以形诸讲学、笔墨，更多的只能自己体会，不可向外人道也。

乱世之中，面对不公，支撑一个人活下去的信念是什么？是五经中的几段文字还没有完成训诂吗？是某个历史事件中的人物、时间没有考证清楚吗？是身边的竹子没有格透吗？是一两篇华丽的诗词文章没有刊行吗？是四书背得不够流利吗？是没有加官进爵吗？是没有领取到俸禄吗？是没有照顾好妻子儿女吗？是嫌弃自己得到的不够多吗？是做出贡献，没人认可吗……

苦于无法摆脱武宗身边这些义子、太监的骚扰，王守仁曾在杭州净慈寺中静坐覃思。寺庙清幽，风景宜人。王守仁心中郁结，夜不能寐，在一首诗中如是写道：

> 常苦人间不尽愁，每拚除是入山休。
> 若为此夜山中宿，犹自中宵煎百忧。
> 百战西江方底定，六飞南甸尚淹留。
> 何人真有回天力，诸老能无取日谋。[①]

———

① 蒋一葵：《尧山堂外纪》卷九十，《续修四库全书》第1195册，第116页。平定宁王之乱后，面对太监、权臣的刁难，王守仁流露出深深的无力感。在《舟夜》一诗中，他如是写道："随处看山一叶舟，夜深霜月亦兼愁。翠华此际游何地，画角中宵起戍楼。甲马尚屯淮海北，旌旗初放楚江头。洪涛滚滚乘风势，容易开帆不易收。"参曹学佺：《石仓历代诗选》卷四百五十五，景印文渊阁《四库全书》第1393册，第195页。

在平定宁王朱宸濠反叛之后，王阳明欲让百姓尽快从战乱中恢复生产。作为天子的朱厚照不依不饶，坚持亲征。国家动荡，是非颠倒，明武宗负有不可推卸的责任。为人臣子，王守仁也不能触怒龙颜，何况他连面圣的机会都被褫夺。

平定宁王之乱前后的这几年（1519—1521），王守仁年近五旬，对学问、对人生的体悟更进一步。如果将天下安危系于君主一身，那么君主本身制造麻烦，该怎么办呢？比如那位祸害沿途百姓的"威武大将军"。如果将天下安危系于官员，那么这些官员的作为究竟怎样呢？真正上阵杀敌的官员，比如伍文定等人，成为阶下之囚。朝中大大小小的官员在叛乱之前，就与宁王私通，收取贿赂者不可胜数；叛乱之后，又一副大义凛然的样子，反而以平定宁王的功臣自居，尽管宁王被擒时，他们远在千里之外。

公元16世纪初，君主失德、太监肆虐、文官贪腐、武将怯懦……造成这样的局面是因为他们不读书吗？他们不知晓程朱理学吗？以前，自己倡导"知行合一"，旨在让儒生从书本中解放出来，参与实践，改良世道。如今看来，单讲"知行合一"远远不够。"知行合一"的观照范围犹有局限，大体还是以儒者为主。这些年来，他结识很多下层百姓、低级士兵。他们辛勤耕种，死不旋踵，哪一点输于吾儒？

宋儒高谈性理，自有其道理，但是这个理究竟是什么？如果把理的概念定义得过于高深，就远离人道；如果定义得太过粗浅，也是自欺欺人——毕竟讲求程朱理学的还是以士大夫精英为主，与寻常士兵、百姓关系极小。那么，有没有一种可能——打破这些阶层的壁垒，解锁儒学的开放性，找到一种可以将所有人联系到一起的途径？经过反复摸索，王守仁越发感到"良知"是关键。

那么，王守仁所谓的"良知"究竟是什么？他认为：

> 知是心之本体。心自然会知：见父自然知孝，见兄自然知弟，见孺子入井自然知恻隐。此便是良知，不假外求。[1]

良知是人心的本体，是性善，是未发之中，是廓然大公。人性本善，那么所知必是良知。这个良知人人共有，从王侯将相，到贩夫走卒，概莫能外。既然如此，为什么还会出现张忠、许泰、江彬等奸佞小人？大家都像伍文定、冀元亨一样，世道不就太平了吗？

所以，单讲"良知"还不够，这就需要"致良知"。人的良知一直都在，只是后天受到昏蔽，迷失本心。如果说程朱理学还带有浓郁的知识精英的色彩，那么，王守仁的良知之学则呈现出强烈的打通士庶藩篱的趋向。良知之学既非常精微，又至简至易。[2]无论是知识精英，还是不识字的百姓，只要能"致良知"，就能找回本心，乃至成圣成贤。

◎ 打药针

王守仁从来不是一位株守书斋的文弱书生。他自小就关心军事，纵马四方，弓道精湛。在他的脑海中，做人就应当做一个全人。孔孟之学是活泼泼的，孔门弟子也各有所长，比如子贡去做生意，子路做将军，子游做说客……后人不识圣贤面目，一群儒者，儒冠儒服，

---

① 王守仁：《传习录上》，《王阳明全集》卷一，第 7 页。

② 邓元锡：《皇明书》卷四十二，《四库全书存目丛书·史部》第 29 册，第 579 页。

读书讲课，便自以为掌握孔孟之道，而对书本之外的世界不闻不问，简直自欺欺人。长此以往，儒学也好，道学也罢，都被这些人弄成了伪学，弄成了没有生命力的学说。根据梁启超对王阳明在中国学术史上地位的观察：

> 明朝以八股取士，一般士子，除了永乐皇帝钦定的《性理大全》外，几乎一书不读。学术界本身，本来就像贫血症的人，衰弱得可怜。阳明是一位豪杰之士，他的学术像打药针一般，令人兴奋，所以能做五百年道学结束，吐很大光芒。[①]

程朱理学本应是支撑明代社会的基本法则。所谓基本法则，就是从天子到庶人，一体遵守的法则。可是，经历刘瑾的擅权以及朱厚照及其宠臣的胡作非为，经历种种不公正的待遇之后，包括王守仁在内，知识精英们难免对这些始终居于权威地位的价值观念产生质疑。开国以来，从君主到儒者，人人都在倡导理学，可是反观当下的社会，又有几人真正按照理学要求做事？文人成功地把理学当成捞取功名的资本，对科举功名之外的事务漠不关心，满口仁义道德，内心还不是为了财色名利与加官进爵？武士知识水平有限，上阵杀敌之余（也包括杀害平民冒功），还是大碗酒、大块肉以及金银、美色更加让人快活。

也许有人会辩解：程朱理学本身是好的，只是后人没有遵照奉行，所以才会导致道德沦丧，国势衰微。如果这种辩解是正确的，一年如此，两年如此，十年如此，大明都开国一百多年了，还是如此吗？到底是学说的存在促进社会的发展，还是社会的发展去适应

---

① 梁启超：《中国近三百年学术史》，北京：商务印书馆，2011年，第3页。

僵化的学说？小孩子一年年长大，母亲即便是没读过书的村妇，都会为孩子换上大号的鞋子和衣服。可是，儒者为什么就不懂变通？左一个程朱，右一个道学，今天谈性，明天言理，圣贤之学怎么成了现在这副模样？另以军事而论，军情复杂，千变万化，怎么可能固守某部兵书？当断不断，必受其乱。学说的发展不也是同样的道理吗？当变不变，无论多么光辉的学说，都只会催生一大批伪善、无耻之人。

怎样才能避免催生伪善、无耻之人？致良知。当今天下，怎样才能删繁就简？致良知。怎样才能去伪存真？致良知。怎样才能在不确定的环境之中保持操守？致良知……摸索到"致良知"之学，王守仁欢喜无似。他再去阅读四书五经，再去分析人性、解读时局，无不豁然贯通。圣人之道必须反复体悟，不仅需要百转千回，还需要经历百死千难，如此体认来的道理才能终生受用，至死不渝。在知天命之年，他自信找到实现圣贤之道的法门，那就是"致良知"。为此，他还号召天下有志之士，一同倡明"致良知"之学：

> 今诚得豪杰同志之士扶持匡翼，共明良知之学于天下，使天下之人皆知自致其良知，以相安相养，去其自私自利之蔽，一洗谗妒胜忿之习，以济于大同，则仆之狂病，固将脱然以愈，而终免于丧心之患矣，岂不快哉！①

和本朝开国以来的儒者不同，王守仁对儒学的理解没有拘泥于典册之中和口舌之上，而是返璞归真，从寻找本来的良知入手。这

---

① 王守仁：《传习录中》，《王阳明全集》卷二，第92页。

个道理本来并不难发现，就像万历十二年（1584）儒臣在讨论王守仁从祀孔庙时指出的那样："言'致知'出于《大学》，言'良知'本于《孟子》。"[1]可惜，在王守仁的时代，乃至他死后一段时间，他的学说不仅不被国家包容、提倡，反而成为被重点打击的对象。

◎ 批斗王阳明

正德、嘉靖之交，王守仁对朝廷的"恩典"刻骨铭心。新皇帝即位之后，都会赏赐众臣，尤其是有功之臣，借以提升个人威望。结果，朝臣却提出，因为武宗皇帝的大丧，所以不能举宴封赏。后来，才给平定宁王叛乱的王守仁加封特进光禄大夫、柱国、新建伯，准许世袭。但是没有照例颁授铁券，而且拒发岁禄。爵有五等：公、侯、伯、子、男，平定声势浩大的诸侯叛乱，王守仁仅仅获封伯爵，而且是不享受薪俸的伯爵。王守仁尚且如此，其他将士更无足论。此后，父亲去世，王守仁回家守丧。服丧满后，朝廷也没有依例召回。

直到嘉靖六年（1527），广西思恩、田州等地发生叛乱，朝廷多次派遣将领平叛，均无功而返。这时，朝廷才想起王守仁这位名将，并颁授铁券、补发岁禄，催他赶快启程。用兵如神的王守仁很快平定两广地区的叛乱，及至论功行赏，朝廷却再一次让天下人失望，拒绝给王守仁及其将士封赏。

---

① 《明神宗实录》卷一百五十五，万历十二年十一月庚寅，第2867页。王阳明倡导"致良知"并非站在朱熹的对立面，就实质而言，不是"反着讲"，而是"接着讲"。研究宋明理学的包弼德指出，王阳明也是朱熹思想的继承者（the successor to Zhu）。Peter K. Bol, *Neo-Confucianism in History*, Harvard University Press, 2008, p.188. 不过，朱、王二人对圣贤之道的侧重面有所不同。明中后期的攻击者往往放大这种表面的不同，而忽视二人思想内核的关联性。

朱厚熜的无赖让很多正直的大臣义愤填膺。礼部尚书方献夫、詹事霍韬进言：臣等都是广东人，深知"瑶乱"之害。之前，朝廷调动附近三省数十万兵力进行围剿，耗费白银数十万两，禄米数十万石，却损失过半。现在，复出不久的新建伯王守仁，感恩陛下的征召，平定叛乱，却没有受到任何封赏。之前，他在江西平定宁王叛乱，就遭到不公正的待遇；如今，平定两广叛军，又遭到不公正的待遇。臣等恐怕以后军中无人愿意为朝廷效力，而叛军也会烽烟再起，让两广地区的百姓陷入绝境。[①]

朱厚熜虽然即位才数年，不过二十多岁，对君权的把控却日渐强大。作为君主，他的逻辑是臣下要无条件地效忠，这才是臣子应守的本分。至于谁有功，谁有过，只能朕来裁定，尔等不需多虑。

对于朝廷的封赏，王守仁本人不再指望。只是作为三军统帅，他为出生入死的将士寒心。君主或昏或明，大臣或奸或忠，古来有之，无可奈何。[②] 自己又有什么话可说？唯有问心无愧而已。

嘉靖七年十一月（公历 1529 年 1 月），天气初肃，草木摇落。在两广地区的叛乱宣告平定后，王守仁病危，上疏朝廷乞骸骨，并举荐郧阳巡抚林富代替自己。蹊跷的是，王守仁还没等到朝廷的正式回复，就踏上回归故乡的旅途。路过江西南安，这位憔悴的老翁

---

① 《明世宗实录》卷九十四，嘉靖七年闰十月癸巳，第 2194—2197 页。

② 朝中既有陷害王守仁的奸臣，也有维护王守仁的大臣。比如，礼部尚书席书对王守仁颇为关照。正德年间，席书在王守仁贬谪龙场时，官居贵州提学副使，促成王守仁在贵州讲学，并鼓励他隐忍等待。嘉靖时期，席尚书还向朱厚熜建议，重用王守仁，让他入阁办事，并坚定认为，"今诸大臣多中材，无足与计天下事者，定乱济时，非守仁不可"（《明世宗实录》卷四十八，嘉靖四年二月辛卯，第 1215 页），结果遭到朱厚熜的驳斥。

走到生命的尽头，享年五十八岁。

依照大明礼制，接到重臣去世的噩耗，君主会表达哀悼，比如"辍朝三日"等。① 可是，朱厚熜勃然大怒。此时此刻，他脑海中想到的不是这位重臣对国家做出的贡献，尤其是刚平定两广叛乱，而是此人竟然擅离职守，藐视皇权！即便有大臣为王守仁说项，说他病入膏肓，等不及朝廷回复，事出突然，情有可原，嘉靖帝依然不为所动，于嘉靖八年（1529）二月，命令群臣开会讨论王守仁的是非功过问题，"不得回护姑息"。②

有朝臣对嘉靖帝的执拗感到匪夷所思，并提出抗议。给事中周延认为，作为君主，本应宽宏大度，何况王守仁居功至伟，有目共睹。如今，他尸骨未寒，为何朝廷还耿耿于怀，连一个死人都不放过？试问：国体何在？公论何在？

不出意料，周延很快为个人的异见付出代价。嘉靖帝将他下放到太仓州做一个小小的判官。③ 有了周延的前车之鉴，吏部组织官员继续讨论王守仁的问题，对他的批斗进一步升级。最后，吏部呈奏意见如下：

> 守仁事不师古，言不称师。欲立异以为名，则非朱熹格物致知之论。知众论之不与，则著《朱熹晚年定论》之书。号召门徒，互相唱和。才美者乐其任意，或流于清谈；庸鄙者借其虚声，

---

① 吴伯宗：《大明开国辅运推诚宣力武臣荣禄大夫柱国同知大都督府事江阴侯追封江国公谥襄烈吴公神道碑铭》，参程敏政：《明文衡》卷七十三，景印文渊阁《四库全书》第1374册，第517页。

② 《明世宗实录》卷九十八，嘉靖八年二月戊辰，第2288页。

③ 《明世宗实录》卷九十八，嘉靖八年二月戊辰，第2288页。

遂敢于放肆。传习转讹，悖谬日甚……今宜免夺封爵，以彰国家之大信；申禁邪说，以正天下之人心。①

看到这份意见，嘉靖帝开心起来。他认为，在学问上，王守仁号召门徒，诋毁先儒，用诈任情，坏人心术；至于战功，他不能节制军士，还喜欢夸大战绩。他的伯爵本应剥夺，姑念先朝所赐，予以保留，但不准子孙世袭。他死后的丧事，朝廷不再循例赐以恤典。同时，还让都察院榜谕天下：以后谁敢传播王守仁的歪理邪说，重治不饶！②

关于这些身后的问罪，王守仁生前未必没有预料。弥留之际，他嘴角露出一丝微笑，对身边的门人南安府推官周积留下遗言："此心光明，复何言！"③这里面既是这位哲人对自己一生学问、事功的评价，也隐藏着微妙的讯息。

所谓光明者，乃日月之光也，这本应是圣王的美德。可惜，无论在学问上，还是在事功上，乃至在心胸方面，现实中的君主们每以"光明"自居，实际作为却离"光明"甚远。这些君主自以为读懂圣贤之书，却对孟子基本的"手足""寇仇"之说置若罔闻。④故此，即便没有宁王之乱、两广之乱，也会有其他叛乱。王守仁之所以同意复出，并非是为了一姓之君主，而是为了两广之百姓。可惜，朱厚熜这位年轻的皇帝自以为是，不懂这个道理。既然如此，"擅

---

① 《明世宗实录》卷九十八，嘉靖八年二月甲戌，第2299页。

② 《明世宗实录》卷九十八，嘉靖八年二月甲戌，第2299—2300页。

③ 邓元锡：《皇明书》卷四十二，《四库全书存目丛书·史部》第29册，第587页。

④ 《孟子·离娄下》载："君之视臣如手足，则臣视君如腹心；君之视臣如犬马，则臣视君如国人；君之视臣如土芥，则臣视君如寇仇。"

离职守"，他又能奈我何？王守仁在死前对君权的反抗无碍于自身德行的光明，遗言点到为止，其中蕴藏的独立与自由的精神以及洒脱的人生态度，留给后人细细品味。

◎ 四句教

晚年，王守仁向门人传授四句教，"无善无恶者心之体，有善有恶者意之动。知善知恶是良知，为善去恶是格物"，[①] 重申致良知的核心宗旨。他的四句教看似简洁明了，却引发后人的多重解读。根据有关研究，关于"无善无恶者心之体"这一句的宗旨，就有至少八种不同的阐发。[②]

比起字句的训诂与义理的推敲，我们更关注的是，王守仁为什么在中晚年屡经磨难，却始终坚守儒家立场，而非像在《净慈寺》诗中所说的那样"入山休"？考虑到他早年与和尚、道士往来密切，尤其与很多寺庙都结下不解之缘，他很有可能投入佛门之中。

雪江和尚是王守仁的故人。当年，王守仁被刘瑾追杀，在杭州胜果寺避难。雪江和尚了解王守仁的遭遇，临别前，赋诗相赠。若干年后，王守仁已经从卑贱的龙场驿丞变成名动天下的大儒、统帅，而雪江和尚也在佛门之中找到终极慰藉。临终前，他作了一首偈子：

> 一夜小床前，灯花雨中结。我欲照浮生，一笑浮生灭。[③]

---

① 焦竑：《国朝献征录》卷九，《续修四库全书》第 525 册，第 327 页。
② 参马俊：《"无善无恶心之体"义解——王阳明"四句教"首句宗旨新探》，《中国哲学史》2019 年第 4 期。
③ 参朱彝尊：《静志居诗话》卷二十三，《续修四库全书》第 1698 册，第 532 页。

在佛法的微妙世界中，雪江和尚获得肉体与精神的双重解脱。佛教对生命别有解读，所谓生灭，不生也不灭。他山之石，可以攻玉。儒学经过王守仁的发展，也从株守天理的性理学转入直指人心的致良知之学。守住内心的光明，就能找到人生的方向。总之，王守仁和雪江和尚各守儒佛，各得其所。

至于阳明学的核心学说"致良知"，理解良知所在，就要义无反顾地去致良知。就像王守仁的一生，少年任侠使气，青年喜好词章，壮年求佛问道。直到龙场悟道，才领悟到儒学的精微，笃定人生的志向，"以斯道为己任，以圣人为必可学而至"。①既然有此知，则当有所行，所谓"知行合一"是也。

王守仁儒学上的"知"和军事上的"行"桴鼓相应，密切相连。战场形势，瞬息万变，需要摒弃僵化思维，随机应变，所谓"兵无常势，水无常形，能因敌变化而取胜者，谓之神"（《孙子兵法·虚实篇》）。应变思维刺激王守仁儒学思想的发展，日新又新，这是宋元以来包括二程、朱熹在内的儒者未曾遇到的情形。换言之，设若朱熹走入战场，指挥万马千军，是否还会坚守"天理"，能否用"天理"克敌，结果尚未可知。所以，要求王守仁像曹端、薛瑄等明初儒者墨守程朱理学显然不切实际，何况王守仁的经历并非只有"兵神"的光环。他还多次陷入政局纷争的惊涛骇浪，遭遇"百死千难"。

要之，作为儒学宗师，王守仁倡导致良知之学，欲人去繁就简，②

---

① 过庭训：《本朝分省人物考》卷五十，《续修四库全书》第534册，第361页。

② 王守仁言："圣人之言明白简实，而学者每求之于艰深隐奥，是以为论愈详，而其意益晦。"王守仁：《阳明先生则言》卷上，《续修四库全书》第937册，第377—378页。

同归于善；作为国家重臣，他屡经摧残，忍辱负重，解民倒悬。明朝正是出现这等完人一般的儒者，才让世人看到儒学更新的无限希望。其人虽死，精神不灭。公元 16 世纪，在明朝开国一百多年后，中国儒学史也正式迎来阳明学的时代。

第三节　满街圣人

一日，王汝止（即王艮）出游归。

（王守仁）问曰："近何见？"

对曰："满街都是圣人。"

先生曰："你看满街人是圣人，满街人到看你是圣人在。"

——王守仁与弟子王艮的对话

自古士农工商，业虽不同，然人人皆可共学。

——王栋（王艮的弟子）

◎　西安的网巾匠

公元 16 世纪末，西安城边，破败的土房中，朱家娘子拖着劳累的身体制作网巾。网巾是成年男子收拢头发的必备工具，乃本朝太祖爷下令天下士庶裹戴的首服，头戴网巾，万发俱齐。[①] 如今，

①　史载："太祖一日微行，至神乐观，有道士于灯下结网巾，问曰：'此何物也？'对曰：'网巾，用以裹头，则万发俱齐。'明日，有旨召道士，命为道官，取巾十三顶颁于天下，使人无贵贱皆裹之也。"郎瑛：《七修类稿》卷十四，《续修四库全书》第 1123 册，第 104 页。

缙绅老爷们戴着造价不菲的网巾是为了衣冠体面，而普通百姓戴网巾则是为了劳作方便。

近年来，赋税频加，百姓的日子越发艰难，朱家的网巾生意也大不如前。转眼到了晌午，朱家娘子放下手中的丝线，起身准备做饭。打开米缸，发现小米所剩无几。家里尚有五个孩子嗷嗷待哺，她面露难色，打发大儿子去寻父亲，让他赶快回家想想办法。瘦弱的大儿子接到命令后，朝城南的宝庆寺跑去，他的父亲正在那里听人讲学。

寺庙不大，却被形形色色的人挤得满满当当。庙堂上讲学的正是当地名儒冯先生。冯从吾，字仲好，号少墟，己丑年（万历十七年，1589）高中进士，后来被朝廷任命为御史。他为人刚直，拒绝和宦官往来。听说万历爷饮酒误事，便上疏进谏：

> 陛下每夕必饮，每饮必醉，每醉必怒。左右一言稍违，辄毙杖下，外庭无不知者。天下后世，其可欺乎！ [①]

因为直言不讳，冯先生险些丧命，端赖正直的大臣说项，才死里逃生。此后，冯先生不改刚直的秉性，继续进谏，被罢官回家，这才有了父老乡亲前来听讲的机会。

朱家大儿子小心翼翼地挤进人群，一眼就发现父亲。父亲朱蕴奇，字子节，是名网巾匠。人群中，数他衣衫最为破敝，缀满补丁，儿子也跟着受罪，骨瘦如柴，仿佛一阵风就能将这对父子吹倒。看到此情此景，有人开始嘀咕：都穷成这样，还过来听讲，何必瞎凑热闹！

---

① 《明史》卷二百四十三《冯从吾传》，第 6315 页。

其他人也跟着附和起来……

儒者是传承儒学最宝贵的资源。可是在明代中国的总人口中，儒者所占比重极小。明代中国的文盲率并无准确记载，根据可见的统计，新中国在1949年成立之初，"全国6亿人口中有4亿多是文盲，相当于总人口的80%，农村的文盲率更是高达95%以上，有的地方甚至十里八村都找不出一个识字的人"。[①] 我们不难推知，数百年前的明代中国，文盲率恐怕居高不下。

明孝宗弘治年间，一位名叫崔溥的朝鲜官员遭遇海难，漂流至中国。他在浙江台州被中国人救起。后来，他跟随中国官员从浙江沿着京杭运河，一路向北，抵达京师之后，继续北进，渡过鸭绿江，返回朝鲜国境。他将这段见闻写成《漂海录》一书，书中提到中国人的识字水平。以长江为界，中国南北之间文化差异较大。江南人的受教育水平偏高，即便乡里儿童以及津夫、水夫都认识字。由于不会讲中文，崔溥选择笔谈。和中国人笔谈时，他往往能得到南方人的积极回应，还会额外收获山川古迹、土地沿革等方面的知识。到了北方，他继续使用笔谈，却经常行不通，因为识字的百姓实在太少。[②]

所以，开国以来，从宋濂、方孝孺，到曹端、薛瑄，再到吴与弼、胡居仁等名儒，他们的学问影响范围极为有限。大多数百姓（尤其在北方）字都不识，如何识得程朱理学？

---

① 《辉煌60年："扫盲"字眼的消失　一个落后时代的远去》，中华人民共和国中央人民政府官网，http://www.gov.cn/jrzg/2009-09/06/content_1410369.htm。

② 〔韩〕崔溥著，〔韩〕朴元熇校注：《崔溥漂海录校注》卷三，上海：上海书店出版社，2013年，第165页。

像朱蕴奇这种贫贱的匠人何止千万，他们和儒学教育本无关联，就像宝庆寺人群中嘀咕的那般：不要说学习孔孟之道，就连吃口饱饭都很困难，干脆认命算了，何必到公共场合"丢人现眼"？

人群嘈杂之际，冯先生缓缓起身，告诫众人："果如诸位所言，大家以后听讲，怕是都要穿奢华的衣服喽！真要看衣认人的话，我们在此讲学的意义何在？孔门弟子三千，贫贱者比比皆是，像颜渊、子路、闵子骞等人都是吾辈的楷模！"言罢，众人才安静下来。

居家二十五年后，冯从吾重新入朝为官。明熹宗天启年间，他升任工部尚书。即便身为二品大员，他对朱蕴奇这位出身卑微的弟子依然念念不忘。今天，我们还能在冯从吾的《少墟集》一书中读到朱蕴奇的传记以及冯从吾的赞语，"朱生操行如是，固天性使然"。[1]

关于这位网巾匠的操行，传记提供诸多证明。比如，他在东岳庙读书，差点饿死。一位收粮的大户刚好赶到，为他煮了一碗小米粥。朱蕴奇知道大户收的粮食是要上缴的官粮，自己岂能盗食官粮！宁可饿死，他也不愿喝下这碗救命粥。大户告诉其他人，那人赶忙从自家端来稀粥，朱蕴奇才同意喝下，并活了下来。另如，他和儿子到西安市场卖网巾，路上捡到两顶华美的网巾，命令儿子赶快向前追，应该是前面的人不小心落下的。失主感激之余，用其中一顶网巾答谢。对士绅而言，这不过是普通的网巾而已；对朱家来说，这却是全家人温饱的寄托。尽管如此，朱蕴奇坚决归还，拒不接受任何回报。他虽是一名卑贱的网巾匠，却通过冯从吾的讲学接触孔孟之道，

---

① 冯从吾：《朱贫士传》，《少墟集》卷十七，景印文渊阁《四库全书》第 1293 册，第 296 页。

了解为人为学的道理，笃信不疑，生死以之。

在他死后，很多士绅都来悼念。蓝田知县梁思轩听闻他的德行，亲自撰写祭文。不少士绅慷慨解囊，赠送赙金，有的还送来牌匾，上书"处士""懿行范俗"等字样。长安知县杨修龄还为朱家盖上新房，并赐匾"高士"……[①] 一个无比卑贱的网巾匠在死后享受各种殊荣，名字和事迹也被载入史册之中，这让当地士庶感慨不已。

对老师冯从吾来说，他一方面赞誉这位寒门弟子的崇高德行，另一方面也笃信坚持讲学的功效。如果没有讲学，士农工商、贫富贵贱之间的阶层壁垒该如何打破？无论国家建立多少学校，都无法覆盖难以计数的贱民。故此，有识之士理应挺身而出，坚持讲学，履行自己的弘道重任。可能在不经意间，吾儒就能彻底改变他人的命运，比如网巾匠朱蕴奇等人。

讲学是明代儒学发展的一大关键方式，这是很多门派兼具的特征。论门派，冯从吾师从许孚远，许孚远师从唐枢，唐枢师从湛若水。[②] 公元16世纪以来，能够和阳明学派分庭抗礼的便是湛若水开创的甘泉学派。作为甘泉门下的高足，冯从吾既是将甘泉之学引入北方的杰出代表，也是继吕柟以来罕见的关中大儒。[③] 此外，和冯从吾同门的刘宗周以及刘宗周的弟子黄宗羲，更是明朝末年倾动朝野的名儒。凡此种种，莫不彰显甘泉学派不容置疑的影响力。

---

① 冯从吾：《朱贫士传》，《少墟集》卷十七，景印文渊阁《四库全书》第 1293 册，第 296 页。

② 《明史》卷二百八十三《儒林传二》，第 7267、7285、7286 页。

③ 李颙认为："关学一脉，张子开先，泾野接武，至先生（指冯从吾）而集其成，宗风赖以大振。"李颙：《二曲集》卷十七，陈俊民点校，北京：中华书局，1996 年，第 181 页。

鉴于湛若水兼具陈献章的弟子和王守仁的挚友双重身份，囿于篇幅，我们不再专门开辟章节讨论甘泉学派，而是以陈献章、王守仁为主线，湛若水及其门人为辅线，间有涉及。

◎ 王、湛之交

王、湛之交，和而不同。不同的学说主张完全不妨碍这两位伟大的思想家结为挚友。王守仁遇到湛若水之后，对其评价极高："予求友于天下，三十年来未见此人。"[①]嘉靖八年（1529），得知王阳明去世，湛若水满怀伤感地写下祭文，其中提到：

> 嗟惟往昔，岁在丙寅（正德元年，1506）。与兄邂逅，会意交神。同驱大道，期以终身……[②]

王阳明去世二十多年后，耆儒湛若水九十多岁，尚能游览衡山。从湖南衡山返回广东，湛若水路过江西吉安。邹守益是江西吉安府安福县人，拜在王阳明门下，此时卸任南京国子监祭酒，赋闲在家。闻讯后，邹守益带着儿子和门人动身前往迎接。他们遵照古代的养老礼对待阳明先生的故人，晨定夕省，恭恭敬敬，供馈衣食，和颜悦色。王、湛之学各有不同，为了避免冲突，邹守益提醒大家不要

---

① 罗洪先：《墓表》，参湛若水：《湛甘泉先生文集》卷三十二，《四库全书存目丛书·集部》第57册，济南：齐鲁书社，1997年，第243页。王守仁在《别湛甘泉》一诗中对湛若水表达亲密的挚友之情："行子朝欲发，驱车不得留。逶迤不长坂，顾见城东楼。远别情已惨，况此艰难秋。分手诀河梁，涕下不可收。车行望渐杳，飞埃越层丘。迟回歧路侧，孰知我心忧。"参曹学佺：《石仓历代诗选》卷四百五十五，景印文渊阁《四库全书》第1393册，第187页。

② 湛若水：《奠王阳明先生文》，《湛甘泉先生文集》卷三十，《四库全书存目丛书·集部》第57册，第219页。

和甘泉先生论辩。此时，邹守益已不再年轻，也是年过六旬的老人。他们不辞辛苦，一路照料甘泉先生的起居，出了吉安府，一直送到隔壁的赣州府，才洒泪惜别。

这次会面让湛若水不禁想起挚友。看到阳明众多弟子如此知礼守礼，湛若水深深叹服，阳明门下有人！[1] 阳明先生离世二十余载，他的门人对老师的友人依然以礼相待，不敢丝毫怠慢，就像阳明先生活着的时候一样。烟花易冷，世态炎凉。师生一场，不以死生改其德操，这才是老师和学生应有的模样！可惜，风华易逝，阴阳两隔，岁月蹉跎，更向何人说？

三年后（嘉靖三十九年，1560），一代儒宗湛若水在广东逝世，享年九十五岁。王守仁和湛若水一前一后，魂归道山。生生不息，薪火相传，他们的学说后继有人，渐成燎原。

◎ 阳明后学

"阳明弟子遍天下"只是诸多史籍笼统的说法，并不等于明朝两京一十三省处处都有阳明学的传人，遑论形成严密的学术组织。据实而论，阳明学虽然传播到北方，比如山东、河南、山西、陕西等地，但仍以南部省份为主。就地域与传统而论，北方受到薛瑄河东之学的影响较多。如前所言，甘泉学派也在北方发挥不容忽视的影响力。

在南部中国，阳明学影响最广的地区，是浙江、江西等省份。浙江是王阳明的地望，而他在江西做官的时间较长。江西、浙江等

---

① 何乔远：《名山藏》卷八十五，《续修四库全书》第427册，第402页。

地也产生了不少阳明学派领袖，所谓"江有何、黄，浙有钱、王"。[①]
浙江的钱德洪和王畿近水楼台，很早就拜在阳明门下。后进弟子先
跟着钱、王两人学习，然后才接受阳明先生的指导。[②] 何廷仁、黄
弘纲在王阳明仕宦江西时拜师，其中，何廷仁更是在军中行拜师礼。[③]
这些先进弟子往往入朝为官，比如钱德洪官至刑部郎中，王畿官至
南京兵部郎中，何廷仁当过南京工部主事，黄弘纲当过刑部主事。
不仅如此，最早追随王守仁的弟子，比如徐爱、蔡宗兖、朱节、应良、
应典等人，基本上都是国家官员。[④] 要之，这些阳明弟子既是阳明
学派的知识精英，也是遍布中央、地方的政治精英。兼具双重精英
的身份，弟子之间互相交游，也极大方便阳明学的推广。

王门弟子中，欧阳德官至礼部尚书，成为朝廷重臣。他会同徐
阶等人在京师灵济宫主持讲学，全国前来赴会者多达五千人，[⑤] 足
见讲学之盛。在他的影响下，阳明学在北方传播更为迅速。即便身
为高官，德高望重，欧阳德依然恪守弟子之职，笃信师说，并推广"致
良知"之学：

> 吾求吾心耳。心知其是，虽害不顾；心知其非，虽利不为。
> 此吾所受于吾师，而自致其良知者也。[⑥]

---

① 《明史》卷二百八十三《儒林传二》，第 7282 页。
② 史称："四方士踵至，德洪与王畿先为疏通其大旨，而后卒业于守仁。"
《明史》卷二百八十三《儒林传二》，第 7271 页。
③ 《明史》卷二百八十三《儒林传二》，第 7282 页。
④ 《明史》卷二百八十三《儒林传二》，第 7272—7273 页。
⑤ 《明史》卷二百八十三《儒林传二》，第 7277 页。
⑥ 何乔远：《名山藏》卷八十五，《续修四库全书》第 427 册，第 402 页。

比起知识精英的身份，政治精英的身份并不稳定。比如，我们上文提到的来自江西的邹守益。当年宁王谋反，他接到勤王的消息，疾驰前线，和乃师王守仁一道抵抗叛军。后来入朝为官，多次建言礼仪，触怒嘉靖帝，落职而归。他在乃师"致良知"的基础上，揭橥"慎独"之旨，所谓：

除却自欺便无病，除却慎独便无学。[1]

再如，浙江王学的领军人物王畿，官至南京兵部郎中，由于持身不谨，被政敌攻击，落职回乡。回乡后，王畿以讲学为己志，踏遍东南各省，一直到八十岁都不肯停止。他门下弟子众多，以他的号（龙溪）为标志，形成声势浩大的"龙溪学派"。为了讲学的需要，王畿和门人经常引入禅宗的机锋、话头，吸引人们的注意。[2]很多士人绝意仕途，纵情于声色犬马之间，又苦于没有借口。阳明学掺杂禅宗最大的弊端，就是可能给这种放荡不羁的世风提供某种理论依据。既然直指内心就好，何必拘泥外在的言行？故此，龙溪之学在迅速推广的同时，也不断受到正统儒者的攻讦。

◎ 平民学派

与此相对，王艮及其泰州学派的出现则给人以耳目一新的印象。和很多师兄弟不同，王艮是扬州府泰州的一位盐丁，而且终生都对做官了无兴致。

王艮本名王银，这名字寄托了父母的世俗期望：赚取更多的银

① 何乔远：《名山藏》卷八十五，《续修四库全书》第427册，第402页。
② 《明史》卷二百八十三《儒林传二》，第7274页。

两，过上富足的生活。对于僻处海滨的盐丁来说，能识数才能做生意，能识字才可能接受真正的教育。王银识数之后，便开始认字，刚开始学习的是《论语》《孝经》之类较为容易的典籍。他依托朱熹的章句，颖悟非凡，创有新解。有一位叫黄文刚的塾师是江西吉安府人，他听了王银之论，认为其观点和王守仁颇有几分相似。闻讯后，王银惊诧之余，决定沿江直上，到江西拜见阳明先生。

拜见王守仁的时候，他穿着古代的冠服（所谓"有虞氏之冠""老莱子之服"），带着古人书写用的木简，还写了两首诗，并坚持走贵宾才能走的中道。① 在诗中，他虽以"空空鄙民"自称，却流露出卓荦不凡的志向。其中一句如是写道：

> 归仁不惮三千里，立志惟希一等人。②

王守仁对此人的到来表现出浓厚的兴趣，将这位狂人收入门下。世人贵耳目而贱真心，很容易将王银当作可充笑资的"异类"。当年，广东名儒陈献章要恢复射礼，带领弟子习射，就被当成异类，甚至被诬图谋造反；王守仁在京师骑射，也被当成不务正业的异类。一个"异类"的标签埋没了诸多英才，所以王守仁乐意为王银打开方便之门。孰料，第二天，王银却反悔，说自己拜师太早。王守仁微

---

① 何乔远：《名山藏》卷八十五，《续修四库全书》第 427 册，第 400 页。

② 王艮拜见王守仁时创作两首诗，一首诗为："孤陋愚蒙住海滨，依书践履自家新。谁知日日加新力，不觉腔中浑是春。"另一首："闻得坤方布此春，告违艮地乞斯真。归仁不惮三千里，立志惟希一等人。去取专心循上帝，从违有命任诸君。磋磨第愧无胚朴，请教空空一鄙民。"《重镌心斋王先生全集》卷四，明万历刻本。

笑之余，继续和他论辩，终于让他心甘情愿地执弟子之礼，[①] 并为他改名王艮，字汝止。

建文年间，江西吉水就有一位王艮，字敬止，担任翰林修撰，后来在靖难之役中死节。我们不清楚王守仁为什么要让王银改名王艮。如果只是告诫他不要贪恋金银，未免俗套。建文时期的王艮是江西本地贤达，虽然木讷寡言，不善言谈，但是求仁成仁，大节无玷。我们推测，也许看到王银这位狂傲的弟子，王阳明有心裁抑，提醒他注意收敛，效法王艮，尤其是"汝止"二字，最能说明这种教育导向。

然而，离开江西之后，王艮还是没能收敛狂傲的本色。回到家中，他驾着小车，在两名仆人的陪同下，从南向北，朝京师进发，目的就是让阳明学扬名天下，让世人都来沐浴儒风。每到一地，他聚众讲学，士农工商，来者不拒。比起儒学宗师，王艮更像一位行走乡里的卖货郎。这让很多正统的士人深觉斯文扫地。

王艮刚抵达京师，就被同门拦下。大家众口一词：仁兄宣传阳明学的动机值得肯定，可是如此招摇过市，势必带来流言蜚语。京师不比他处，人言可畏，不得不畏。如果仁兄的行为被阳明先生的政敌当作把柄，岂不是要连累阳明先生？

面对同门的劝告，王艮大笑起来："尔等心力不足，格局太小。圣人之学本应周行于天地之间，泽被万千士庶，岂能在衙门里、在书斋里做学问？"他坚持乘坐小车，四处讲学。同门趁他不在家，

---

① 《明史》卷二百八十三《儒林传二》，第 7275 页。

将他的车子偷偷藏在别处，[①] 这才中止了王艮的"荒诞"行为。

在王阳明去世后，王艮继续讲学，传播致良知之教。他凭借超凡的领悟能力和领袖魅力，开创了可以和浙江王畿龙溪学派媲美的泰州学派。他既不喜欢著述，也无意于做官，依托不断讲学的方式，宣传圣贤之学。泰州既远离京师，又和浙江、江西遍布阳明弟子不同，所以王艮讲学的主要受众既非达官显贵，也非知识精英。面对这些身份低微的庶民，王艮不仅没有丝毫鄙夷，反而坚信圣贤之道同样隐藏在他们身上：

圣人之道无异于百姓日用，凡有异者，皆谓之异端。[②]

正因如此，王艮开创的泰州学派也被称作"平民学派"。值得注意的是，泰州学派之所以蔚然成风，并非朝廷主导，而是儒家知识精英推动平民教育的文化自觉。那么，这种既没有固定教材、不事著述，又不依托官府、教人科举的学派，究竟会为平民百姓的生活带来怎样的改观？

◎ **莆田游商与兴化陶匠**

嘉靖末年，福建莆田，一位叫名林讷的游商准备出远门做点生意。最近几年，内有官府的苛捐杂税，外有倭寇的持续骚扰，什么生意都不好做。既然近处不好发财，只能到远处去。几位熟人聚到一起商议，七嘴八舌：有的说到广东去，有的说到浙江碰碰运气，还有

---

① 邓元锡：《皇明书》卷四十四，《四库全书存目丛书·史部》第29册，第610页。

② 王艮：《重刻心斋王先生语录》卷上，《续修四库全书》938册，第324页。

的说要不然就到南洋去……有人表示，广东、浙江这些地方不比往年，生意比福建好不到哪儿去。南洋太远，很多人一去不回，除非你不要老婆孩子……言罢，引来一阵哄笑。

大家各有各的选择，而林讷选择到南直隶所辖的淮南地区试试运气。淮南地区既有漕运的便利，发达的盐业，又有很多手工匠人，机会应该不少。可是，淮南距此两千多里，一来一回，迁延岁月，不知何年才能回家。

他遵照惯例，请人占卜。卜者告诉他："您这趟出远门，收益平平，却会遇到奇人。"[1] 听了卜者的话，林讷将信将疑。他辞别家人，让他们权且忍耐，等这次出门赚了大钱，以后就不用承受离别之苦。之后，他带着七拼八凑的银两和少许货物，向北进发。

一路跋山涉水，抵达淮南地区。他瞅准时机，买进卖出，虽然算不上大赚，却也积累了一些钱财。不知不觉，他来到扬州府兴化县。此地有不少灶户，但是煮出来的盐基本都由官府垄断，或者被大户赚去，自家的生活依旧穷困。百姓贫困，游商也跟着倒霉，手上刚买进的货物，在这个穷地方很难出手。愁眉不展之际，林讷来到一位陶匠家里，讨碗水喝。

这位陶匠姓韩名贞，字乐吾，虽是个匠人，眉宇间却流露出学者的儒雅。经过一番短暂的交流，他听到此生从未听过的新闻，比如"满街都是圣人""人人都可以成为圣贤""知行合一""致良知"等等。如此新颖的知识竟然从一个陶匠口中说出，这让林讷的内心受到强烈的震撼！他当即决定拜师，并追随韩先生制陶。

---

① 李颙：《二曲集》卷二十二，第282页。

在韩先生的熏陶下，林讷觉得以前那种一心赚钱的想法实在可怜，而以前轻视自己的士绅也大可不必理会。人生天地间，谋道不谋食，取义不取利，理应希圣希贤，方不虚度华年。

韩先生家中并不富裕，无论是制陶，还是卖陶，一任自然，从不以此悲喜。之前有一次陶坯被大雨淋坏，他无力偿还贷款，两间茅屋被债主收回。无奈之下，他又到别处结草而居。在这种凄惨的境况中，韩先生不改求道的高远志向，赋诗一首：

> 今古乾坤几换肩，眼前得失不须怜。
>
> 两间茅屋更新主，四海烟霞结旧缘。
>
> 世事浮云无定在，人生何地不悠然。
>
> 广居原是吾家物，自古求安愧圣贤。[①]

试问：韩先生这种境界岂是俗儒能够比拟的？

韩先生之所以成为大儒，洵非偶然。王襞，字宗顺，号东崖，泰州安丰场人，是大名鼎鼎的王艮先生的次子。韩先生正是因为偶然听到东崖先生的讲学，才步入圣贤之道。

韩先生在东崖先生的鼓励下，加入讲学的队伍。附近乡里，包括农民、工匠、商人、樵夫、胥吏等，前后经韩先生教化的不下千人。[②] 每年秋收之后，韩先生都会带领弟子门人到处讲学。他们安步当车，在村落教化乡民，让他们意识到，即便是贫贱的百姓，也可以成为圣贤。在追随讲学的过程中，林讷深感幸运：自己不过是卑贱的商人，竟然也可以成为传播孔孟之道的一员。

---

① 吴桂森：《息斋笔记》卷上，《续修四库全书》第 1132 册，第 449 页。
② 李颙：《二曲集》卷二十二，第 281 页。

就在沉醉于听讲之际，林讷接到家乡传来的噩耗。嘉靖三十三年（1554），一股倭寇攻陷莆田。他日夜兼程，赶回家里，却被眼前的景象惊呆了，很多房屋都化成灰烬。[①] 听幸存者说，他的家人也被倭寇杀害。林讷大哭了一场……

平复心情后，他动身前往兴化。人生不幸，悲恸至斯，唯有一心向学，差可慰藉余生。经过韩先生的介绍，他还有幸接受王东崖先生的亲自指导。

韩贞、王襞先后离世，林讷和焦竑等师兄弟一起整理刊印了《东崖先生遗集》。焦竑考中状元，入朝为官。依照常理，一位游商和一位状元几乎不可能有交集。在泰州学派，二人却成为师兄弟，同样是声动一方的名儒。

当初，韩先生不过是一个陶匠，无论面对乡村野夫还是士大夫，都专注讲学。有的士人插科打诨，被他厉声制止："光阴有几，乃为此闲泛语！"[②] 有人存心刁难，引经据典和他论辩，被他反驳："舍却当下不理会，乃搬弄此陈言，此岂学究讲肆耶？"[③] 文表枲里，华而不实，看似学识渊博，实则远离圣人之道，有何益哉？韩先生继承阳明先生、心斋先生、东崖先生以来的致良知之说，注重发掘个人内心的良善，而非死于字句之下。在他死后，当地士绅自发修建一座祠堂纪念。

云山苍苍，江水泱泱。林讷没有辜负王、韩两位先生的教诲，成为当地名儒。他后来在东台场去世，享年八十有四。弟子刘源宅、

---

① 李颙：《二曲集》卷二十二，第282页。
② 李颙：《二曲集》卷二十二，第281页。
③ 李颙：《二曲集》卷二十二，第281页。

王嘉第、王元鼎等人依礼举行丧祭，将其配享崇儒祠。①

韩贞、林讷等人的故事流传到清代，依然引发儒者喟叹。比如，关中名儒李颙评价说：

> 以陶工而挺身号召，随在提撕，翕然孚化者至千余人，非其与人为善之诚，乌能如是？使士之知学者类皆如韩，则斯道何患不若昼日，世风何患不若陶唐耶？②

泰州学派风行于平民之间。除了陶匠韩贞、商贾林讷之外，还有樵夫朱恕、胥吏李珠、农夫夏廷美等人，③都因泰州学派的讲学，超越所属阶层，慨然以传承道统为己任，成为留名青史的儒者。他们的事迹不断流传，大大提升了底层民众慕学求道的信心。

◎ **其教大行，其弊滋甚**

关于阳明学在明代中后期的发展，《明史·儒林传》持论较为公允：一是承认阳明学风靡天下的事实，二是认为阳明学也带来不容忽视的弊端：

> 宗守仁者曰姚江之学，别立宗旨，显与朱子背驰，门徒遍天下，流传逾百年，其教大行，其弊滋甚。④

明朝开国以来，从来没有一个学派像阳明学这样声势浩大、席卷全国。根据黄宗羲《明儒学案》的统计，阳明后学就有浙中、江

---

① 李颙：《二曲集》卷二十二，第282页。
② 李颙：《二曲集》卷二十二，第282页。
③ 李颙：《二曲集》卷二十二，第279—283页。
④ 《明史》卷二百八十二《儒林传一》，第7222页。

右、南中、楚中、北方、闽粤、止修、泰州等多个门派，涉及 76 人。考虑到 76 人又有门人、亲友，互相影响，不难想见，阳明学在明代中国的传播范围如何广阔。万历十二年（1584），经过激烈的争论，王守仁获得从祀孔庙的殊荣，[①]宣告朝廷对阳明学的认可，也极大地促进了阳明学的传播。

明清以来，王阳明的各种著作被弟子和追随者陆续刊印，版本众多。迄今为止，王阳明以及阳明后学依然成为学界和大众关注的一大热点。《王阳明全集》被多次编印，而《阳明后学文献丛书》前后四编，收纳阳明后学著作近 40 册，多达 2000 万字。[②]海内外关于王阳明的各种论文、课题、著作、会议、讲座、小说以及影视作品，更是难以计数。

我们回到阳明学传播的明代，也是社会风尚急剧变化的时代。宋元话本经久不衰，白话小说日益盛行。罗贯中《三国演义》、施耐庵《水浒传》以及冯梦龙、凌濛初"三言二拍"等著名作品纷纷问世。这些文学作品的主题不仅包括军国大事、儿女情长，还有不少与经史有关的内容。我们有理由相信，很多民间百姓对儒家人物与儒家经典的理解，不是通过常规的学校或者私塾教育，而是通过这些口耳相传的小说、故事、演义。这些形式固然无法提供全面、深入的儒学知识，却对推动儒家理念的传播功不可没。

---

①　《明神宗实录》卷一百五十五，万历十二年十一月庚寅，第 2865—2866 页。

②　钱明：《〈阳明后学文献丛书〉出版缘起》，《古籍新书报》2014 年 4 月 24 日。关于阳明后学的文献整理概况可参张昭炜、钱明：《阳明后学文献的整理与研究》，《光明日报》2016 年 6 月 27 日第 16 版；张宏敏：《阳明后学文献整理的回顾与思考》，《浙江学刊》2016 年第 4 期等。

阳明学的成功也和王守仁推动儒学平民化关系匪浅。有几位弟子在外讲学，听众疑信参半。他们找到阳明先生，请求解决之道。阳明先生了解情况之后，告诉他们：你们高举一个圣人去讲学，人们都被吓跑了，怎能讲学？必须做个愚夫愚妇，才可向别人讲学。[1] 深受师说的熏染，作为王守仁最杰出的弟子之一，王艮就笃信讲学之道需要扎根民间，"盖学惟本诸身，可征诸庶民者，乃可法天下，传后世"。[2]

知识精英满足于坐而论道，罕做实事；真正做实事的工匠、农民，却没有什么文化知识。这种脱节一直存在，也成为四民社会（士、农、工、商）难以打通的症结。明朝开国以来，吴与弼的崇仁之学充满强烈的布衣色彩，但仍以知识精英为主。胡居仁、陈献章喜欢交游，同游者也以缙绅、士人为主。可是，在小说、故事、演义等不断流行的同时，儒者继续固守精英之学，坚持原来的传播路径，只会举步维艰。从这一维度考量，阳明后学尤其是泰州学派提出的主张顺应了时代发展的潮流，也为明代后期儒学的发展开拓了巨大的空间。

王守仁的两大弟子主动传播儒学，很像西方的传教士。王畿倡道东南，王艮崛起江北，双峰并峙，天下咸知。我们很难说泰州学

---

[1]　周汝登辑：《王门宗旨》卷一，《四库全书存目丛书·子部》第 13 册，济南：齐鲁书社，1995 年，第 573 页。

[2]　耿定向：《耿天台先生文集》卷十四《王心斋先生传》，《四库全书存目丛书·集部》第 131 册，济南：齐鲁书社，1997 年，第 352 页。

派是纯粹的平民儒学，但确实对平民产生极大影响。① 他们教导民众并非通过扫盲的手段，而是通过讲学，让其认识到自身的德行与良知，扩大阳明学的民间基础。

当阳明学一路高歌猛进之时，就像《明史·儒林传》批判的那样，"其弊滋甚"。这种价值评判最重要的依据就是朱子学。明代儒者骆问礼站在宗奉朱子的立场，将本朝从祀孔庙的四位儒者对比之后，推崇薛瑄、胡居仁，贬抑陈献章、王守仁："胡敬斋，正学也；陈白沙，异端也；王文成公，异端之学而有豪杰之才；薛文清公，豪杰之才而本圣贤之学。"② 在不少儒者眼中，阳明学背离朱子学，阳明学的信徒不仅在学说上自立门户，而且在德行上导人堕落。如果说，王畿的龙溪学派只是遭受"掺杂禅学"的批判，那么泰州学派后进弟子李贽的出现，则让本就敌视阳明学的人愈发深恶痛绝。

关于李贽与泰州学派的关系，学界颇有争议。③ 不可否认，李贽确实受到泰州学派的影响，尤其是王襞东崖先生。④ 李贽的学说最受世人诟病的，一曰"狂禅"，一曰"有伤风化"。即便作为李

①　有德国学者指出，王艮之学借助平民教育挑战了现有的体制："传统的儒师所教授的知识将士大夫提高到一般的愚蒙百姓之上，并以之证成他们的统治权利。相对于此，王艮以危险而明白的方式主张，和谐的秩序并非来自知识阶层的较佳洞察力及其统治术。依王艮，毋宁是只当包括平民百姓在内的一切参与者，皆同意社会和谐的根本原则，并主动地促成其实现时，和谐的秩序方得到保证。"〔德〕余蓓荷著，邱黄海、李明辉译：《王艮及其学说》，台北："中研院"中国文哲研究所，2018年，第211—212页。

②　骆问礼：《续羊枣集》卷八，《续修四库全书》第1127册，第355页。

③　可参龚杰：《泰州学派与李贽》，《王艮评传》，南京：南京大学出版社，2001年，第288—293页。

④　李贽自称："心斋之子东崖公，贽之师。"李贽：《续焚书》卷三，《李贽文集》，北京：北京燕山出版社，1998年，第443页。

贽的好友，泰州学派的代表人物耿定向也对李贽颇有不满，却又无法说服李贽。根据黄宗羲在《明儒学案》中的说法：

> 先生因李卓吾鼓倡狂禅，学者靡然从风，故每每以实地为主，苦口匡救。然又拖泥带水，于佛学半信半不信，终无以厌服卓吾。①

如果说耿定向对李贽抱有温情的理解，那么，他人则毫不掩饰对李贽的嫌恶。比如，朱国祯看到在李贽自由思想的影响下，人心不古，举世若狂，"今日士风猖狂，实开于此"。② 现在的士人不去读四书五经，反而追捧李贽的《藏书》《焚书》。如此败坏人心，有伤风化，不知会带来多少祸端。

16 世纪中叶以降，阳明学在解放思想之后，有的信徒走得太远，便挣脱儒家名教的矩矱，被当成"异端""狂禅"。在一个对新学说充满恶意的传统社会中，李贽这种"异端"注定难逃悲惨的结局。那么，究竟谁是"异端"？儒家知识精英都把李贽当成异端吗？即便当成异端，他们（比如耿定向、朱国祯等）是否都赞成将李贽抓捕入狱，严厉惩戒？平民会把李贽当成异端吗？即便将其当成异端，平民有权力处置异端吗？批判异端最有力的力量来自朝臣，来自那些把种种问题诿过他人而沉溺旧说、固步自封的保守力量。

万历三十年（1602），作为"异端"的李贽在狱中突然夺走侍者的剃刀，割喉自杀，享年七十六岁。在阳明后学中，李贽之死显

---

① 《明儒学案》卷三十五，第 815 页。

② 朱国祯：《涌幢小品》卷十六，《续修四库全书》第 1173 册，上海：上海古籍出版社，2002 年，第 159 页。

得异常决绝、惨烈。阳明学本来充满宽容的色彩，比如将平民、佛道等元素都融入新儒学之中。从王阳明到王畿，他们并不忌讳与佛道之徒往来，甚至用佛道的语言宣传儒家的主张，也从未主张以暴力、极端的手段攻击持有异见的儒者。可是，从王阳明到李贽，他们本人多次遭受国家、社会的不宽容乃至讨伐，比如生前打压，死后批斗，比如被捕入狱，横尸囹圄。

就在李贽自杀的前一年，一位西洋人带着自鸣钟、十字架等物品出现在皇宫，并获得在京师的居留权。依据多次会面的印象，[①]李贽在和友人的书信中提到，这位名叫利西泰的西洋人，不远十万里来到中国，对中国书籍无所不读，令人惊叹。他不仅一身儒者打扮，头戴儒巾，身披儒服，还说得一口流利的中国话，并用中文写作，义理可观，"是一极标致人也"。[②]尽管不清楚此人来华的真实目的，但是李贽有种预感：如果此人要用西洋之学取代中国的周、孔之道，无疑是愚蠢的，也绝不可行。

李贽在书信中提到的利西泰正是万历十年（1582）抵达中国的天主教耶稣会士利玛窦（Matteo Ricci）。来华之后，他在广东肇庆居住近二十年，精通中文，等候时机。如果悖离儒家名教，就被当成"异端"，遭受迫害，那么，信奉上帝的耶稣会士来华之后，又会和儒林发生怎样的碰撞和交流呢？

---

① 根据有关学者研究，李贽与利玛窦前后见面六次，三次在南京，三次在济宁。可参陈恩维：《李贽、利玛窦的交友与晚明中西友道互鉴》，《东南学术》2022 年第 5 期。

② 李贽：《续焚书》卷一，第 378 页。

第六章　自鸣钟、十字架与四书五经

第一节　从里斯本出发

溥天之下，莫非王土；率土之滨，莫非王臣。

——《诗经·小雅·北山》

万历庚辰（八年，1580），有泰西儒士利玛窦，号西泰，友辈数人，航海九万里，观光中国。

——王应麟《利子碑记》

中国人自认为主宰整个世界，在才华和学识方面，没有其他国家能与他们相提并论。当他们的读书人听到我谈论承袭我们信仰与哲学的道理时，无不惊讶地说："这个外国人怎么知道的比我们还多呢？"

——〔意〕利玛窦《致吉洛拉莫·科斯塔神父》

（1595 年 10 月 28 日，南昌）

◎ 从广州到罗马

公元 1578 年（明神宗万历六年），一批儒者在广州登上三艘四桅大帆船，跟随一千多名水手，前往此行的目的地——非洲东海岸的莫桑比克。经过六个月的航行，他们穿过马六甲海峡，继而抵达中国在印度西海岸的据点果阿，之后横穿印度洋，最后抵达莫桑比克。这批儒者在莫桑比克的儒家书院继续研习四书五经，还有天文、地理、数学、物理等方面的知识，之后有的被派往非洲内陆，有的被派往莫桑比克海峡对岸的马达加斯加岛，向当地民众推广孔孟之道。其中几位儒者接到北京方面的调令，跟随船队南下，经过非洲最南端的好望角，继而绕行非洲西海岸，经停圣赫勒拿岛，北上穿过赤道，抵达葡萄牙里斯本。自 1405 年郑和下西洋以来，里斯本成为中国在欧洲的一个重要据点，越来越多的中国人，也有日本人、朝鲜人、越南人，加入进军欧洲的队伍。在这里，中国儒者继续展开儒教事业的传播。他们接到消息说，英国伦敦已有一万两千多人加入学习儒教的队伍。

1582 年（万历十年），两位儒者从葡萄牙出发，乘船进入地中海，先是抵达意大利西北部的城市热那亚——航海家哥伦布的故乡，最后来到此行的目的地——罗马。即便天主教有异端裁判所，这两位儒者还是在罗马艰难地扎根下来，建立东方特色的古典书院。他们不仅精通当地的语言，还用拉丁文、希腊文创作，获得当地教父、贵族和民众的友情。几经周折，他们获得向教皇进贡的机会。教皇对他们进贡的丝绸、茶叶、瓷器和天文仪器等物品非常喜爱，赐予他们在罗马的永久居留权。他们生前获得教皇的特许，每年从教廷领取不菲的津贴；他们死后也获得教皇的恩典，被赐予宽阔的墓地。17 世纪初，罗马当地信奉儒教的人数从无到有，超过一万……

当然，上述情况并非事实。15 世纪，郑和七次下西洋，船队庞大，最远抵达非洲东海岸，并未一鼓作气，挺进欧洲。16、17 世纪，也没有中国人远行里斯本、伦敦，遑论进入罗马，在天主教的心脏之地推行儒教。公元 1600 年，布鲁诺（Bruno，1548—1600）被宗教裁判所判为"异端"，并在罗马鲜花广场被处以火刑。鉴于此类状况，纵使中国儒者漂洋过海抵达罗马，也未必受到天主教的宽容。

但是，如果将上文中的儒者改成耶稣会士，儒教改成天主教，教皇改成万历皇帝，并将方向逆转，这一切却是真实发生的故事。我们的问题是，公元 16、17 世纪，为什么从西向东的文化传播得以发生，而非从东向西？

◎ **东西方历史上的远行者**

中国历史上并不缺乏远行者。公元 399 年，高僧法显从长安出发，经过西域诸国，跨越葱岭，抵达天竺（今印度），并于 410 年从南印度乘船，抵达狮子国（今斯里兰卡）。他经海路折返，于 412 年返回中国，留下《法显传》（又名《佛国记》）等作品。

唐太宗贞观三年（629），高僧玄奘从长安出发，越过帕米尔高原，在天竺学习佛法十余年。作为外国人，玄奘精通梵文、佛法，在当地享有极高声望。他于 643 年返程，带回六百多部佛经，645 年返回长安，之后翻译佛经，极大地促进佛教事业的发展。他本人和弟子留下《大唐西域记》，这部书成为中国人了解西域和印度的经典。

中国人此后对西方的了解随着蒙古军队的西征得以充实，但是这种西进更多的是仰赖军事、政治的方式，在文化交流方面的成果相对有限。比起宗教、文化，时人更关注商业与军功。

西方人的东进与中国人的西进同样值得瞩目，尤以 13 世纪后期马可·波罗来华最为典型。一种常见的说法，1271 年，马可·波罗跟随父亲和叔叔从威尼斯出发,乘船经过君士坦丁堡(Constantinople),在黑海南岸的城市特拉布宗(Trebizond)登陆,然后沿陆路南下,抵达波斯湾的奥姆斯(Ormuz),再沿着丝绸之路,跟随元朝使者从陆路东进,于 1275 年抵达元上都,受到元世祖忽必烈的接见。他后来到南部中国的扬州、杭州等地做官、游历,并从海上返回。沿着南中国海,穿过马六甲海峡,经行印度南部,抵达波斯湾的奥姆斯,相继经过特拉布宗、君士坦丁堡,之后乘船西进,最终于 1295 年返回意大利东北部的威尼斯。[①]

　　回国不久,马可·波罗卷入威尼斯与热那亚的战争,成为俘虏。他在狱中讲述东方见闻,被人们整理成《马可·波罗游记》一书。尽管此书不乏充满想象的部分,关于马可·波罗本人究竟有无到过中国,至今依然存在争议,但是在很长的一段时间,这部书成为欧洲人了解东方最重要的文献来源。

　　14 世纪,有一些西方人沿着马可·波罗的两条路线,一条陆路,一条海路,到东方寻求贸易往来,最重要的商品便是香料。好景不长,欧洲很快陷入内忧外患的困境,既饱受黑死病(Black Death, 1347—1353)的摧残,损失三分之一乃至一半以上的人口,又受到崛起不久的奥斯曼帝国(1299—1923)的侵扰,自顾不暇。所以,在马可·波罗死后的两百多年中,欧洲与东方的交流几于中断。

　　直至 15 世纪末,伊比利亚半岛上的葡萄牙、西班牙资助冒险家对外探索。1487 年,受葡萄牙支持的迪亚士航行至非洲最南端,

---

　　① 　马可·波罗往返中国的路线图可参 Nigel Cameron, *Barbarians and Mandarins: Thirteen Centuries of Western Travelers in China*, The University of Chicago Press, 1970, p. 69.

发现好望角，让印度洋航线的开通成为可能；1492 年，受西班牙支持的哥伦布发现美洲新大陆；1498 年，葡萄牙航海家达·伽马抵达印度，开展香料贸易，为此后葡萄牙人到亚洲扩张奠定基础……"地理大发现"（The Age of Discovery）的来临让欧洲人更加渴望进入马可·波罗回忆中那个富庶的"契丹国"。

◎ 耶稣会的成立与扩张

16 世纪既是欧洲人对外扩张的世纪，也是内部信仰走向分裂的世纪。随着马丁·路德、约翰·加尔文等人先后发动宗教改革，罗马天主教会的独尊地位受到前所未有的挑战。为了应对这种挑战与信仰危机，罗马天主教着手改革，改革方式之一即是成立新的组织——耶稣会。

耶稣会是 16 世纪最有活力的宗教团体之一，于 1540 年被教皇保禄三世正式认可。这个新兴组织的成员既强调对教会的忠诚，同时受到文艺复兴的影响，在神学教育之外，鼓励学习自然科学等方面的知识。在欧洲王室积极扩张的同时，耶稣会不甘示弱，不断派遣耶稣会士到美洲各地以及印度、日本、中国等亚洲国家传教。海外传教不同于本土，"为了把基督的声音传到任何地方，需要有高度的流动性和灵活性"。[①]

成立以来，耶稣会发展迅速。1579 年，耶稣会在全球建立 144 所学院，共有 5164 名耶稣会士。1626 年，人员达到 15554 名。[②] 这

---

① 〔美〕夏伯嘉著，向红艳、李春园译，董少新校：《利玛窦：紫禁城里的耶稣会士》，上海：上海古籍出版社，2012 年，第 10 页。

② 《利玛窦：紫禁城里的耶稣会士》，第 11 页。

些耶稣会士都是罗马天主教的精英，具有强大的转化（Convert）能力。比如，日本有 45—50 名耶稣会士，在取得大名的支持后，获得15 万名信徒。[①] 相较之下，版图辽阔、人口众多的中国，信仰天主教的民众则少得可怜。

早在 1557 年（嘉靖三十六年），葡萄牙人抵达澳门，每年向广东香山县提供地租银。此后，澳门成为葡萄牙人在中国的一个据点。[②]1578 年（万历六年），耶稣会远东观察员意大利人范里安（Valignano，1539—1606）从印度果阿抵达澳门。他多次进入内陆，却发现无论是官员，还是百姓，都对天主教毫无兴致。他痛感在这里传教前景黯淡，甚至将这片土地比作岩石："岩石啊，岩石，你到底什么时候才能打开？"[③]

在 16 世纪的沙漏即将耗尽之际，东方古国这块岩石会被撬动吗？

◎ 利玛窦东行

1577 年，里斯本人口 10 余万，这是仅次于巴黎、伊斯坦布尔之外的欧洲第三大城市。葡萄牙虽是殖民强国，全国人口却不过150 万而已。里斯本 10 万居民之中，十分之一是非洲黑奴。[④]

1578 年 3 月 23 日夜间，包括意大利人利玛窦在内，14 名前往

---

① 《利玛窦：紫禁城里的耶稣会士》，第 62 页。

② Timothy Brook, *Great State: China and the World*, An Imprint of Harper Collins Publishers, 2020, p. 168.

③ Nigel Cameron, *Barbarians and Mandarins: Thirteen Centuries of Western Travelers in China*, p. 153.

④ 《利玛窦：紫禁城里的耶稣会士》，第 28 页。

印度的耶稣会士在港口集合。和一千多名水手一起，这些耶稣会士分别登上圣格里高利号、圣路易斯号、慈爱耶稣号大帆船。他们免费搭乘，并在惊涛骇浪的途中安抚这些水手的精神。

从里斯本到印度西海岸的航程长达六个月。四桅大帆船专门为远洋航行打造，船身长 150 英尺，宽 40 英尺，四层甲板，顶层高 25 英尺。全船载重 1200—1600 吨，装备 30—40 门大炮，可搭载 400—500 名乘员。[①] 这些帆船虽然比一百多年前郑和下西洋的巨大宝船逊色许多，却发挥出持续的实用价值，帮助葡萄牙、西班牙征服非洲、美洲和亚洲地区。

3 月 24 日，三艘帆船随风南下，开启一段新的航程。年轻的耶稣会士利玛窦并未留下关于这次远航的记载：

> 从里斯本出发，利玛窦第一次也是最后一次扬帆起航，离开了欧洲。在他的作品中，既没有后悔离开的只言片语，也没有一丝对欧洲的思乡之情。往后余生，即便他有所悔恨，或者思念家园，也从不诉诸笔端。[②]

船队南下赤道，继而抵达非洲大陆南端的好望角，然后进入莫桑比克海峡。同年 9 月，抵达葡萄牙统治的印度西海岸城市——果阿。利玛窦在果阿和另外一座城市科钦继续学习神学，长达四年。1582 年（万历十年）4 月 26 日，三十一岁的利玛窦奉命从果阿出发，途

---

① 《利玛窦：紫禁城里的耶稣会士》，第 31 页。

② Nigel Cameron, *Barbarians and Mandarins: Thirteen Centuries of Western Travelers in China*, p. 151.

经马六甲海峡，并于 8 月 7 日抵达澳门，[①]开启中国传教事业。

澳门作为葡萄牙人的租地，在葡萄牙人的手中经营多年。为了获得明廷的好感与信任，葡萄牙人除了缴纳租金之外，也曾派遣军队协助俞大猷等将军平定叛乱、缉拿海盗。

这些葡萄牙人是典型的务实主义者。他们尊重当地习俗，面对中国官员，很自然地下跪行叩头礼。在万历朝鲜战争（1592—1598）前后，中日交恶，葡萄牙人完全取代日本人，成为明廷对外贸易的唯一中间人。[②]毕竟，双方都有实际的需求：明朝渴望葡萄牙人运输的白银，无论从日本，还是从南美；葡萄牙人渴望进入中国市场，获得茶叶、丝绸和瓷器。

相较于利玛窦而言，罗明坚（Ruggieri，1543—1607）才是耶稣会中国传教的奠基人，也是第一本汉语基督教著作《天主圣教实录》的作者。[③]和范里安一样，罗明坚的传教事业并未取得突破，尽管他本人苦学汉语，能够阅读汉语著作，并进行创作。同样作为亚洲国家，日本的传教事业发展迅猛。1580 年，利玛窦还在印度的时候就了解到，仅在京都一地，在奥尔甘第诺（Organtino）、朱里奥·皮亚尼（Giulio Piani）两位神父的指导下，就有一万两千名民众受洗。[④]

利玛窦是一位意志坚定的耶稣会士，为了实现上帝的荣耀，完成耶稣会的使命，不会让传教之外的任何行为打乱自己的计划。船队在莫桑比克登陆后，船长购买很多非洲奴隶到印度等地贩卖，利

---

① 〔意〕利玛窦著，文铮译，〔意〕梅欧金校：《利玛窦书信集》，北京：商务印书馆，2018 年，第 80—81 页。

② 《利玛窦：紫禁城里的耶稣会士》，第 59 页。

③ 《利玛窦：紫禁城里的耶稣会士》，第 104 页。

④ 《利玛窦书信集》，第 7 页。

玛窦无动于衷；抵达葡属印度西海岸之后，他或许知道葡萄牙殖民者屠杀了几十万印度人，依然无动于衷；抵达澳门之后，看到当地很多奴隶，利玛窦还是无动于衷……[①] 不仅如此，他本人还携带印度奴仆到中国，照顾自己的衣食起居。

前路漫漫，利玛窦等人抵达中国后，"他们几乎不知道此地就是马可·波罗所记述的'契丹'古国。因此对耶稣会士来说，基督教的中国布教，以至有关中国本身的知识都还是一张白纸，他们必须从零开始"。[②] 面对未知与困难，利玛窦是否也会无功而返？

◎ 紫禁城

利玛窦从澳门进入广东腹地，并在两广总督的驻地——肇庆栖息下来。他企图通过获得总督等高官的支持，打开在广东传教的局面。后来证明，想要实现这种目标阻力重重。16世纪的中国绝非蛮荒之地，需要天主教开蒙，恰恰相反，这里是经济、文化高度发达的地方。

刚到中国之初，利玛窦就被中国车水马龙、千帆竞发的景象深深震撼。1584年（万历十二年），他从肇庆写给别人的信中提到：

> 这里的河流上总是布满了来往的船只，就这一点来说，我向您承认，若非亲眼所见，是绝对不会相信的：整条河流宛如一个连绵不断的港口。如果到广东或另外任何一个通商口岸去看看的话，会发现无论是里斯本，还是威尼斯，都没有这么大

---

① Nigel Cameron, *Barbarians and Mandarins: Thirteen Centuries of Western Travelers in China*, pp. 151-153.

② 〔日〕平川祐弘著，刘岸伟、徐一平译：《利玛窦传》，北京：光明日报出版社，1999年，第7页。

的装船量。①

　　他也慢慢了解到，广东并非中国最发达的地方。中国有15个省（两京十三省），160个府，234个州，1116个县。②后来，他到南昌、南京、北京等地，更加确信广东只是大明的边疆地区，繁华程度远不能与内地相提并论。如果肇庆的繁华都不亚于里斯本、威尼斯，那么其他城市更加难以想象。

　　罗明坚在作品中自称"天竺国僧"，表明自己是从印度来的和尚。③利玛窦沿袭罗明坚的这种做法，衣食起居与僧人相仿。所以，在信佛的官员看来，利玛窦这位西方僧人，可以为家人念经祈福，不必大惊小怪，故而给予方便，比如允许居留、提供证件等。

　　当利玛窦向当地人展示圣母像、圣子像的时候，围观的民众为这种立体的写实画法感到惊讶。尽管利玛窦反复说明，画中的这对母子分别是圣母、圣子，当地民众还是无法理解。有人联想到佛教中的送子观音，于是远近民众赶来朝拜。善男信女对着圣母玛利亚的画像双手合十，双膝下跪，口中反复念诵"南无大慈大悲观世音菩萨"，祈求获得子嗣。④当他们确知这不是观音菩萨之后，纷纷起身，

---

① 《利玛窦书信集》，第36页。

② 《利玛窦书信集》，第39页。

③ 《利玛窦：紫禁城里的耶稣会士》，100页。

④ 关于利玛窦与圣母圣子像，有儒者如是描写："利玛窦，西洋欧逻巴国人也，面皙，虬须，深目，而睛黄如猫，通中国语，来南京，居正阳门西营中。自言其国以崇奉天主为道。天主者，制匠天地万物者也。所画天主乃一小儿，一妇人抱之，曰天母。画以铜板为帧，而涂五采于上，其貌如生，身与臂手俨然隐起帧上，脸之凹凸处，正视与生人不殊。"顾起元：《客座赘语》卷六"利玛窦"条，《四库全书存目丛书·子部》第243册，济南：齐鲁书社，1995年，第368页。

口中直说"晦气，晦气"，便懊恼地离开了……

利玛窦于 1583 年（万历十一年）抵达肇庆，截至 1585 年（万历十三年），传教事业一片惨淡。整整两年时间，"拥有的教友人数也不过十二人"。[①]装扮成佛教徒既为利玛窦等人争取同情提供方便，也产生一些问题，比如民众对天主教教义的误解。更严重的问题在于，利玛窦发现，佛教徒在中国的社会地位十分卑贱。

于是，他根据信众的建议，头戴东坡巾，身披儒服，执行儒家的礼仪规范。这也让他摸索到一条大胆的路径，亦即在向中国人传教之前，必须先成为中国人：

> 至此，神父您就能够理解我为什么是这个样子了——我已成了一个中国人。您知道，我们无论是穿着、相貌，还是礼仪及一切外在的东西都已和中国人一模一样。[②]

这种转变立竿见影，他取得当地不少士大夫的支持。大家认为，利玛窦就是泰西儒士，就是孔孟之道的崇拜者。

1598 年（万历二十六年），经过十几年的学习和交游，精通中文和儒学的利玛窦以进贡的名义抵达北京，却赶上朝鲜战争。此时，所有外国人都有成为日本间谍的嫌疑，进贡之事也功亏一篑。

相较于南昌、南京等南方城市，他对北京城的印象不佳，因为这座都城竟然没有铺石路！不仅如此，北京天气寒冷，气候干燥，到处都是阴险狡诈的太监、惟利是图的官员以及漠视灵魂救赎的民

---

① 《利玛窦书信集》，第 46 页。
② 《利玛窦书信集》，第 60 页。

众，未免让人联想起迷乱的巴比伦，一座充满罪恶的城市。[1]

　　然而，为了推进传教的事业，利玛窦梦想着觐见万历皇帝，通过让他归信天主教，进而转变所有中国人的信仰。1601 年（万历二十九年），利玛窦一行带着自鸣钟、珍珠镶嵌十字架、圣母圣子像、西洋弦琴、各色玻璃等贡品，[2] 再次抵达这座让人心情复杂的城市。

　　之前为了传教，他几乎"不择手段"。比如，多次贿赂广东地方官员，获得在肇庆等地传教的特权。[3] 另如，为了获得万历皇帝的同情，他即便只经历九个多月的航行，却在奏疏上声称，花了三年时间，才从欧亚大陆的最西边，抵达遥远的中国。[4] 如今，成功近在咫尺，他能够转变皇帝的信仰吗？

◎ 文化调适

　　古来成事者，天时、地利、人和，缺一不可。16、17 世纪之交并非利玛窦来华传教的最佳时期。

　　明熹宗天启三年（1623），西安府偶然出土一块石碑，也就是

---

①　参《利玛窦：紫禁城里的耶稣会士》，第 184 页。

②　关于利玛窦的贡品细目及其考证，可参林金水：《利玛窦与中国》，北京：中国社会科学出版社，1996 年，第 86—89 页。

③　Nigel Cameron, *Barbarians and Mandarins: Thirteen Centuries of Western Travelers in China*, p. 154.

④　Nigel Cameron, *Barbarians and Mandarins: Thirteen Centuries of Western Travelers in China*, p. 155. 日本传记作家平川祐弘也指出耶稣会士夸大其词："利玛窦航海期间实为九个月，但后来上书神宗（皇）帝时，却说'航海而来，时历三年'。"《利玛窦传》，第 73 页。利玛窦的三年之说可能是借鉴马可·波罗的故事。马可·波罗 1271 年从威尼斯出发，花了三年半的时间才抵达中国，并于 1275 年 5 月抵达元上都。参 Timothy Brook, *Great State: China and the World*, An Imprint of Harper Collins Publishers, 2020, p. 20.

震惊世界的"大秦景教流行中国碑"。碑文提到，早在唐太宗贞观九年（635），大秦国（即罗马帝国）教士阿罗本携带经书来到长安，获得李世民的接见，准其传教。贞观十二年（638），阿罗本及其追随者在长安创建大秦寺。此后，景教在中国顺利发展两百多年。直到唐武宗会昌五年（845）灭佛，景教受此影响，被禁止传播。

景教是基督教的一个派别——聂斯托利派，公元430年前后创立于叙利亚。此后，一路东传，于6世纪传入中国。到了7世纪的唐朝，广为流行。相较于叙利亚教士阿罗本、意大利商人马可·波罗，利玛窦自始至终都没有获得明朝皇帝的接见，这意味着他绝不可能让中国皇帝归信天主教，也难以让天主教在17世纪之初的中国大规模流行。

入华十余年来，利玛窦小心翼翼地维持与儒家士大夫的友谊，在学习儒家文化的同时，也强调天主教与儒家之间的相通之处。他的这种策略被称为"文化调适"（Cultural Accommodation）。[1]

利玛窦代表的是正在遭受新教冲击的天主教，通过吸收文艺复兴中的人文主义，登上欧洲国家殖民扩张的快船，希望恢复昔日的影响力，并在新世界占据一席之地。大明开国两百余年，宛若一个老大帝国。此时支配国家的儒学几经变迁，呈现一种疲态。[2] 两种

---

[1] Nigel Cameron, *Barbarians and Mandarins: Thirteen Centuries of Western Travelers in China*, p. 154. 关于耶稣会士的儒学化努力以及天主教与儒学的会通，可参陈卫平：《明清之际西方传教士的天主教儒学化》，《文史哲》1992年第2期；郑臣：《晚明时期天主教与儒学的会通及其启示》，《中国宗教》2021年第12期等。

[2] 日本学者平川祐弘认为："耶稣会以宗教、人文教育而闻名欧洲，当这一教团奔赴远东时，经欧洲反宗教改革运动而返老还童的天主教系人文主义将与明末中国业已老化的人文主义邂逅相逢。"《利玛窦传》，第15—16页。

异质而相似的推崇人文的学说邂逅之初，究竟会为彼此带来怎样的激荡？

◎ **被撬动的岩石**

明神宗万历二十九年（1601）二月，礼部官员对来京进贡的利玛窦提出严重质疑：其一，经查本朝故事，进贡国家中仅有西洋国、西洋琐里国，并无大西洋国，利玛窦所谓的"大西洋国"真伪难辨；其二，利玛窦如果真心进贡，自进入我大明之初就应来京，可是他羁留中国二十年才来进贡，居心叵测；其三，圣母圣子图不符合我中国画法，实乃不经之物，而神仙骨属于佛骨之流，早就被韩愈批为凶秽之余，不宜带入宫中；其四，利玛窦等人往来两京，与太监交往甚密，可能会节外生枝。[①]

依照常理，礼部的四条指控只要有一条成立，利玛窦都会被遣返澳门，乃至回国。可是，此时的万历皇帝常年怠政，而太监与朝臣素来不和，这都为利玛窦预留机会。果不其然，礼部的奏疏被搁置五个多月，直到同年七月，礼部揣摩到上封奏疏引发神宗不满，所以再次上疏请求从轻发落，把利玛窦等人遣回江西等内地安置，"听其深山邃谷，寄迹怡老"，[②]既能彰显圣德，又能怀服远人。孰料，这封奏疏同样遭到万历皇帝的漠视。

对于礼部奏疏所谓的"不经之物"，万历皇帝却表现出别样

---

① 《明神宗实录》卷三百五十六，万历二十九年二月庚午，第6647—6648页。

② 《明神宗实录》卷三百六十一，万历二十九年七月丙午，第6741页。

的兴趣。他把惟妙惟肖的圣母圣子像献给笃信佛法的母亲李太后。[①]
李太后大喜过望，将其当作送子观音，每日虔诚祝祷。[②] 万历皇帝
本人对自鸣钟尤觉新奇，准点报时的音乐更让他心情愉悦。为了方
便修理，他下令利玛窦等人居留京师，每年发放近百两白银的皇室
津贴。[③]

当初，万历君臣对利玛窦等人的传教意图一无所知。在万历
皇帝看来，利玛窦不过是自己豢养的自鸣钟匠人而已。及至万历
三十三年（1605），在京师居留不到五年，根据利玛窦的书信，他
在京师已经发展一千多名教徒。[④] 和日本、印度相比，中国的信徒
数量并不多，但是不乏儒家知识精英。其中，一位叫作保禄（Paulus）
的信徒去年（万历三十二年，1604）来京参加会试，高中进士。此
人后来官至礼部尚书，入阁参与机务，被誉为"天主教三大柱石之首"。
这位信徒便是徐光启。另外两大柱石分别是官至光禄寺少卿的李之
藻（教名 Leo）、顺天府丞杨廷筠（教名 Michael）。

万历三十八年（1610），利玛窦在北京去世，享年五十九岁。
明廷特赐这位"西洋国故陪臣"空闲地亩，予以安葬。[⑤] 前来参加
利玛窦葬礼的士人络绎不绝，不少儒者留下诗篇，悼念这位值得尊
敬的导师、朋友。其中一句如是写道：

---

① 《明史》卷一百十四《后妃传二》，第 3536 页。
② 《利玛窦：紫禁城里的耶稣会士》，第 217 页。
③ 《利玛窦书信集》，第 252 页。
④ 《利玛窦书信集》，第 232 页。
⑤ 《明神宗实录》卷四百七十，万历三十八年四月壬寅，第 8884 页。

书从衡读人间异，家在西洋梦里归。①

　　千百年来，中国人习惯了从上到下、从右到左的阅读方式，而利氏之书却是"衡读"，从左到右。也许，未来有一天，"衡读"会成为中国社会的主流阅读方式。利玛窦来华近三十年，最终没能返回远在数万里之外的故国。让他无比欣慰的是，有生之年，他终于撬动了让耶稣会士前辈深感绝望的岩石。在岩石松动之际，耶稣会士备受鼓舞，很多儒者却如临大敌，随时准备反击。

　　对此，一生谨慎的利玛窦心知肚明。弥留之际，他对众位神父留下遗言：

　　　　我将你们领到一扇大门的门槛，此门通往巨大的奖赏（Great Reward）。但是，在此之前，你们要忍受辛劳，遭遇困厄。②

第二节　科技·科举·妇女

　　　　一些无知的人看不惯这幅世界地图，他们觉得我们把中国画得太小了。在此图流行以前，他们以为，中国最少也要占全世界的一半，而不应该位于世界的一隅，而且还这样小。

　　　　　　——〔意〕利玛窦《致罗马耶稣会总会长阿夸维瓦神父》

　　　　　　　　　　　　　　　　　　　（1608 年 8 月 22 日，北京）

---

　　①　郑以伟：《灵山藏·雨存篇》卷二，《四库禁毁书丛刊·集部》第 175 册，第 526 页。

　　②　Nigel Cameron, *Barbarians and Mandarins: Thirteen Centuries of Western Travelers in China*, p. 194.

　　利氏（指利玛窦）的中国报道亦为欧洲人开辟了一片新鲜的视野。凭借个人能力选拔政府官员的科举考试对当时的西方人来说可谓前所未闻。

——刘岸伟（〔日〕平川祐弘《利玛窦传》的译者）

　　我们的教义很受中国妇女的欢迎，这帮了我们很大的忙，因为她们听说我们的圣教不允许任何人有一个以上的妻子，所以都希望她们自己的丈夫奉教……中国妇女非常没有地位，她们在家中的权利微乎其微，所以丈夫卖妻子就像卖掉奴隶一样。

——〔意〕利玛窦
《致玛切拉塔大教堂安东尼奥·玛利亚·利奇神父》
（1605 年 5 月 12 日，北京）

◎ 士大夫的好奇心

　　人生烦忧，多在进取与知足之间胶着。获得北京的居留权之后，利玛窦既有些兴奋，又有些懊恼。这些天来，从王公贵族，到缙绅大夫，前来拜访自己的客人络绎不绝。按照中国的规矩，来而不往，非礼也，他也要准备拜帖、礼物，一一回访。中国人的见面礼异常繁缛，有作揖、鞠躬、叩头，① 聚会时不会直接谈论事务，而是习惯通过一轮又一轮的宴席、戏剧、歌舞，一边饮酒，一边聊天。仅仅是这种接待和回访就让他疲惫不堪，甚至错过多次弥撒。

---

　　① 关于明代的见面礼节可参陈士银：《明初的相见礼》，《广西大学学报（哲学社会科学版）》2017 年第 2 期。

　　根据早期耶稣会士沙勿略（Xaverius）等人的估计，东方国家也应存在类似巴黎大学、罗马学院之类的高校。为了方便传教，他们设想的一大挑战就是进入这些东方国家的高校，和他们中的精英分子一一辩论，驳斥异端邪说。只要这些知识精英被说服，那么就很容易打开传教的局面。事实上，无论是日本，还是中国，沙勿略、利玛窦等人都未遇到像西方国家那种学科分明的学校。[①] 即便中国学校众多，教学过程中并没有西方那种苏格拉底式的辩论场面。比起围绕知识、真理的辩论，中国学校更看重的是，从小就让学生树立服从权威的思维习惯。这种权威包括千百年来流行的圣经贤传、本朝颁布的官定教科书、在校教师以及各级长官等等。

　　比起辩论真理，利玛窦发现，中国士大夫在觥筹交错之余，更好奇西洋社会的风土人情。他们提出的问题林林总总，出现频次较高的有：西洋有多少国家？西洋人穿什么衣服？官服和我们中国有什么不同？西洋男人留胡子吗？西洋女人漂亮吗？她们裹小脚吗？西洋有妓女吗？西洋人怎样结婚？中国是世界的中心吗？为什么你从海上来中国，不从陆上来？海上航行有海怪吗？你们西洋的官员每月领多少俸禄？之前也没见你工作，却发现你吃穿不愁，莫非你会炼金术？你的朋友是怎么给你寄钱的（类似金钱的问题让利玛窦觉得很唐突）？你们西洋人信风水吗……[②]

　　很多士大夫最感兴趣的既不是教堂，也不是十字架，而是利玛窦的藏书。古往今来，在不少中国人眼中，一个人知识水平的高低

---

① 〔日〕平川祐弘著，刘岸伟、徐一平译：《利玛窦传》，北京：光明日报出版社，1999 年，第 113 页。

② 《利玛窦：紫禁城里的耶稣会士》，第 223—224 页。

和藏书的数量成正比（尽管并非如此）。西方书籍的出版和装帧与中国大不相同。访客来到利玛窦的书房，发现一边是线装的朴素的中文书籍，一边是封面烫金的华丽的西方书籍。二者之间形成鲜明对比，给人留下深刻印象。[①]原来，除了中国之外，其他国家的民众同样尊重书籍，尊重知识，甚至有过之而无不及。

不仅是书籍，利玛窦带入中国的望远镜也受到追捧。利玛窦死后多年，他的望远镜被其他神父带到中国南部，让士人趋之若鹜。根据明末江西儒者郑仲夔的回忆，用"番僧利玛窦"（在很长一段时间内，中国士大夫根本搞不清楚天主教徒与佛教徒之间的差异，依然把利玛窦当成僧人）的千里镜观看星空，不要说月亮，很多星星都奇大无比。用来平视远方，即便是数百步之外文章上的蝇头小字，都能看得清清楚楚。[②]郑仲夔等儒者只是觉得有趣，是个"稀罕玩意儿"，根本没想到，有朝一日这种技术一旦被运用到军事之中，西洋人便可以借助精准的远程火力用极小的伤亡给中国造成重创。

更让人振奋的是，利玛窦带来了世界地图。来自浙江杭州的儒者李之藻对制作地图素有兴趣，立志刻绘一张最全面、最详实的天下地图。当利玛窦出现在南京时，李之藻踌躇满志地展示他的世界地图。利玛窦发现，所谓的世界地图基本上只有大明以及附近的藩属国而已。和很多儒者一样，李之藻认为，当时的中国就代表了世界！

随后，利玛窦向李之藻展示自己绘制的世界地图草稿，并描述各大洲的名称，告诉他自己抵达中国的详细路线，并说真正的世界

① 《利玛窦书信集》，第 341 页。
② 郑仲夔：《玉麈新谭·耳新》卷八，《续修四库全书》第 1268 册，第 510 页。

地图还在完善之中，这要等待各国冒险家的最新消息。李之藻如遭晴天霹雳，整个人怔在原地：原来自己所谓的天下——以中国为中心的天下——远不足世界的十分之一！震撼之余，李之藻决定拜利玛窦为师，从头开始，学习制作地图的技艺。[1]

无论绘制地图，还是制作星历，明廷都有专门的部门与工作人员。进京之后，利玛窦却发现一个奇怪的现象：

> 皇帝花重金供养了二百多人，专门为他推算每年的星历表，而且还有一些专门的学院。其中一所名为钦天监，是最受重视的，但他们计算的结果并不是十分准确……[2]

利玛窦并非天文专业的研究人员，却可以制作一些天文观测仪器。通过自己掌握的知识和制作的仪器，他都能明显看出钦天监的问题。明朝开国两百多年来，钦天监为何裹足不前？或者说，同样是受到本国良好教育的知识精英，为什么利玛窦表现得如此与众不同？

◎ **耶稣会学校的课程**

公元 16 世纪，无数学子都在学校认真读诵儒家经典。明朝的学校数量众多，教学内容以四书五经，尤其是《四书大全》《五经大全》《性理大全》为核心。即便学习一些算术知识，大体上不出政治学与道德哲学的范畴。他们善于引经据典，琢磨修辞，直接或含蓄地歌颂"圣天子"的英明，并庆幸自己生活在一个圣明的时代，

---

[1]　《利玛窦与中国》，第 116 页。
[2]　《利玛窦书信集》，第 248 页。

一如开国状元吴伯宗在样板试卷中写下的那样："将见二帝三王之治，复在于今日，而汉唐有不足言矣。"[1]

这些典籍极大地塑造了儒者的世界观、人生观和价值观，也让他们很难关注孔孟之道、程朱之学以外的学科知识。通过参加各级考试，他们先获得当地学校生员的资格，领取廪禄，继而通过乡试，甚至会试、殿试，科举扬名，逐渐晋升为朝廷大员。这种读书—考试—做官的人生道路正是无数儒生雷同的人生"正途"。

1561年，年仅十岁的利玛窦在家乡马切拉塔（Macerata，意大利东部城市）的耶稣会学校学习。从1561年到1568年，利玛窦接受的课程以道德教育和修辞学为主。道德教育以维护天主教的宗教道德为核心，修辞学则有拉丁文的西塞罗作品以及希腊文的亚里士多德作品等。[2]他这七年的教育和远在欧亚大陆东侧的中国生员接受的道德教育和修辞教育看起来大同小异，直到1568年他被父亲巴蒂斯塔送到号称"世界之城"的罗马。

他在罗马接受神学教育、法学教育，并于1571年加入天主教耶稣会。次年，他到耶稣会创办的罗马学院进修，为后来到海外传教提供知识支撑。

1572年，罗马学院有920名学生，分成神学班、哲学班、修辞班、人文班、语法班等班级。当时的修学课程：第一年，学习《工具论》收录的逻辑学作品，欧几里得几何学、算术、托勒密天文学；第二年，学习《物理学》《论天》《天象论》《元素论》和《生成论》，还有音乐理论、光学等；第三年，修习《灵魂论》和《形而上学》，

---

① 吴伯宗：《荣进集》卷一，景印文渊阁《四库全书》第1233册，第233页。
② 《利玛窦：紫禁城里的耶稣会士》，第3—4页。

以及高等天文学、高等数学等。耶稣会士教导学生数学的核心就是
欧几里得的几何学。另外，耶稣会学院还要求学生熟练使用象限仪、
浑天仪、地球仪、星盘、六分仪，并能够测算日食，通过测量太阳
方位来计算一个地方的经纬度，还要动手制作地图。[①]

　　16 世纪东西方的人才并不存在智力水平的差距，却因为不同的
学校培养模式走上不同的发展道路。利玛窦并非专业的天文学家、
地理学家，却通过相对全面的教育掌握了文艺复兴时代的科学知识
和前沿技术。等到他带着传教的使命抵达中国，这些知识和技术很
快派上用场，成为吸引士大夫乃至皇室的重要手段。

◎ **徐光启拜师**

　　徐光启（1562—1633），字子先，南直隶松江府上海县人。他
是 16、17 世纪之交最具代表性的百科全书式的知识分子，不仅精通
儒学，后来身居高位（礼部尚书），而且对天文、历法、数学等领
域颇为精通，是东西方文明碰撞过程中的卓越代表。

　　万历二十五年（1597），徐光启到南京参加乡试。此时乡试的
主考官是曾经高中状元的焦竑，也是泰州学派的传人。看到徐光启
的试卷，焦竑大为赞赏，将他定为解元。遗憾的是，徐光启在次年
（1598）的会试中落第，失望地从北京返回。

　　三年后（1601），徐光启已是不惑之年，再次到京师参加会试，
依旧铩羽而归。他的自信心受到打击，深惭亲友们的信任。为了这
次会试，他做了充分准备，也结识了不少朋友。万历二十八年（1600），

_____

　　① 《利玛窦：紫禁城里的耶稣会士》，第 12—17 页；Nigel Cameron,
Barbarians and Mandarins: Thirteen Centuries of Western Travelers in China, p. 164.

他到南京拜见焦竑，还认识了利玛窦。他既为利玛窦这位西儒的博学感到惊讶，也为这位大自己十岁的长者的魅力所感染。只是，当时忙于赶考，他并未归信天主教。另外，焦竑对他有知遇之恩，又是阳明后学泰州学派的杰出代表，而徐光启并未投入他的门下，也从侧面说明阳明后学影响力的衰微。

第二次落第之后，徐光启的心情异常沉重。他路过南京，发现之前的士绅纷纷疏远自己。他们似乎看透了自己，认为自己这辈子只能做一个无足轻重的举人。寒风噬骨，前途渺茫。直到一缕微光照入，徐光启的人生才重新燃起希望。

1603年（万历三十一年），徐光启在葡萄牙耶稣会士罗如望（1566—1623）的指导下受洗，教名保禄，正式成为一名天主教徒。徐光启加入天主教的动机不完全是这六年来两次会试落第的打击，但肯定有这方面的影响。在一个人信仰动摇、精神不振的时刻，即便遇到的不是天主教的耶稣会士，而是其他什么宗教，都会给人带来精神的慰藉。巧合的是，徐光启遇到威望素孚的利玛窦、罗如望等人。

就在加入天主教的第二年（万历三十二年，1604），徐光启高中进士。这种巧合增强了徐光启对天主教的信仰。除了徐光启之外，当时还有一位叫马尔蒂诺（成启元）的武科信徒，考了三次乡试才通过，会试则至少六次落榜。直到万历三十二年（1604），他才考中武科进士。这两位信徒之所以如愿考中进士，根据利玛窦的解读：

> 他们二人都非常感谢天主，因为他们认识到这都是天主的

恩赐。①

在我们今天看来，这简直不可思议。徐光启他们向不知科举为何物的天主祈祷，竟然考中进士！果真如此，这位天主未免管辖范围太广。

进入仕途后，徐光启一方面不断提升从政能力，另一方面也拜利玛窦为师。史称：

> 从西洋人利玛窦学天文、历算、火器，尽其术。遂遍习兵机、屯田、盐策、水利诸书。②

公元 17 世纪初，他们师徒合作，还翻译了欧几里得的《几何原本》，成为将欧洲数学引入中国的先驱。时至今日，几何学早就成为中国中等学校的必修科目。

天文、历算是明朝开国以来严禁民间私自修习的领域，到了明朝末年，这种禁忌有所松动。崇祯二年（1629）五月，明廷举行一场备受关注的日食预测比赛。参赛者有三方：徐光启采用西洋算法，钦天监采用明初以来沿袭的《大统历》，回回则采用回回历算。比拼结果，只有徐光启的推算与日食的出现时间高度一致。

崇祯帝大怒，切责钦天监官员尸位素餐。钦天监官员惶恐之余，表示也有自己的苦衷：我们钦天监的《大统历》沿用元朝太史郭守敬的《授时历》，之前并没有出现问题。二百六十多年来，《授时历》就是天下公认最精密的算法。

---

① 《利玛窦书信集》，第 218—219 页。
② 《明史》卷二百五十一《徐光启传》，第 6493 页。

钦天监官员的说法似是而非，即便回到元朝，郭守敬的推算也有失误。比如元成宗大德三年（1299）八月，没有出现推算中的日食；再如，大德六年（1302）六月，推算的日食出现时间也有讹误。换言之，郭守敬的算法即便精密，也并非完全可靠。何况明朝沿袭两百多年，刻舟求剑，焉能不误？盛怒之余，崇祯帝下令礼部开局修改历法，并让徐光启全权督修。[①] 这就是后来问世的《崇祯历书》。

同样作为儒者，徐光启当然知道《授时历》的精微，却果断采用西洋历算，这和利玛窦的指导息息相关。利玛窦只是在罗马学院中学习托勒密等人的学说，具备基本的制作能力。按照他本人的话来说：

> 我在这里制作并传授的世界地图、日晷、天球仪和地球仪等东西为我赢得了"世界上最伟大数学家"的声誉。虽然我在这里没有占星术的书籍，但我还是用一些星历表和葡萄牙人的序列表，多次预测了日食和月食，比中国人预测的要准确得多。[②]

利玛窦恳请罗马耶稣会派遣精通天文、数学等领域的人才来中国，推动传教事业。另外，有了徐光启等信徒的支持，利玛窦在北京很快打开传教事业的局面。比如，传教需要耶稣会提供经费，以及葡萄牙、西班牙和中国等地信徒的捐赠。在明神宗允许利玛窦等人居留北京后，利玛窦苦于没钱购买房屋。徐光启闻讯后，慷慨解囊，

---

① 阮元：《畴人传》卷三十二，《续修四库全书》第516册，第314页。
② 《利玛窦书信集》，第249页。

和信徒们捐款帮他们买下一座"面积相当大的房屋"。[①]

◎ **利玛窦在中国学到了什么**

利玛窦来华做出的贡献有目共睹。从科技角度来说，他带来了先进的西洋天文、历法、地理、几何和机械制造等方面的知识；从宗教角度来说，他为中国带来了天主教，本人也成为天主教海外传教的楷模，赢得世界级的声誉。与此同时，我们不禁疑惑：作为一个外国人，利玛窦在中国学到了什么？

他在书信中多次提到中国选拔人才的方式，即科举制度。无论在江西首府南昌，还是京师，他都详细记载科举考试的情形。中国选拔人才并非依据贵族世袭制，而是通过读书、考试来实现。即便一个人出身卑贱，也有参加科举的资格。16 世纪的欧洲虽然经历文艺复兴，但是大多数平民依然被排斥在政府管理系统之外。

在中国待的时间越长，利玛窦就越好奇，这个地跨三个温度带的庞大国家究竟如何治理。和欧洲遍布各地的割据诸侯和城邦僭主不同，明代中国是一个大一统的国家，全部官员都接受同一位皇帝的领导。利玛窦所处的意大利还是四分五裂的状态，直到他死后两百多年，意大利才完成统一（1861）。

文官是这个国家的主要管理者，武官地位低下。皇帝选拔文官最重要的途径之一就是科举考试，所以竞争异常激烈。以利玛窦在

---

① 《利玛窦与中国》，第 125 页。1605 年 8 月，在徐光启的带头下，信徒们很快凑齐六七百两银子，三天之内就为利玛窦买下北京的大房子。参〔意〕利玛窦著，文铮译，〔意〕梅欧金校：《耶稣会与天主教进入中国史》，北京：商务印书馆，2014 年，第 390 页。

江西南昌的观察为例，此地的秀才多达数万名，而三年举行一次的乡试名额仅有 95 人。为了争取这 95 个名额，有 3 万多名考生云集江西省会。在正式举行乡试之前，当地官员还要从 3 万多人中遴选 4000 人，由 4000 人参与乡试名额的角逐。考试连考三天，择优录取。通过乡试之后，次年，这 95 人还要代表江西到北京参加会试。全国共有 15 个省，只有 300 人左右才能获得进士出身，被朝廷授予官职。[1]

即便科举选官的人数极少，这种考试也培养了规模庞大的知识分子群体。被朝廷选中的官员则会成为这个政权的忠诚拥护者，与其他同僚一起管理偌大的国家。即便是落榜的大多数书生，他们无论为士农，还是从工商，都有助于提高当地的知识水平。要之，这种科举制度相对公正、公平，而非像很多西方国家一样，各地的管理者都由国王、诸侯、僭主的亲属等世袭贵族充当。

东西文明之间的影响交互发生。在发回欧洲的书信中，利玛窦多次详细描写中国科举制度的规模与概况，也为耶稣会和西方社会提供借鉴。欧洲第一次采用笔试就发生在耶稣会内部，时间是 1595 年。此后，通过考试制度选拔文官在西方引发讨论。时光推移到 1855 年，英国正式采用文官考试制度。[2]利玛窦当时未必知道，他提到的通过考试选拔文官的制度后来会成为近代国家公务员制度的重要渊源。[3]

中国的科举制度不仅影响西方，也影响日本，比如日本明治维新时期就采用文官考试制度。根据利玛窦传记作家平川祐弘的有趣

---

① 《利玛窦书信集》，第 207 页。

② 《利玛窦传》，第 105 页。

③ 《利玛窦传》，第 338—339 页。

发现：

> 概观考试制度的变迁，可以这样讲，中国的制度先一度传入欧洲，再经过法国而东还，为十九世纪的日本再次引进。①

尽管科举制度存在诸多弊端，比如教材单一、禁锢思想、磨人心智等，但是赋予了平民一条实现个人梦想的途径。我们翻检明代的进士登科录，其中不乏出身贫苦的庶民子弟。他们通过考试打破阶层的桎梏，率先实现了个人的"中国梦"。如果生活在世袭贵族垄断政权的西方，这些贫寒子弟的人生应该会有不同的结局。

◎ **妻妾制与一夫一妻制**

自 15 世纪以来，无论是经济实力，还是军事实力，抑或从技术支持的角度，明朝都有能力探索乃至征服世界，包括东南亚地区、非洲海岸，甚或更远的美洲、欧洲。可是，这种做法并不符合儒家的主流价值观念。根据儒家的温和观念，"远人不服，则修文德以来之"（《论语·季氏》），而非"远人不服，派遣舰队征服之"，更非"远人不服，变成奴隶贩卖之""远人不服，传播病菌消灭之"。②

---

① 《利玛窦传》，第 108 页。

② 可参 Jared Diamond, *Guns, Germs, and Steel: The Fate of Human Societies*, W. W. Norton & Company, 1999.

要之，儒家学说体系中没有扩张的基因。①

悲哀的是，没有扩张的基因并不能保证本国免于沦为他国捕食的对象。只要儒者依然固步自封，依然深受复古主义的牢笼，拒绝关注时代的发展，拒绝关注外部世界的动态，就无法避免事态的恶化。虽然在 16、17 世纪，西方世界的力量远不足以征服中国，但是东西方势力的对比差异愈发凸显。如果儒家缺乏未雨绸缪的意识，缺乏对未来时局的关注，又如何积极地影响国家与社会的发展？从万历皇帝，到徐光启、李之藻等大臣，再到数量庞大的士大夫，不少人都领教了西方的舆图、船炮、自鸣钟、望远镜、天文仪器等器物的精妙，却几乎没人愿意派出一艘帆船前往大西洋国一探究竟。其何以故？

在很多中国人眼中，这块土地太让人安逸了。既然我们已经处于最富强、最繁华的中心，又何必远涉重洋到几万里之遥的蛮夷之邦受苦受罪？② 千百年来，中国人容易产生一种虚妄傲慢且易于传染的成见：普天之下，唯有这里的人们才丰衣足食，而远方的人们（所

---

① 在比较东西方风俗之后，法国启蒙思想家伏尔泰做出一段耐人寻味的结论："他们和我们，一切都不相同，宗教、法律、政体、风俗、饮食、衣着以及书写、表达和思想的方法都大相径庭。我们和他们之间最大的共同点就是一直使生灵涂炭的喜欢打仗、杀人和破坏的精神。然而必须承认，这种狂热在印度人和中国人的性格中比我们少得多。尤其是我们从未见过印度人或中国人发动侵犯北方民族的战争。他们在这方面比我们好。然而正是他们的这种品德，或者确切地说，他们的这种温和性格使他们遭到失败，他们都曾被征服。"〔法〕伏尔泰：《风俗论》下册，谢戊申等译，北京：商务印书馆，2000 年，第 529—530 页。

② Nigel Cameron 提到利玛窦居留的北京城，"可能是 17 世纪世界上最富有、最漂亮的城市"。参 Nigel Cameron, *Barbarians and Mandarins: Thirteen Centuries of Western Travelers in China*, p. 194.

谓"化外之民")要么茹毛饮血，要么就活在水深火热之中。

安逸的生活离不开温柔乡的滋润，垆边美人，皓腕霜雪。和这些儒家士大夫接触的过程中，利玛窦最为头痛的便是，他们沉溺于妻妾陪伴的欢愉。很多人本来倾向于归信天主教，但是听说天主教要求信徒一夫一妻，就打起退堂鼓，"他们中的大部分人都娶有多房妻室，这些妻室往往还都生了孩子，所以很难将她们休掉"。①

根据儒家经典，男人三妻四妾乃天经地义之事，而女人应该从属于男人，小妾必须服从正妻。而且，中国的妻妾制度由来已久：

> 古者天子后立六宫、三夫人、九嫔、二十七世妇、八十一御妻，以听天下之内治，以明章妇顺，故天下内和而家理。(《礼记·昏义》)

利玛窦听到皇帝可以公开豢养众多妻妾，非常震惊。作为终身都保持童贞的耶稣会士，他在和友人的书信中充满鄙夷地评价万历皇帝朱翊钧：

> 这个荒淫可耻的人和四十多个女人深居在皇宫中，这些女人都是他的妻子，此外，他还有几千名婢女……②

天子三宫六院古已有之，加上贵族的身先示范，让很多儒家士大夫广纳妾室，乐此不疲。有些地方把拥有妻妾的数量视作社会地位、财富的象征，以至于娶了二三十房小妾意犹未尽。在这个国家，妇女就像货物一样，被男人利用、收藏、炫耀、赠送，乃至公开出

---

① 《利玛窦书信集》，第 232 页。
② 《利玛窦书信集》，第 58—59 页。

售。他们出售妻妾，仿佛出售奴隶一样。[①]一个自诩为文明的国度，何至于对妇女如此冷酷？

很多儒者都用"不孝有三，无后为大"为自己辩护，却遭到利玛窦的反驳：其一，这个观点出自孟子，而非孔子，难道孟子的话比孔子的话更加权威吗？其二，孔子称赞的圣贤，比如比干、伯夷、叔齐等，都没有后人。[②]所以，"不孝有三，无后为大"站不住脚。

尽管如此，在男尊女卑、广纳妻妾的时代，利玛窦的声音异乎微弱。在16、17世纪的明代中国推行一夫一妻，无异于彻底推翻主流的价值观念，也会让传教事业蒙受巨大的阻力。比如李之藻、瞿汝夔等人，即便和利玛窦早就相识，都因为眷恋妾室，所以拖了很长时间，才归信天主教。尤其是瞿汝夔（号太素），认识利玛窦15年之后，于1605年（万历三十三年）才接受洗礼，成为天主教徒。在妻子死后，按照礼制，瞿汝夔不能把小妾纳为正房。直到多年之后，这位小妾生了儿子，才被破格扶正。1607年（万历三十五年），瞿汝夔也让儿子接受洗礼。[③]

在我们今天看来，天主教提倡的一夫一妻制早就成为现代文明社会的突出标志，而古代中国的妻妾制度也已成为历史陈迹。但是，

---

① 《利玛窦书信集》，第349页。利玛窦未必知情的是，根据《大明律》的规定，出售妻妾属于违法行为："凡将妻妾受财典雇与人为妻妾者，杖八十。典雇女者，杖六十，妇女不坐。若将妻妾妄作姊妹嫁人者，杖一百。妻妾杖八十。知而典娶者，各与同罪，并离异，财礼入官。不知者不坐，追还财礼。"《大明律·户律》"典雇妻女"条，参杨一凡校点：《皇明制书》第三册，北京：社会科学文献出版社，2013年，第894页。即便法律如此，并不能消除社会上买卖妻妾的行为。故此，利玛窦的描写并非向壁虚造。

② 《利玛窦：紫禁城里的耶稣会士》，第246—247页。

③ 《利玛窦传》，第196页。

这并不等于说，16、17 世纪的欧洲在男女问题上就占据道德制高点。诚然，在天主教的影响下，从国王到庶民，普遍奉行一夫一妻制，但是贵族社会大量包养情妇，也是人尽皆知的事实。天主教也绝非鼓吹人人平等的宗教，比如漠视无数被掠夺、贩卖的非洲黑奴以及美洲原住民、亚洲奴工等。另外，天主教神职人员对女性乃至儿童的骚扰（Catholic Church Sexual Abuse），至今依然困扰着西方社会。

◎ 从西向东

回到 16、17 世纪之交，利玛窦力图以温和的方式，融入中国固有的文明之中，为东西方社会提供一种和平交流、取长补短的典范。他个人的力量毕竟有限，也受制于当时的国际形势。万历三十一年（1603），西班牙殖民者在吕宋（今属菲律宾）屠杀两万五千名中国人。[①] 接到消息后，为了撇清与西班牙人的关系，在北京的利玛窦诡称，自己信奉的宗教与西班牙信奉的宗教没有任何联系。徐光启也跟着重复这种诡辩，企图消除负面影响。[②] 事实上，参与屠杀华人的西班牙士兵也是天主教徒。

万历三十二年（1604），明神宗接到本国居民被屠杀的消息后，下达最高指示："吕宋酋擅杀商民，抚按官议罪以闻。"[③] 结果却不了了之，明廷并没有发兵讨伐。大明外强中干、色厉内荏的国家性格让殖民者有恃无恐、变本加厉，他们此后在吕宋一轮又一轮周

---

① 《明史》卷三百二十三《外国传四》，第 8373 页；Timothy Brook, *Vermeer's Hat: The Seventeenth Century and the Dawn of the Global World*, Bloomsbury publishing, 2008, p. 169.

② 《利玛窦：紫禁城里的耶稣会士》，第 262 页。

③ 《明史》卷三百二十三《外国传四》，第 8373 页。

期性地屠杀中国商民。从这个角度来说，我们也不难回应本章第一节提出的问题：公元 16、17 世纪，为什么从西向东的文化传播得以发生，而非从东向西？

这和启动经费、航海技术、冒险观念等方面均有关涉，却也同样受制于国家的政策环境。一个新时代的开启并非源于某个人的引导，而是国家之间意志较量的结果。如果没有西班牙、葡萄牙王室以及罗马天主教廷的强力支持，西方冒险家绝无可能开启"地理大发现"的时代，利玛窦也极难谱写东西方交流的篇章。相较之下，明廷坐视本国两万多商民在家门口的海岛上被外敌屠杀，尚且不能派遣一兵一卒，仅靠盛怒和谴责，根本无济于事。[①] 西方汉学家彭慕兰（Pomeranz）提到，由于明清政府的"不支持"（not support）、"冷漠"（indifference），以至于海外华商几乎得不到本国政府的保护，没有基本的安全感。[②] 试问，在这种状况下，如何能让国人全身心地探索万里之外的新大陆呢？

---

① 吕宋岛距离中国并不远，史称："吕宋居南海中，去漳州甚近。"（《明史》卷三百二十三《外国传四》，第 8370 页）明神宗贪图银矿，听从福建张嶷等人的意见，"岁可得金十万两、银三十万两"（《明史》卷三百二十三《外国传四》，第 8371 页），派人到吕宋岛开矿。明朝官员抵达吕宋岛之后，引发当地殖民者的怀疑，以为大明要派兵攻占此地，故而先发制人，屠杀当地中国商民，消除里应外合的隐患。明神宗为了一己之私，将在外国之民置于险境。事发后，他将责任推给张嶷，"嶷等欺诳朝廷，生衅海外"（《明史》卷三百二十三《外国传四》，第 8373 页）。纵使如此，殖民者滥杀无辜，且多达两万五千人，俨然是一场战争，却被明廷草草敷衍过去，"移檄吕宋，数以擅杀罪，令送死者妻子归，竟不能讨也"（《明史》卷三百二十三《外国传四》，第 8373 页），仿佛海外国民的性命贱若蝼蚁，不值得朝廷出动军队，甚至发动制裁。

② Kenneth Pomeranz and Steven Topik, *The World That Trade Created: Society, Culture, and the World Economy, 1400 to the Present*, Routledge, 2018, p. 14.

回到利玛窦，真正让他担心的还不是吕宋大屠杀对中国传教事业的冲击。随着信众日渐增多，规模日渐扩大，来自儒家、佛教等方面的反对声音越发高涨。在他死后不久，一场影响来华耶稣会士命运的教案悄然来临。

第三节　儒耶之辩

> 欲知天地有主，但观人人本心所向。万国人人，疾痛危难，动即呼天，何以故？凡人有生来之本性，不可虚假，极其真实。必知有一天主……明矣。
>
> ——〔意〕艾儒略《万物真原》（1628）

> 若吾儒性命之学，则畏天敬天，无之非天，安有画像？即有之，恐不是深目、高鼻、一浓胡子耳。
>
> ——蒋德璟《破邪集序》（崇祯十一年，1638）

◎ **"南京教案"**

就传教功效而言，利玛窦的合儒策略看似进展缓慢，实则后劲十足。1610 年，利玛窦去世时，中国仅有 2500 名天主教徒。崇祯帝即位之初，天主教徒增加到 13000 人。崇祯末年，即 1640 年前后，天主教徒多达 70000 人。[①]

基督教在中国的发展并非顺风顺水，也遇到多次挫折。根据基

---

① 可参《利玛窦：紫禁城里的耶稣会士》，第 302 页。

督教学者王治心的梳理，基督教在 1949 年前有四次"教难"：第一次为 1616 年的"南京教案"，是由南京礼部侍郎沈潅发动；第二次为 1659 年的"钦天监教案"，是由北京钦天监杨光先发动；第三次为 1900 年的义和团之役，是由刚毅、毓贤等发动；第四次为 1922 年的非教同盟，是由学生们发动。[①]

关于"教难"之说，有天主教内部自我夸大的嫌疑。比如把"南京教案"上升为教难，并未取得公认。对于明神宗万历末年的"南京教案"，法国学者谢和耐指出："国土要小得多的日本似乎比中国对外来威胁更加敏感。大家知道，正是这种敏感性引起了残酷的仇教，而中国人在长时期内则满足于把传教士们遣返澳门，或将他们放逐到广州。"[②]

即便作为现代耶稣会士，美国邓恩（Dunne）神父也坦言：

> 尽管在以后的几年里，他们（指被明廷放逐到澳门的耶稣会士）不能自由行动，可是传教的工作却一刻也没有停下来。由沈潅发动的这场"南京教案"是一件不幸的事，但是，与同时代的一些国家相比，17 世纪明朝的中国人几乎称的上是文明的典范。就在当时，日本的天主教徒因为他们的信仰，在倍受折磨中死去；欧洲的天主教徒们在相当长的时期里受到了刑讯，他们还在宗教的名义下自相残杀……[③]

---

① 可参王治心：《中国基督教史纲》，上海：上海世纪出版集团，2007 年，第 71 页。

② 〔法〕谢和耐著，耿昇译：《中国与基督教——中西文化的首次撞击》，上海：上海古籍出版社，2003 年，第 115 页。

③ 〔美〕邓恩著，余三乐、石蓉译：《从利玛窦到汤若望：晚明的耶稣会传教士》，上海：上海古籍出版社，2003 年，第 129 页。

以南京礼部侍郎沈漼为首的官员排斥天主教，但并未出现大规模的迫害，比起同一时期日本对天主教徒的迫害，明末的这次事件远远达不到所谓的"教难"程度。根据天主教徒的说法，沈漼是"教难"的制造者，是天主教的敌人。回到当时文明冲突的背景之中，真实情况究竟如何？

◎ 三参远夷疏

和诸多坚定的儒家信徒一样，沈漼对天主教毫无好感。但是，仅凭个人好恶无力改变天主教在中国传播的现实。为此，他多次上疏，请求朝廷处置。

沈漼在万历四十四年（1616）五月撰拟的《参远夷疏》中，强调中国以儒术御世，自太祖高皇帝以来，严夷夏之防。他还把天主教背后所谓"大西"政权列为与"大明"政权相抗衡的敌对势力。[1]他之所以要驱逐这些天主教徒，主要在于：（1）不尊中国风俗；（2）破坏中国纲纪；（3）劝人不忠不孝；（4）施舍钱财收买人心等。[2]

除了沈漼之外，其他儒臣也上疏指责传教士煽动人心，可能危及大明政权的稳定：

> 自西洋利玛窦入贡，而中国复有天主之教，不意留都王丰肃（即意大利耶稣会士 Vagnoni。他在 1616 年被驱逐后，于 1624 年再次进入中国传教，更名高一志）、阳玛诺（即葡萄牙耶稣会士 Emmanuel）等煽惑百姓不下万人，朔望朝拜，动以

① 沈漼：《南宫署牍》，参徐昌治：《破邪集》，《明末清初耶稣会思想文献汇编》第五十七册，北京：北京大学出版社，2003 年，第 33—34 页。
② 沈漼：《南宫署牍》，参徐昌治：《破邪集》，第 34—35 页。

千计……①

耶稣会士为了扩大天主教的影响，拉拢达官显贵（比如徐光启、李之藻、杨廷筠等人）。在沈㴶等人看来，这种行为值得警惕。他在万历四十四年（1616）八月《再参远夷疏》中继续罗列耶稣会士的罪行：（1）四处结交士大夫，培植力量；（2）建设道场、塑像，诳诱愚民；（3）遍传符咒歌谣，蛊惑人心；（4）定期非法聚集等。②

即便两封奏疏未见理睬，沈㴶不折不挠，同年十二月写了《参远夷三疏》。在第三封奏疏中，他指斥天主教崇拜的天主不过是他们国家一介罪犯，最后被处死，却被信徒谣传升天，混淆视听。另外，自从利玛窦进京之后，天主教的势力日渐增长。③沈㴶听闻，他们的教徒在两京各省都有联络人，到处打听国家要务，用心险恶。④

在三封奏疏的合力发酵下，明廷决定遏制天主教。在审理教徒的过程中，南京礼部发现，王丰肃、庞迪峨（即西班牙耶稣会士Pantoja，师从利玛窦）等传教士每年托人从国外运送经费六百两，甚至一千两。⑤在天主教信徒看来，资助中国教区的传教事业理所当然；在明代官员看来，这些国外经费的输入正是西方势力干预中国内政的罪证。

至于"南京教案"的处理结果，则相当温和。从万历四十四

---

① 《明神宗实录》卷五百四十七，万历四十四年七月戊子，第10369页。

② 沈㴶：《南宫署牍》，参徐昌治：《破邪集》，第37页。

③ 《明史》载："西洋人利玛窦入贡，因居南京，与其徒王丰肃等倡天主教，士大夫多宗之。"《明史》卷二百十八《沈㴶传》，第5766页。

④ 沈㴶：《南宫署牍》，参徐昌治：《破邪集》，第40页。

⑤ 南京礼部：《会审王丰肃等犯一案并移咨》，参徐昌治：《破邪集》，第45页。

年（1616）末到四十五年（1617）初，南京礼部和都察院让王丰肃、谢务禄（即葡萄牙耶稣会士Semedo）、庞迪峨等人"督令西归""归还本国"。[①]万历四十五年（1617）五月，南京刑部审理钟鸣仁等十六名信仰天主教的中国百姓，根据"左道乱正之术，或隐藏图像，烧香集众，夜聚晓散，煽惑人民"等罪名，做出"为首者绞，为从者各杖一百，流三千里"等的惩罚。[②]和日本德川幕府大肆羞辱、屠杀（包括火刑、斩首等）外籍和本国天主教徒（比如"元和大殉教"）相比，明代中国的"南京教案"则显得"高高举起，轻轻放下"。

明廷对耶稣会士从轻处理，只没收相关房产、田产等，驱逐外籍耶稣会士，并不危及生命。即便明廷明确下达驱逐令，"命下久之，迁延不行，所司亦不为督发"，[③]并不存在消灭天主教的事实。沈㴶等人达到禁教的目的之后，适可而止，没有将事件扩大化。在捉拿、审理邪党的过程中，"不必株连一人"。[④]

沈㴶等人对天主教徒的从轻处理并非大发善心，[⑤]也和彼时天主教的发展规模较小有关。他们的规模和影响远不像儒臣奏疏中所

---

① 南京礼部：《会审王丰肃等犯一案并移咨》，参徐昌治：《破邪集》，第49—50页。题奉圣旨内容如下："这奏内远夷王丰肃等，立教惑众，蓄谋叵测，尔部移咨南京礼部，行文各该衙门，速差员役递送广东抚按，督令西归，以静地方。其庞迪峨等，去岁乡邹等公言，晓知历法，请与各官推演七政，且皆系向化来京，亦令归还本国。"南京都察院：《南京都察院回咨》，参徐昌治：《破邪集》，第51页。

② 徐从治：《会审钟鸣仁等犯一案》，参徐昌治：《破邪集》，第72页。

③ 《明史》卷三百二十六《外国传七》，第8461页。

④ 南京礼部：《拿获邪党后告示》，参徐昌治：《破邪集》，第75页。

⑤ 就在沈㴶上疏驱逐耶稣会士之际，徐光启上疏为耶稣会士辩护。二人围绕着支持与反对耶稣会士展开交锋，可参 Timothy Brook, *Great State: China and The World*, pp. 204-212.

言的那般夸张。在人口过亿的大明，几万名天主教徒几乎不可能冲击政局。相较之下，日本国土狭小，人口也远低于中国，却在短时间内涌现数十万名有组织的天主教徒，当政者便不得不考虑日渐凸显的威胁。

"南京教案"之后，在儒臣的攻击下，天主教的势力有所退却。然而，这种退却就像短暂的退潮一样。退潮之后，更大的潮水还会拍打在大明的海岸上，终至涌入内陆。

◎ "西来孔子"艾儒略和前内阁首辅叶向高

在耶稣会士看来，利玛窦是天主教东传事业的巨人（giant），而在中国本土的对抗派儒者看来，则是败坏学术、人心的罪人：

> 乃利玛窦何物？直外国之一狡夷耳。诈称大西洋航海而来，间关八万里。自万历年间，因奸细引入我大明，倡天主之教，欺诳君民，毁裂学术。[1]

来自福建的儒者陈候光批评利玛窦教唆民众盲目祀天，实属僭越："玛窦令穷檐蔀屋，人人祀天，僭孰甚焉。"[2] 如果这种指控成立，根据《大明律》的规定："凡私家告天拜斗，焚烧夜香，燃点天灯、七灯，亵渎神明者，杖八十。妇女有犯，罪坐家长。"[3]

陈候光认为，天主教鼓吹尊奉天主，导人不忠、不孝，严重背离儒家的核心价值观。他们只认天主，不认君父，无君无父，罪不

---

① 林启陆：《诛夷论略》，参徐昌治：《破邪集》，第 210 页。
② 陈候光：《辩学刍言》，参徐昌治：《破邪集》，第 179 页。
③ 《大明律·礼律》"亵渎神明"条，参杨一凡校点：《皇明制书》第三册，北京：社会科学文献出版社，2013 年，第 921 页。

容诛。① 类似的反对声音与利玛窦死后天主教的传播共同存在，直至"南京教案"的爆发。

"南京教案"（1616）爆发四年后，万历皇帝驾崩。万历时期的禁令很快松动，及至天启年间，耶稣会士从潜藏的澳门等地陆续进入内地，联系隐匿各处的天主教徒，重操旧业。继利玛窦之后，艾儒略（即意大利耶稣会士 Giulio Aleni，1582—1649）成为这一时段最重要的来华耶稣会士之一。为了推动传教事业的进展，和前辈利玛窦一样，艾儒略亟需得到明代士大夫的支持。

晚明内阁首辅叶向高辞职居家期间，艾儒略和他有过一段论辩。后来，艾儒略将两人的对话辑成《三山论学》一书（叶向高为福清人，晚年退居福州，三山是福州别称）。两人分别精通天主教文化和儒家文化，艾儒略更有"西来孔子"的美称，故此，他们的论辩也让我们鲜明地看到两种文化之间的异同。

叶向高开宗明义地驳斥"天主造物说"：你们说天主创造天地万物，可是如果没有天地，何来天主？②

艾儒略回应说：按照您的思路，有天地才有天主，那么，请问，天地从何而来？还不是天主创造的吗？③

根据宋元以来的太极说，叶向高认为："太极也者，其分天地之主也。"④ 艾儒略则针锋相对，认为"太极非天主"：你们儒者都说万物各有一个太极，那么太极就不是万物的本源，怎能成为万

---

① 陈候光：《辩学刍言》，参徐昌治：《破邪集》，第 180 页。
② 〔意〕艾儒略：《三山论学》，《明末清初耶稣会思想文献汇编》第七册，第 332 页。
③ 〔意〕艾儒略：《三山论学》，第 332 页。
④ 〔意〕艾儒略：《三山论学》，第 332 页。

物的主宰？①

叶向高认为天主野心太大，管得太宽：普天之下，物类繁多。如果都要天主主宰，事无巨细，天主怕是太操劳了吧！忙得过来么？②

艾儒略的回应颇具庄子《逍遥游》"至人无己，神人无功，圣人无名"的色彩，所谓"天主至尊无亵，至明无烦，至能无劳"，"顾天主全能，亦何烦劳之有"。③天主本来就全知全能，怎么会感到操劳？

在论辩过程中，叶向高还提出一个饶有趣味的问题：既然天主如此神通广大，爱人无己，为什么不降生在我们这里？果真如此，就不劳烦先生奔波九万里来到中国了。④

艾儒略能言善辩，接着叶向高的逻辑反问：既然孔子那么伟大，为什么不降生在中州，反而降生在偏僻的东鲁？实际上，无论孔子降生在东西南北任何一方，都会让其他地域之人感到不公。所以，天主假如降生中国，也会引发其他地域之人的埋怨。其实，降生在哪里并不重要，重要的是"当一心钦崇天主"："要之信之一字，道之根原也，功之魁首也，万善之纲领也。"⑤

在《三山论学》的结尾，叶向高似乎被说服了，主动要求艾儒略赠送《圣经》："先生所论，如披重雾而睹青天，洞乎无疑矣。

---

① 〔意〕艾儒略：《三山论学》，第333页。
② 〔意〕艾儒略：《三山论学》，第333页。
③ 〔意〕艾儒略：《三山论学》，第334页。
④ 〔意〕艾儒略：《三山论学》，第350页。
⑤ 〔意〕艾儒略：《三山论学》，第352页。

示我《圣经》，以便佩服。"[1] 然而，艾儒略高估了辩论的影响力，让一个博通经典且曾身居高位的儒者归信天主教绝非一番对话就能奏效。何况艾儒略在《三山论学》中的记载乃事后编纂，其中的可信度也值得怀疑。

《三山论学》此书的用意在于借叶向高的名望为天主教发声。此书所载内容也远非正常的论辩，因为叶向高的提问仅有只言片语，干涩无味，而艾儒略的回答滔滔不绝，不仅分为若干大纲，大纲之下又各有若干细目。如此精心的编排难免给读者造成儒者词穷的假象。这场论辩的结果显而易见，叶向高拒绝归信天主教，而艾儒略始终没有说服叶向高，即便在《三山论学》一书中，艾儒略的答辩总是技高一筹，而身为前内阁首辅的叶向高却像是脑海中充满了十万个为什么的孩童。

◎ 儒林对天主教的围攻

叶向高与艾儒略的论辩相对从容，彬彬有礼。除了叶向高之外，也有儒者对天主教采取理解与宽容的态度。比如官居礼部右侍郎的蒋德璟，他更加关注从学理上讨论儒家文化与天主教文化的异同，澄清其中的误解。

崇祯年间，蒋德璟在福建家庙祭祖时，遇到一位外籍传教士。这位传教士问他是否知道比自家祖宗更高一层的"大主公"。蒋德璟心领神会，回答说，在中国，只有天子才能祭祀上帝。我们儒家的上帝，不过是让人畏天敬天，不会有画像。即便真有画像，我们

---

[1] 〔意〕艾儒略：《三山论学》，第352—353页。

的上帝"恐不是深目、高鼻、一浓胡子耳"，^①将西洋传教士驳得哑口无言。

有的儒者并不像叶向高、蒋德璟那般温和，而是发表更为激进的言论。崇祯年间，福建人周之夔就认为"天教浅陋无味""当视天教如禽兽""当辟邪以救人心"，还倡言"当政者应殄灭天教"。^②

万历末年"南京教案"之后，至于崇祯时期，天主教的势力死灰复燃。尤其在福建等地，天主教规模日盛。根据明末儒者王朝式的叙述："顾查《南宫署牍》，尔时狡夷入中国者才十三人耳；今则指不胜屈矣。"^③这种现象很快引起儒林的新一轮攻击。

崇祯年间，黄廷师主张驱除西夷，撰拟《驱夷直言》一书。他的很多言论缺乏证据，比起理性的辩论，更像是有罪审判。比如他认为，西夷之国其实离中国很近，"原距吕宋不远。所谓数万里者，伪耳"，^④明显缺乏地理常识。另外，他还刻意抹黑耶稣会士的德行，指控他们假借解罪之名凌虐男子。男性信众"被迫"穿上白布长衣，手拿带着铁钉的绳索抽打背部，血流满地。^⑤不仅凌虐男子，他们还诱骗妇女，肆意奸淫。^⑥

除了黄廷师之外，福建儒者苏及宇认为，天主教徒无恶不作，堪称邪毒。他们热衷传教，不过是为了勾引女子："教中默置淫药，以妇女入教为取信，以点乳按秘为皈依，以互相换淫为了姻缘。"

---

① 蒋德璟：《破邪集序》，参徐昌治：《破邪集》，第 92 页。
② 周之夔：《破邪集序》，参徐昌治：《破邪集》，第 97—98 页。
③ 王朝式：《罪言》，参徐昌治：《破邪集》，第 116 页。
④ 黄廷师：《驱夷直言》，参徐昌治：《破邪集》，第 119 页。
⑤ 黄廷师：《驱夷直言》，参徐昌治：《破邪集》，第 120 页。
⑥ 黄廷师：《驱夷直言》，参徐昌治：《破邪集》，第 120 页。

他们甚至鸩杀生灵，伤风败俗，"父不父，子不子，夫不夫，妇不妇，孩童难保其孩童"。①

　　来自浙江的儒者许大受，即便是饱学之士，也和其他攻讦天主教的儒者一样，缺乏地理常识，笃信"大西洋国系子虚乌有"。他的观点也暴露儒者闭门读书的弊端："按汉张骞使西域，或传穷河源，抵月宫，况是人间有不到者。《山海经》《搜神记》《咸宾录》《西域志》《太平广记》等书何无一字纪及彼国者？"②在他有限的认知世界里，因为在中国史籍中看不到大西洋国的存在，所以远在数万里之外的大西洋国就根本不存在！

　　让许大受等儒者最为反感的便是艾儒略等人把孔子贬在地狱，"彼乃谓其与羲皇尧舜诸圣同在地狱"，③"彼又谓，地狱无多所，只有炼清、孩童、炼罪、永苦等四重。炼清以处我中国之圣帝、明王、圣师、豪杰"。④这无疑是对儒家文化最大的羞辱，所以儒者不得不群起攻之。

　　福建是天主教传播的前沿阵地，当地儒者黄贞反攻天主教尤力。他认为，天主教拉拢儒家正是攻灭儒家的前奏。久而久之，他们必定会连同孔子一起打倒。⑤

---

①　苏及宇：《邪毒实据》，参徐昌治：《破邪集》，第123页。
②　许大受：《圣朝佐辟》，参徐昌治：《破邪集》，第133页。《明史》编纂者同样觉得利玛窦提出的五大洲（亚细亚洲、欧罗巴洲、利未亚洲、亚墨利加洲、墨瓦腊泥加洲）之说"荒渺莫考"，但是能够敏锐意识到"然其国人充斥中土，则其地固有之，不可诬也"。《明史》卷三百二十六《外国传七》，第8459页。
③　许大受：《圣朝佐辟》，参徐昌治：《破邪集》，第148页。
④　许大受：《圣朝佐辟》，参徐昌治：《破邪集》，第160页。
⑤　黄贞：《尊儒亟镜》，参徐昌治：《破邪集》，第104页。

表面上看,利玛窦、艾儒略等耶稣会士尊重孔子,实则不过是"以仲尼攻仲尼"。[①]针对天主教的"天儒互补论",黄贞一针见血地提出"天儒大相径庭":

> 卑德性而尊耶稣,贱明诚而贵天主,轻仁义而重天堂,以生为缧绁,以死为出狱。[②]

通过这些文字,我们差点相信,黄贞就是一位坚定的儒家信徒。其实不然,他同时具有佛教信仰。他本人对天主教的攻击,与其说是出于对儒家信仰的维护,不如说是对耶稣会士"联儒攻佛"的反感。

◎ **论辩与假设**

从 16 世纪后期到 17 世纪早期,不少耶稣会士站到文艺复兴的前沿,并不等于他们背后的教廷对新兴的科学知识予以包容。

很多传统的教士笃信《圣经》的说法,认为地球是宇宙的中心,排斥哥白尼的"日心说"。

> 世界就坚定,不得动摇。(《圣经·诗篇》96:10)

和布鲁诺一样,伽利略(Galileo Galilei, 1564—1642)是哥白尼"日心说"的支持者,却为此遭到罗马教廷的审讯,被认为具有强烈的异端嫌疑,教廷要求他放弃"日心说"。即便如此,根据传闻,伽利略却认为:

---

① 黄贞:《尊儒亟镜》,参徐昌治:《破邪集》,第 110 页。
② 黄贞:《尊儒亟镜》,参徐昌治:《破邪集》,第 111 页。

　　And yet it moves.（但是，地球依然在转啊！）

　　今天看来，哥白尼、布鲁诺、伽利略代表了真理，而天主教廷极力维护的"地心说"不过是陈旧的理论而已。

　　回到明代中国儒者与耶稣会士的论辩，大概分为两种：一种是基于学理上的正常论辩，一种是近乎谩骂式的人身攻击。[1] 他们要么质疑"大西洋国"的存在，要么质疑耶稣会士关于大地是球形的"谬论"——难道不应当是"天圆地方"吗？这就像罗马教廷坚信地球才是宇宙的中心，因为这是上帝的旨意。

　　其中，也不乏一些开明的儒者对利玛窦等人的学说表现出浓厚的兴趣，小心翼翼地假设：万一这些西洋儒者说的是真的呢？

　　江西名儒袁中道听利玛窦说，世界就像鸡蛋一样，这颗球状的物体四方上下都有世界，上界和下界之人脚和脚刚好对应，人类沿着这颗地球行走，就像蝇虫在屋梁上爬行。这种理论听起来有些奇怪，却与佛经上提到的仰世界、俯世界、侧世界暗合，也许有合理之处吧。[2]

　　广东儒者张萱见过利玛窦。听到他关于地球的评论，张萱没有像其他儒者那样认为那是妄见，不值一哂。他早年阅读《酉阳杂俎》，

---

　　① 比如，明儒邹维琏抨击利玛窦为"利妖"："昔人有言：庄周，道家之仪、秦；王通，孔门之王莽。盖以文中子《中说》效《论语》，故以莽事加之，其实《中说》多格言，实欲取法圣人。若夫利妖，电光之舌，波涛之辨，其一仪、秦，而其拔如来之帜，登素王之坛，真一王莽，侮圣欺天，诪张为幻，左道之诛，岂可容于尧舜之世哉？佛老之害，过于杨墨。天主之害，过于佛老。"邹维琏：《管见辟邪录序》，《达观楼集》，《四库全书存目丛书·集部》第183册，济南：齐鲁书社，1997年，第13页。

　　② 袁中道：《珂雪斋外集》卷四，《续修四库全书》第1376册，第258页。

书中提到有人挖井挖到深处，听到下面有车马人物的喧嚣之声。据此，他觉得利玛窦所言并非无稽之谈。[①]

另据清儒李光地的总结：历数中国宿儒，比如唐代的李淳风、僧一行，宋代的邵雍，元代的郭守敬、许衡，明代的刘基，个个聪明绝顶，但并不知晓天地俱圆，还是固守"天圆地方"之说。直到利玛窦进入中国，说世界是一个圆体，而当时的中国人争相讥笑，以为这个外国和尚没有常识。殊不知，利玛窦从本国出发，几乎绕地一周才抵达中国。所以，他的地球圆体之说，"乃彼所目见，并非浪词"。[②]

可惜，袁中道、张萱等明儒对于耶稣会士的理论，只能通过佛经、小说推论，并没有扬帆前往大西洋国实地考察的冲动。他们隐约感受到西方科学技术及其理念的非同凡响，[③] 却碍于各种因素，错过探索西方的机会。[④]

---

① 张萱：《疑耀》卷四"地下有世界"条，景印文渊阁《四库全书》第 856 册，第 231 页。

② 李光地：《榕村语录》卷二十六，景印文渊阁《四库全书》第 725 册，第 409 页。

③ 有学者指出，明清之际的耶稣会士为中国带来科学技术，只是出于阶级本性、宗教偏见和知识背景等方面的限制，他们无意帮助中国走上发展科技的道路。但是，与鸦片战争之后来华的传教士不同，明清之际的耶稣会士不可被一概视为"文化侵略分子""殖民主义先遣队"。参林金水：《利玛窦与中国》，第 284 页。

④ 迄今为止，儒家文明与基督教文明的冲突与融合依然是学界的一大研究热点。可参 Stephen Uhalley, Jr. and Xiaoxin Wu, *China and Christianity: Burdened Past, Hopeful Future*, Taylor & Francis Group, 2001.

◎ 耶稣会士与东林党人的往来

17 世纪初，儒者沈德符和利玛窦比邻而居。根据他的观察，利玛窦堪称博学君子。他待人忠厚，乐善好施，在士庶之间有口皆碑。后来代替利玛窦传教的诸人，几乎无人能出其右。即便他和信徒倡导的天主教与中国的儒学不同，但是没必要认为他们都心怀鬼胎，想要颠覆我大明政权，所谓"若以为窥伺中华，以待风尘之警，失之远矣"。①

除了徐光启、沈德符这些儒者之外，利玛窦等耶稣会士也和邹元标等东林党人颇有来往。根据书信交接，东林党领袖邹元标很快捕捉到利玛窦等人的传教用意。在给利玛窦的回信中，邹元标表示：你们想要天主之学流行中国，用意良厚。敝人拜读大作，观察到天主教的教义与吾国圣人的教诲颇多相通之处。即便有一二不同，也是由东西方之间的不同风俗引起。门下熟读《易经》，必知其中"统天"之义。所以，敝邦人素来知晓上天之意……邹氏言外之意，既然我们素来知晓，又何需你们赘言？就这样，邹元标婉拒利玛窦的美意，并谦虚地表示："不知门下以为然否。"②

万历末年，朝纲浊乱。邹元标因为直言进谏，被朝廷罢官，回到江西老家讲学三十余年。和邹元标交好的叶向高则在万历末年入阁，勉强支撑残局。叶向高作为阁老，曾经两次邀请利玛窦到府中做客。万历三十八年（1610），在利玛窦死后，他接到耶稣会士请求朝廷赐予葬地的奏疏，非常乐意向皇帝奏请。考虑到利玛窦进贡

① 沈德符：《万历野获编》卷三十，第 784 页。
② 邹元标：《答西国利玛窦》，《愿学集》卷三，景印文渊阁《四库全书》第 1294 册，第 89 页。

并维修自鸣钟的功劳，万历皇帝同意叶向高的请求，交由礼部办理，"给地收葬，以广皇恩"。①

换言之，论学之余，叶向高、邹元标等儒者对耶稣会士予以充分尊重，并且提供一定的支持。只是碍于朝臣非议、学说差异等因素，他们和耶稣会士一直保持距离。

明熹宗天启四年（1624）底，艾儒略拜访退休在家的阁老叶向高，企图继续增强天主教在士大夫中间的影响力。当时，魏忠贤权倾天下，正在处心积虑清理朝野大臣。叶向高、邹元标等饱学宿儒赫然出现在被重点打击的名单之列。故此，比起眼前的这些耶稣会士，真正让儒林担忧的便是东林党人与魏忠贤集团的这场恶战。

和耶稣会士的心境颇有几分相似，17世纪初的儒学精英同样陷入对未来的不确定性之中。与阳明学派浓重的学术色彩不同，东林党作为明末儒家学术、政治团体，通过讲学的方式，同声相应，同气相求，以学术影响政治。如果说，沈潅等儒臣在"南京教案"中对耶稣会士的短暂驱逐有如一阵春寒，那么，东林党人和阉党之间的决死斗争则不啻暴雨狂风，很快席卷整个帝国。

---

① 《利玛窦与中国》，第137—138页。

第七章　儒学、党社与荷兰东印度公司

第一节　东林党人

> 两耳不闻窗外事，一心只读圣贤书。
>
> ——《古今贤文》（约刊行于明万历年间）
>
> 风声雨声读书声，声声入耳；家事国事天下事，事事关心。
>
> ——顾宪成（明末东林党领袖）

◎ 武宁桥上的儒者

乙酉年（1645）五月，秦淮河边，一位头戴儒冠、身着儒服的士人登上武宁桥(今南京武定桥)，形如槁木，心如死灰，口中喃喃道："刘公，马先生，我来陪你们了！"之后，纵身一跃，结束了生命。

龚廷祥，字伯兴，号佩潜，无锡人，出身贫苦，勤学自立。他师从本地名儒马世奇，后来考中癸未科的进士。崇祯十六年（癸未，1643）是大明朝最后一次开科取士，此次中榜的进士有三百多名。龚廷祥位列三甲，赐同进士出身，对恩师马世奇以及癸未科的阅卷官刘理顺两位先生铭感五内。

崇祯十七年（甲申，1644），马、刘二人都在京师殉难。不在其位，不谋其政。龚廷祥尚未履职，故而没有殉国的名分。接到马、刘两位先生的噩耗，他设立牌位，一边拿着竹如意敲击石头，一边放声唱着哀歌，就像南宋末年的儒者谢翱祭奠文天祥一样。哀歌凄婉，闻者莫不泫然。

南渡以后，他被弘光朝廷选派到中书省做一个小小文官。靠着这点俸禄，他连自己的老母亲都无法赡养。家徒四壁，国步崎岖，龚廷祥逐渐失去活下去的信心。当清军南下进逼南京的时候，友人听到他要殉难，开导说：佩潜兄不过是小小文官，任职不过一月，家中又有老母，何必求死？天下之大，在哪儿不能隐姓埋名，过上一辈子？

百行孝为先，听到友人提到自己的母亲，龚廷祥泣不成声。他手书家信一封，表示自己并不害怕死亡，"但思一见母而不得，肝肠寸裂，血泪满襟"，[1] 嘱托家人善待太夫人。随后，他整理衣冠，到文庙孔子神位前行礼，最后到武宁桥上，投水自沉。[2]

清儒陈鼎在编纂《东林列传》的时候，翔实地收录龚廷祥的事迹，并对真假道学进行分疏。很多人嘲笑道学家"无事袖手谈心性，临危一死报君王"，殊不知，死生之际最能看出一个人的操守，"能忠孝节义，乃为真道学"。[3] 在陈鼎看来，像龚廷祥这样的儒者才是真道学，而社会上那些逞口舌之快的儒者，何足道哉！

一个人能够从容赴死绝非偶然，背后肯定有一套支撑自己的价值理念。树高千尺，不离其本，龚廷祥价值观、生死观的形成同样

---

① 陈鼎：《东林列传》卷十，景印文渊阁《四库全书》第458册，第300页。
② 高𬮿等：《东林书院志》卷十，《续修四库全书》第721册，第179页。
③ 《东林列传》卷十，景印文渊阁《四库全书》第458册，第300页。

离不开师友的熏陶。

作为龚廷祥的老师，马世奇的殉国极具悲剧色彩。马世奇，字君常，无锡人。崇祯辛未（四年，1631）进士，以庶吉士改授翰林院编修。崇祯十七年（1644），官至左春坊左庶子。李自成攻陷京师之际，他料定崇祯帝会选择殉国。食君之禄，忠君之事。作为服务国家十三年的官员，祖孙三代世受国恩，他义无反顾地选择自杀。自杀前，他的两位小妾朱氏、李氏盛装如新，主动请求一同自缢，这让他备感意外。乱世之中，女性很容易成为施暴的对象。与其遭贼人玷污，倒不如死得清清白白。

他的仆人许达等人反复哀求，请老爷和两位夫人不要轻生，遭到婉拒。临死前，马世奇遣散奴仆，安排许达将自己收藏的文集，分送弟弟马世名以及儿子马壬玉。随后，他沐浴更衣，穿上官服，在墙壁上挥泪书写"马世奇同二妾殉此"一行大字，[1] 先面朝北方，行五拜三叩首的大礼，叩谢君恩，继而面朝南方，遥拜母亲毛太淑人，叩谢母恩，最后和两位小妾一同自缢。

马世奇的选择，离不开幼承庭训的熏染。他的祖父马濂官至桂林知府，颇有政声。[2] 父亲马希尹，在万历年间，先后担任太仓训导、平乐府教授，为当地儒学培养不少人才。马希尹道德学问的养成又离不开他的老师叶茂才的教诲，[3] 而叶茂才同顾宪成、顾允成、高攀龙、安希范、刘元珍、钱一本、薛敷教等人被称为"东林八君子"，都

---

① 《东林列传》卷八，景印文渊阁《四库全书》第 458 册，第 274 页。

② 《东林书院志》卷十，《续修四库全书》第 721 册，第 175 页。

③ 裴大中、倪咸生：《（光绪）无锡金匮县志》卷十九，南京：江苏古籍出版社，1991 年，第 315 页。

是蜚声遐迩的儒者。

和本朝诸多儒者理念相同，叶茂才等人坚信讲学的重要性。自正德、嘉靖以来，明朝讲学的风气一直流行。无论是阳明学派，还是甘泉学派，不少儒者云集书院，乃至到寺观，聚众讲学。只不过，在明朝近三百年的历史长河中，唯独东林书院一枝独秀，甚至被冠以"东林党"的名号。[①] 所谓的东林党也成为明末四十年间（1604—1644）规模宏大、影响深远的集学术、社会、政治等因素于一身的儒家团体，这在整部中国儒学史上实属罕见。[②]

黄宗羲在编写《明儒学案·东林学案》时，对这一群体评价极高：

> 数十年来，勇者燔妻子，弱者埋土室，忠义之盛，度越前代，犹是东林之流风余韵也。一堂师友，冷风热血，洗涤乾坤。无智之徒，窃窃然从而议之，可悲也夫！[③]

这期间究竟发生了什么？一群弱不禁风的儒者如何形成声势浩大的团体，在明朝末年掀起惊涛骇浪？他们究竟有什么魅力，流风所至，可以让马世奇、龚廷祥等后来者即便豁出性命也在所不惜？

---

① 关于东林是党非党的争议可参樊树志：《东林非党论》，《复旦学报》2001 年第 1 期；樊树志：《东林书院的实态分析——"东林党"质疑》，《中国社会科学》2001 年第 2 期；李庆：《"东林非党论"质疑》，《中国典籍与文化》2004 年第 3 期等。本文为行文统一，一律采用"东林党""东林党人"的表述。

② 关于东林书院与东林党的脉络关系，可参瞿林东：《东林书院和东林党》，《文史知识》1984 年第 11 期等。

③ 《明儒学案》卷五十八，第 1375 页。

◎ **东林大会**

今天，我们到无锡东林书院观光，发现此地和其他古典建筑群相比，并没有什么特别独到之处。即便它是宋代大儒杨时讲学之地，宋元以来，在全国范围内也没有太大名气。

到了明代，此地一度荒芜。经本朝儒者邵宝修葺之后，也不过是大明朝随处可见的教学场所之一。直到顾宪成等人罢官还乡，此地才逐渐名动天下。

顾宪成（1550—1612），字叔时，无锡人。万历八年（1580）进士，官至户部主事。不久，因为触怒张居正，落职回家。万历十年（1582），在张居正死后，顾宪成被起用。他先后担任吏部主事、处州推官、泉州推官等职，继而升任吏部员外郎、文选郎中。万历二十二年（1594），因为荐人不当，被神宗皇帝削籍。[①] 回乡后，顾宪成和亲友读书、讲学。一位儒者到了知天命之年，绝意仕途。按照这种理路发展，顾宪成很可能以耆儒的身份著书立说，了此残生。

万历三十二年（1604），顾宪成和高攀龙等人发现，前来问学的儒生摩肩接踵，以至于附近的屋舍无法容纳。于是，在当地官员和乡绅的帮助下，他们重修东林书院。同年，顾宪成还和顾允成、高攀龙、安希范、刘元珍、钱一本、薛敷教、叶茂才等人举办东林大会，扩大影响力。这八人就是我们上文提到的"东林八君子"。

根据会约，东林书院每年春季或者秋季的某月召开一次大会，为期三天。除了寒冷的十二月、正月以及炎热的六月、七月不宜聚集之外，其余七个月每月召开一次小会，同样为期三天。这本来是

---

① 《明史》卷二百三十一《顾宪成传》，第 6029—6032 页。

平平常常的学术会议，以江南地区为中心，各门各派的儒者，不分士庶，不拘朝野，均可参会。

每年一次的东林大会最为隆重，会议主办方至少提前半个月把请帖发放到相关学者手中。大会持续三天，第一天需要郑重行礼。天还未亮，与会学者早早起床，收拾妥当，前往东林书院，准备跪拜孔夫子的圣像。听到击鼓三声，无论堂上、堂下的儒者，还是庭中的儒者，大家依次列队抵达圣像前，行四拜之礼。之后，还要到道南祠祭祀，跪拜杨时等先儒。

祭祀完毕之后，与会学者依次落座。先请外地各府的儒者落座，继而是外地各县的儒者，然后是本府、本县的，最后才是东林书院主办方的人员。东西落座之后，大家还要全体起立，向对方两次作揖行礼。听到击磬三声，再作揖一次，然后分别到孔子圣像、道南祠作揖一次，一一退出。

外地学者会在东林书院附近食宿。早餐相对简单，因为时间紧张，大家要赶到书院。午餐四人一桌，两荤两素。晚餐相对丰盛一些，六荤六素，还提供酒水。第三天的晚宴是送行宴，除了酒、菜之外，每桌还提供果品四道、汤点一具、攒盒一具。[1] 每年一次大会、七次小会耗资不菲，所以顾宪成等人从附近官员、缙绅那里募集资金。

大会的核心内容之一便是由推举的会主讲解圣贤之道，以四书为主。无论谁当会主，讲完之后，都要接受大家的提问。面对不同意见，要"虚怀以听"。[2]

---

[1] 《东林书院志》卷二，《续修四库全书》第721册，第38页。
[2] 《东林书院志》卷二，《续修四库全书》第721册，第38页。

为了避免学者久坐劳神，兴趣削减，顾宪成等人还组织乐生歌诗。不仅乐生歌唱，与会学者也跟着"互相倡和，反复涵咏"，把握诗中的真谛。至于歌曲的遴选，顾宪成等人并非从古老的《诗经》中取材，而是以宋儒以及本朝大儒的诗歌为主。比如，大家都会歌唱东林书院开山祖师杨时的问道诗《东林道上闲步》：

> 寂寞莲塘七百秋，溪云庭月两悠悠。
> 我来欲问林间道，万叠松声自唱酬。[①]

此外，也有邵雍的《观物》、程颢的《秋日偶成》、朱熹的《克己》、陈献章的《独速》、王阳明的《咏良知》等等。虽然闭门读书自有一番乐趣，但是和东林书院中的各位同道一起，随着声乐、韵律反复唱诵"富贵不淫贫贱乐，男儿到此是豪雄""而今指与真头面，只是良知更莫疑"等经典诗句，大家难免会在心中涌起见贤思齐的强烈冲动。

东林大会声名在外，吸引很多儒者前来，特别是年轻人。举例而言，浙江金华府东阳县的青年儒者张国维，家乡距离无锡上千里，山水迢迢。为了参加东林大会，他提前出发，一路步行前来听讲。[②]当时，他还不过是东林大会中一位名不见经传的后辈，若干年后，却成为兵部尚书。[③]类似张国维的年轻儒者富于激情与梦想，成为传播东林理念的生力军。通过东林大会的听讲以及师友之间的切磋，

[①] 《东林书院志》卷二，《续修四库全书》第 721 册，第 40 页。

[②] 《东林列传》卷十一，景印文渊阁《四库全书》第 458 册，第 308 页。

[③] 张国维后来考中进士（天启二年，1622），并于崇祯十五年（1642）晋升兵部尚书。明亡之后，他顽强抵抗清军，力不能支，最后投水自杀，以身殉国。参《明史》卷二百七十六《张国维传》，第 7062—7065 页。

他们自觉抱成一团，以思靖献。

随着名气的提升，到东林书院参会的人数不断攀升。哪怕每次小会仅有两三百人，一年七次也有一千多人。何况还有每年一次的大会，与会者更是难以计数。这种大规模、高频次的儒学会议，不要说在公元 17 世纪初，即便放在四百多年后的今天，依然是惊人的存在。"日知其所亡，月无忘其所能"（《论语·子张》），如此高频次的会议也足以反映出这些儒者求道心切。

考虑到顾宪成、高攀龙等人都是削籍或者辞官在家的人员，我们不禁疑惑：为什么东林大会如此动人？这显然不是政治力量、经济利益和科举功名所能决定的。换言之，东林书院举办的大会、小会本身和与会学者的名利无关。为了搞清楚这一问题，我们需要跟随文献，尝试回到那个时空，聆听他们的讲学内容。

树木掩映之下，东林书院庄严肃穆，又不失活力。千百名儒者衣冠整肃，济济一堂，期待通过此次大会获得新的知识，坚定求道的人生志向。在第一届东林大会（万历三十二年，1604）上，顾宪成是当仁不让的主讲人。他主讲的题目为：

> 群居终日，言不及义，好行小慧，难矣哉！（《论语·卫灵公》）
>
> 饱食终日，无所用心，难矣哉！（《论语·阳货》）

汉唐以来，经学家关于这两句的解释叠床架屋。今人想要添加新解，难上加难。明代书院的讲学却自有特色，绝非走纯学术的路线，而是要让一般百姓也听得明白，这样才能深入人心。顾宪成并不打算掉书袋子，拾人牙慧。他口才极佳，分析道理极为通透，很容易引发士人的共鸣：

> 人生天地间，日子不是胡乱度的，屋不是胡乱住的，饭不是胡乱吃的，朋友不是胡乱搭的，话不是胡乱说的，事不是胡乱做的。这个心极灵极妙，不是胡乱丢在一边的。今有人于此，群居终日，只弄些闲口舌，斗些小聪明。又有人于此，饱食终日，更不用些心，做些勾当。我替他计算，他意中还过得去否？将来还得个好结果否？[①]

堂上、堂下的儒者闻言之后，若有所思。有的点头称是，有的露出充满期待的目光，渴望顾先生往下讲解。

顾宪成接着解释道，孔子并没有让大家如何做，也没有直接批评这两种人，只是委婉地说"难矣哉"，这其中是什么道理？大家想过没有？

圣人教人，无非是要大家自我反省，自我体悟。当年，孔子在杏坛讲学，"非先王之法言不言，非先王之法行不行"，很多人都嘲笑他老人家迂拙，却不懂他的良苦用心。大家想想看，我们在座的诸位，生活中能够免去"言不及义，好行小慧"吗？能够免去"无所用心"吗？如果大家不能免去，那么我们今日在此讲学，就相当于误人子弟，"断送了一伙的性命"；如果自己不能免去，即便离群索居，也"断送了一生自家的性命"。[②]圣人正是担心如此，才用"难矣哉"来警示我们……

听罢，众人由衷钦佩。这种讲解独辟蹊径，胜于塾师千万倍，

---

①　《东林书院志》卷三，《续修四库全书》第721册，第41页。

②　《东林书院志》卷三，《续修四库全书》第721册，第41页。

醍醐灌顶，让人不禁拍案叫绝。只有顾宪成这般具有领袖气质的人方能开发出来，而东林书院也很快成为东南地区乃至全国的讲学圣地。

有一次轮到高攀龙主讲，遇到提问：现在，有的官员、儒者不愿意实心做事，更不愿意批评时政，而是本着"明哲保身"的原则，话少祸少，做多错多。请问，景逸先生（高攀龙号景逸）对此作何评论？

高攀龙说，这是个很好的问题，很多人都有这种疑惑。到底什么叫"明哲保身"，保的这个"身"究竟是什么"身"？是保全性命、苟求富贵吗？非也！是隐居山林、不问朝政吗？非也！我相信，圣人所言的"身"绝非我们一己之躯体，而是"千古之身"！只有保住这个"千古之身"，才能游刃于出世、入世之间，奔走于庙堂、江湖之上。

举例来说，作为封疆大吏，就要以保封疆为"明哲保身"。管辖的疆域田地荒芜，道路不通，百姓怨声载道，"庖有肥肉，厩有肥马，民有饥色，野有饿莩"（《孟子·梁惠王上》），自己却不闻不问，乃至欺上瞒下，这叫"明哲保身"吗？恰恰相反，为官一任，造福一方，哪怕死在任上，百姓也会永远记住自己，这个身才是"千古之身"，才是最应当保住的"身"。如若不然，身死名灭，岂不哀哉？有的儒者空读圣贤之书，不顾名节，一心为了升官发财，即便偷生几年，终归一死，还落下千古骂名，这算什么保身？①

顾、高二人的讲学与应答大概如此，让很多人都有"听君一席话，胜读十年书"的痛快。儒学本应是如此活泼，如此通透！这些道

---

① 《东林书院志》卷五，《续修四库全书》第721册，第62页。

理绝非个体躲在书斋中所能参悟，所谓"独学而无友，则孤陋而寡闻"
（《礼记·学记》）。

和很多书院一样，东林书院成立之初，并不触及时政。可是，
学术的发展又离不开时代背景与社会矛盾的刺激。身处万历末年，
大家看到君主怠政，矿吏四出，民怨沸腾，不能不有所回应。对此，
顾宪成的弟弟顾允成就痛感士大夫之无勇无识，动辄以"明哲保身"
为托辞。他痛切地指出：

> 吾叹夫今之讲学者，恁是天崩地陷，他也不管，只管讲
> 学耳。[①]

民不聊生，哀鸿遍野。国家快要亡了，总有一些学者端着架子
在讲台上大讲孝悌忠信，在笔墨上大谈礼义廉耻，绝口不谈时政，
不谈民生。一个国家，如果民众只想着传食诸侯，受人伺候，而学
者昧着良知，只讲明哲保身，只关心个人的升迁富贵；一个社会，
如果人人都自私自利，事不关己，高高挂起……长此以往，国将不
国矣！

东林书院聚集了一大批担忧时局、意图进取的知识分子。因为
这些人精通儒家典籍，见解独到，同时砥砺名节，独立敢言，勇于
为民众发声，所以在知识界和民众之间很受欢迎，且影响力超出江
南一地。史称：

> 深山穷谷，虽黄童白叟、妇人女子，皆知东林为贤。[②]

---

① 《明儒学案》卷六十，第1470页。
② 《东林列传》卷二，景印文渊阁《四库全书》第458册，第203—204页。

又称：

（天）启、（崇）祯以后，号东林者几遍天下。[①]

在东林书院声名鹊起之际，不少官员开始罗织罪名，发动攻击。[②]他们倒打一耙，歪曲事实，侈谈书院讲学的危害。根据兵科都给事中朱童蒙的一封奏疏，如今朝野之间，意见不一，很多正直的士大夫遭到陷害，我大明的国脉也受到损伤，究其根源，"皆讲坛之贻害也"。[③]

因为周期性的小会、大会以及对时政的评议，东林书院很快成为明末儒学的主阵地。即便这只是一家民办书院，却渐渐倾动朝野，溢出效应远远超出主办者的预期。当云集在东林大会的儒者们自以为接续圣贤之道为国分忧、为民请命的时候，掌权者会容忍他们继续议论下去吗？

◎ **漕运总督的餐厅**

京杭运河是连接明帝国南北之间的生命线，而漕运总督则是管理这条生命线的要员，地位之重不言而喻。李三才，字道甫，陕西临潼人，后来举家迁到京师。[④]他万历二年（1574）就中了进士，万历二十七年（1599）以右金都御史的身份总督漕运，巡抚凤阳

---

① 《东林书院志》卷二十一，《续修四库全书》第 721 册，第 309 页。
② 高攀龙、顾宪成的讲学很快招致小人攻击，"小人闻而恶之，庙堂之上，行一正事，发一正论，俱目之为东林党人"。《明儒学案》卷五十八，第 1399 页。
③ 《明熹宗实录》卷二十六，天启二年九月庚子，第 1303 页。
④ 《东林列传》卷十六，景印文渊阁《四库全书》第 458 册，第 372 页。

诸府。[①]

上任之后，李三才遇到的最大障碍并非漕运事务，而是朝廷派遣的矿税使。他们在扬州、淮安、徐州等处百般刁难，欺压文臣武将，凌虐士绅庶民。李三才与这些太监斗智斗勇，且多次上疏，请求停罢矿税，深得民心。多年以来，因为治淮有功，李三才也被加封户部尚书。

在漕运线上掌权长达十二年之久（1599—1611），李三才对运河两岸的大小事务十分熟稔。在此期间，他也听到无锡东林大会的消息，与东林士人有所往来。其中，就有东林书院的领袖顾宪成。

漕运总督的驻地淮安府为南北要冲。借着地利之便，李三才留意结纳形形色色的过往人物，很快名满天下。有一次，顾宪成路过淮安，李三才特意邀请他到府上用餐。顾宪成之前听闻，这位总督为人豪奢，在士林之中各有毁誉：有人认为他抚淮多年，是难得的好官；有人则认为，他不修篦篦，贪污腐败。为了一探究竟，顾宪成接受邀请。

穿过总督府一道又一道装饰精致的大门，顾宪成来到餐厅。餐厅极大，富丽堂皇。柱廊刻绘各种纹饰，墙壁上也悬挂着名人画作。等到上菜的时候，顾宪成赫然发现，上的不过是普通人家的蔬菜而已，甚至都没有荤菜。李三才抱歉地解释道，厨房刚好没剩下什么菜，只能委屈阁下了。顾宪成和李三才寒暄着，并不清楚眼前这位总督的葫芦里卖的什么药。

就在顾宪成狐疑不定的次日，他再次来到餐厅，却像进入了另

---

①　《明史》卷二百三十二《李三才传》，第6061—6062页。

外一个世界。餐厅内外格外热闹,多了几十名仆人。一些乐工也已就位,衣装斑斓,开始演奏舒缓的乐曲。顾宪成还以为,今日有其他贵客来访。李三才却说,只有你我二人。

不多会儿工夫,一张餐桌就被摆得满满当当,放眼望去,各式佳肴不下一百道!对此,李三才解释说,昨天没有菜蔬,今天大早,敝府所订的货物刚好送到,所以罗列于此,招待阁下。[①] 言罢,他从容地与顾宪成进餐。

君子与时俯仰,菜多菜少,处奢处俭,一切随缘。顾宪成颇为动容,认为李三才贵为总督,不失坦荡,颇有几分豪爽。至于风传的奢靡、贪腐之类的说辞想必是政敌的欲加之辞,未必可信。

漕运总督餐厅的际遇只是明末士人社交的一道插曲,并非顾宪成对李三才态度的决定因素,真正让他们交好的还是相同的价值理念、对社会不公的愤慨以及改良政局的志趣。

东林书院的儒者独立敢言,与其布衣身份相关。作为庶民,他们的言论既不会直接触动朝局,也不会因此丢掉并不存在的官位。李三才身为朝廷命官,理应危言危行,却同样直言不讳:

> 夫天下之患,莫大于忌讳而不敢言,尤莫大于固拒而不受言。[②]

早在万历二十八年(1600)五月,李三才就给神宗皇帝上了一

---

① 蒋平阶:《东林始末》,《四库全书存目丛书·史部》第55册,济南:齐鲁书社,1997年,第624—625页。

② 李三才:《万民涂炭已极乞赐省览以救天下疏》,参吴亮:《万历疏钞》卷二十九,《续修四库全书》第469册,第226页。

封《政乱民离目击真切恳乞圣明承天念祖救之水火以自尽君道疏》，言辞激烈地批评君主不像君主，纵容太监四处征税，以至于黎民百姓生活在水深火热之中：

> 一民不得其所，皆主民者之责也，乃今则如何哉？不惟不衣之，且并其衣而夺之；不惟不食之，且并其食而夺之。征榷之使，急于星火；搜括之令，密如牛毛。[①]

政局清明之际，这些意见尚能被采纳。神宗皇帝常年怠政，拒绝上朝履行皇帝的义务，却滥施君主的淫威，四处派遣宦官征税，借以满足私人的开销。所以，李三才的这些意见提得越多，就越容易引发君主的反感。

在和顾宪成等东林书院的儒者接触过程中，李三才发现，这些人品学兼优，忠君爱国，却有志难伸，削籍在家。他上疏朝廷，请求召用这些忠良之辈。然而，他的意见根本不被皇帝理会。

万历三十八年（1610），风传内阁要补入新成员。根据李三才的履历和才干，不少人都希望他能入阁。一旦李三才入阁，难免触动不少人的利益。根据研究明末党社专家小野和子的观察：

> 如果李三才入阁的话，支持首辅叶向高，如他一直主张的那样，东林党人士肯定就会一齐回归政界。反东林派就会受到决定性的打击。[②]

---

① 李三才:《政乱民离目击真切恳乞圣明承天念祖救之水火以自尽君道疏》，参吴亮:《万历疏钞》卷二十九，《续修四库全书》第469册，第223页。

② 〔日〕小野和子:《明季党社考》，李庆、张荣湄译，上海：上海古籍出版社，2013年，第192页。

消息刚刚传出,两京的反对派官员就倾巢而动,纷纷攻击李三才,说他"大奸似忠,大诈似直",还列举种种"罪状"。也有一些官员为李三才打抱不平,上疏为其申辩。

舆情汹汹之际,顾宪成利用自己舆论领袖的地位,先后给叶向高、孙丕扬写信,为李三才辩解。[1]本想引导舆情,为李三才铺路,不料这两封信流传不久,却成为反对派攻击李三才的口实,说他勾结东林党人,居心叵测。有人还列举"十贪""五奸",[2]把他比作严嵩一般的奸臣。[3]

叶、孙二人都是顶层官员,前者担任内阁首辅,后者担任吏部尚书,在满朝文武之中处于领袖地位。如果他们力排众议,同意顾宪成的观点,支持李三才入阁,那么,万历末年的朝局可能迎来转机。

问题在于,他们二人对待李三才、顾宪成究竟是什么态度?他

---

[1] 关于顾宪成给叶向高等人写信为李三才辩护的时间,《明通鉴》系于万历三十九年(《明通鉴》卷七十四,第2945—2946页),《明史纪事本末》系于万历三十八年(《明史纪事本末》卷六十六,第1035页)。查顾宪成的儿子顾与沐等人编纂的《顾端文公年谱》,恐当以万历三十八年为是(顾与沐等:《顾端文公年谱》卷下,《续修四库全书》第553册,第401—402页)。至于顾宪成给叶向高、孙丕扬写信的缘由,据《年谱》记载,并非出于顾宪成本人的主意。当时,关于李三才能否入阁,朝野议论纷纷。不少人赶到东林书院,请求顾宪成发表意见,所谓"诸人争欲得公言,定是非之衡"(《顾端文公年谱》卷下,《续修四库全书》第553册,第402页)。既然众望所归,顾宪成推辞不过,便以布衣的身份提笔给朝臣写信,为李三才辩护。

[2] 《明史》卷二百三十二《李三才传》,第6065页。

[3] 顾宪成的好意造成截然相反的结局,自己也被人诬陷。对此,他也颇为悔恨。根据光禄丞吴炯的回忆:"宪成贻书救三才,诚为出位,臣尝咎之,宪成亦自悔。今宪成被诬,天下将以讲学为戒,绝口不谈孔孟之道,国家正气从此而损,非细事也。"《明史》卷二百三十一《顾宪成传》,第6033页。

们又是否具备左右朝局的能力？

◎ 内阁首辅的辞职疏

叶向高，字进卿，福州府福清县人，万历十一年（1583）进士。万历三十五年（1607），以礼部尚书兼东阁大学士的身份入阁，参与机务。当时，内阁大臣有王锡爵、于慎行、李廷机等人。等到叶向高入阁，于慎行已经过世，王锡爵则拒绝履职，李廷机也杜门不出。所以，到了万历三十六年（1608），叶向高成为内阁首辅，号称"独相"，独自主持内阁工作长达七年之久，直到万历四十二年（1614）才告老还乡。

担任内阁首辅以来，叶向高对当下的形势心知肚明。皇帝累年怠政，朝臣纷争未已。内阁缺人不补，六部尚书仅存一位，都御史的职位空缺长达十年之久。[1] 股肱重臣尚且如此，其他大小官职更无足论。

万历皇帝的怠政就像中毒一样，越来越深。在他的生命中，仿佛唯一能让他兴奋起来的就是白花花的银子堆在面前。他不顾天下百姓的死活，四处派遣矿税使，打着开矿的旗号，干的都是与民争利甚至抢劫民财的勾当。这样做的代价便是大明的国运一日不如一日。即便是张居正，或者"三杨"复生，恐怕也于事无补。很多人选择躺平，"两耳不闻窗外事"；而有的人则忍受不了良知的煎熬，"家事国事天下事，事事关心"，开始批评时政，比如东林党人。

----

[1]　《明史·叶向高传》载："大臣者，小臣之纲。今六卿止赵焕一人，而都御史十年不补，弹压无人，人心何由戢？"《明史》卷二百四十《叶向高传》，第 6235 页。

在无法弹劾、罢免君主的大背景下，叶向高年仅五十，精力充沛，一个人在空空荡荡的内阁苦苦支撑残局。纶扉高台，雕梁画栋，作为国家中枢的内阁显得暮气沉沉。叶阁老就像一位大副，眼看着船长整日把自己关在船长室，不知是纵欲，还是自闭，自己只能仓促指挥明帝国这艘巨轮上残存的船员小心航行，竭力避开风暴、暗礁……至于这艘巨轮要驶向何方，他无力关心。当务之急，作为大副，他总不能看着轮船沉没在自己手中，即便他并非这艘轮船的主人。

万历三十八年（1610），当内阁要补入新成员的时候，作为"独相"的叶向高自然乐观其成。毕竟，这几年来，他一个人干了四五个人的工作，心力交瘁。综合多方面的意见，他了解到漕运总督李三才能力突出，是入阁的合适人选。他也向皇帝提到革员顾宪成等人的事迹，建议起用，裨益时政。可惜，他的意见石沉大海，不被理睬。①他不仅没有为李三才、顾宪成等人争得职务，反而给人落下袒护东林党的口实。

明熹宗天启四年（1624），阿附魏忠贤的儒臣王绍徽等人仿照《水浒传》一百单八将的形式，撰拟《东林点将录》，将108名反对魏忠贤的士人列为重点打击的对象。其中，排在前三名的分别是开山元帅托塔天王南京户部尚书李三才、天魁星及时雨大学士叶向高、天罡星玉麒麟吏部尚书赵南星，还包括高攀龙、顾大章、魏大中、杨涟、左光斗、邹元标、汪文言、钱谦益、刘宗周、黄尊素等人。②

从狭义的角度来说，叶向高并非东林党人；从广义的角度来说，他确实与东林党人过往甚密，发挥了庇护东林党人的作用。他之所

① 《东林列传》卷十七，景印文渊阁《四库全书》第458册，第386页。
② 文秉：《先拨志始》卷上，《续修四库全书》第437册，第615—618页。

以同情、支持东林党人，并非出于私情，而是出于维系国家正常运转的迫切需要。[1]

早在万历三十六年（1608）底，他就上书神宗，"请补阁臣"，[2]不被理睬。

次年（1609）三月，他又"请推补阁臣"，[3]依然不被理会。

万历三十八年（1610）三月，他不折不挠，"请补阁臣"。[4]

次月（闰三月），他干脆提出辞职，"引疾乞休"，并强调，阁臣推举刻不容缓。[5]

到了四月，他又一次提出辞职，"再疏乞归"。[6]

类似的辞职奏疏，叶向高的同僚李廷机三年之间就写了一百一十多封。任尔苦苦哀求，神宗皇帝这边我自充耳不闻。[7]纵使偶有批复，明神宗也是指责李廷机这位老臣自私自利，不识国体。

至于吏部尚书，万历三十八年（1610），孙丕扬已是年过八旬的耄耋老人。和叶向高一样，既然不能施展抱负，他先后二十多次递交辞职疏。由于迟迟不见神宗批复，他干脆"拜疏径归"，[8]直

---

① 关于叶向高与东林党的关系，可参饶龙隼：《叶向高与东林党议》，《南开学报》1995 年第 1 期；冷东：《叶向高与东林党》，《东北师大学报（哲学社会科学版）》1998 年第 1 期等。

② 《明神宗实录》卷四百五十三，万历三十六年十二月甲寅，第 8551 页。

③ 《明神宗实录》卷四百五十六，万历三十七年三月乙巳，第 8606 页。

④ 《明神宗实录》卷四百六十八，万历三十八年三月丙申，第 8841 页。

⑤ 《明神宗实录》卷四百六十九，万历三十八年闰三月癸亥，第 8860 页。

⑥ 《明神宗实录》卷四百七十，万历三十八年四月丙子，第 8869 页。

⑦ 史称："大学士叶向高言，同官李廷机求去已百十余疏，候命三年，移寓荒庙，凄凉苦楚。臣不得已，敢代为言，乞将廷机辞疏，亟赐批发。"《明神宗实录》卷四百八十二，万历三十九年四月辛巳，第 9072 页。

⑧ 《明史》卷二百二十四《孙丕扬传》，第 5905 页。

接回到家乡陕西富平。

明王朝此时的困境在于，叶向高、孙丕扬等人是"求退不能"，李三才等人则是"求进不得"。厌倦做官的人不愿再为君主效劳，想要做事的人却被排斥在重要的岗位之外。作为皇帝，明神宗哪怕遇到职位空缺，也不同意他人递补。

顾宪成冒险给叶、高二人写信，企图帮助李三才入阁，辅佐叶向高治理朝政，借以扭转政局，这多少都有些书生的理想主义。事实上，他的作为非但没有扭转舆情，还为反对派提供攻击东林党人的口实，引发朝廷对东林党人的敌意。

对此，李三才愤愤不平。他于万历三十九年（1611）愤而辞职，并对污蔑顾宪成等人的言论提出抗议：

> 所谓东林者，顾宪成读书讲学之所也。从之游者如高攀龙、姜士昌、钱一本、刘元珍、安希范、岳元声、薛敷教，并束身厉名行，何负国家哉？偶曰东林，便成陷阱。[1]

至于顾宪成本人，尽管忧国忧民，奔走呼号，结果却如同竹篮打水，了无所得。万历四十年（1612）五月，香莲碧水，芭蕉分绿，江南地区梅雨将至。此时，无锡的天气闷热潮湿，让人心情抑郁。一代儒宗顾宪成走到人生的终点，享年六十三岁。临终前，他对次子顾与沐留下遗言：

> 作人只"伦理"二字，勉之！[2]

---

[1] 《明史》卷二百三十二《李三才传》，第6066页。

[2] 《顾端文公年谱》卷下，《续修四库全书》第553册，第409页。

儒家的政治伦理,举起大端,即为君臣父子。[①]万历末年,君不君,臣不臣,黑白颠倒,纲常紊乱。作为父亲,顾宪成在家庭中能教育好子女;作为老师,他在东林书院中能开导万千学子;但是,作为大明的一员,他挣扎一生,无论在朝堂上做吏部郎中,还是在江湖上做布衣儒宗,都无法改变国家走向衰亡的命运。随着这位领袖的离世,东林书院的前景也愈发黯淡。

◎ 吴佩孚的对联

民国初年,北洋军阀林立,个个拥兵自重。直系军阀吴佩孚作为晚清秀才,是其中文化水平较高的一位。此人实力雄厚,蜚声海外,也是最早登上美国《时代周刊》封面(1924年9月8日)的中国人。

早年,吴佩孚跟随老师王绍勋读书。王先生在讲解《明史·神宗本纪》时,读到"明之亡,实亡于神宗",不无感慨地说:

> 无为而治兮,不必生一神宗三秩。

明神宗长达三十年不理朝政,以至于朝局崩坏,鱼烂河决,对明朝的灭亡负有不可推卸的责任。闻言后,才思敏捷的吴佩孚直接对出下联:

> 有明之亡矣,莫非杀六君子七贤。

吴佩孚所说的"六君子""七贤"便是明熹宗天启年间被魏忠

---

① 明中期的儒者罗伦指出:"君臣父子之伦,天之经、地之义、人之秉彝也。"罗伦:《大忠祠记》,参贺复征辑:《文章辨体汇选》卷五百九十四,景印文渊阁《四库全书》第1409册,第278页。

贤迫害致死的十三名东林党人。"东林六君子"即杨涟、左光斗、魏大中、袁化中、顾大章、周朝瑞，"东林七贤"则是高攀龙、周顺昌、周起元、缪昌期、李应昇、周宗建、黄尊素。事实上，被迫害致死的东林党人远不止这十三位。只不过，他们的事迹最为感人，境遇也最为悲惨，最能引发天下人的扼腕与同情。

东林党人的遭遇不仅在明代，逮于清朝，乃至民国以来，都引发无数士人的同情与敬仰。清代桐城派鼻祖方苞写过一篇著名的文章《左忠毅公逸事》，专门纪念乡贤左光斗。

明熹宗天启四年（1624）六月，左副都御史杨涟上疏，弹劾魏忠贤"二十四大罪"，说他恣意弄权，使朝廷内外"但知有忠贤，不知有陛下"，应当将魏忠贤送到刑部严加审讯，"以正国法"。①杨涟并非孤军作战，左佥都御史左光斗、吏科都给事中魏大中等人也参与其中。魏党很快反击，次年（1625），将杨涟、左光斗等人抓捕入狱，诬陷杨、左二公每人贪污两万两白银，魏大中贪污三千两。

根据方苞的记载，左公曾经视学京畿，偶然路过一座古寺。时值寒冬，他看到寺庙中有一位落魄的书生伏案小憩。他顺手拿起这位书生的文章，读后大为赞赏。出于爱才心切，他将自己的貂裘脱下，轻轻地披在这位书生的身上。离开前，他还问了寺庙的僧人，知道此人姓史，名可法。后来，史可法拜在左光斗门下，被左光斗寄予厚望。

听到左公下狱，命在旦夕，史可法忧心如焚。他重金买通狱卒，

① 《明史》卷二百四十四《杨涟传》，第 6328 页。

冒充清洁工到狱中探视，发现老师已体无完肤。老师的左膝之下，脚筋和腿骨都已脱落，全身都是旧伤新痕。看到此情此景，史可法泪如泉涌，抱着老师的膝盖，悲不自胜。此时，饱受折磨的左光斗眼睛都无法睁开，却破口大骂："庸奴！这是什么时候，你还前来冒险！奸臣当道，阉党弄权。国家政局糜烂至此，正需有人支撑。你如果死了，以后我还能指望谁报效国家？赶快滚开，不要让奸人抓住把柄！"说罢，他推开史可法，胡乱拉扯身上的刑具，做出攻击状，并威胁说："再不离开，老夫现在就锤杀你！"史可法哭着离开牢狱⋯⋯

他离开不久，老师就被拷打至死。作为学生，史可法一生都对老师敬仰无比。每次回忆这段往事，他都忍不住潸然泪下，并由衷喟叹：

> 吾师肺肝，皆铁石所铸造也！ [①]

明亡之后，史可法督师扬州，誓死不肯投降清军。按照他的说辞，上不能负国恩，下不能负师恩，所以坚决抵抗，视死如归。

乙酉年（1645），扬州城被清军攻破，史可法壮烈殉国。为了报复扬州军民的抵抗，清军展开长达十天的大屠杀，数十万人死于非命，史称"扬州十日"。时值夏天，史可法的尸体腐烂不可寻。后人便收集他的衣冠，在梅花岭上修建一座衣冠冢，以示悼念，至今犹存。新中国成立后，郭沫若到扬州拜谒史公祠，景仰之余，留下挽联：

---

① 方苞：《左忠毅公逸事》，《望溪先生文集》卷九，《续修四库全书》第 1420 册，第 400 页。

　　　　骑鹤楼头难忘十日，梅花岭畔共仰千秋。

　　时至今日，关于东林党人，无论是学者还是大众，不乏一些攻讦之词。有人说东林党人代表地主阶级的利益，是剥削民众的；[①]也有人说东林党人只会发表无用的议论；甚至还有人说，是东林党人导致明朝的灭亡……

　　对此，清儒陈鼎在《东林列传》一书中早就做出有力的辩护：

　　　　呜呼，东林非亡明者，攻东林者亡之也！[②]

　　如果说，古往今来，出于立场、视角不同，中国学者关于东林党人的评价莫衷一是，那么外国学者的研究似乎更具中立性。日本学者小野和子在《明季党社考》一书中，经过对大量史料的系统整理，也基本认同陈鼎的结论。她在书末如是写道：

　　　　明朝，与其说是亡于党争，不如说亡于阉党之手。[③]

　　明清以降，对苟且偷生的人来说，东林党人身上体现的忧国忧民、取义成仁等儒家德行都让他们坐立难安。他们明知顾宪成、高攀龙、杨涟、左光斗、魏大中、史可法等人的事迹，却选择性地放大东林党人最终没能改良政局的一面。他们习惯了用目的论来否定东林党人的努力，恨不得东林党人既选择缄默，又挽救危局，而且还不容

－－－－－－－－－－

　　① 比如，有论文指出东林党人"地主阶级"的本质，批评他们对抗农民军，远离民众："东林党人则顽固地站在封建地主阶级的立场上，与农民军为敌。"王天有：《万历天启时期的市民斗争与东林党议》，《北京大学学报（哲学社会科学版）》1984年第2期。

　　② 《东林列传》卷二，景印文渊阁《四库全书》第458册，第204—205页。

　　③ 〔日〕小野和子：《明季党社考》，第376页。

有一丝一毫的私利。

对于适应黑暗的人们来说，任何微弱的烛光都会成为刺眼的罪恶。东林党人既没有选择适应黑暗，也没有选择诅咒黑暗，而是毅然决然地在黑暗之中点燃烛火。哪怕点燃的烛火很快熄灭，却总胜过毫无作为。君子之道，"仁者不忧，知者不惑，勇者不惧"（《论语·宪问》）。很多儒者一辈子修习儒学都没有长进，并非没有仁心，没有智慧，而是缺乏向黑暗与不公发动进攻的勇气。真正的勇士面对强敌，即便毫无胜算，也会义无反顾地选择亮剑。如果说成功拯救国家于危难之中的人是英雄，那么为了拯救国家据理力争，即便失败，这些东林党人同样值得钦敬，因为他们不惜押上全家人的性命，以大无畏的精神尝试过、奋争过。①

回到 17 世纪，在魏忠贤的残酷打击下，东林党人遭到清洗，清洗范围很快向全国蔓延。天启五年（1625）八月，不仅东林书院，关中、江右、徽州等地书院也遭到禁毁，田地、房屋被估价变卖，书院师生被强制遣散，乃至遭到迫害。②

就在东林党人批评时政之际，有些书院的儒者认为，只要自己遵守规矩，做好学术，不谈国事，就会免于不必要的麻烦。麻烦属于那些敢说话的人，和自己无关。直到朝廷的禁令下达之后，他们

---

① 根据夏维中的研究，东林党人最可贵的品质在于，"一身正气，清廉正直，铮铮铁骨，堪称道德楷模。作为一个群体，这种知行合一的品格，在明末实属凤毛麟角，在中国历史上也是少见的。事实上，无论是在当时，还是对后世，东林党人最令人尊敬、最震撼人心的，恰恰就是他们的人格魅力"。夏维中：《关于东林党的几点思考》，《南京大学学报（哲学·人文·社会科学）》1997 年第 2 期。

② 《明熹宗实录》卷六十二，天启五年八月壬午，第 2909—2911 页；《明史》卷二十二《熹宗纪》，第 304 页。

以"东林同党"的名义被逮捕、拷问，这些儒者才从梦中醒来：在
汹汹的山火面前，没有一棵树是无辜的。

◎ 东林党人论阳明学

自诞生以来到17世纪初，阳明学风靡七十余载，余风犹劲。
和顾宪成、赵南星并称为"东林三大君"的邹元标就对阳明其人以
及阳明之学无比景仰。他留下六首《题阳明先生像诗》，其中一首
如是写道：

> 吾心宇宙有同然，却道金溪是学禅。
>
> 不是先生勤指点，谁令吾道日中天。[1]

与此同时，这七十多年来，也有湛若水的甘泉之学与阳明学抗
衡，只是影响力稍逊一筹。一代之人，自有一代之学。崛起于正德、
嘉靖之际的阳明学，并不能解决万历后期的事情。东林党人除了邹
元标这种崇慕阳明学的儒者之外，其他人开始寻求新的学问慰藉。
这种新学问的诉求离不开旧学的土壤，故此，调和程朱理学与阳明
心学不失为一道新的选择。

顾宪成对王阳明提出的"四句教"并不满意，特别是"无善无
恶心之体"这一句。他认为，佛教三藏十二部，共五千四百八十卷，
一言以蔽之，就是"无善无恶"。在孟子的时代，告子也提倡"无
善无恶"，结果遭到驳斥。千百年来，"性善说"成为儒学的主流。
告子的错误容易辩驳，佛教的理论却不容易辩驳。近来，有儒者大
力提倡"三教合一"，比如管志道在苏州讲学，就以"三教合一"

---

① 邹元标：《愿学集》卷一，景印文渊阁《四库全书》第1294册，第22页。

闻名。看似"三教合一"，却并非合于儒学，而是归于禅宗。[①]

　　类似的问题如果不加以廓清，就会冲淡儒学的主导地位。儒学教人，无非"为善去恶"。之所以可以"为善去恶"，不正是因为人性本善吗？如果人性本恶，或者善恶杂糅，如何去除？王阳明未尝不劝人"为善去恶"，但是"无善无恶心之体"一句则和"为善去恶"互相矛盾。如果学者依此修行，既然"无善无恶"，又何必"为善去恶"？反过来说，如果坚持"为善去恶"，再讲善、恶都是"心之体"，岂不多余？[②]

　　爱而知其恶，顾宪成并非不知道程朱理学尤其是朱子学的弊端。在他看来，朱子学的弊端在于使人拘谨，而阳明学的弊端则流于放荡。拘者有所不为，荡者无所不为。如果一定要在二者之中做出抉择的话，那么"与其荡也，宁拘"，[③]还是应当多提倡朱子学。

　　顾宪成学识渊博，才辩无双，常常语惊四座。高攀龙就对顾宪成的才学佩服得五体投地，把他当成继承孟子、朱子衣钵的儒学巨擘：

> 自孟子以来得朱子，千四百年间一折衷也，自朱子以来得顾子，又四百年间一折衷也，则其所学之正，直接程朱者矣。[④]

---

　　①　史称："其时，管志道亦设讲于三吴，主一贯三教而实入于禅。"《东林列传》卷二，景印文渊阁《四库全书》第458册，第197—198页。

　　②　《东林列传》卷二，景印文渊阁《四库全书》第458册，第198页。

　　③　顾宪成：《小心斋札记》卷三，《顾端文公遗书》，《续修四库全书》第943册，第145页。

　　④　《东林列传》卷二，景印文渊阁《四库全书》第458册，第199页。

高攀龙本人的学问偏重程朱理学，[①] 对阳明学鲜有好感：

> 初，海内学者率宗王守仁，攀龙心非之。其学一本濂洛，以静为主，操履笃实，涵养邃密，粹然一出于正。[②]

顾宪成死后，高攀龙成为东林书院的领袖，慨然为一代宗师。他对顾宪成的溢美之词，也引发人们对他的吹捧：

> 有明理学名儒，如陈献章之洒落，胡居仁之主敬，薛瑄之实践，王守仁之超悟，攀龙殆兼有之而无其弊。[③]

类似的吹捧一方面说明顾、高二人在明末儒林的非凡影响力，另一方面确有捧杀之嫌。在不少儒者眼中，顾、高二人都是本朝圣人。哪怕到了清代，也不乏儒者推崇他们的讲学功效，"原以发明人心道心，纲常伦理，出则致君泽民，斥邪扶正，以刚介节烈为重，以礼义廉耻为贵，故胥天下而化焉"。[④]

不过，讲学并没有解决实际问题，遑论教化天下。魏忠贤诛杀"东林六君子"（天启五年，1625）之后，高攀龙等人没有逃过劫难。

---

① 高攀龙是朱子学的信徒，并笃信："善学孔子者，无如朱子，故所学为得其正。"《东林列传》卷二，景印文渊阁《四库全书》第458册，第202页。

② 《东林书院志》卷七，《续修四库全书》第721册，第103页。不少东林党人都对阳明后学加以矫正，钱穆便指出："盖东林讲学大体，约而述之，厥有两端：一在矫王学之末流，一在抨弹政治之现状。"钱穆：《中国近三百年学术史》，北京：九州出版社，2011年，第9页。

③ 《东林列传》卷二，景印文渊阁《四库全书》第458册，第202页。

④ 《东林列传》卷二，景印文渊阁《四库全书》第458册，第203页。

次年（1626），为了避免受辱，高攀龙选择投水自杀。[①]"东林七贤"的其余六人周顺昌、周起元、缪昌期、李应昇、周宗建、黄尊素则死于狱中。无论是"六君子"，还是"七贤"，他们过于看重个人的名节，死后也确实留名青史。可是，他们非但没有弥缝时局，反而加剧朝野的撕裂。

客观地说，东林党人兼具调和理学、心学的优势与能力，[②]也在儒林之中占据举足轻重的地位。他们身上不仅有理学的中正态度与心学的淑世情怀，还有战国君子的任侠精神以及东汉士人的刚烈品质。他们的事迹也牵动诸多士庶的同情与敬仰。和王阳明不同的是，他们缺乏改良政局的才干，遑论带兵打仗的能力。自始至终，东林党人都没有贡献出一套改良政局的可行方案，也没有贡献出一两位杰出的将领，为明朝赢得战场上的荣耀。毫无疑问，他们中的很多人都是正人君子，都是饱学之士。但是，仅靠学问和德行并不能促使政局的好转。

◎ **冬蝉与啄木鸟**

多少往事悠悠，再回首，无锡的杜鹃花繁盛如旧。崇祯帝即位不久，为东林党人平反，为死去的人恢复荣誉，东林书院也得以重修。

---

① 投水自杀前，高攀龙在《别友书》中提到："仆得从李元礼（李膺）、范孟博（范滂）游矣，一生学问至此，亦稍得力。"《东林列传》卷二，景印文渊阁《四库全书》第 458 册，第 202 页。

② 关于东林党人对程朱理学、阳明心学的从违，章太炎认为："东林党人如顾宪成、高攀龙则托程朱，邹元标则托王守仁，然皆无行谊可见，徒见其游谈哗世耳。其他则并不言程朱也。"章太炎：《思乡原下》，《太炎文录》卷一，《续修四库全书》第 1577 册，第 402 页。

抚今追昔，顾宪成、高攀龙、杨涟、左光斗这些人究竟留下了什么？东林党人的崛起提振了士人的信心，也让民众领略了面对不公儒家知识精英敢于批评与反抗的精神。从历史的维度考虑，明末东林党人的抗争与东汉末年李膺、范滂等人的抗争遥相呼应，成为中国历史上士人重气节的典型。[1] 对真正的儒者来说，气节远比知识重要，正如我们在本书第二章提到的方孝孺的态度：

> 国家可使数十年无材智之士，而不可一日无气节之臣。[2]

他们对儒学、道学、理学、心学的继承与调和绝非在平静的书院中发生，而是与院墙外的时局、民众的哭泣紧密相连。这种联系的纽带并非通过血缘、地域、科举同年，而是激荡于道义之间，形成一种独特的求道、证道乃至以身殉道的儒家团体。[3]

自古以来，中国就有尊重并采择不同意见的优良传统，所谓"尧有欲谏之鼓，舜有诽谤之木，汤有司过之士，武王有戒慎之鼗"。[4] 即便在春秋乱世，郑国人建议禁毁乡校，钳制士庶对朝廷的非议，也遭到贤良大夫子产的坚决反对：

---

① 史称："及东林讲学兴，而四民皆重名节、尚礼义，士大夫以廉洁为高。"《东林列传》卷十五，景印文渊阁《四库全书》第 458 册，第 363 页。

② 方孝孺：《懃窝记》，《逊志斋集》卷十六，景印文渊阁《四库全书》第 1235 册，第 480 页。

③ 小野和子认为："他们以他们的学问、思想、政治主张，进行书院讲学，想唤起人民的舆论，组织虽说是松散的'朋党'来和阉党势力斗争。这其中，有着与过去的'朋党'明显不同的新的政治集团的诞生。那决不是以血缘（宗族）、地缘（乡里）、科举同年等为媒介的单纯的派阀，虽未成熟，却不正是以'道'为媒介的朋友结合在政治领域里的表现吗？"〔日〕小野和子：《明季党社考》，第 232 页。

④ 《吕氏春秋·自知》。

其所善者，吾则行之；其所恶者，吾则改之。是吾师也，若之何毁之？①

无论东林党人所言是否妥当，总不至于大开杀戒，且在全国范围内禁毁书院。魏忠贤之流冒天下之大不韪，遗臭万年，理固宜然。儒家的传统在乎"天视自我民视，天听自我民听"（《尚书·泰誓》），可在朱翊钧、魏忠贤这些独夫民贼眼中，"天视自我视，天听自我听"，表面上我、民一体，骨子里还是我在民上，以为民之名行谋私之实。特别是阉党集团，钳制别人的喉舌、折磨别人的肉体，乃至戕害别人的性命，成为这些身心俱残、人格扭曲者的乐趣所在。

从万历末年到崇祯年间，东林党人存在时长十分有限，却留给后人一道道拷问：面对社会的黑暗与不公，知识分子是选择做沉默的冬蝉，还是激昂的啄木鸟？抑或碌碌无为的燕雀、歌功颂德的喜鹊？还是像学鸠一样，不仅不参与其中，反而嘲笑鲲鹏的不自量力……

诚然，建设一个新社会远比批判一个旧社会困难许多。不过，建设新社会总不妨以批判旧社会为开端。一方面，东林党人对昏君、阉党以及社会上流行的种种不公予以诸多批评，引发社会的广泛共鸣。另一方面，他们筚路蓝缕，也留下未完成的道路。他们具有建设新社会的强烈冲动，但是和旧社会之间的羁绊又过于沉重，以至于游走其间，左右掣肘。他们以为找准了道路，结果在道路开通之前，自己却跌入了坟墓。

杀身成仁易，救国救民难。世界上总有比个人留名青史更重要

---

① 《左传·襄公三十一年》。

的事情。国家需要改变，即便不能改变于当下，也不妨用精神、气节去激励后人，去不断摸索如何建设一个日新又新的社会。闻东林之风而起者不啻千万人，在明末声名最大的便属复社了。

第二节　回不去的复社

溥不度德不量力，期与庶方多士，共兴复古学，将使异日者务为有用，因名曰复社。

——张溥（复社领袖）

就像它所掌握的海洋一样，荷兰东印度公司的范围难以测量……历史上没有一家公司对世界产生过如此影响……它将欧洲引入亚洲和非洲……它开创了全球化。

——〔美〕萧拉瑟（Russell Shorto）

《阿姆斯特丹：世界上最自由城市的历史》

◎ 荷兰东印度公司

公元 1602 年（明神宗万历三十年），在顾宪成、高攀龙重修东林书院的两年前，荷兰东印度公司（荷兰语：Vereenigde Oostindische Compagnie，简称 VOC）正式成立。作为世界上最早的股份制公司，VOC 自成立之初，就致力于海外贸易。公司成员来回穿梭于欧洲、非洲、亚洲之间，不断扩张商业版图。[①]在成立的头十年，

---

① Timothy Brook, *Vermeer's Hat: The Seventeenth Century and the Dawn of the Global World*, Bloomsbury Publishing, 2008, p. 15.

VOC 就派出近万人离开荷兰。此后，每隔十年，通过 VOC 参与海外贸易的人数不断攀升。到 17 世纪中叶，每十年之中就有约四万人出海，[①] 其中相当一部分人抵达亚洲，和中国开展贸易。

荷兰在 1581 年刚从西班牙的统治中获得独立，加上新教加尔文宗的影响，这里的人们更为进取，热衷开拓四方。这些冒险家从荷兰出发，绕行欧洲大陆，南下赤道，沿着非洲西海岸，抵达非洲大陆南端的好望角。然后，沿着非洲东海岸北上，继而穿过印度洋，最后进驻位于东南亚的爪哇（今属印度尼西亚）等殖民地。即便像海上马车夫一样驰骋在各大海洋，VOC 的商人和水手并不轻松，除了面临漫长旅途中的风暴、疾病、饥饿、海盗等意外因素，还要面临葡萄牙、西班牙等国家的竞争对手。

葡萄牙早在 1557 年就占据澳门一地，成为进军中国市场的急先锋。1565 年，西班牙攻占吕宋（今属菲律宾），开展对菲律宾长达三百多年（1565—1898）的殖民统治，同时也积极介入中国贸易。荷兰东印度公司的商船往来穿梭东南亚以及中国、日本之间的航线上，贩卖香料、瓷器、丝绸等货物，稳步扩张自己的贸易帝国。[②]

公元 17 世纪是荷兰人的黄金时代（The Golden Age），而 VOC 则是全球贸易的积极主导者。明代中国早就掌握先进的航海技术和火药技术，比如郑和在 1405 年到 1433 年之间前后七次下西洋。到了 17 世纪，中国人却停滞不前，逐渐沦为全球贸易的被动参与者。

---

① Timothy Brook, *Vermeer's Hat: The Seventeenth Century and the Dawn of the Global World*, p. 17.

② Russell Shorto, *Amsterdam: A History of the World's Most Liberal City*, Doubleday, 2013, pp. 103-105.

他们需要"外夷"从南美洲和日本运来的白银，并用瓷器、茶叶和丝绸交换。据西方学者的研究，仅在 17 世纪上半叶，中国就从海外进口约 5000 吨白银。[①]欧洲人在非洲贩卖黑奴到南美洲挖银矿，然后将白银运送到东南亚，很多白银流入中国。之所以选择中国，是因为明代中国市场对白银的渴求远远高于其他地方，白银价格居高不下。在中国市场，欧洲人用白银购买各种瓷器、丝绸等货物运往欧洲销售。

和东南亚的香料一样，中国的瓷器在荷兰广受欢迎。17 世纪初，对荷兰人而言，中国瓷器不仅做工精良，更重要的是，因为稀缺性，成为贵族身份的象征。随着贸易的扩展，进入 1640 年代，一位到阿姆斯特丹的英国人发现，当地中产家庭都开始普遍使用中国瓷器了。[②]中国瓷器既飞入荷兰寻常百姓家，也进入不少画家的视野，比如亨德里克·范德伯格（Hendrik van der Burch，1627—1664）、约翰尼斯·维梅尔（Johannes Vermeer，1632—1675）等著名画家都把中国瓷器这一元素融入绘画之中。

公元 16 世纪末、17 世纪初，欧洲列国在亚洲持续扩张，也将目光投向中国。葡萄牙自 1557 年变相占领澳门开始，便让此地成为对华贸易的桥头堡。此时，意大利的天主教耶稣会士（比如利玛窦、艾儒略等）前赴后继，向中国传教，企图改变亿万中国人的信仰，且转化了不少信徒。继万历三十一年（1603）吕宋大屠杀之后，

---

① Timothy Brook, *Vermeer's Hat: The Seventeenth Century and the Dawn of the Global World*, p. 172.

② Timothy Brook, *Vermeer's Hat: The Seventeenth Century and the Dawn of the Global World*, p. 74.

西班牙人看清大明外强中干的国家性格，不少将领提议率领军队征服中国，正如征服美洲大陆那样。[①] 荷兰人则积极发展与明代中国的贸易，为了保持与其他欧洲国家的竞争优势，持续寻找立足点，VOC 派遣指挥官于 1624 年（天启四年）占领台湾，开启近四十年（1624—1662）的殖民统治。

　　四百多年前，远洋航行充满风险。根据日本学者羽田正的统计，从 1602 年到 1795 年的两百年间，乘坐荷兰东印度公司船只从欧洲前往亚洲的人数有 975700 人，而从亚洲返回的仅有 367000 人，三分之二的人"大部分在往返的船上或者在当地工作中死去"。[②] 越是在早期，从亚洲返回人数比重越小。比如 1610 年到 1620 年，前往亚洲的人数有 19000 人，而从亚洲返回欧洲的仅有 4500 人，不足四分之一。从欧洲到亚洲的漫长航线（往返需要一年半以上的时间）上，沉没的船只、死去的水手在在皆有，但是这些都没有阻挡欧洲国家四处扩张的步伐。同样是血肉之躯，他们选择把胆气、魄力和智慧倾注到冒险事业中。当欧洲国家把目光聚焦到中国，汲汲于从中国获得新的领土、经济利益、精美商品以及宗教特权，此时的中国处于何种状态？作为知识精英，儒家士大夫的目光又停留在何方？

---

① Timothy Brook, *Vermeer's Hat: The Seventeenth Century and the Dawn of the Global World*, pp. 164-165.

② 〔日〕羽田正著，毕世鸿、李秋艳译：《东印度公司与亚洲之海》，北京：北京日报出版社，2019 年，第 143 页。

◎ 虎丘大会

崇祯六年（1633），苏州虎丘，人山人海。数月前，复社在全国各地设立的分社社长接到命令，派遣士人到此参会。如今，车水马龙，舟车相接，不少士人纷纷到此地投宿，准备参会。

从崇祯二年（1629）在太仓尹山大会成立算起，复社已经走过四个春秋。复社的得名原因有二："兴复古学"；该社是众多学社合并的复合体。继东林书院之后，全国各地，尤其是江南地区，各种士人组建的社团纷纷兴起。太仓人张溥、张采在天启四年（1624）建立应社，以文会友，声气相应。应社建立后，逐渐成为江南地区的社团领袖。

为了整合力量，张溥、张采等人在应社的基础上，联合江北匡社、中州端社、松江几社、莱阳邑社、浙东超社、浙西庄社、黄州质社等组织，成立联盟性质的复社。① 复社成立之初，人数不下七百。至于社团宗旨，根据负责人张溥的解释："期与庶方多士，共兴复古学，将使异日者务为有用。"② 这里的关键词除了"兴复古学"之外，便是"务为有用"。那么，究竟什么是有用之学？

中国人理解的有用之学与同一时期西方人理解的有用之学存在巨大差异。荷兰东印度公司成立之初，由位于阿姆斯特丹、米德尔堡、恩克赫伊森、代尔夫特、荷恩、鹿特丹的六处办公室组成，董事会代表六十名，其中，常务董事十七名，组成十七人会议。对东印度公司而言，他们的目标同样是追求"有用"，比如通过抱团的

---

① 陆世仪：《复社纪略》卷一，《续修四库全书》第 438 册，第 485 页。
② 《复社纪略》卷一，《续修四库全书》第 438 册，第 485 页。

方式减少商业风险、推动海外贸易等。通过与荷兰政府的沟通，东印度公司获得诸多有用的特权。虽然是公司，但他们可以审判犯人、与外国政府谈判，甚至可以发行货币、发动战争，并以公司的名义建立要塞和殖民地。[①] 荷兰政府的目的非常清楚——授予这家公司充分的权力和施展的自由，并从中分一杯羹。

1619 年（明神宗万历四十七年），荷兰东印度公司在爪哇巴达维亚（今印尼雅加达）设立公司总部，负责亚洲的海外贸易，一些商船往来东南亚、中国以及日本。除了东印度公司之外，荷兰还在 1621 年（明熹宗天启元年）成立西印度公司，专注于欧洲与美洲之间的贸易，在美洲先后占据多块殖民地。譬如，荷兰殖民者在北美开发一块新的地区，将其命名为新阿姆斯特丹。这块地区持续发展，几经易手，直到今天已经成为顶级的国际大都市——纽约。

荷兰东印度公司本来是一家商业公司，后来集商业、军事、法律、政治等属性于一身，成为荷兰政府在海外的重要代言人。商业公司的目的赤裸而实在——通过贸易乃至战争赚取巨额利润。此外，东印度公司还是最早发行股票的公司，吸引更多的荷兰人加入到海外扩张的队伍之中。而复社成立之初依托江南地区的士绅，后来范围扩大到其他各省的知识精英，各地区都设立社长，组织性比东林党更为严密。本来是一个学术同盟，后来同样发挥政治影响。作为学术性团体，中国复社"务为有用"，真能为国民带来实在的利益吗？

至少在苏州虎丘大会召开的时候，很多士人、商贩、百姓乐在其中。复社人员众多，从全国各地赶来苏州参会的人络绎不绝。大

---

① 《东印度公司与亚洲之海》，第 66 页。

会在虎丘上的一座寺庙举行，规模盛大，史称：

> 至日，山左、江右、晋、楚、闽、浙以舟车至者数千余人，大雄宝殿不能容，生公台、千人石，鳞次布席皆满。典庖、司酝辇载泽量，往来丝织，游人聚观，无不诧叹，以为三百年来未尝有也。[①]

根据会议名单，这次参会者将近三千人。和东林书院的大会相比，复社组织的虎丘大会后来居上。虎丘内外，人满为患。一方面是张溥、张采等人主持讲学，弘扬圣贤之道，另一方面是当地商贩抓住短暂的商业机会，赚取利润。同时，还有不少抱着猎奇心理的民众，伫立周围，唯恐错过观看热闹的机会。

与东林大会主旨不同，复社这几年来次第召开的尹山大会（崇祯二年，1629）、金陵大会（崇祯三年，1630）和虎丘大会（崇祯六年，1633），均以讨论学术为主，就像张溥特别强调的，"兴复古学"。张溥的"古学"很大程度上就是尊经。明中叶以来，儒者要么一心应付科举，不暇研读古书，要么随波逐流，以讲学、听讲为事。如此一来，很多士人目光狭隘，束书不观。所以，复社"尊经"的本意：一为王学末流之反动，一为科举之解放。[②]

但是，反观崇祯六年（1633）的虎丘大会，有多少人是冲着尊经的目的而来？虎丘大会的召开背景是复社成员中，自张溥以下，中举人、中进士者比比皆是，比如吴伟业、夏曰瑚、杨以任、马世

---

① 《复社纪略》卷一，《续修四库全书》第 438 册，第 496 页。

② 刘莞莞：《复社与晚明学风》，台北：台湾政治大学中国文学研究所硕士论文，1985 年，第 84 页。

奇、周之夔、管正传、刘士斗等人。故此，士林之中风传一则讯息：
只要拜在张溥的门下，便等于搭上通往进士的快车。

特别是张溥的门人吴伟业（1609—1672），最惹人瞩目。吴伟业于崇祯三年（1630）赴应天府乡试，高中举人，次年（1631）到京师会试，考中第一名。殿试的时候，中了榜眼，获得崇祯帝的赏识，被授予翰林院编修之职，还"钦赐归娶"，一时名满天下。吴伟业年仅二十三岁，就抱得黄金、美人归，自洪武开国以来，实属罕见。吴榜眼也成为无数读书人的偶像。众人酬唱赋诗，歆羡不已。其中一首诗如是写道：

> 年少朱衣马上郎，春闱第一姓名香。
>
> 泥金帖贮黄金屋，种玉人归白玉堂。
>
> 北面谢恩才合卺，东方待晓渐催妆。
>
> 词臣何以酬明主，愿进关雎窈窕章。①

有吴伟业这些弟子的光环，张溥在士人之中的影响如日中天。当张溥还在京师滞留的时候，各地学子就涌向他的家乡太仓，迫切请求拜师。各种拜师礼塞满张家，让张家人应接不暇。在太仓聚集的学子越来越多，而短时间内张先生归期未知。众学子便在张家面向张溥的座位，然后一起向北跪下，行四拜之礼，号称"遥拜"。既然行了拜师礼，理当是复社的成员。所以，大家刚起身不久，就请掌籍的人把自己的名字登录在册。如此，他们才心满意得地离开

---

① 陈继儒：《送吴榜眼奉旨归娶》，参陈田辑：《明诗纪事·乙签》卷一，《续修四库全书》第1710册，第493页。

太仓。①

◎ **"读书好秀才"**

就在复社的声势达到顶峰之际，也不可避免地得罪一些人。对于加入复社的申请条件，张溥等人尤其看重"经明行修"。成立之初，复社立有盟誓之词："毋从非彝，毋读非圣书，毋违老成人；毋矜己长，毋形彼短；毋巧言乱政，毋干进辱身。嗣今以往，犯者小用谏，大则摈勿与。"②申请人不仅要有一定的儒学根基，特别是熟稔五经，也要注重德行，被乡里、亲友认可。有些人落选之后，未免怀恨在心，伺机报复。

根据复社成员黄宗羲的回忆，太仓人陆文声申请加入复社，却没能达到"经明行修"的基本要求，遭到拒绝，从而成为当地儒林的笑柄。受辱之后，他与复社誓不两立，直奔京师，到处煽风点火，并扬言"东南大害必始复社"。③

复社扩张之际，在朝野上下素有树敌，受到的攻讦不可枚举。有人说，复社这些人口口声声讲自己"嗣东林而起"，是东林君子的继承者，其实不过是科举速成班的成员罢了，所谓：

复社不过场屋余习，与东林何与哉？④

在所有指控当中，有一位托名徐怀丹的嘉定儒生公开复社的十

---

① 《复社纪略》卷一，《续修四库全书》第 438 册，第 496 页。
② 《复社纪略》卷一，《续修四库全书》第 438 册，第 485 页。
③ 黄宗羲：《巡抚天津右佥都御史留仙冯公神道碑铭》，《南雷文定前集》卷五，《续修四库全书》第 1397 册，第 316 页。
④ 黄宗羲：《弘光实录钞》卷二，《续修四库全书》第 367 册，第 383 页。

大罪状。这份罪状痛斥张溥、张采等人祸国殃民，理应开诉四方，鸣鼓击之。其中，第一大罪就是妄称先圣，自比孔子，还把门下的弟子列为四配、十哲。是可忍，孰不可忍！另外，复社成员窃位失节，组织规模多达几万人，[①] 试问，有没有为国家做出贡献？古人讲出将入相，复社里面考中进士、做官者比比皆是，可是出现过管仲、乐毅、廉颇、李牧这等人才吗？如果朝廷任由复社野蛮生长，沽名钓誉，则会"君子之道终消，治理殆不可复"。[②]

迄今为止，我们都不知道这位托名徐怀丹的嘉定儒生究竟是谁。他攻击复社的十大罪状，多半都是恶意中伤。不过，徐怀丹之类的儒者既表现出对复社的嫉恨，又暴露出儒学本身的问题，比如短于实用等。

《明史》对顾宪成、高攀龙等东林党人都专门立传，而对张溥、张采等复社成员，既没有专门立传，也没有放入《儒林传》，而是纳入《文苑传》，足见编纂者对复社的轻忽。如果说东林党人没能改良政局，至少留下诸多壮烈的事迹，供后人缅怀，那么复社成员自始至终都显得过于温和。他们规模固然很大，人数固然众多，但既像徐怀丹批评的那样，没有为国家带来政治、军事上的功勋，也没有像荷兰东印度公司、西印度公司那样，为本国带来实际利益。

复社的影响力扩大之后，势必波及政局。史称：

---

① 史称："自辛未（崇祯四年，1631）至辛巳（崇祯十四年，1641），娄东之声气愈广，凡文武将吏及朝列士大夫、雍庠中子弟称门下士从之游者几万余人。"参袁翼：《书几社考后》，《邃怀堂全集·骈文笺注》卷二，《续修四库全书》第 1515 册，第 344 页。

② 《复社纪略》卷四，《续修四库全书》第 438 册，第 550 页。

溥亦倾身结纳，交游日广，声气通朝右。所品题甲乙，颇能为荣辱。诸奔走附丽者，辄自矜曰："吾以嗣东林也。"执政大僚由此恶之。①

每一个儒家宗师、学派或者党社的兴起，似乎都会遇到强大而狡诈的敌人，比如朱棣之于方孝孺、石亨之于薛瑄、刘瑾之于王守仁、魏忠贤之于东林党人等。复社遇到的对头"执政大僚"，就包括温体仁等人。

温体仁，浙江乌程人，万历后期的进士，崇祯三年（1630）任礼部尚书兼东阁大学士，参与机务。在崇祯一朝五十位阁臣之中，温体仁留任时间长达八年，直到崇祯十年（1637）才被解职。他之所以留任最久，并非通过杰出的治国才干，而是善于迎合上意，排挤他人，"自体仁辅政后，同官非病免物故，即以他事去，独体仁居位八年"。②

作为权臣，无论对东林党，还是复社，温体仁向来厌恶。他根据陆文声等人的奏疏，下令提学御史倪元珙等人严查。倪元珙等人没有按照他的意图行事，反而力辩复社成员忠心体国，结果自己也受到牵连，遭到贬谪。③

崇祯十四年（1641），张溥病逝（一说被人毒杀），④年仅四十岁。

---

① 《明史》卷二百八十八《文苑传四》，第7404页。

② 《明史》卷三百八《奸臣传》，第7935页。

③ 《明史》卷三百八《奸臣传》，第7936页。

④ 据《明季北略》，复社成员吴昌时出于嫉妒，毒死张溥："昌时与张溥同为画策建功人，淮安道上张溥破腹，昌时以一剂送入九泉，忌延儒密室有两人也，其忍心如此。"计六奇：《明季北略》卷十九，魏得良、任道斌点校，北京：中华书局，1984年，第343页。

即便如此，攻击他的声音呶呶不休。当然，也有不少正直的儒臣为其辩护。张溥死后，未及时得到消息的御史刘熙祚、给事中姜埰等人上疏，请求朝廷召用张溥、张采，为国效力。猜忌成性的崇祯帝颇为不悦：张溥、张采不过是小小的进士，何至于多位御史代为求情？

在一次经筵上，听课之余，崇祯帝向周延儒等阁臣问及张溥、张采是何等人物。周延儒心思缜密，回答道："读书好秀才。"[1]为了避免引荐人才进入政局的纷争，他有意绕开政治话题，只说二张像黄道周一样，都是读书人才。在崇祯帝眼中，这些儒者心比天高，持论偏激。周延儒便接着崇祯帝的话说下去，他们确实有失偏激，只是善于读书，所以很多人都比较惋惜。经筵过后，崇祯帝命人搜集张溥的遗书备览，这种迟到的举动也说明朝廷对复社的认可与善意。

由于社团成员的纷纷入仕，复社也不可避免沾染浓烈的政治色彩。温体仁虽然列入《奸臣传》，但并不像魏忠贤一样肆恣与血腥，而崇祯帝也绝非天启帝那般容易操纵的庸主，所以即便复社卷入党争，也没有发生东林党人高攀龙、杨涟、左光斗那般惨烈的迫害事件。

周延儒对张溥"读书好秀才"的评价殆为平论，而张溥能够以读书闻名天下也并非偶然。张溥成名前，还是默默无闻的书生。和很多天赋异禀过目成诵的儒生（包括西儒利玛窦等）不同，张溥采用抄书的方式记诵，每部书都抄写七遍。后来，他把自己的书斋命名为"七录斋"。当年为了抄书，张溥的右手经常磨出老茧。夏天尚可忍受，到了冬天，右手冻得不听使唤，加上老茧，根本无法抄书。

---

① 　《明史》卷二百八十八《文苑传四》，第 7405 页。

他干脆用热水去浇，右手松软之后，再继续抄书。[1]这种方法看似笨拙，却最能加深对圣经贤传的理解，基础也最为扎实。

成名之后，张溥痛感社会上的儒生不通经术。若不肯下苦工夫，如何传承圣贤之道？所以，他和张采等人先后成立应社、复社，"结合全国知识分子之力量，共图兴复古学"。[2]

复社成立后，入社成员动机不一。有人确如张溥所期待的，把复社当成共同切磋学问的组织；有人只是为了获取科举考试的秘诀，早些出人头地；有人则是为了扩充自己的人脉网络，并非为学问而来……

虽然是学术联盟，但是复社成员通过科举、荐举等方式入朝为官之后，形成一个独特而庞大的关系网，"诸人职任在外，则代之谋方面；在内，则为之谋爰立"。[3]这也使复社注定卷入朝廷纷争的旋涡。

复社之外，明朝也有其他社团，比如陈子龙、夏允彝、徐孚远等人成立的几社。这个社团也提倡古学，但是比起复社的"尊经"，几社的文学色彩更浓，而且规模、影响难以企及。明亡之后，复社、几社等社团的很多成员要么成了殉葬品，要么继续反清，大体逃不出悲惨的结局，比如陈子龙、夏允彝等人都自杀身亡。

对个人来讲，名满天下，谤亦随之。何况复社、几社等团体？故此，张溥、张采、陈子龙、夏允彝等人都难逃从醉心古学到卷入政治的怪圈。学者组建团体，很难把握尺度。如果社团规模过小，则影响

---

① 《明史》卷二百八十八《文苑传四》，第7404页。
② 刘莞莞：《复社与晚明学风》，第20页。
③ 《复社纪略》卷二，《续修四库全书》第438册，第511页。

有限；规模壮大之后，就容易引发朝廷的警惕，乃至敌视。从东林党，到复社、几社，人物、故事不尽相同，情节主线却惊人相似。我们不禁疑惑：从孔孟立教，到明朝末年，数千年来，难道儒者只能在学术与政治、修身与治国的二元论中徘徊吗？

◎ **两种组织**

17世纪初，东西方社会有两种组织值得瞩目。在西方则是英国、荷兰两国先后成立的东印度公司，其中尤以1602年成立的荷兰东印度公司风头最盛，而在明代中国则是东林党、复社。它们虽然是性质不同的组织，前者侧重经贸，后者侧重学术，但是都和政治关系甚密，也非常典型地说明东西方的国家性格以及国民的价值理念。

就在明代中国的士人围绕东林大会、虎丘大会人头攒动之际，远在欧洲的荷兰，最热闹的地方之一却是阿姆斯特丹的证券交易所。当地民众，从王公贵族，到铁匠、刀匠，再到上釉工人、纺织工人，甚至包括女性，纷纷购买东印度公司的股票。[①] 他们从东印度公司赚取的利润中分红，分红方式有时是现金，有时则是价值不菲的香料，比如胡椒、肉豆蔻等。[②]

中国知识分子久经儒学经典的熏染，无论是推崇程朱理学，还是推崇阳明心学，抑或兴复古学，大体上围绕内圣与外王的核心。东林党人、复社成员未尝不强调实用之学，但是所谓的实用要么在

---

① Russell Shorto, *Amsterdam: A History of the World's Most Liberal City*, pp. 108-109.

② Russell Shorto, *Amsterdam: A History of the World's Most Liberal City*, pp. 112-113.

书院，要么在号房，要么就在公堂。尽管有西洋的传教士、商品、白银等进入中国，也有不少中国人（以福建、广东等省份为主）到东南亚岛屿经商，可是绝大多数儒者对外部世界根本不感兴趣，也看不到读书、做官之外的出路。

从顾宪成、高攀龙，到张溥、张采，再到陈子龙、夏允彝，无论成立何种组织，都和儒学关联密切，也都始于学术，终于政治，始于慷慨激昂，终于悲惨收场。明末儒者李逊之回首往事，赋诗一组。其中一首写道：

> 宵人指目是东林，党籍宁随世陆沉。
> 今日顾瞻遗址在，是非不昧即良心。[1]

毫无疑问，无论是东林党人，还是后继者复社、几社成员，多半都是君子，都是不昧良心的忠义之辈。这也正如日本学者小野和子评论的那样：

> 他们特别对政治的实践，显示了强烈的意欲。成为中央官僚的话，就必须致力于天子；为地方官的话，就必须致力于人民；如果在野的话，就必须互相研究学问，切磋琢磨道德，致力于世道人心。这就是支撑着东林书院的精神，也是复社人士继承的理念。[2]

然而，党争从来不能救国，救国的只有实干家。比如自上而下

---

[1] 李逊之：《和韵（其二）》，《东林书院志》卷十八，《续修四库全书》第 721 册，第 291 页。

[2] 〔日〕小野和子：《明季党社考》，第 367 页。

的改革振作，像光武中兴；比如应运而生的救时之才，像唐代的郭子仪、李光弼，像本朝的于谦、王守仁等。东林党人既遇不到光武帝一样的圣主，又缺乏郭子仪、王守仁等人的才干，只能诉诸笔端、口舌。东林党人通过书院讲学，聚拢了一大批同志。即便顾宪成、高攀龙等人都只是布衣，却名闻天下，成为精神领袖一般的人物。

这种精神领袖与西方宗教的精神领袖决然不同，缺乏罗马教廷那般严密而庞大的组织，故而注定是短暂性的，外强中干的，以至于悲剧性的。顾宪成、高攀龙等人和本朝开国以来的儒者最大的不同在于，他们既不属于内圣式的人物，也不属于外王式的人物，更非完美结合内圣、外王的王阳明式的人物，而是被夹在内圣、外王之间的人物。他们被削籍之后，本可以著书立说、传诸后世，成为一代名儒，也可以隐居求志，过上恬然自得的隐士生活。但是，他们身在书院，心系朝堂，结果无论在书院，还是在朝堂，都找不到安身立命的地方。继之而起的复社，他们态度更为温和，组织更为严密，可是面临病入膏肓的政局，同样回天无力。风声雨声固然入耳，一旦升级成暴风骤雨，小小的书房草庐又如何抵御？

对西方社会而言，17 世纪绝非安逸的世纪，被有些学者称为"十七世纪危机"（The Seventeenth-Century Crisis）。[1] 全球很多地

---

　　[1]　Frederic E. Wakeman Jr. *China and the Seventeenth-Century Crisis*, Late Imperial China, Volume 7, Number 1, June 1986, pp. 1-26; William S. Atwell. *Some Observations on the "Seventeenth-Century Crisis" in China and Japan*, The Journal of Asian Studies, Feb., 1986, Vol. 45, No. 2 (Feb., 1986), pp. 223-244; Niels Steensgaard. *The Seventeenth-Century Crisis and the Unity of Eurasian History*, Modern Asian Studies, Oct., 1990, Vol. 24, No. 4 (Oct., 1990), pp. 683-697; William S. Atwell. *A Seventeenth-Century "General Crisis" in East Asia?* Modern Asian Studies, Oct., 1990, Vol. 24, No. 4 (Oct., 1990), pp. 661-682.

方都进入小冰期（Little Ice Age），地表气温变冷，农作物大幅减产，疫病流行，叛乱频仍。随后，欧洲大规模宗教战争如火如荼，特别是三十年战争（1618—1648），生灵涂炭。即便葡萄牙、西班牙以及荷兰、英国等国家率先抓住对外征服的机遇，彼此之间依然冲突不休。另外，面对人口众多的殖民地，这些宗主国同样面临被攻击、被推翻的风险。

当荷兰东印度公司等组织、机构的成员绕行大半个地球，到中国发展贸易，抢占市场，明代中国的精英是否觉察到这一切？对南部中国的知识分子而言，他们不可能对人数渐多的耶稣会士、天主教徒以及海外流入的白银、商品等一无所知。从嘉靖三十六年（1557）葡萄牙人租占澳门到崇祯十七年（1644）明朝覆灭近90年的时间里，明朝儒者必然对这些事件有所了解。但是，自万历末年以来，这些儒学精英究竟做了什么？只有在东北战场陷入绝境时，他们才费尽千辛万苦，请求这些素来鄙视的外夷携带大炮北上，参与守城。无奈事出仓促，零星的火炮支援根本不可能改变明朝倾覆的结局。

◎ 《南湖春雨图》

壬辰年（顺治九年，1652）春，明亡八年之后，原复社成员吴伟业来到嘉兴南湖，游览已故友人吴昌时的勺园，发现物是人非，感慨不已。他画了一幅《南湖春雨图》。图中景色别致，灵气逼人，体现文人画的简约与优美。即便山水辽阔，树木蓊郁，亭台楼阁犹在，却已空无一人。

《南湖春雨图》的上方还有吴伟业的题诗《鸳湖曲》。书法清秀而不失苍遒，不愧是前朝榜眼的字迹。全诗以美景衬哀情，介绍勺园从繁华走向没落的历程。一字一画之间，不少往事涌上心头。当年，宾朋云集，"欢乐朝朝兼暮暮，七贵三公何足数"！明亡之后，亲友凋零。忆往昔，纵万般美好，"那知转眼浮生梦，萧萧日影悲风动"。无论是吴昌时、吴伟业，还是东林党、复社，抑或当年的言官、权臣，乃至崇祯帝本人，都无法让历史重来。诗人只能哀叹道，"人生苦乐皆陈迹，年去年来堪痛惜"。①

这位当年活跃的复社成员在临死前，回首一生，艰难备尝，以"天下大苦人"自况。他留下遗言，以僧人的服装殓葬，禁止家人建立祠堂，禁止请人撰写碑铭，只在坟前留下一块圆石，上书"诗人吴梅村之墓"一行小字。②遗言一出，闻者莫不哀之。

吴伟业的一生就如一场幻梦，梦里梦外，自己的身份认同越来越模糊不清：复社以兴复古学为目标，古学兴复了吗？自己究竟是儒者，还是僧人？是修齐治平的士大夫，还是渴慕隐居的文人？是捍卫明朝的忠臣，还是仕于清朝的叛臣？……当年，吴伟业写下著名的《圆圆曲》，诗中提到，"恸哭六军俱缟素，冲冠一怒为红颜"。吴三桂毕竟得到了陈圆圆，可是像张溥、吴伟业这些复社成员又得到了什么呢？

关于东林党、复社等党社运动的评价，不同的学者受制于特殊的时代背景，得出的评价不尽相同。比如《明清之际党社运动考》成书于"九一八事变"（1931）之后，所以作者谢国桢在勾勒史实的基础上，加入不少反抗压迫的情感因素。他在书中将东林党、复

---

① 吴伟业：《鸳湖曲》，《梅村家藏稿》卷三，《续修四库全书》第1396册，第81页。

② 顾师轼：《梅村先生年谱》卷四，《续修四库全书》第1396册，第335页。

社成员视作"受压迫的民众",撰写此书的目的也是"唤起民族之精神"。[1]20世纪90年代,日本学者小野和子(包括为之作《序》的岛田虔次)则通过历史分期、言论自由等方法和角度,给予东林党、复社以极大的同情,明确否认"明亡于东林党"的说法。近年来,也有一些学者展开进一步研究,给我们提供一些有益的启示。[2]

那么,我们今天又该如何看待东林党、复社的抗争?

明朝末年,国家衰势已极,如人病在骨髓,非药石所能医。即便如此,深受儒学熏染的知识精英依旧表现出强大的组织能力,形成规模浩大、数量繁多的社团。[3]一方面,他们呼应东汉士人的气节,表现出为国为民的道义担当。另一方面,与其说他们是唤醒民众的先锋力量,不如说他们的存在是儒家知识精英在明帝国晚期的垂死冲锋。

他们挣扎的效应过于夺目,撼动了政局的大树,以至于到了清朝,任何类似的民间组织都遭到严厉禁锢。清政府自以为通过封杀就可以一劳永逸地解决民间结社问题,结果适得其反。与明末东林党、复社拥护朝廷的立场迥然不同,清朝末年涌现的众多秘密党社,苦于压抑已久,无处宣泄,纷纷以推翻清朝为己志。孙中山、黄兴、宋教仁等人于1905年成立的同盟会,在某种程度上讲,和明朝末年张溥、张采等人成立的复社颇有几分雷同。只是,孙、黄等人对当

---

① 谢国桢:《自序》,《明清之际党社运动考》,沈阳:辽宁教育出版社,1998年,第1页。

② 参何宗美:《明末清初文人结社研究》,上海:三联书店,2016年;曾肖:《复社与文学研究》,北京:人民文学出版社,2018年;等。

③ 明末除了复社、几社之外,还有遍布大江南北的雪苑社、惊隐诗社、望社等。参谢国桢:《明清之际党社运动考》,第140—147页。

下的政权不抱任何幻想，遂决定坚决推翻。后来，随着辛亥革命的爆发，清王朝不正是亡于同盟会、文学社、共进会这类社团之手吗？

回到明清之际，如果我们将视野拓宽，在肯定东林党人、复社成员的贡献时，也不难发现：真正影响世界格局的是荷兰的东印度公司、西印度公司，而非明代中国的东林党、复社。17 世纪是一个属于大帆船的时代，而非砚台的时代；一个属于海外冒险家的时代，而非道德说教者的时代；一个属于跨国公司对外扩张的时代（Expand or Die），[1] 而非党社与官僚内斗的时代；一个属于开启全球化的时代，而非闭门造车、自以为是的时代……

通过横向和纵向的比较，我们也许会有不同的观感。明末的东林党、复社既没有荷兰东印度公司、西印度公司的独特理念（即礼乐征伐不一定要出自天子，也可以出自公司；比起道德说教，发展商贸、股票分红、革新技术等方式更容易提升国力、凝聚民心），也没有孙中山、黄兴等人那种坚决的反抗精神，以推翻腐朽的政权为目标。所以，比起殖民者与革命者，夹在其中的东林党人和复社成员的挣扎更显无奈与苍凉。

在时代浪潮之中，他们至少尽了自己的一份心力。国家危亡之际，这些儒家士人奋起结社，企图力挽狂澜。他们对朱明政权依然抱有希望，既不是选择向外看，也不是向前看，而是提出"兴复古学"，即向后看，陷入过去之中，迷而不返。问题在于，即便所有知识分子都在东林党、复社的号召之下，参与复兴理学，或者调和理学与心学，抑或兴复古学，这个国家和社会就会好起来吗？

---

① Russell Shorto, *Amsterdam: A History of the World's Most Liberal City*, p. 101.

世事难料，风云变幻，天下大势并非一群饱读诗书的儒者通过奋争就能扭转。处在新旧王朝交替的大变局中，儒者的悲愤、不甘、凄楚以及无可奈何表现得更为强烈。只是，这些知识分子连自己的命运都无法掌握，何况偌大的帝国？

大厦将倾，独木难支，正如吴伟业在《鸳湖曲》的末尾写下的那样：

> 君不见白浪掀天一叶危，收竿还怕转船迟。
> 世人无限风波苦，输与江湖钓叟知。①

---

① 吴伟业：《鸳湖曲》，《梅村家藏稿》卷三，《续修四库全书》第1396册，第81页。

第八章　遥远的启蒙

第一节　天子是主人，还是过客

天子四海之内无客礼，莫敢为主焉。

——《礼记·坊记》

天下为主，君为客。

——黄宗羲《明夷待访录》

自秦以来，凡为帝王者皆贼也。

——唐甄《潜书·室语》

如果掌权的人由于滥用职权而丧失权力，那么在丧失权力或者规定的期限业已届满的时候，这种权力就重归于社会，人民就有权行使最高权力，并由他们自己继续行使立法权，或建立一个新的政府形式，或在旧的政府形式下把立法权交给他们认为适当的新人。

——〔英〕洛克《政府论（下篇）》

◎ 穷人的小屋

从 1754 年到 1763 年，英国与法国为了争夺全球优势，爆发战争，尤以七年战争（1756—1763）为著。为应付日益高涨的开销，英国政府于 1763 年开始对苹果酒征税。《苹果酒法案》在英国朝野引发广泛的愤怒，一时间骚乱四起。英国政治家威廉·皮特（William Pitt）在议会中发表演说，对这一法案予以抨击。其中一段广为流传：

> 即使最穷的人，在他的小屋里也能蔑视王室的所有力量。小屋可能很脆弱；屋顶可能会摇晃；风可能吹过它；风暴可能进入；雨水可能进入；但英格兰国王不能进入——他的全部力量都不敢跨过破败的小屋的门槛！

这段话被反复引用，表达强烈的捍卫公民权利的精神。后来英属殖民地美国爆发独立战争（1775—1783），并颁布《宪法》及其后续的修正案，多少都受到这种精神的鼓励。这段话传入中国之后，还被简化成"穷人的小屋，风能进，雨能进，国王不能进"。

威廉·皮特的发言并非偶然，而是英国自启蒙运动以来公民权利逐渐扩张的结果。根据启蒙传统，人民不仅可以批评君主，甚至可以审判君主、处死君主。

17 世纪前期的欧洲并不太平，英国在 1642—1651 年之间也接连不断发生内战。1648 年，克伦威尔（1599—1658）率军攻占伦敦，赶走忠于国王的议会，由下议院重新成立一个 38 人委员会，正式起诉国王。国王查理一世（1600—1649）在 1649 年被议会定为"叛国罪"，处以死刑。查理一世被处死的消息震惊整个欧洲大陆，按照法国启蒙思想家伏尔泰的评论，那个时候，"人们尚未见过一个民族通过司法机关在断头台上处死自己的国王的事例"。[1]

到了 1688 年，英国资产阶级发动"光荣革命"，驱逐国王詹姆士二世。次年（1689），新任国王威廉三世被迫签署《权利法案》。《权利法案》全面约束君主的权力，比如规定国王不得干涉法律，未经议会同意不得征税，不得干涉议会的言论自由，人民有选举议员的权利等等。自此，英国率先确立君主立宪制，为资本主义的发展奠定相对稳定的政治基础。

英王查理一世在位时期（1625—1649）相当于中国明熹宗、明思宗两位皇帝统治时期。明熹宗天启年间，魏忠贤擅权，大肆迫害东林党人，朝纲浊乱。崇祯帝即位之后，为应付内部叛乱和外族入侵，各种赋税层出不穷，民不聊生。1644 年（崇祯十七年），李自成攻陷京师，崇祯帝自缢。

崇祯帝和查理一世作为同一时期东西方两大君主，下场同样悲惨。问题在于，为什么此后英国率先创立君主立宪制，促进大英帝国的扩张，而中国却在君主专制的框架中裹足不前？直到 1840 年，清朝的国门被英国的坚船利炮无情轰开，逐步沦为半殖民地半封建社会。自 17 世纪以降，明清中国究竟错过了什么，以至于极大地影响此后两百多年的国运？

◎ **主宾之争**

根据《礼记》的记载，"天子四海之内无客礼，莫敢为主焉。故君适其臣，升自阼阶，即位于堂，示民不敢有其室也"（《礼记·坊

---

[1] 〔法〕伏尔泰：《风俗论》下册，第 397 页。

记》）。天子是天下的主人，故此不存在客礼之说。君主到大臣的家中，也会从主人专用的阼阶升堂。

《礼记》虽是儒家经典，却出自汉儒之手。其中关于"天子无客礼"的说法取自荀子，所谓"天子无妻，告人无匹也。四海之内无客礼，告无适也"（《荀子·君子》）。不仅如此，汉儒在《白虎通》中还提出影响巨大的"三纲说"："君臣、父子、夫妇，六人也。所以称三纲何？一阴一阳谓之道，阳得阴而成，阴得阳而序，刚柔相配，故六人为三纲。"① 这种学说配合仁、义、礼、智、信，后来演变为"三纲五常"，进一步明确君主对大臣、父母对子女、丈夫对妻子的绝对统治地位。

无论是《荀子》的说辞，还是《礼记》《白虎通》的论调，都远不能视作孔孟思想的体现。但是，鉴于这种主张有利于强化君主权力，稳固等级秩序（hierarchy），汉唐以来的帝王莫不以天下共主自居。至于明兴，朱元璋在给西藏等地区的诏书中也特别强调自己"天下主"的身份：

> 比岁以来，胡君失政，四方云扰，群雄分争，生灵涂炭。朕乃命将率师，悉平海内，臣民推戴为天下主，国号大明，建元洪武……②

刻意强调"天子无客礼"的流弊路人皆知，必定会不断加强君主专制的权力，造成权力的滥用。比如，明代皇帝屡屡以廷杖大臣为常事，乃至屠戮、族诛，毫不留情。

---

① 陈立：《白虎通疏证》卷八，北京：中华书局，1994年，第374页。
② 《明太祖实录》卷四十二，洪武二年五月甲午，第827页。

　　无论是汉儒的提法，还是荀子的主张，在儒林之中并非没有反对声音。明中叶的儒者程敏政专门撰写一篇《读荀子》，反驳"天子无客礼"的主张：

　　　　甚哉，卿言之不经，其流至于开废黜之祸，侈尊大之心，将所谓一言而丧邦者乎！ [①]

　　在他看来，天子不仅有客礼，还有尊师之礼。商汤问学于伊尹，周成王拜手稽首于周公之前。荀子的这种提法就像商鞅一样，片面主张君主的威权，导致"为人上者妄自尊大，堂陛之势愈严，而尊德乐道之义不复见于后世"。 [②] 即便《礼记》中也有"天子无客礼"的记载，经文本身自有语境，特指君主到大臣之家从阼阶升堂的礼仪，绝非放之四海而皆准的通论。

　　同时，不容否认，"天子无客礼"的说法从汉唐以来被官方持续宣传，也为普通儒者所接受。此外，还演变出"君父"的畸形观念。

　　崇祯十七年（1644），京师沦陷后，崇祯帝自缢。闻讯后，被革职为民的一代儒宗刘宗周（1578—1645）忧心如捣。纵使年近七旬，他还是书生意气，从家乡绍兴府出发，背负长戈，徒步到杭州府请命。考虑到刘宗周之前毕竟担任左都御史的要职，又在儒林之中威望素孚，浙江巡抚黄鸣骏赶忙下令接见。登堂之后，刚放下手中的长戈，刘宗周顾不上寒暄，直接提出发丧讨贼的请求。

---

　　① 程敏政：《读荀子》，《篁墩文集》卷五十八，景印文渊阁《四库全书》第1253册，第336页。
　　② 程敏政：《读荀子》，《篁墩文集》卷五十八，景印文渊阁《四库全书》第1253册，第336页。

闻言后，黄鸣骏左右为难。从程序上讲，他此时并未接到朝廷的命令；从实力而言，京师数万精兵都抵挡不住流寇的进攻，自己作为地方官员又能如何？看到黄鸣骏逡巡再三，刘宗周义愤填膺：

> 君父变出非常，公专阃外，不思枕戈泣血，激励同仇，顾借口镇静，作逊避计邪？[1]

刘宗周无疑是那个时代最杰出的儒者之一，史称："先生之理学文章沸天下，宇内儒宗皆归之。"[2]他却依然深受"君父"思想的牢笼。即便君主不再信任自己，把自己革职为民，即便自己年近七旬，早就过了上战场的年纪，刘宗周还是眷恋那位自缢的帝王，把他仰为"君父"。他自己可能也清楚，以浙江一地的力量难以扫平"贼寇"，但还是凭着一腔热血，催促浙江巡抚黄鸣骏发兵。[3]

古语云："不在其位，不谋其政。"（《论语·泰伯》）刘宗周既非朝廷命官，又近古稀之年，何必多此一举？南明弘光元年（清顺治二年，1645），清军攻陷杭州，布衣刘宗周决定绝食，并在绝食二十三天之后去世。[4]迁延二十多天，说明刘宗周绝食期间尚有犹豫。至于刘宗周最终坚持绝食的原因——"若曰身不在位，不当

---

[1] 徐鼒：《小腆纪传》卷十三，《续修四库全书》第332册，第594页。
[2] 陈鼎：《东林列传》卷十一，景印文渊阁《四库全书》第458册，第305页。
[3] 明亡后，浙江巡抚黄鸣骏确实派兵北上，却遭到权臣马士英的阻止，罢官回乡。1645年，隆武帝在福州即位后，起用黄鸣骏，授兵部右侍郎，晋兵部尚书兼东阁大学士。次年（1646），黄鸣骏兵败降清。
[4] 高烨等：《东林书院志》卷九，《续修四库全书》第721册，第152页。

与城为存亡，独不当与土为存亡乎？"①

崇祯皇帝曾经评价刘宗周："蔬食菜羹，三月不知肉味；敝衣羸马，廿年犹是书生。"② 这种评价既是对刘宗周道德学问的肯定，也暗含对他不能办理实务的批评，所谓"毕竟一书生"。终崇祯一朝，刘宗周屡用屡废，始终没有入阁，遑论被崇祯帝倚为心腹。所以，革员刘宗周选择自杀着实令人费解。如果按照他的逻辑，敌人攻城之后，岂不是所有儒者乃至平民都要杀身成仁？

无论刘宗周选择殉国，还是殉土，都受到"君父"观念的羁绊。刘宗周一生学问，以"慎独"为宗。③ 他门下弟子众多，其中就包括黄宗羲。明亡之后，黄宗羲率兵抵抗清军，归于失败。兵败后，黄宗羲并没有步老师的后尘。在他看来，自杀已经失去意义。黄宗羲之所以选择生存下来，必定有其独特的观念支撑。如果明中叶的儒者，比如程敏政等人，尚有反对君权独尊的觉悟，明亡之后，黄宗羲等人又如何看待君臣关系？他们还会认同"君父""臣子"这套传统观念吗？

---

① 高桂等：《东林书院志》卷九，《续修四库全书》第721册，第152页。刘宗周死前，留下一首绝命诗："留此旬日生，少存匡济志。决此一朝死，了我平生事。慷慨与从容，何难亦何易。"计六奇：《明季南略》卷五，北京：中华书局，1984年，第282页。

② 徐鼒：《小腆纪传》卷十三，《续修四库全书》第332册，第597页。

③ 《明史》称刘宗周之学，"专以诚意为主，而归功于慎独"。万斯同：《明史》卷三百六十《刘宗周传》，《续修四库全书》第330册，第381页。在刘宗周的时代，阳明后学的流弊愈发凸显。为此，刘宗周极力矫正，临终前还叮嘱门人："为学之要，一'诚'尽之矣，而主敬其功也。敬则诚，诚则天。若良知之说，鲜有不流于禅者。"万斯同：《明史》卷三百六十《刘宗周传》，《续修四库全书》第330册，第381页。

◎ 梁启超和孙中山的宣传手册

公元 19 世纪末，梁启超作为康有为的弟子，和谭嗣同等人开办学堂，积极宣传民主思想。其中，《明夷待访录》一书的节抄本被梁启超广为刊印，四处秘密散布，宣传效果显著。

梁启超之所以将两百多年前的《明夷待访录》选作宣传资料，按照他的话说，这部书含有民主主义精神，"对于三千年专制政治思想为极大胆的反抗"。[①]1923 年到 1924 年，梁启超在清华大学等高校讲授"中国近三百年学术史"课程时，回忆起《明夷待访录》与自己的这段因缘：

> 在三十年前——我们当学生时代，实为刺激青年最有利之兴奋剂。我自己的政治运动，可以说是受这部书的影响最早而最深。[②]

无独有偶，1897 年，孙中山也向日本友人赠送《明夷待访录》的节选本。他对黄宗羲书中的《原君》《原臣》两篇尤其佩服，认为可以名垂万世。[③]为了推动反清的革命事业，他也积极宣传黄宗羲的民主思想。

彼时，梁启超与孙中山二人对中国的政治变革主张大不相同：前者主张类似英国、日本的君主立宪，千方百计保存皇帝，而后者则致力于民主共和，建设一个"没有王的世界"，比如美国就没有

---

① 梁启超：《中国近三百年学术史》，第 62 页。

② 梁启超：《中国近三百年学术史》，第 62 页。

③ 参方祖猷：《黄宗羲〈明夷待访录〉对孙中山民主思想的启蒙》，《北京大学学报（哲学社会科学版）》2011 年第 5 期。

世袭君主，在华盛顿、杰斐逊等民选总统的治理下，同样实现国富民强。两者立场不同，在反对君主专制上面却难得一致。无论是维新派，还是革命派，没人再会接纳以前那种权力完全不受约束的君主。

回到黄宗羲，他对"君父""臣子"的观念早就不像乃师刘宗周那样僵化。如果真有"君父"可言，这样的"君父"只有尧、舜一类的上古贤君，"古者天下之人爱戴其君，比之如父，拟之如天，诚不为过也"。[①] 如今的君主根本无法获得天下人的拥戴，比起圣主、君父，更像是民贼、独夫。

他在《原君》《原臣》两篇论文中阐发对君臣本义的见解。社会为什么需要君主？因为"有生之初，人各自私也，人各自利也"[②]，如果人人都自私自利，没人愿意为天下兴利去害，社会早就乱作一团。于是乎，有人挺身而出，不辞千辛万苦，兴办公益，解难纾困，自己却不坐享其利，这种人就被百姓奉为君主。后世恰恰相反，君主们纷纷把国家当成私人产业，把天下的男性当成任意奴役的对象，把妇女当成满足淫乐的工具。事态逆转至此，乾坤颠倒，反倒不如没有君主：

> 然则为天下之大害者，君而已矣。向使无君，人各得其私也，人各得其利也。[③]

---

① 黄宗羲著，孙卫华校释：《原君》，《明夷待访录校释》，长沙：岳麓书社，2011 年，第 9 页。

② 《原君》，《明夷待访录校释》，第 7 页。

③ 《原君》，《明夷待访录校释》，第 9 页。

面对损公肥私的君主，人民该怎么办呢？迂腐小儒会认为，"君臣之义，无所逃于天地之间"，为人臣子，所谓"天下无不是的君父"，焉能以下犯上，反抗君主？对此，黄宗羲强烈反驳说，这样的君主不去反抗，就眼看着他鱼肉天下百姓吗？难道民众的呼声就不用考虑？难道他们的血肉都比不上腐鼠？[1]

"臣子"的概念也遭到黄宗羲的驳斥。他认为，"臣"与"子"不能混作一谈。父子一气，血脉相连，而君臣则大不相同：

> 君臣之名，从天下而有之者也。吾无天下之责，则吾在君为路人。[2]

大臣出仕的目的并非为君主一人效劳，而是为天下苍生造福，为黎民百姓请命，而非为某一姓卖命。如果大臣连这种基本的道理都不明晓，只为君主分忧，罔顾民生疾苦，那还算什么大臣！有人反问，如果大臣不去支持君主，不奉君命，这样的话，国家不就毁于一旦？黄宗羲正本清源，掷地有声：

> 天下之治乱，不在一姓之兴亡，而在万民之忧乐。[3]

国家本应是人民的国家，如果把控在一姓手中，只为一姓谋私利，这样的国家即便灭亡，和天下万民又有何关？民众活在幸福之中就是天下大治，民众活在忧苦之中就是天下大乱。

黄宗羲于康熙元年（1662）动笔，次年（1663）完成《明夷待

---

[1]　《原君》，《明夷待访录校释》，第9页。
[2]　《原臣》，《明夷待访录校释》，第15页。
[3]　《原臣》，《明夷待访录校释》，第13页。

访录》。"明夷"二字取自《周易》第三十六卦，"日入地中"，象征明朝的覆灭。黄宗羲此书写于明亡之后，又绝非仅为明亡而发。书中所言"一姓之兴亡"不仅包括覆灭的朱明政权，也包括三代以来只为一姓谋私利的各个王朝。"待访"二字体现黄宗羲的希望，希望有朝一日他能像商朝老臣箕子一样，受到周武王这样的贤君问访。① 书成后，黄宗羲的弟子将一份抄本送给顾炎武。顾炎武反复阅读，大为赞赏，认为后世君主果能贯彻书中的精义，"百王之敝可以复起，而三代之盛可以徐还也"。②

黄宗羲、顾炎武都对君主滥权大加批判，也同样渴望圣君贤相的出现。君主和丞相通力协作，就可以治理好国家。可是，明朝偏偏废除丞相，让君权失去相权的制衡。用黄宗羲的话来说，"有明之无善治，自高皇帝罢丞相始也"。③ 这种指责十分含混，看似指责朱元璋，又像在指责明初的废相体制，还像指责有明一朝。

另外一位来自四川的思想家唐甄（1630—1704），对后世君主的抨击更加犀利，"自秦以来，凡为帝王者皆贼也"。④ 为此，他举出形象的例子。既然为匹布、斗粟而杀人的人被称为贼，那么杀人无数而占据所有布、粟的人，不是更应该被称为贼吗？君主习惯将责任推卸给下属，殊不知大将、偏将、官吏所犯下的过错，杀害的军民，哪一件不是天子主谋？⑤

不少明末思想家都有类似言论，其中尤以黄宗羲《明夷待访录》

① 《题辞》，《明夷待访录校释》，第6页。
② 《顾宁人书》，《明夷待访录校释》，第3页。
③ 《置相》，《明夷待访录校释》，第21页。
④ 唐甄：《潜书·室语》，北京：中华书局，1963年，第196页。
⑤ 唐甄：《潜书·室语》，第196—197页。

一书为典型。逮于晚清，梁启超、孙中山等人，纷纷从《明夷待访录》中取材，大量散发其中篇什，尤其是《原君》《原臣》，为变法、革命张本。在这些人眼中，黄宗羲思想最可贵、最实用的地方就是抨击君主专制，不满皇帝将国家视作一姓之私产。近年来，也有学者称黄宗羲是"中国政治思想史上从民本走向民主的第一人"。[①]

然而，如上所述，黄宗羲反对君主专制，并非反对君主制。依据儒家经典，他重申天下为公的含义，乃至提出一些富于民主色彩、革命色彩的言论，力图钳制肆意膨胀的君主权力。但是，仅靠圣君贤相就能治理好国家吗？

◎ 《原法》

黄宗羲未尝不留意君臣之外维系国家的其他因素，其中之一就是"治法"。儒家向来重视德治，"道之以德，齐之以礼"（《论语·为政》）。提起法治容易和法家联系起来，而在儒家典籍的塑造中，法家都是刻薄寡恩的代表。就历史教训而言，任法重刑的秦王朝二世而亡。那么，黄宗羲为何还要重视"治法"？

在《明夷待访录》一书的次序中，《原法》紧跟《原君》《原臣》之后。黄宗羲开篇指出："三代以上有法，三代以下无法。"[②]他称颂三代之法如何为公，批评秦、汉、宋、元等后世之法如何为私，法条越多，天下越乱。他还提出个人的核心观点："有治法而后有治人。"[③]如果本身就是谋取私利的法，即便有正人君子，也无从

---

① 李存山：《中国的民本与民主》，《孔子研究》1997 年第 4 期。

② 《原法》，《明夷待访录校释》，第 16 页。

③ 《原法》，《明夷待访录校释》，第 19 页。

扭转局面。

黄宗羲的《原法》与其说在探讨法律的本源，毋宁说在探讨法律的精神。他将法分为"三代之法"与"后世之法"。二者的区别，一言以蔽之，曰：公私之辨。"三代之法"出于公心，为世人带来公平与正义，促进人的全面发展，而"后世之法"仅维护一小部分统治阶层的利益。他们口中的国家稳定只是一姓政权的稳定，所谓的长治久安也只是一姓政权的长治久安。

由于出自私心，"后世之法"必然桎梏天下人的手足。即便有贤能之人，面对这些条条框框的规定，也束手无策。长此以往，这些贤人也难免同化，因循苟且，迷失本心。如能恢复"三代之法"，贤人必然可以有所作为，而一般人即便犯法入狱，也不用处在对严刑酷法的恐惧之中。

黄宗羲的原法既体现儒者一以贯之的三代情怀，也体现忧国忧民的学者立场。同时，也存在若干问题：其一，他所说的"三代之法"基于后人对上古社会的美好想象，并非存在的事实。夏、商、周时期的民众（尤其包括大量存在的奴隶）如果复生，恐怕也未必同意黄宗羲的溢美之词。其二，他诚然指出"后世之法"的本质，即维护一小部分统治阶层的利益，并非代表民意，可又该如何保证国家的法律维护绝大多数民众的利益，而不被一小部分统治阶层及其追随者肆意践踏？其三，关于如何建设法治社会如此重大的议题，黄宗羲未免吝于笔墨，《原法》全文仅有八百字左右，语焉未详。

对遥远的三代之治的憧憬并不能拯救明末清初的社会。黄宗羲虽然提出"有治法而后有治人"的主张，彰显重视法治的精神，但是过于迷信三代，也提出不切实际的主张。比如，在《原法》一文中，他提出"复井田、封建、学校、卒乘之旧"。① 为了进一步论证自己的主张，他还专门撰写《田制》上、中、下三篇，讨论恢复周代井田制的必要性和可行性。② 黄宗羲此举让我们联想起方孝孺。如果在明初提出恢复井田制已属不经之论，何况改朝换代之后？

与浙江的大儒黄宗羲相比，僻处湖南的儒者王夫之（1619—1692）分析问题更为开阔、灵活。北魏时期，李冲提议推行三长制，五家立邻长，五邻立里长，五里立党长。他还请求按照周制，统一管理人口、土地。针对这一事件，王夫之在《读通鉴论》中评价说，"《周礼》之制，行之一邑而效，行之天下而未必效者多矣"。天下之大，人口浩繁，田赋众多，"固不可以一切之法治之也"。③

后世真有王者诞生，应该尊重实际，斟酌各地的田地肥瘠、人口多寡、民风民俗等具体情况，因势利导。让当地民众结合实际情况自行申报，乡邑士大夫帮忙参谋，地方官员公正处理，再上交中央公卿讨论，最后由天子裁决。只有这种充分讨论的做法，上上下下都会满意，才有可能持久流行。反之，如果不考虑南北风俗、田地质量、人口情况，悍然在全国推行某种单一的做法，自以为得到均平之道，实际上只会害了百姓。④

王夫之生前并不像黄宗羲、顾炎武一样知名，也没有像顾炎武

---

① 《原法》，《明夷待访录校释》，第 19 页。

② 黄宗羲坚信恢复井田制的必要性："儒者曰：'井田不复，仁政不行，天下之民始敝敝矣。'孰知魏、晋之民又困于汉，唐、宋之民又困于魏、晋！则天下之害民者，宁独在井田之不复乎！"《田制一》，《明夷待访录校释》，第 61—62 页。

③ 王夫之：《读通鉴论》卷十六，《船山全书》第十册，长沙：岳麓书社，2011 年，第 607—608 页。

④ 王夫之：《读通鉴论》卷十六，《船山全书》第十册，第 608 页。

一样有机会拜读黄宗羲的《明夷待访录》。但是，王夫之看待问题的角度更为务实。反观黄宗羲在《原君》《原臣》中的立论，不断强调国家、法律都应出自公心，应该代表天下之人。他有没有想过，对 17 世纪的民众而言，他们会赞成恢复井田制吗？井田制会让他们的生活好起来吗？黄宗羲的一些主张确实放射出民主的光芒，可惜和真正的民主之间犹存隔膜。

与黄宗羲差不多同一时代的英国思想家霍布斯（1588—1679）也对探讨国家治理的问题兴致勃勃，著有影响深远的《利维坦》一书。在书中，他叩问国家的本质：

> 国家的本质就存在于它身上。用一个定义来说，这就是一大群人相互订立信约、每人都对它的行为授权，以便使它能按其认为有利于大家的和平与共同防卫的方式运用全体的力量和手段的一个人格。[1]

霍布斯表达的主旨与黄宗羲主张基本相同，即政府理应为公众谋福利。但是，黄宗羲看问题的角度是回向三代的传统视角，提出的解决方案也难免带有浓烈的复古意味。霍布斯则不同，他通过契约的角度、自然权利的角度看待问题，开出启蒙的新道路。

他所谓的"自然权利"，"就是每一个人按照自己所愿意的方式运用自己的力量保全自己的天性——也就是保全自己的生命——的自由。因此，这种自由就是用他自己的判断和理性认为最适合的

---

[1] 〔英〕霍布斯：《利维坦》，黎思复、黎廷弼译，杨昌裕校，北京：商务印书馆，2009 年，第 132 页。

手段去做任何事情的自由"。^①民众也是由这些具有"自然权利"的公民组成。想要达到天下为公的目的，就必须伸张每一位公民的"自然权利"。至于施政主体，"主权者不论是君主还是一个会议，其职责都取决于人们赋予主权时所要达到的目的，那便是为人民求得安全"。^②

另外一位英国启蒙思想家洛克（1632—1704）同样赞成立法为公，决不能让国家的法律仅仅代表王室等统治阶层的利益：

> 谁握有国家的立法权或最高权力，谁就应该以既定的、向全国人民公布周知的、经常有效的法律，而不是以临时的命令来实行统治；应该由公正无私的法官根据这些法律来裁判纠纷……而这一切都没有别的目的，只是为了人民的和平、安全和公众福利。^③

儒家很早就有类似的言论，比如"天视自我民视，天听自我民听"（《尚书·泰誓》）、"民为贵，社稷次之，君为轻"（《孟子·尽心下》）。后世儒者在传承这些民本思想的时候，未免拘泥于历史思维，踌躇满志地从圣贤经典中寻找依据，发表的评论往往是三代的风俗至善至美，后世则不堪入目，"人心不古，世风日下"。他们执拗地认为过去的最好（the best was in the past^④）。有了这样的历

---

① 〔英〕霍布斯：《利维坦》，第97页。

② 〔英〕霍布斯：《利维坦》，第260页。

③ 〔英〕洛克：《政府论（下篇）》，叶启芳、瞿菊农译，北京：商务印书馆，1996年，第80页。

④ Timothy Brook, *The Confusions of Pleasure: Commerce and Culture in Ming China*, p. 143.

史思维与厚古薄今的意识，提出的解决方案自然是圣贤的教诲光明正大，可以作为万世法程，只是被后世的君臣执行错了，所以我们要竭尽所能去复古，回到那个桃花源一样的三代盛世。

如上所述，黄宗羲具有不少理想主义的念头，和方孝孺一样，甚至主张恢复两千多年前的井田制。在我们今天看来，这种执念未免不可思议，也无怪乎启蒙思想家伏尔泰对中国知识阶层发出批评："他们就是这样迷恋着他们的一切古老方法。"[1]

霍布斯、洛克等人同样深受基督教经典的影响，在尊重传统的同时，不惮于展开批判，提出新的观点，哪怕这些观点远未成熟，同时显得离经叛道，可正是这些看似不成熟的新观念推动国家文明的进步。受此影响，17 世纪以来，越来越多的人认识到，国家并非由教会或者国王主宰，本身就取决于人民的契约，理当服务于人民的需求。

◎ 从富民到财产权

和西方重视财富积累不同，儒家对财富采取轻视的态度。在孔子看来，"君子喻于义，小人喻于利"（《论语·里仁》）。《大学》更是主张"德者，本也。财者，末也"，"长国家而务财用者，必自小人矣"。《孟子》一书甚至包含有仇富之嫌的言论："为富不仁矣，为仁不富矣。"（《孟子·滕文公上》）

秦汉以来的经史文章充斥着安贫乐道的儒者形象，仿佛只有这样的人才是经明行修之辈，而努力创造财富的人，要么被当成地位

---

① 〔法〕伏尔泰：《风俗论》上册，梁守锵译，北京：商务印书馆，2000年，第 247 页。

卑贱的商人，要么被视作带有某种原罪。以明朝而论，朱元璋延续这种传统观念，从国家制度层面约束商人，强化商人的原罪观念：比起士人、农民，商人就该低人一等。[①] 就儒学内部而言，崇仁学派也有很多安贫乐道的典型，丝毫不把创造财富当成人生追求。如果只是把安贫乐道作为修身进学的品格，无可厚非，但是从治国的角度来说，解决不了民众的贫困问题，就不可能实现长治久安。在一个"越穷越光荣"的时代，并无真正的幸福可言。

儒家固然轻视财富，却也有类似富民的主张。《论语·子路篇》记载孔子和弟子冉有的一段对话：

> 子适卫，冉有仆。
>
> 子曰："庶矣哉！"
>
> 冉有曰："既庶矣，又何加焉？"
>
> 曰："富之。"
>
> 曰："既富矣，又何加焉？"
>
> 曰："教之。"

这段话看起来包含富民的主张，落脚点却还在教民之上。不然，孔子也不会说出"不患寡而患不均，不患贫而患不安"（《论语·季氏》）。这种基调一旦定下，后世儒者很难推翻。

明初，朱元璋定下"重农抑商"乃至"贱商"的祖制，嗣君也

---

① 朱元璋统治时期，对商人采取歧视性的服饰规定："（洪武）二十四年：生员玉色绢布，襕衫，宽袖，皂线缘，软巾、垂巾；农家许着绸纱、绢布；商贾之家止许着绢布；如农民之家，但有一人为商贾者，亦不许着绸纱。"田艺蘅：《留青日札》卷二十二，《续修四库全书》第1129册，第187页。

很难推翻。商人作为创造财富的主力之一，如果始终处于被压制、被割剥的状态，这个国家又如何富强？直到明亡之后，一些儒者试图冲决传统观念，大力提倡富民。比如，明末清初的儒者唐甄指出：

> 立国之道无他，惟在于富。自古未有国贫而可以为国者。夫富在编户，不在府库。若编户空虚，虽府库之财积如丘山，实为贫国，不可以为国矣。国家五十年以来，为政者无一人以富民为事，上言者无一人以富民为言。[1]

唐甄的这种思想颇为新锐，与重农抑商的主流理念大相径庭。他还提出："财者，国之宝也，民之命也；宝不可窃，命不可攘。"[2]这种说法将民众的财产上升到生命的高度。按照他的理解，国家必须立足于富民，如若不然，"盖四海困穷之时，君为仇敌，贼为父母矣。四海困穷，未有不亡者"。[3]

他提到"贼为父母"并非浮泛之论，而是鉴于惨痛的历史教训。"贼寇"李自成之所以获得民众的大力支持，和当时的宣传口号有关，所谓"迎闯王，不纳粮"。[4]这种口号具有明显的煽动性，同时也具有短视性。如果农民都不纳粮，新政权的粮食从何而来？即便打土豪、分田地，土豪和地主总有被抓完、打尽的一天。之后，民众

① 唐甄：《潜书·存言》，第 114 页。
② 唐甄：《潜书·富民》，第 105 页。
③ 唐甄：《潜书·明鉴》，第 109 页。
④ 明末，为赢得民众支持，农民军编造了不少歌谣。其中一首歌谣云："吃他娘，穿他娘。开了大门迎闯王，闯王来时不纳粮。"另一首云："朝求升，暮求合，近来贫汉难存活。早早开门拜闯王，管教大小都欢悦。"计六奇：《明季北略》卷二十三，第 656 页。

照旧要回到交皇粮国税的老路上，甚至交得更多。

黄宗羲同样注意到富民的问题，他的解决方案却别具一格：

> 后之圣王而欲天下安富，其必废金银乎？[1]

他之所以提出废金银，和明后期以来的银荒有关。万历时期，为了解决银荒问题，朝廷四处派遣宦官开矿，扰乱天下。可以说，明朝的衰亡和明神宗四处派遣矿吏息息相关。明神宗表面上是开矿，实际上也是为大明掘墓。对此，黄宗羲感慨道：

> 夫银力已竭，而赋税如故也，市易如故也。皇皇求银，将于何所！[2]

可是，如果废金银，该用什么交易？用铜钱、贝壳，还是以物易物？如果改成钱钞，这就牵扯到国家信用问题。明后期以来，万历皇帝三十年不上朝，国家公信力荡然无存。国家信用越缺失，民间对贵金属的需求就越旺盛。在这种环境下，想要用钱钞代替白银也未免不切实际。

治理一个国家与管理一座农庄不同，不仅要解决创造财富（发展农、工、商等）、分配财富（调整赋税等）的问题，还要解决财产权归属的根本问题。农奴隶属于庄园主，被剥夺财产权，不涉及财产权的归属问题。就整个国家而言，从君主，到文武百官，到寻常百姓，则需要厘清财产权的归属问题。这个问题不厘清，笼统地讲天下为公，讲三代之治，讲反对君主专制，就始终落在讽今、复

---

① 《财计一》，《明夷待访录校释》，第 87 页。
② 《财计一》，《明夷待访录校释》，第 92 页。

古的窠臼之中。

虽然黄宗羲、顾炎武与霍布斯、洛克素未谋面，但是比较东西方同一时期著名思想家的学说，有助于拓展我们的认知，将问题看得更加通透。根据洛克在《政府论（下篇）》的观察：

> 为了正确地了解政治权力，并追溯它的起源，我们必须考究人类原来自然地处在什么状态。那是一种完备无缺的自由状态，他们在自然法的范围内，按照他们认为合适的办法，决定他们的行动和处理他们的财产和人身，而毋需得到任何人的许可或听命于任何人的意志。①

农奴既不具备人身自由，也不具备财产权。他们偶尔从庄园主那里获得一些赏赐，比如天灾、饥荒时期的一点粮食，几枚铜钱，几件衣服，再幸运一些的话，也可能是一间小屋。如此一来，他们想当然地视之为恩典，同时也会坚定对庄园主的忠诚。但是追溯政治权力的本源，所有人都具有天生的财产权。国家之所以产生，也正是因为能够保障民众的财产权不受侵犯。②无论国家的最高权力在君主，还是在议会、内阁，均需保证人民的这一基本权利：

> 最高权力，未经本人同意，不能取去任何人的财产的任何部分。因为，既然保护财产是政府的目的，也是人们加入社会

---

① 〔英〕洛克：《政府论（下篇）》，第5页。
② 洛克认为："不论由谁掌握的政府，既是为此受有使人们能享有和保障他们的各种财产的这一条件的委托，则君主或议会纵然拥有制定法律的权力来规定臣民彼此之间的财产权，但未经他们的同意，绝不能有权取走臣民财产的全部或一部分。"〔英〕洛克：《政府论（下篇）》，第87页。

的目的，这就必然假定而且要求人民应该享有财产权。[①]

威廉·皮特在 1763 年的演说中提到的"穷人的小屋，风能进，雨能进，国王不能进"，也正是对 17 世纪以来洛克等人财产权理论的进一步延伸。在这些启蒙思想家的影响下，越来越多的民众意识到，财产权是天赋的，自己不需要像农奴一样去感恩庄园主，也会更加明确一条显而易见的真理：是国王侍奉人民，而不是人民侍奉国王。感恩戴德是农奴式的美德，对于公民而言，既然通过契约、纳税等方式组建了政府，就理应要求政府提供称职的服务。

在 17 世纪，中国的儒家知识精英同样意识到君主专制的危害。他们控诉君主将整个国家都视为私产，比如顾炎武就提出：

> 财聚于上，是谓国之不祥。不幸而有此，与其聚于人主，无宁聚于大臣。[②]

无论聚于君主、大臣，还是聚于士绅、庶民，黄宗羲、顾炎武、唐甄等人都未能继续向前一步，从理性出发，探索财产权的归属问题。他们同样抨击权力不受约束的君主，但是提出的方案又都离不开贤君的主导。要之，他们无法规划一个没有君主的世界。[③]

前进的道路上总是充满曲折。明清鼎革之际，黄宗羲、顾炎武

---

① 〔英〕洛克：《政府论（下篇）》，第 86 页。

② 顾炎武著，陈垣校注：《日知录校注》卷十二，合肥：安徽大学出版社，2007 年，第 671 页。

③ "没有君主的世界"在古诗中也能找到遗痕，比如《击壤歌》所言："日出而作，日入而息，凿井而饮，耕田而食，帝力于我何有哉！"沈德潜：《古诗源》卷一，北京：中华书局，1963 年，第 1 页。驯至后世，君主过度有为，反而让民众疲于奔命。

等儒者对有明一朝，乃至秦汉以来的政治文明，都进行深入检讨。他们强烈抨击君主专制，撕开历朝历代专制君主不堪的一面：他们借为公之名，行徇私之实，巧借国家之法律，维护一姓之私产。这些批评也为后来的思想家、政治家、革命家提供了理论资源。

当年，黄宗羲在撰写《明夷待访录》的时候，渴望书中的意见被后世圣君贤主采纳。后来，这个人既不是梁启超，也不是孙中山，而是看似无足轻重却蕴含无限希望的普罗大众。只有民众深刻意识到，比起主人，君主只是过客，比起统治者，君主只是服务者，而民众作为国家的真正主人，其人身权利、财产权利等合法权利均属天赋，无需他人赐予，无需感恩戴德，启蒙之光才会照临这片土地之上。

第二节　黄宗羲式的学校

学校，所以养士也。然古之圣王，其意不仅此也，必使天下之具皆出于学校，而后设学校之意始备。

——黄宗羲《明夷待访录》

他们发明了印刷术……我们使用的活字和铸字比他们优越得多，但未被他们采用……他们致力于化学，发明了火药；不过他们只拿火药来制造烟火，用于节日……他们深入研究天文，但只是把天文学作为眼睛的科学而靠耐心取得成果……他们有指南针，但并未真正用以指引船舶航行。他们只是在近海航行……奇怪的是，这个有发明能力的民族在几何学方面从没有超出基本知识的范围。

——〔法〕伏尔泰《风俗论》

◎ **"多余的"寺观淫祠**

1945 年，二战终于结束。经过多年的战争摧残，整个国际社会都蒙受巨大损失，世界依然处于撕裂之中。为了增进各国的理解与合作，维护国际和平，联合国应运而生。作为联合国的专门机构，联合国教育、科学与文化组织（United Nations Educational，Scientific and Cultural Organization，缩写：UNESCO）也随之成立，总部设在法国巴黎。至于成立这一国际合作机构的原因，UNESCO 官网如是解释道：

> 政府的政治或经济措施并不足以获得人民长期的鼎力支持。对话和相互理解是建立和平的基础，人类智慧与道德的团结是建立和平的前提。在此精神指导下，联合国教科文组织积极发展教育手段，消除仇恨、倡导包容，培养全球公民。[1]

20 世纪，世界各国早就融入全球化的进程之中，两次世界大战的爆发即是其中极大的负面体现。为了减少冲突，尤其是世界战争，仅仅通过政治、经济、法律等手段远远不够，通过发展教育，增进各国人民之间的理解，也是实现世界和平的重要前提。

回到 17 世纪的明代中国，全球化的帷幕徐徐升起。从明中后期开始，西方的商人和传教士陆续通过贸易、宗教等手段影响中国。

---

[1] https://zh.unesco.org/about-us/introducing-unesco.

不过，此时要求明代中国教育的目标是培养"全球公民"无疑不切实际。但是，无论中国教育，还是西方教育，"消除仇恨、倡导包容"应该是题中之义。然而，这一时期的中国教育，尤其是儒学教育，果然致力于"消除仇恨、倡导包容"吗？

根据《明夷待访录·学校》的设想，黄宗羲主张，不仅要充分发挥朝野学校、书院的教育功能，还应把"寺观庵堂，大者改为书院，经师领之，小者改为小学，蒙师领之，以分处诸生受业。其寺产即隶于学，以赡诸生之贫者"。[①]这相当于公开没收佛教、道教的财产。不仅占领这些寺观庵堂，还要把附近隶属的田地一并收归儒家，用以供养儒生。至于和尚、尼姑、道士等，进行分类处理，"有学行者，归之学宫，其余则各还其业"，[②]要么强制转化为儒生，学习儒家文化，要么勒令还俗，放弃宗教信仰。

如上节所述，即便黄宗羲的思想包含民主元素，但是和真正的民主思想之间犹有隔膜。加上严重缺乏财产权的归属意识，所以黄宗羲这等大儒依然主张对佛教、道教的信众进行公开迫害，强占寺产，强令还俗，并没有体现儒学应有的包容性，仿佛儒门全是君子，而佛道都是小人，必须铲除。

晚明时期，佛教、道教的影响力不容低估。佛教涌现出四大高僧，云栖袾宏、紫柏真可、憨山德清、藕益智旭等，颇具复兴气象。[③]对于佛教、道教，黄宗羲尚且展示强硬的儒学手腕，至于不符合儒

①　《学校》，《明夷待访录校释》，第32页。

②　《学校》，《明夷待访录校释》，第32页。

③　可参 Timothy Brook, *Praying for Power: Buddhism and the Formation of Gentry Society in Late-Ming China*, Harvard University Press, 1993.

家思想的祭祀场所，更是被贴上"淫祠"的标签。对于这些"淫祠"，应该一律禁毁，仅仅保留对农业生产有利的土地神、谷神等少数神祇的祠庙。在黄宗羲看来，民间崇拜应该限定在儒家认可的范围之内，凡是那些"有违礼之祀，有非法之服，市悬无益之物，土留未掩之丧，优歌在耳，鄙语满街"，[①] 统统予以禁绝。

除了佛教、道教以及多元化的民间崇拜之外，民众的言论自由、出版自由都受到管控。根据黄宗羲的观点，"古文非有师法，语录非有心得，奏议无裨实用，序事无补史学者，不许传刻"。[②] 不仅不许刊刻，那些"时文、小说、词曲、应酬代笔"之类，应一律予以焚毁。如果士人胆敢在公开考试中书写这些不经之论，一经查处，本人废黜，不予录用，负责官员予以免职。如果事后查处，负责官员哪怕致仕在家，也应夺回告身，取消一切退休待遇，以儆效尤。

在漫长的儒学史上，儒家与佛教、道教之间既有融合，也有冲突。一些最知名的儒者，比如韩愈、程颐、朱熹等，莫不以排斥佛老为己志。受此影响，黄宗羲在《明夷待访录》中发表这些排斥佛教、道教的言论不足为奇。此外，黄宗羲类似极端主张的出现并非偶然，这也是明初以来主流儒者的看法。从方孝孺、曹端以降，无论是之后的崇仁学派，还是河东学派，抑或明末儒者，包括顾炎武等人，都发表过一些排斥佛老的言论。就儒林内部而言，一名儒者发表排斥佛老的言论越清晰、越犀利，越有助于塑造本人儒学正宗的光辉形象。

明朝末年，顾宪成、高攀龙等人重修东林书院，逐渐形成规模浩大的东林学派。由于"妄议朝政"，东林党人被魏忠贤集团残酷镇压。

①　《学校》，《明夷待访录校释》，第36—37页。
②　《学校》，《明夷待访录校释》，第35页。

对于此类事件,黄宗羲等名儒无比熟稔。可是,一方面,他们呼吁君主、朝廷对儒家书院和儒学人士予以包容;另一方面,却对佛教、道教以及其他非主流文化强烈抨弹,必欲除之而后快。如果说,魏忠贤镇压东林党人、禁毁天下书院是臭名昭著的罪行,那么黄宗羲主张没收佛教、道教的寺产并勒令和尚、道士还俗就是正确的吗?如果儒家主张的世界是唯儒独尊的世界,容不下其他宗教与民间信仰的存在,那么这种世界又有什么吸引力可言?

◎ 药地和尚的《物理小识》

明后期诸多知识分子即便未能留下经学名著,推动儒学发展,但是在其他领域同样做出不容忽视的贡献,比如李时珍创作医学名著《本草纲目》、朱载堉创作音乐名著《乐律全书》、汤显祖创作戏剧名著《牡丹亭》、宋应星创作工艺名著《天工开物》,还有胡文焕刊刻《格致丛书》、张岱创作《陶庵梦忆》等。此外,明代知识精英对佛教的态度并非都像黄宗羲一样缺乏宽容。英雄到老皆归佛,宿将还山不论兵。国家覆灭之后,不少儒家士大夫遁入空门,方以智即是其中典型。

方以智(1611—1671),字密之,南直隶桐城(今安徽桐城)人。父亲方孔炤,崇祯年间官至湖广巡抚。方以智在崇祯十三年(1640)考中进士,被朝廷授予翰林院检讨一职。崇祯十七年(1644),京师沦陷,方以智被俘。在李自成兵败后,方以智逃往南方。1646年,桂王朱由榔在肇庆称帝,年号"永历",方以智因功被封为礼部侍郎、东阁大学士。此后,罢官在家,屡诏不起,并削发为僧,别号药地，人称"药地和尚"。[①] 康熙十年（1671），方以智被清军押解，行至江西吉安惶恐滩，追忆宋朝宰相文天祥之事，"惶恐滩头说惶恐，零丁洋里叹零丁。人生自古谁无死？留取丹心照汗青"，遂效法前贤，以身殉国。[②]

方以智的一生充满传奇色彩，为逃避追捕，多次改名换号。[③] 他精通儒家典籍，却不以醇儒自居。除了学者、思想家、僧人，方以智还有一重科学家的身份。之所以如此，和他的一部著作有关——《物理小识》。

和《明夷待访录》《日知录》等关注军国大事、经史文章不同，《物理小识》关注的却是一些"不急之务"。本书十二卷，分为十五类，探讨天、历、风雷雨电、地、占候、人身、医药、饮食、衣服、金石、器用、草木、鸟兽、鬼神方术、异事等方面的内容。因为属于张华《博物志》一类的书，避谈政治，所以《物理小识》在乾隆下令编修《四库全书》时，没有像《明夷待访录》一样遭禁。按照四库馆臣的说法，这部书"虽所录不免冗杂，未必一一尽确。其所辨论亦不免时有附会，

---

① 赵尔巽等：《清史稿》卷五百《方以智传》，北京：中华书局，1977 年，第 13832—13833 页。

② 关于方以智的死因，或云病死，或云坐化，或云殉节。根据余英时的研究，当以殉节说为可从："密之惶恐滩头慷慨尽节，其以文文山自许，意可知矣。"余英时：《方以智晚节考》，北京：三联书店，2004 年，第 94 页。

③ 为躲避清军追捕，方以智多次改名换姓，处境窘迫而又悲凉。在一首诗中，他写道："同伴都分手，麻鞋独入林。一年三变姓，十字九椎心。听惯干戈信，愁因风雨深。死生容易事，所痛为知音。"方以智：《独往》，参卓尔堪辑：《遗民诗》卷六，《四库禁毁书丛刊·集部》第 21 册，北京：北京出版社，1997 年，第 556—557 页。

而细大兼收，固亦可资博识而利民用"。①

明朝末年，耶稣会士进入中国，带来西方天文、地理、历法等方面的知识。一些儒家学者感到新奇，逐渐吸收其中的知识、理论。万历以来，不少儒者都听闻或者看到利玛窦、李之藻等人编印的最新的世界地图，故而对原来的九州之说不再持为笃论。另以传统的"天圆地方说"为例，方以智在《物理小识》中予以明确纠正：

> 地体实圜，在天之中……地形如胡桃肉，凸山凹海。②

三百多年前，方以智的看法已经较为准确地描写地球的样貌特征。不仅如此，他还特别引用利玛窦在太阳、地球半径等方面的重要数据，"地周九万里，径二万八千六百六十六里零三十六丈，日径大于地一百六十五倍又八分之三"。③根据中国传统的理论、技术，这些数据很难获得，而西方传教士的到来为中国儒者开辟了崭新的知识领域。另据泰西儒者的见闻，太平洋常年没有飓风，方便航船，满加剌（即马六甲）更是少风，是难得的航道。④可惜，方以智满足于对这些见闻的记载，并没有远洋航行的冲动。

方以智在创作《物理小识》的时候，仍然以中国固有的典籍记载为本位，引用泰西儒者的观点时不忘强调：中国古人早已知晓类似领域的知识，纵使泰西之人取得一些成就，也不过是"天子失官，

---

① 《四库全书总目物理小识提要》，景印文渊阁《四库全书》第867册，第741页。

② 方以智：《物理小识》卷一，景印文渊阁《四库全书》第867册，第765页。

③ 《物理小识》卷一，景印文渊阁《四库全书》第867册，第770页。

④ 《物理小识》卷二，景印文渊阁《四库全书》第867册，第778页。

学在四夷"而已。① 即便如此，他主动汲取西方科学知识，并有意识地展开东西方文明之间的比较，不能不说是一种进步。

◎ 学官治国

黄宗羲《明夷待访录·学校》一文中也蕴含诸多精华思想，比如抨击君主专制以及扩充、改革学校功能等。在他看来，学校不仅是培养人才的地方，还是厉行教化的地方。其中，学校最重要的功能体现在确立全社会的价值标准。即便是天子，也不能例外：

> 天子之所是未必是，天子之所非未必非，天子亦遂不敢自为非是，而公其非是于学校。②

黄宗羲为什么会有这种卓识？一方面，和他的三代情结有关；另一方面，则出自对明代君主昏庸无道以至于国家灭亡的悲愤。

根据对三代之治的理解，黄宗羲认为，学校是古代圣王治理天下最重要的依托，所谓"必使治天下之具皆出于学校"。③"治天下之具"的范围几乎无所不包，从王侯将相，到文武百官，再到寻常百姓，必须不断接受学校的教育。

明代的学校体系分为官学、私学两种。官学是从两京国子监到地方府、州、县等各级公立学校，而私学则包括书院、私塾等民间学校。在不同时期，儒者对官学、私学的评价完全不同。明初，百废待兴，国家集中力量办学，对迅速恢复教育、发展文化、培养人才都起到

---

① 《物理小识》卷一，景印文渊阁《四库全书》第 867 册，第 765 页。
② 《学校》，《明夷待访录校释》，第 28 页。
③ 《学校》，《明夷待访录校释》，第 28 页。

重要作用，也赢得后世高度评价：

> 盖无地而不设之学，无人而不纳之教。庠声序音，重规迭矩，无间于下邑荒徼，山陬海涯。此明代学校之盛，唐、宋以来所不及也。①

到了明后期，各级官学都把科举考试当成核心任务。学校非但发挥不了培养人才的基本功能，反而成为愚民的场所。这些学生不是没有聪明才智，而是被八股取士耽误终生。他们不仅不去博览群书，反而在各级考试中剿袭旧说，拾人牙慧，格局随之狭窄，人品由是低劣。始则他愚，终则自愚。对于这类弊病，顾炎武有过极为痛切的批评：

> 成于剿袭，得于假倩，卒而问其所未读之经，有茫然不知为何书者。故愚以为八股之害，等于焚书，而败坏人材，有甚于咸阳之郊所坑者，但四百六十余人也。②

官办学校弊病丛生，有识之士从中看不到希望，便导致民间学校蓬勃兴起。像东林书院等私学兴起之后，师生开始批评朝政，又引发与魏忠贤集团的激烈斗争，损伤国家元气。

黄宗羲注意到这些问题，也觉察到自东林党之后，很多儒者主动与类似东林书院的民间机构划清界限，认为这些机构，"率天下士大夫而背朝廷者也"。③对此，黄宗羲结合东汉三万名太学生的

---

① 《明史》卷六十九《选举志一》，第 1686 页。
② 《日知录校注》卷十六，第 913 页。
③ 《学校》，《明夷待访录校释》，第 29—30 页。

例子，认为汉朝之所以灭亡，并非这些太学生造成。事实上，太学生奋起抗争的立场正是拥护朝廷，拯救朝纲。东汉之所以灭亡，正是亡于朝廷到处缉拿党人，丧失民心。同样的道理，明朝之所以覆灭，也绝非东林党人一手造成，而是东林党所反对的那些奸臣浊乱朝纲，各地官僚中饱私囊，最后才走向灭亡。所以，私学的兴起有助于匡正世风。无知小人颠倒是非，反而把国家的灭亡归咎在东林党人头上，从而压制民间教学力量的成长。

根据黄宗羲的设想，学校教育需以三代为榜样，除了从中央到地方的官学以及民间私学之外，还要继续扩大学校教育的范围：太子在十五岁的时候，必须到太学读书；每月初一、十五，地方长官要会同名儒到当地学校听讲，长官要向学官北面行再拜礼；每年春秋，地方士绅要到学校参加乡饮酒礼，养成尊老敬老的风气；民间婚丧嫁娶按照《朱子家礼》行事，在地方学官的指导下进行……

如果要对黄宗羲这一套学校教育的构想进行总结的话，应该是"复古主义"和"学官治国"。复古主义是恢复三代之治，把政治、经济、文化都变成三代的模样。学官治国则是从上到下，提高学官的社会地位。黄宗羲甚至把国子祭酒抬高到与内阁首辅并重的地位，"其重与宰相等"。[1] 每月初一，天子要带领文武百官到太学听课。听课的时候，天子要向国子祭酒行弟子之礼。如果天子近来在处理国政上有不当之处，国子祭酒可以直言不讳。

根据黄宗羲的设计，儒家与西方基督教高度类似，俨然成为一种国教。国子祭酒作为儒教的精神领袖，高高在上，每月初一接受

---

[1] 《学校》，《明夷待访录校释》，第 32 页。

世俗皇帝的朝拜；以此类推，各府、州、县学校的学官，则像各级
牧区的神父，接受各级长官的定时朝拜。除了在朝的神父之外，像
民间书院这种在野学校也有神父，同样可以批评政局，而朝廷也当
虚心听取。黄宗羲越想恢复三代之治，越想扩大学校的职权，就越
体现儒学国教化的倾向。

　　黄宗羲的设计非常理想主义，却回避一道关键问题：假如皇帝
以及各级地方长官不同意这套"学官治国"的体系，又当如何？黄
宗羲式的学校是一种从上到下宗教式的学校、职业培训式的学校，
目标是培养一群敬神爱民、娴熟政务的儒家官员。①

　　此外，除了我们上文提到的缺乏宗教宽容、缺乏科技培养之外，
"学官治国"的教育体系也并不完善，比如还缺乏对军事的关注。
纵使万历以来，明军兵败如山倒，但是很少有儒者提出建立新式的
军事专修学校。

　　明亡之后，唐甄进行一番省思，提出"君子之为学也，不可以
不知兵"的主张：

　　　　全学犹鼎也，鼎有三足，学亦有之：仁一也，义一也，兵
　　一也。一足折，则二足不支，而鼎因以倾矣。不知兵，则仁义
　　无用，而国因以亡矣。夫兵者，国之大事，君子之急务也。②

----

　　①　狄百瑞（W. T. de Bary）在《儒家的困境》一书中指出："对于'真正'
的儒家来说，根本的问题不仅是物质方面的，而且是道德和精神方面的。站在
他们的立场上看，实际的疏忽不在于未能实现工业化或者更充分地利用地球资源，
而在于教育系统的失败。教育系统过于投机，以狭隘的职业目标作为教育导向。
而且，所谓职业不过就是强势官僚体制内的一官半职。"〔美〕狄百瑞著，黄
水婴译：《儒家的困境》，北京：北京大学出版社，2009年，第127页。

　　②　唐甄：《潜书·全学》，第173页。

他之所以有这种觉悟，和自己崇拜的偶像有关。有明一朝，唐甄最崇拜的儒学宗师便是王阳明。在他眼中，"阳明子有圣人之学，有圣人之才，自孟子而后，无能及之者"。[①] 只是王阳明这种文武双全的奇才可遇不可求，并非寻常的儒学或者武学可以培养出来。

无论儒学如何丰富、伟大，毕竟只是大千世界中的一家之说。既然只是一家之说，就必定有自己的长短利弊。以用兵为例，不尽知用兵之弊者，则不尽知用兵之利。黄宗羲的构想确实有助于张皇儒学，真要照此施行，却难免引发广泛的不满。君主和地方高官岂会甘愿拜倒在学官脚下？佛教、道教以及民间信仰面对种种打压，也不会善罢甘休。被黄宗羲主张焚毁的"无益于世道人心"的著作，不仅不会消失，反而可能因为官方的封杀更加秘密流行。另外，缺乏科技、军事、商业等方面的支持，缺乏对各级学校以及学科的细化管理，黄宗羲"学官治国"的构想很难不成为空想。

◎ 明朝最后一位状元

崇祯十六年癸未（1643），明王朝迎来最后一次科举考试。癸未科发榜之后，共有三甲进士三百多名。一甲进士为杨廷鉴、宋之绳、陈名夏三人，分列状元、榜眼、探花，二甲、三甲进士之中也包含不少名人，比如复社名士周钟等。

崇祯末年，国家多难，内忧外患。这些新榜进士无不感谢皇恩，跃跃欲试，准备为国效力。可就在次年（1644），朝局一发不可收拾，李自成率军攻陷京师。改朝换代之际，这些进士又该做出怎样的人

---

① 唐甄：《潜书·法王》，第9页。

生抉择？

杨廷鉴（1603—1665），字冰如，南直隶常州府武进县（今常州市武进区）人，考中状元之后，被朝廷授予翰林院修撰之职。京师沦陷后，杨廷鉴丝毫没有殉节的意思，而是保命要紧，跟随李自成的谋士牛金星，被授予弘文馆编修的职务。一同投降的不仅有这位状元，也包括陈名夏、周钟等诸多进士。

李自成登极在即，需要草拟诏书，诏告天下。当年，燕王朱棣篡位后，要草诏天下，哪怕用十族的性命相胁迫，方孝孺都不肯拟一字。如今，面对李自成、牛金星的命令，弘文馆内，杨廷鉴、周钟等人却争先恐后，甚至为了争取这一千载难逢的效忠机会，一帮儒臣差点打了起来。①

周钟，字介生，南直隶金坛县（今江苏金坛）人，常年雄踞文坛，为复社名流。京师沦陷后，周钟为了自保，主动攀附丞相牛金星，也受到牛金星的礼遇，被称为"先生"。受到礼遇后，周钟激动不已，感激牛老师的知遇之恩。②

当听到需要有人撰写诏书的时候，杨廷鉴、周钟二人互不相让：一个仗着自己是前明状元，一个则仗着自己是复社名流，还有"牛老师"在背后撑腰。我们不清楚，李自成、牛金星最后究竟把草拟诏书的"光荣任务"交给哪位进士。我们清楚的是，这份诏书极尽谄媚之能事，把李自成灭亡明朝看成顺应天命的义举，而李自

---

① 史称："《晗记》：'伪相牛（金）星立荐杨（廷鉴）与周钟草诏，两人互相争草，几至攘臂。'以状元而至于此，载之青史，不亦羞乎！"计六奇：《明季北略》卷二十二，第603页。

② 《明季北略》卷二十二，第605页。

成的功勋"比尧舜而多武功，迈汤武而无惭德"，[①] 简直是尧舜再世，汤武复生。

崇祯帝在位时期，自以为深谙驭人之术，结果京师沦陷之后，文武百官要么忙着四散逃命，要么投降大顺政权。他培养、选拔的新科进士也不甘人后，纷纷投入李自成、牛金星的怀抱，甚至为了争夺草拟诏书的机会恼羞成怒，几乎大打出手。这也无怪乎黄宗羲、顾炎武等人对明代学校教育进行无情的抨击。

当然，这不仅是学校教育系统的问题，也和君主刚愎自用的性格以及仇视反对意见的制度有关。朝廷越是压制反对意见，就越会造成官员的离心离德。在高压体制之下，平时越忠诚可靠的宰辅、将军、官员、状元，在政权沦丧之后，反而越不会殉国死难。君主身边看似都是忠君体国之辈，实则到了紧要关头，纷纷改头换面，成为新政权的拥护者。造成如此反讽现象的原因，恰如当代儒家徐复观对中国政治弊病的剖析：

> 一切政治的弊端，社会的离心离德，主要是来自不能培养舆论，接受舆论。[②]

从这个角度来说，黄宗羲那些呼声，比如"公其是非于学校"、鼓励私学等，都有不容抹杀的价值。如果朝廷能够虚心接受社会舆论的批评，而非刚愎自用，自以为是，同时注重官学和私学的互动发展，就不至于被个人的自大、猜忌反噬。杨廷鉴、周钟等进士投

---

① 《明季北略》卷二十二，第 606 页。

② 徐复观著，萧欣义编：《儒家政治思想与民主自由人权》，台北：八十年代出版社，1979 年，第 310 页。

敌固然德行有亏，但是这些进士，包括状元，不都是崇祯帝本人钦点的吗？

在黑白颠倒、阿谀成风的制度下，从君主到文官、武将，到地方士绅，每个人都很努力，但是努力看不到希望；每个人都看似忠诚，但是每个人都可能投入敌营。教育的目的之一在于培养人才，可培养的人才，哪怕是钦点的状元，都不再可靠，无疑宣告明代教育体系的土崩瓦解。旧制度、旧体系瓦解之后，又该如何谋划新制度、新体系呢？

◎ 取士八法

今日中国，考试依然是选拔人才最重要的途径。在很多中学，却存在一个耐人寻味的现象：一方面，老师和家长不断向学生灌输"知识改变命运"的观念。"知识改变命运"之所以成立，在于全社会对知识、对人才的尊重。另一方面，每逢中高考之后，不乏学子将陪伴自己的书本弃若敝屣，乃至将书本一页页撕碎，像垃圾一样扬洒在校园的上空。

我们无法想象，明代中国的学子也有这种举动：在科举考试结束之后，把陪伴自己的线装书一页页撕碎，扔在学校之中。可以确定的是，明代学子在考中进士之后，一定欣喜若狂，自此不再背诵钦定的《四书大全》《五经大全》《性理大全》这些教科书。

书籍承载知识，撕书这件事情本身体现的绝非是对知识的尊重。参与撕书的同学心情各不相同，有人撕书是出于考试结束的兴奋，有人撕书则是盲目跟风，还有人则是出于对以往考试生活的不满乃至愤怒……黄宗羲、顾炎武等人对明代科举考试的不满乃至愤怒在在皆有。愤懑之余，他们也在思考一个问题：国家究竟应该如何选拔人才？

黄宗羲殚精竭虑，在《明夷待访录·取士》一文中，提供八种方法。

其一，科举改革。明朝科举的问题在于狭隘、僵硬，造成读书人只读教科书，无暇他顾。故此，黄宗羲提供一套以"博学"为目标的考核方法。除了第一场四书五经之外，黄宗羲添加很多考试内容。比如第二场考察子部文献，以周敦颐、程颢、程颐、张载、朱熹、陆九渊六子为一科，孙膑、吴起为一科，荀卿、董仲舒、扬雄、文中子（王通）为一科，管子、韩子、老子、庄子为一科。第三场考察史部文献，《左传》《国语》《三史》（即《史记》《汉书》《后汉书》）为一科，《三国志》《晋书》《南北史》为一科，《旧唐书》《新唐书》《五代史》为一科，《宋史》《明实录》为一科。第四场考察时务策，分析国家形势，提供解决方法。黄宗羲对科举的改革颇具今天"通识教育"的精神，尤其像"大文科教育"，避免搞经学的人不懂史学，搞史学的人不懂文学，各说各话。

其二，荐举，直接保送朝廷。如果学子不擅长考试，还有绕过考试直接保送的机会。只是保送的名额极其有限，每府每年才给一个名额。地方官员推荐保送到朝廷的人才必须有真才实学，而且品学兼优。本朝之前就有这类人物，比如吴与弼、陈献章等人都不擅长科举考试，却名闻天下，慨然为一代儒宗。

其三，保送太学。如果州学、县学还有优异的学生，可以保送京师太学。这些学生在太学继续深造，表现优异者，由朝廷量才授官。

其四，任子，官宦子弟的保送之法。很多达官显贵为了把子弟送入太学或者让其通过科举考试，暗箱操作，抢占贫寒子弟中举人、中进士的机会，造成教育的不公平。与其如此，还不如直接规定：六品以上官员的子弟，直接送入州学、县学培养；三品以上官员的子弟，直接送入太学培养。官员获得教育的优待，会更加效忠朝廷，同时，高官子弟虽然获得保送的机会，赢在了起跑线上，但是并不保证日后做官，还是要继续努力读书，通过真才实学，才能被国家机关聘用。

其五，郡邑佐之法，选调生的培养。地方学校的学生表现优异者，可以直接选入地方政府部门，即吏、户、礼、兵、刑、工六曹。这些选调生考核优异者，送入太学深造；能力突出者，直接选入京师的六部供职。

其六，辟召之法，鼓励重臣培养、推荐幕宾人才。对于宰相、六部尚书以及地方总督、巡抚之类的高官，朝廷鼓励他们选聘人才充当自己的幕宾。这些人才久在国家重臣身边服务，熟悉军政大事，能力突出者，推荐朝廷破格任用。

其七，选用精通冷门绝学的偏科人才。有些人天赋异禀，并不在以上选拔、任用的范围之中，比如精通历算、乐律、测望、占候、火器、水利之类。对于这些人才，地方官员应该积极上报朝廷。如果他们有重要的发明创造，朝廷也会召用，予以优待。

其八，上书，鼓励自荐。有些人对于国家政务别有慧眼，能够发现问题，朝廷鼓励他们上书，可以授予谏官之职。如果朝廷发现属于裨益政事可以传世之书，直接赐予著书人进士出身，并将书籍传令刊印。①

　　黄宗羲提出的科举、荐举、保送太学、任子、郡邑佐、辟召、绝学、上书八种方法，突破以科举考试为主的单一框架，有助于全方位发现人才、培养人才。他特别提出"上书之法"，估计预设本人所著《明夷待访录》也在"足以传世者"之列。毕竟，黄宗羲终明之世都没有考中进士。可惜，他的这部书根本不为清朝统治者所接纳，反而成为禁书。

　　从实施场地来看，黄宗羲的"取士八法"大体上都和学校有关，以京师太学和地方府、州、县的学校为依托。这套"取士八法"也需要各级学官的支持和遵行。只要有人存有私心，特别是中高级官员以及可能破坏地方教育公平的缙绅存有私心，这套制度就会大打折扣。另外，第四条"任子之法"，黄宗羲公开提倡六品以上官员子弟的教育优待权，明显破坏教育公平，又是否考虑过大多数贫寒子弟的意愿？随着官员人数（包括通过输粟、献马等方式获得官员头衔的商人）的增多，官员子女被保送的数量也会增多，必然会不断挤占贫寒子弟的教育空间。久而久之，难免造成"太学无寒门"的现象。

　　黄宗羲注意到历算、乐律、火器、水利等方面的重要性，所以提出第七条破格之法。但是，他并没有主张建立类似的专科学校，而是将这类功能视作"绝学"，只关注拥有重大发明以及突出影响的人，待诏擢用。②殊不知，比起经史文章，物理、音乐、几何、火器、水利、轮船、天文等方面更需要建立常规的教育系统，需要政策支

---

　　①　《取士下》，《明夷待访录校释》，第45—50页。
　　②　《取士下》，《明夷待访录校释》，第49页。

持以及经费资助。如果没有相关学校，又怎会轻易冒出重大发明？究其实质，这还是一种传统农业社会"望天收"的方法：农民不去改良种子品质，发明农业机械，提高灌溉能力，而是年复一年，旱涝随天。所以，黄宗羲面面俱到的取士设想也在一定程度上回应了"伏尔泰之问"：中国人绝不缺乏聪明才智，为什么没有重大的发明创造，以至于在关键的天文、地理、历算、几何等方面贡献寥寥？

另外，这套取士体系走的还是从上而下的老路子，依赖君主、高官和地方官员居高临下式的培养、考核和选拔，没有让民众参与选举。黄宗羲想要通过多元化的方式选拔官员治理民众，却从中看不到民众的影子。这里面就存在一种"我要治理民众，和民众有什么关系"式的清高和傲慢。也正是由于缺乏落实民意的制度，"民可使由之，不可使知之"（《论语·泰伯》），所以容易造成这些选拔上来的官员只用对上负责。

在我们今天看来，黄宗羲的很多思想都未必合乎时宜，甚至在提倡民主思想的同时，也保留一些专制的影子，比如鼓吹打压佛教、道教，禁毁"无益于世道人心"的论著，鼓励中高级官员子弟的教育特权等。但不容否认，整体而言，黄宗羲是 17 世纪最具思想性与创造性的儒者之一。他不仅博通经史，富于著述，而且敢于善于对这套文明进行一番拆洗与检讨。

临死前，黄宗羲命人将自己葬在父亲黄尊素的墓旁，坑中只放一张石床，不设棺椁。他生前决不剃发，死后只用一被、一褥和平时穿的角巾、深衣殓葬。至于黄宗羲为何简约如此，坚持不棺而葬，按照后人的理解：

自以身遭国难，期于速朽，不欲显言也。①

朽坏的是肉身，不朽的却是精神。黄宗羲虽然离世，但是留下大量的著述以及对儒家传统的反思，同时也有对未来社会的设计，可以启发我们无限的思考。

古往今来，无论是孔子、孟子，还是苏格拉底、柏拉图，无论是黄宗羲、顾炎武，还是霍布斯、洛克，没人能够保证自己对未来社会的设计绝对正确。但在这些思想家看来，至少哪些主张绝对有害一目了然，比如不受约束的君主权力，比如僵化腐朽的学校制度等。故此，仁人志士应该意识到"养士为学校之一事，而学校不仅为养士而设也"，② 从而主动担负起改造世界的责任。从这层意义考虑，黄宗羲堪称儒家教育制度与用人制度的改革先驱。

第三节　儒学何以值得尊信

君子之为学，以明道也，以救世也，徒以诗文而已，所谓雕虫篆刻，亦何益哉！

——顾炎武

盖亭林（指顾炎武）亦染受宋明理学精神，而特不尚心性空谈，能于政事诸端，切实发挥其利弊，可谓内圣外王，体用兼备之学也。

——钱穆

---

① 江藩：《国朝汉学师承记》卷八，北京：中华书局，1983年，第129页。
② 《学校》，《明夷待访录校释》，第28页。

　　我相信儒学不仅仅是一个历史课题，它仍旧是让我们思考现今世界状况的思想资源。儒家关于社会制度、政治、经济与文化如何改善人类社会与福祉的看法，对今天的中国仍具意义。

　　　　　　　　——〔美〕包弼德（Peter K. Bol）《历史上的理学》

◎　二马二骡一游儒

　　西北边地，黄沙千嶂里，峰峦落日。二马二骡驮着箱子，跟随一位布衣儒者，蹀躞前行。骡马的主人并不担心遇上盗匪，因为箱中仅有书籍，别无细软。这二马二骡也并非自己所购，而是前段时间友人相赠。

　　明清鼎革，江山易主，不少边塞纷纷倾圮。胡雁哀鸣，羌管霜冷。与江南相比，西北本就地广人稀，加上连年兵燹，很多地方远未恢复生机。这位儒者到处游历，行万里路，读万卷书，并及时校正书中的知识。他很喜欢与人攀谈，遇到老兵退卒，会不厌其烦地询问这些边塞的来龙去脉。①

　　和地理学家徐霞客（1587—1641）不同，这位儒者绝非简单地关注地理沿革，而是别具一番政治地理的用心。根据早年的阅读经历以及近年来周游天下的见闻，他陆续写成《肇域志》《天下郡国

---

　　①　史称："凡先生之游，以二马二骡载书自随。所至扼塞，即呼老兵退卒询其曲折。或与平日所闻不合，则即坊肆中发书而对勘之。或经行平原大野，无足留意，则于鞍上默诵诸经注，有所遗忘，则于坊肆中发书熟复之。"顾炎武撰，徐嘉辑：《顾亭林先生诗笺注》卷八，《续修四库全书》第1402册，第228页。

利病书》等书。既谈"郡国"，还兼"利病"，便知作者用意之深。

这两部书足以奠定此人的学术地位，却远非他的代表作。他著作等身，包括《音学五书》《金石文字记》《历代宅京记》《亭林诗文集》等书籍。其中，他自己最满意的却是《日知录》：

> 所著《日知录》三十余卷，平生之志与业皆在其中……而有王者起，得以酌取焉，其亦可以毕区区之愿矣。[1]

严格意义上讲，《日知录》并非一部完整的叙事著作，而是拼接的读书札记。此书在严谨的经史考证基础上，既加入掌故纪闻，又阐发治国鸿猷，和黄宗羲的《明夷待访录》同样具有"待访"于后王的志趣。

这名儒者本是江南人（江苏昆山），却更加喜欢北方人的生活方式。南方人惯于坐船弄舟，他却更喜欢乘马骑驴；南方人习惯吃稻米，他却更喜欢面食；南方气候湿润，民风细腻，他却更欣赏北方民风的粗犷与大漠孤烟的雄浑。

这些年来，他周游中国两三万里，每年一半时间都在旅途之中，从来没有在一个地方停留三月以上。[2]他是一位学富五车的儒者，却又像一名浪迹四海的游侠；他是一介布衣儒生，可又比任何人都关注国事。很多人慕名拜访，对他的学识佩服得五体投地。有人慷慨解囊，提供资助；有人则主动打开私家书房、书库的大门，邀请

---

① 顾炎武：《与友人论门人书》，《亭林文集》卷三，《续修四库全书》第 1402 册，第 94 页。

② 在和弟子潘耒的书信中，顾炎武自称："频年足迹所至，无三月之淹。友人赠以二马二骡装驮书卷，所雇从役多有步行，一年之中半宿旅店。"顾炎武：《与潘次耕》，《亭林文集》卷六，《续修四库全书》第 1402 册，第 136 页。

这位先生披览；也有人发现这位儒者名头虽大，却举止怪诞，不易相处……

他秉性刚直，富于批判。他认为北方学者的毛病在于"饱食终日，无所用心"，不关注世道人心，而南方学者的毛病在于"群居终日，言不及义，好行小慧"，斤斤计较蝇头小利，爱耍小聪明。[①]就精神依归来看，北方士大夫晚年求仙问道，祈求长生不老，而南方士大夫晚年多好学佛，或者在家中开辟佛堂，或者干脆住到寺庙中去。无论求道，还是求佛，都严重背离儒家精神。

士大夫年轻的时候政务缠身，晚年致仕之后，正是进德修业的良机。现在南北士风趋于疲软，竟然流向佛教、道教这些异端。他们深受儒家经典的熏陶，不至于像社会上求田问舍的市侩小人，但是晚年求佛问道，不也是孳孳为利的表现吗？[②]

儒者一生都应以追求圣人之道为己志，不应与世浮沉。作为坚定的儒者，他对"圣人之道"见解独特：

> 愚所谓圣人之道者，如之何？曰博学于文，曰行己有耻。自一身以至于天下国家，皆学之事也。自子臣弟友以至出入往来、辞受取与之间，皆有耻之事也……呜呼！士而不先言耻，则为无本之人；非好古而多闻，则为空虚之学。以无本之人，而讲空虚之学，吾见其日从事于圣人，而去之弥远也。[③]

①　《日知录校注》卷十三，第 773 页。

②　《日知录校注》卷十三，第 775 页。

③　顾炎武：《与友人论学书》，《亭林文集》卷三，《续修四库全书》第1402 册，第 90 页。

世俗之弊，提倡左右逢源，这位儒者为人处世却有自己的原则。路过京师，有人请他赴夜宴，遭到严词拒绝。他向来看不惯轻歌曼舞、通宵达旦的佻浮行为，直接怒斥来者："古人饮酒卜昼不卜夜，夜行饮酒的人要么就是行淫奔之事，要么就是贿赂之行。"①

举世混浊，纸醉金迷，更能检验一个人的信仰。明朝已经覆灭，律令也已消失，但是儒者心中自有道德律，不以世俗之好恶为转移。这位儒者清楚自己的使命，他不仅要总结前朝的经验教训，还要通过言行著作垂范后人。他的所作所为引发无数人的敬仰，逮乎后世，很多学者提起他的名字，都会肃然起敬。清末民初，思想界的巨子梁启超对其评价极高：

> 我生平最敬慕亭林先生为人，想用一篇短传传写他的面影，自愧才力薄弱，写不出来。但我深信他不但是经师，而且是人师。②

◎ 风俗人心

顾炎武和黄宗羲同为名儒，又是好友，两人学问有诸多相通之处。读到黄宗羲的《明夷待访录》，顾炎武不禁将其与自己所著《日知录》一书加以比较。尽管两书都号为"录"，体例却并不相同。《日知录》也关注政治，却以经史考证见长，而《明夷待访录》跳过考证，更像一本直抒胸臆的政论集。在仔细阅读《明夷待访录》之后，顾炎武指出：

---

① 江藩：《国朝汉学师承记》卷八，第132页。
② 梁启超：《中国近三百年学术史》，第70—71页。

炎武以管见为《日知录》一书，窃自幸其中所论，同于先生者十之六七。唯奉春一策，必在关中，而秣陵仅足偏方之业，非身历者不能知也。①

如顾炎武所言，二人明显的分歧在于定都一事：黄宗羲主张定都金陵，而顾炎武则主张定都关中。两人都来自南方，顾炎武却偏爱北方，通过多年周游，坚信唯有关中之地才适合建都。

除此之外，不同的"十之三四"还体现在治法、治人的倾向方面。黄宗羲主张"有治法而后有治人"，顾炎武刚好相反。他结合汉代的例子，认为汉代之所以人才辈出，就是"以名为治"，当今人才凋零，就是因为"以法为治"，②不重名节而重法律。

和诸多儒者一样，顾炎武并非没有三代情结，只是更注重从两汉风俗入手。两汉时期，尤其是"光武中兴"以来，朝廷选用的大臣都是经明行修之人，以至于社会风俗为之一变。东汉末年，国事日非，那些党锢之流、独行之辈或者仗义执言，或者卓尔不群，成为士人争先效仿的模范。正是由于这些君子的存在，砥砺名节，"三代以下，风俗之美，无尚于东京者"。③

至于法律，历朝历代不尽相同。秦法未必适应汉代，所以汉高祖"约法三章"，对秦法予以否定。唐律未必适合宋代，而宋法又未必适合明代。法律变化多端，风俗却相对稳定。

根据伏尔泰在《风俗论》中的阐述："习俗的影响要比人性的

① 《顾宁人书》，《明夷待访录校释》，第 3 页。
② 《日知录校注》卷十三，第 735 页。
③ 《日知录校注》卷十三，第 718 页。

影响更广泛，它涉及一切风尚，一切习惯。"①风俗不仅影响广泛，也更具持久性。顾炎武熟谙于此，认为世道治乱，"必在人心风俗"，②将"正人心，厚风俗"看成治国根本：

> 法制禁令，王者之所不废，而非所以为治也，其本在正人心、厚风俗而已。③

君子和而不同，在法治、人治方面的异见并不影响顾炎武、黄宗羲等人对学校教育的重视。④对朝廷而言，整顿吏治、崇尚廉洁是国家治理的题中之义。廉洁奉公的官员并非偶然产生，必定仰赖于学校教育。无论是官学，还是私学，学校理应发挥培养人才以及正人心、厚风俗的功效。所以，朝廷需要充分重视学官的选拔，任用方正有道之辈，培养才德咸钦之人。这些学子一旦卒业任官，也会将改良世风作为施政纲领。⑤另外，根据日本学者岸本美绪在《风

---

① 〔法〕伏尔泰：《风俗论》下册，第532页。

② 顾炎武：《与人书九》，《亭林文集》卷四，《续修四库全书》第1402册，第109页。

③ 《日知录校注》卷八，第472页。

④ 另外一位思想家唐甄也和顾炎武、黄宗羲一样重视学校教育，"古之圣人，言即其行，行即其言；学即其政，政即其学。"唐甄：《潜书·有为》，第50页。唐甄也高度认同东林书院领袖顾宪成的说法："礼义者，治之干也；学校者，礼义之宗也。先王谨学校以教天下，是以治化大行。学校既废，礼义无师，欲效先王之治，难矣。"唐甄：《潜书·尚治》，第101页。

⑤ 顾炎武认为："今日所以变化人心，荡涤污俗者，莫急于劝学、奖廉二事。天下之士，有能笃信好学，至老不倦，卓然可当方正有道之举者，官之以翰林国子之秩，而听其出处，则人皆知向学，而不竞于科目矣。庶司之官，有能洁己爱民，以礼告老，而家无儋石之储者，赐之以五顷十顷之地，以为子孙世业，而除其租赋，复其丁徭，则人皆知自守而不贪于货赂矣。"《日知录校注》卷十三，第736页。

俗与历史观：明清时代的中国与世界》一书中的观察，顾炎武强调风俗，也出于对国家、制度可靠性的严重怀疑。他认为，相较于国家政令、法律制度，社会秩序的基础更应该落实在风俗之上，方能更加持久、稳定。①

彼时，黄宗羲、顾炎武都是明朝遗老，并无政治影响力。他们或者周游天下，或者精进著述，培养门人、弟子，坚持探索真理，思考改良政治的路径。在很多人（尤其是归顺清廷的儒者）眼中，这两人名声虽高，却属于不识时务、大言不惭的迂儒。有人就批评说，这二人"不顺天命，强挽人心。发蛙鼋之怒，奋螳螂之臂，以乌合之众，当王者之师，未有不败者矣"。②他们自命为正人君子，实则不过是东林余孽。后人修史立传，都不应将这类人纳入其中，以便后人彻底遗忘。③

对于归顺清廷的儒臣而言，黄宗羲、顾炎武越是忠于前朝，越让自己的附清行为蒙羞，所以不免诋詈。如果说，历史都是由胜利者书写的，黄宗羲、顾炎武等布衣儒者非但没有被历史遗忘，反而留名青史，远出帝王将相之上，其何以故？

---

①　〔日〕岸本美绪著，梁敏玲、毛亦可等译：《风俗与历史观：明清时代的中国与世界》，桂林：广西师范大学出版社，2022年，第59页。

②　江藩：《国朝汉学师承记》卷八，第133页。

③　江藩创作《国朝汉学师承记》伊始，摒弃黄宗羲、顾炎武二人："逮夫故土焦原，横流毒浪之后，尚自负东林之党人，犹效西台之恸哭，虽前朝之遗老，实周室之顽民，当名编薰胥之条，岂能入儒林之传哉！"江藩：《国朝汉学师承记》卷八，第133页。

◎ 笠与绯袍

笠，又名"斗笠"，是中国民间百姓常戴的一种像斗一样的圆形宽檐帽，既可以遮阳，也可以挡雨。绯袍则是高级官员的公服。按照洪武礼制，只有一品至四品官员可穿绯袍，五品至七品官穿青袍，八品九品仅许穿绿袍。[①] 除了绯袍之外，高级官员还有专用的幞头、腰带、笏版、官靴等。对民间百姓而言，平时头戴斗笠，身穿粗褐衣裳，并没有多少讲究。明朝初年，却出现了一位常常头戴斗笠、身着绯袍的怪人。

洪武时期，朱元璋为诸皇子延请师傅。这些师傅都是宿儒，可谓一时之选。李希颜，字愚庵，河南郏县人，元末耆儒。元亡之后，隐居不仕。后来被引荐给朱元璋，负责教导诸皇子。李先生规矩甚严，皇子如果违反教令，他就会直接打板子。有一次，他出手太重，直接打到皇子的额头。哭哭啼啼的皇子们找到父皇告状，李先生危在旦夕。幸有马皇后求情，李先生才躲过一劫。事后，朱元璋还让他担任左春坊右赞善一职。

光阴似箭，几度春秋。诸皇子回到自己的藩地后，李先生功成身退，告老还乡。按照大明官制，左春坊右赞善仅是从六品的中级官员，[②] 可是朱元璋特赐这位李先生绯袍冠带，以示激赏。

回乡后，遇到一些隆重的集会，李先生总是头戴斗笠、身穿绯袍前往，让人费解。面对士绅的请教，他将了一下胡须，莞尔一笑，如是答道：

---

① 《明史》卷六十七《舆服志三》，第 1636 页。
② 《明史》卷七十三《职官志二》，第 1783 页。

笠，本质；绯，君赐也。①

李愚庵大智如愚，很清楚自己的双重身份。一者，他自认斗笠小民，一介布衣，始终不改平民本色；二者，他获得朝廷的选用，成为教导皇子的儒臣，体现儒学的实用价值。②

元末明初，他隐居不仕，耕读为生，乐在其中。被举荐入朝后，他对待皇子以师生之道，乃至不惧触龙鳞，体现师者风采。退休之后，他完全可以一身冠带、绯袍夸示乡里，却头戴斗笠，不忘"本质"。终明一朝，有的儒者头戴斗笠，却梦想着身披绯袍，逐渐在幻梦中迷失自我。有的儒者一旦身披绯袍，便忘却自己的本质，官场上讲的都是为国为民的空话，骨子里却不屑与草民为伍，同样迷失自我。

笠与绯袍、本质与君赐之间的关系也是儒家核心观念"内圣外王"的展露。《大学》盛推"格物、致知、诚意、正心、修身、齐家、治国、平天下"的人生道路，格物、致知、诚意、正心、修身是内圣的体现，而齐家、治国、平天下则是外王的体现。内圣是外王的前提，外王是内圣的结果。对儒者而言，理想的一生就是内圣、外王的双重实现。退一步而言，如果不能实现双重目标，尤其是不能"兼善天下"，则不妨"独善其身"，所谓"穷则独善其身，达则兼善天下"（《孟

①　《明史》卷一百三十七《李希颜传》，第3949页。按，本文标点与点校本"笠本质，绯君赐也"略有不同。

②　《明史》称叹李希颜等人遇到良机，得以施展才能："明始建国，首以人材为务，征辟四方，宿儒群集阙下，随其所长而用之。自议礼定制外，或参列法从，或预直承明，而成均胄子之任尤多称职，彬彬乎称得人焉。夫诸臣当元之季世，穷经绩学，株守草野，几于没齿无闻。及乎泰运初平，连茹利见，乃各展所蕴，以润色鸿猷，黼黻文治。昔人谓天下不患无才，惟视上之网罗何如耳，顾不信哉！"《明史》卷一百三十七，第3960页。

子·尽心上》）。

明朝真正能实现"内圣外王"的儒者凤毛麟角，除了方孝孺、王阳明等人之外，很少有人能膺此殊荣。我们也需注意，外王的实现条件极其苛刻，即便儒者有王佐之才，但是生于末世，栖栖遑遑，并无用武之地。

明亡之初，黄宗羲、顾炎武等人进入奋死抵抗的第一阶段。这一阶段的目标幻灭之后，便遁入隐居不仕的第二阶段。儒者关切社会的本能不断炙烤着他们的良心，所以他们很快走出第二阶段，开始进入第三阶段：为后世立法，用一生所学为后人提供经验。

中国历史上最高水平的经典作品在作者活着的时候，往往没有引发广泛的注意，比如孔子之于《春秋》、司马迁之于《史记》，但是没人能够否认《春秋》《史记》在中国文明史上的关键地位。同样的道理，无论是黄宗羲的《明夷待访录》，还是顾炎武的《日知录》，几乎不可能给他们带来现世的荣耀。对于清廷统治者而言，这等"冥顽不灵"的前朝遗儒让自己如鲠在喉：既不能处死他们，留下不宽容的骂名，并可能激发知识阶层的广泛愤怒；又不便抬举他们，让更多"心怀二心"的知识分子看到机会。

黄、顾等人越是对未来充满憧憬，渴望圣王来临，在现实中越是孤独、落寞。世间知音少，渺焉不可求。山河犹在，长沟流月，都是旧时游。纵使如此，他们犹然保持旺盛的求知欲与创作欲，其精其神宛若填海之精卫，移山之愚公。

他们痛斥国家用科举取士败坏人才，用苛捐杂税剥削民众："开科取士，则天下之人日愚一日；立限征粮，则天下之财日窘一日。"[①]
他们痛斥千千万万的儒者只会读科举册子，不通圣人之道，只会背
诵时务策的陈词滥调，却不知典章制度为何物。痛斥他们喜欢贩卖
概念，所谓"一贯""无言""性理"，衬托自己的高明，事实上
却四体不勤，五谷不分，只会在书斋中治国，在典册上救民。结果
如何呢？"神州荡覆，宗社丘墟"，[②]二百七十余年的大明基业毁
于一旦。儒者难道不应反思吗？

　　论气质，黄宗羲和他的同乡先贤王阳明颇为类似，都以心学见
长，"读书不多，无以证斯理之变化；多而不求于心，则为俗学"。[③]
顾炎武则和方孝孺有几分雷同，注重经世之学，反复强调文史研究
为明道、施政服务，"文之不可绝于天地间者，曰明道也，纪政事也，
察民隐也，乐道人之善也"。[④]可惜，黄宗羲纵有满腔抱负，他变
卖家产组建的"世忠营"根本抵抗不了清军，本人也无法复制先贤
王阳明的盖世功勋。至于顾炎武，他虽然不像方孝孺一样，面临被
诛十族的厄运，但是他的经世主张始终得不到应用。[⑤]

---

① 《日知录校注》卷十二，第 676 页。

② 《日知录校注》卷七，第 384 页。

③ 参全祖望：《梨洲先生神道碑文》，《鲒埼亭集》卷十一，《续修四库
全书》第 1429 册，第 51 页。

④ 《日知录校注》卷十九，第 1043 页。顾炎武尤其看重诗文的实用价值，
提倡有益于世道人心的作品，"若此者有益于天下，有益于将来，多一篇多一
篇之益矣。若夫怪力乱神之事，无稽之言，剿袭之说，谀佞之文，若此者有损
于己，无益于人，多一篇多一篇之损矣"。《日知录校注》卷十九，第 1043 页。

⑤ 根据梁启超对顾炎武的观察："独有生平最注意的经世致用之学，后
来因政治环境所压迫，竟没有传人！他的精神，一直到晚清才渐渐复活。至于
他的感化力所以能历久常新者，不徒在其学术之渊粹，而尤在其人格之崇峻。"
梁启超：《中国近三百年学术史》，第 74 页。

　　至于王夫之，他的气质更像宋代的大儒张载。[①]王夫之未尝没有建功立业的心思，这从他在《读通鉴论》《宋论》中指点江山、臧否人物很容易看出端倪，但是恶劣的政治环境不允许他有更多的作为。所以，王夫之对儒学的建设方向，与黄宗羲、顾炎武并不相同，借用梁启超的话来说，他的建设方向是偏向"哲学的"。[②]

　　回到顾炎武，他的创想不能成真，却用渊博的知识、精确的考证、周游天下的精神以及对未来社会的设计感染了很多人。斯文在兹，代代相传。钱穆对顾炎武评价极高，称他"不尚心性空谈，能于政事诸端，切实发挥其利弊，可谓内圣外王，体用兼备之学也"。[③]

　　即便向来鄙夷明代遗老的清儒江藩，在完成《国朝汉学师承记》之后，也不得不增补黄宗羲、顾炎武二人。根据友人的提醒，他被说服，认识到两人的价值："二君以瑰异之质，负经世之才，思见用于当世，垂勋名于来叶。读书论道，重在大端，疏于末节，岂若抱残守缺之俗儒，寻章摘句之世士也哉！"[④]

　　如果江藩对顾炎武的接受尚显勉强，那么另外一位清儒黄汝成则甘愿拜倒在顾炎武的脚下。他倾尽心力，注解顾炎武的《日知录》，完成《日知录集释》一书。书成之后，他如是诠释顾炎武的价值，认为顾炎武不仅才学兼备，更重要的是，也让世人看到尊信儒学的

----

　　① 钱穆认为："明清之际，诸家治学，尚多东林遗绪。梨洲嗣轨阳明，船山接迹横渠，亭林于心性不喜深谈，习斋则兼斥宋明，然皆有闻于宋明之绪论者也。不忘种姓，有志经世，皆确乎成其为故国之遗老，与乾嘉之学，精气复绝焉。"钱穆：《自序》，《中国近三百年学术史》，第 1 页。
　　② 梁启超：《中国近三百年学术史》，第 96 页。
　　③ 钱穆：《中国近三百年学术史》，第 160 页。
　　④ 江藩：《国朝汉学师承记》卷八，第 133 页。

希望：

> 元明诸儒，其流失喜空言心性，凡讲说经世之事者，则又
> 迂执寡要。先生因时立言，颇综核名实，意虽救偏，而议极峻正，
> 直俟百世不惑，而使天下晓然于儒术之果可尊信者也。[①]

◎ 乘桴浮于海

1913 年 4 月，李大钊（1889—1927）和同学郁嶷（1890—
1938）等人创办北洋法政学会的刊物《言治》，以言求治。同年夏
天，他从天津北洋法政专门学校毕业。《言治》作为月刊，只是民
国初年众多刊物中的一种，从 4 月创刊到 11 月停刊，仅仅出版 6 期
就戛然而止。同年底，李大钊东渡扶桑，到早稻田大学政治本科学习，
继续摸索救国救民的途径。

甲午战后，很多仁人志士都把日本作为学习榜样。前后有大量
革命者、留学生东渡日本，比如康有为、梁启超、孙中山、鲁迅等
人。同样是东亚国家，日本通过明治维新发愤图强，抵御西方的入侵，
一跃成为亚洲强国，令人刮目相看。正当众人努力学习日本经验的
时候，一位明代儒者在中国知识界引发无限波澜。

作为创刊人，李大钊在《言治》中发表数篇关于朱舜水的文章，
其中有一篇《朱舜水之海天鸿爪》翔实介绍朱舜水的事迹。朱之瑜
（1600—1682），字鲁屿，号舜水，浙江余姚人。他和王守仁是同乡，
二人都以号行。朱舜水出身官宦世家，在明亡之前并没有什么显赫

---

① 黄汝成：《黄汝成叙》，《日知录集释》，上海：上海古籍出版社，2006 年，
第 1 页。

事迹。崇祯十七年（1644），京师覆灭，和黄宗羲、顾炎武等儒者一样，朱舜水自觉加入抵抗清军的队伍。

他多次到越南、日本请兵，希望借助外部力量实现恢复大明的目标，就像唐朝人借用回鹘兵平定安史之乱一样。时移世异，回天无力，朱舜水遂决意流亡日本，正如孔子所教诲的那般，"道不行，乘桴浮于海"（《论语·公冶长》）。

朱舜水初到日本，艰苦备尝，后来出现转机，受到水户藩主德川光国的礼遇，移居江户（今东京），被待以宾师之礼。[①] 他在日本传授中国学术，弟子众多，受众颇广，尤其著者即有安东省庵、伊藤仁斋、山鹿素行以及安积觉等人。另外，日本古学派、水户学派与朱子学派的发展，[②] 乃至后来日本的明治维新，均受到朱舜水思想的影响。

作为明末耆儒，朱舜水尤为重视学校教育。一个国家的学术要想发展，必须充分重视学校：

> 庠序学校诚为天下国家之命脉，不可一日废也。非庠序之足重，庠序立而庠序之教兴焉，斯足重尔。[③]

寄居日本期间，他不仅向弟子传授儒学经典，还传授儒家学校规制、丧葬礼仪、衣冠版式以及上疏、相见、宴飨、祭祀、射箭、建筑、

---

① 朱之瑜：《前言》，《朱氏舜水谈绮》，上海：华东师范大学出版社，1988年，第1—2页。

② 张立文、〔日〕町田三郎编：《前言》，《中日文化交流的伟大使者：朱舜水研究》，北京：人民出版社，1998年，第1页。

③ 朱舜水著，朱谦之整理：《学校议》，《朱舜水集》卷十四，北京：中华书局，1981年，第461—462页。

园林等方面的知识、技术，全方位传播中国儒学。[①] 明兴以来，日本儒者对明代儒学颇有耳闻。万历朝鲜战争之后，两国邦交严重恶化，文化交流一度中断。时移世易，他们很少遇到像朱舜水这样全面介绍儒学以及中国学术的儒者，故此掀起一阵学习儒学、发展儒学的浪潮。

除了儒学成就蜚声寰宇之外，朱舜水最让李大钊等人景仰的还是民族气节和爱国精神。明亡之后，很多儒者逐渐看淡前朝往事，[②] 而朱舜水客居日本，念念不忘复国之事："先生虽客寓于兹，日向乡关泣血，无时不北望切齿，唯以国仇未雪为憾。"[③]

明永历三十六年（清康熙二十一年，1682）四月，朱舜水在日本去世，享年八十三岁。同年正月，一代儒宗顾炎武在山西去世，享年七十岁。顾炎武至死都没有回到家乡昆山，而朱舜水甚至没能实现归葬中国的愿望。

了解朱舜水的事迹后，梁启超也格外感佩，专门撰写《朱舜水先生年谱》。是书既编纂朱舜水从出生到死亡的事迹，又补录朱舜水死后的变局。在《年谱》的最后一条，梁启超如是写道：

---

① 可参朱之瑜：《朱氏舜水谈绮》，上海：华东师范大学出版社，1988 年。

② 明亡之后，不少儒者对王朝兴废之事逐渐看淡。比如，唐甄在一首诗中写道："三十余年别旧京，旧时王谢曲池平。皓颜坐上逢公子，隆准人中识帝甥。故宅楼台幽梦远，汉家陵墓冷烟横。从来兴废寻常事，竹屋逍遥足此生。"唐甄：《遇越国公青子胡星卿年八十有三过其竹屋赋赠》，《潜书》，第 212 页。

③ 李大钊：《朱舜水之海天鸿爪》，参朱之瑜：《附录》，《朱氏舜水谈绮》，第 6 页。

先生卒后二百二十九年辛亥（清宣统三年），清室逊位。[①]

根据李大钊的记载，壬子年（1912）六月，东京第一高等学校伦理学讲室举行朱舜水先生居日本二百五十年祭典，并且立碑纪念，上书"朱舜水终焉之地"。朱舜水志在驱除清室，光复中原。时隔两百多年后，他的梦想被后人实现，"光复之年，而有此祭，先生有灵，其可以瞑目矣！"[②]

当时，康有为变法失败，避居日本须磨，未能赶上东京的祭典，还特别撰写五首诗以示缅怀。[③]其中一首诗如是写道：

儒学东流二百年，派支盛大溯河先。

① 梁启超：《朱舜水先生年谱》，台北：台湾中华书局，1971年，第58页。梁启超在《中国历史研究法补编》一书中解释为朱舜水做年谱写到死后的用意："我做《朱舜水年谱》，在他死后还记了若干条，那是万不可少的。他是明朝的遗臣，……后半世寄住日本，死在日本。他曾数说过，满人不出关，他的灵柩不愿回中国。他自己制好耐久不坏的灵柩，预备将来可以搬回中国。……至今尚在日本，假使我们要去搬回来，也算偿了他的志愿哩！我看清了这点，所以在年谱后，记了太平天国的起灭，和辛亥革命，宣统帝逊位。因为到了清朝覆灭，朱舜水的志愿才算偿了。假如这年谱在清朝做，是做不完的。假如年谱没有谱后，是不能成佳作的。"参梁启超：《中国历史研究法补编》，上海：商务印书馆，1934年，第119页。

② 李大钊：《朱舜水之海天鸿爪》，参朱之瑜：《附录》，《朱氏舜水谈绮》，第11页。

③ 据康有为自叙："明末，朱舜水先生避地日本，德川儒学之盛自此传焉。今二百五十年，德川公国顺（即德川国顺，水户德川家第13代当主）举改碑祭，名侯士夫集而行礼者四百余人。吾在须磨，不能预盛典，附以五诗以寄思仰。"康有为：《康南海文集》卷五，台北：文海出版社，1972年，第513页。

生王难比死士垒，日本千秋思大贤。①

对朱舜水的生平了解得越深入，李大钊对这位哲儒越景仰。两百多年前，国破家亡，先贤朱舜水东渡日本，尚能传承儒学，谱写中日两国学术交流史上的佳话。今日之中国想要提振士气，改良民风，更应发扬先生之学：

> 嗟夫！舜水先生抱种族大痛，流离颠沛，而安南，而日本，投荒万里，泣血天涯，未尝一日忘中原之恢复也。旷世哲儒，天益于艰难险阻中成之，此其学为何如者，夫岂勤王一事，所足征其蕴而扬其光耶？然日本得其学之一体，已足巩其邦家，蔚成维新之治，吾人而笃念前哲者，则所以挽人心颓丧之风，励操心持节之气，其必在先生之学矣！②

要之，无论是康、梁等维新派，还是李大钊等马克思主义者，抑或今天的中日学界，依然可以从"旷世哲儒"朱舜水的事迹和思想中汲取经验和智慧。

---

① 康有为：《康南海文集》卷五，第513页。生王头、死士垒的典故出自《战国策》。齐宣王和谋士颜斶面谈时，认为王贵士轻，遭到反驳。颜斶举例说，当年秦国攻打齐国，下令凡是到名士柳下季的坟冢附近五十步樵采的军士，杀无赦；又下令，凡是能取得齐王头颅者，封万户侯，赐金千镒。故此，"生王之头，曾不若死士之垒也"（《战国策·齐策四》）。康有为用这个例子来突出明代遗老朱舜水的宝贵价值。

② 李大钊：《东瀛人士关于舜水事迹之争讼》，参朱之瑜：《附录》，《朱氏舜水谈绮》，第16页。

◎ 儒学的自我革新

三代以来，大凡片面主张"忠君""报国"之人均非真正的儒者。孔子、孟子、荀子等人从未提出忠君、报国，也绝不会支持无条件地服从君主的意志。"国家"是后起的概念，先秦时期，孔、孟等人并没有忠于某一国的言行。孔子周游列国，而孟子则提出"民贵君轻"。将"忠君""纲常"等观念乱入儒家思想的始作俑者正是迎合统治者需要的汉儒。汉武帝时期"独尊儒术"，一方面提高儒家的社会地位，另一方面也剔除儒家的反抗精神。

薪火不灭，世代相传。明朝末年，先秦时期的儒家精神重放光彩。明亡之后，一批卓越的儒者不断反思儒学，抨击君主专制。他们重拾"尊民轻君"的儒学资源，对有明一朝乃至中国历史进行总检讨。

黄宗羲、顾炎武、王夫之、朱舜水等人固然经学功底深厚，却不屑成为经师。黄宗羲的学术特色不仅在于整理国故，还在于展望未来，为后世谋划蓝图。顾炎武虽是一介书生，却分外关注军政舆图，既能正经补史，又心系治道，成为内圣外王式的代表。黄、顾等人研究历史的方式与今人不同，绝非为了学术而学术。他们是用研究历史的方式参与历史，将个人对现实社会的关怀投注到学术研究之中，希望能够从中透出照亮未来的微光。王夫之僻处深山，声名不彰。在他之前，我们很少了解湖南出现的文教领袖。直到王夫之的出现，以及对儒学形而上学的深邃思考，儒学的哲学色彩越发明朗，而湘学也进入人们的视野。与黄宗羲、顾炎武等人寄希望于未来不同，朱舜水将目光投向海外。他的本意在于求援日本，恢复故国，结果无心插柳，促成明代儒学在江户时代的日本开枝散叶，乃至于影响明治维新的发生。

黄宗羲"待访"的明君迟迟没有出现。他给予清代最大的贡献反而在史学方面，尤以明史为典型。可以说，没有黄宗羲及其门人万斯同的贡献，就没有后来的《明史》。顾炎武矢志复国，赍志以殁。他留给后世的贡献反而在考据上面，促成乾嘉学派的崛起。从表面上看，考据之学最具实证色彩与科学精神。然而，顾炎武的考据服务于他的治学格局，离不开明道救世的宏旨。到了清儒手中，学者们面对此起彼伏的文字狱，慑于专制君主的淫威，便只有考据，没有格局，凭借自我阉割之手段，自诩深得孔孟之真传。坐井观天，谬莫大焉。清谈固然可以蒙蔽学者的双眼，实证又何能免哉？

17世纪燃烧起来的儒学精神，到了18世纪逐渐熄灭。万马齐暗，夜梦沉沉。直到19世纪，国门洞开，屈辱条约纷至沓来，儒家知识精英（如林则徐、魏源等人）才重新睁眼看世界。近代以来，受到欧风美雨的冲击，中国知识分子对传统儒学逐渐失去信心，全无尊信的兴趣。20世纪初，中国展开一场轰轰烈烈的"新文化运动"，必欲"打倒孔家店"而后快。这场文化检讨与反思的运动高举"德先生"（Democracy）、"赛先生"（Science）的大旗，却也有文化自戕的嫌疑。即便到21世纪的今天，人们尚未完全走出"打倒孔家店"的阴影，甚或以封建糟粕视之。

譬如，有一种观点认为，儒学是为封建王朝服务的工具。可是，哪个封建王朝的存世时间能与儒学相提并论？儒学王朝是中国历史上最长久的王朝，远迈唐、宋、元、明。即便最强有力的统治者，比如唐太宗、宋太祖、元世祖、明太祖等人，只能部分吸收或者利用儒学，终究无法打败或者消灭儒学。众多王朝的大厦竞相倒塌，而儒学王朝的基石坚定不移。秦汉以来，王朝的存在时间，少则二世而亡，多亦不过两三百载。儒学即便从孔子算起，就已绵延两千多年，这绝非出于偶然或者运气。

儒学之所以拥有如此强大而持久的生命力，不仅在于制定民族的价值标准，比如孝、悌、忠、信、礼、义、廉、耻等，也不仅在于涌现一大批杰出的代表人物，比如郑玄、韩愈、朱熹、方孝孺、王阳明、顾炎武等，还在于儒学的不断自我革新，顺应时代发展的脉搏，比如汉、唐、宋、元的儒学各有各的表现形态，即便同一个王朝，明代前、中、后期的儒学表现形式都不相同。

明初儒者多半是程朱理学的坚定信徒，几乎将程朱理学尤其是朱子学视为真理的化身。至于明中叶，随着阳明学的崛起，儒者再去贩卖程朱理学的旧知，很可能被视为迂腐。暨乎明末，很多儒者围绕在东林书院、复社周围，想要重整世界，而非做一个墨守朱子学或者阳明学的信徒。①明亡之后，黄宗羲、顾炎武等人既受到师承、家学的影响，拖着东林党、复社的影子，又对有明一朝的学术进行大反思，并提出诸多具有民主色彩、革命色彩的言论。他们对君主专制的批驳，对民众福祉的关切，并不逊于同一时期的霍布斯、洛

---

① 明后期，商业扩张迅速，中国进入以白银为中心的白银时代（The Silver Age，1550—1650）。以"知行合一""致良知"等概念为核心内容的阳明学，更多地基于农业社会的发展逻辑，与崇尚对外扩张、追逐最大利润的商业社会之间存在隔阂，也在一定程度上降低了对明末士庶的吸引力。参 Benjamin A. Elman, *On Their Terms: Science in China, 1550—1900*, Harvard Universtiy Press, 2005, pp. 9-16.

克等人。①

　　17世纪中后期，黄宗羲、顾炎武、王夫之、朱舜水等人的思想主张在当时的社会无法实现。到了19世纪末、20世纪初，经过梁启超、孙中山、李大钊等思想巨子的发扬，这些明代遗儒的思想焕发出新的生机，给予世人推翻清政府的精神激励。退一步讲，如果说儒学是维护政权稳定的工具，那么儒学同样具有"汤武革命"的精神，②促成腐朽政权的覆灭。看上去，封建政权利用了儒学，钳制了儒学，实则儒学自有顽强、坚韧的生命力。日月之光又何必与烛火争短长？烛火成灰有时尽，日月普照无绝期。

　　在西方社会，启蒙运动方兴未艾，陆续为欧洲各国政治、经济的发展扫平专制王权的障碍。同一时期，明清之际的中国涌现出诸多优秀的儒家学者。他们也提出相似的主张，却始终没有催生类似的启蒙运动。其中缘由千头万绪，并非三言两语可以廓清。在我们拷问为什么明清中国没有产生启蒙运动的时候，也不妨反问：启蒙的尽头是什么？

----

　　①　17世纪，东西方思想家都明确主张限制君权。儒学对君权的限制自孟子时代就非常昭著，所谓"君之视臣如手足，则臣视君如腹心；君之视臣如犬马，则臣视君如国人；君之视臣如土芥，则臣视君如寇仇"（《孟子·离娄下》）、"民为贵，社稷次之，君为轻"（《孟子·尽心下》）。孟子的主张也被黄宗羲等人吸收，赋予明末诸儒民本、民主的思想色彩。同时，洛克也主张限制君权："人类天生都是自由、平等和独立的，如不得本人的同意，不能把任何人置于这种状态之外，使受制于另一个人的政治权力。"〔英〕洛克：《政府论（下篇）》，第59页。
　　②　洛克的政治思想也包含革命的精神："政府的目的是为人民谋福利。试问哪一种情况对人类最为有利：是人民必须经常遭受暴政的无限意志的支配呢，还是当统治者滥用权力，用它来破坏而不是保护人民的财产的时候，人民有时可以反抗呢？"〔英〕洛克：《政府论（下篇）》，第139页。

可能是更高程度的开放、自由、民主、平等，也可能是封闭、压迫、专制、不公；可能是更广范围的宗教宽容、和平共处，也可能是通过不断竞争、不断革命引发对世界一轮又一轮的瓜分与破坏。不容否认，17、18世纪的启蒙运动为人类开创新知，促进社会的发展。与此同时，启蒙运动以来，人类社会的迫害、灾难以及战争并没有显著减少，反而呈现愈演愈烈之势。

回到17世纪中叶，无论朝代如何改名换姓，知识阶层想要改良社会，寻找路径，离不开对世界进展的关注（从历算、舆图、火炮等表层，到制度、思想、文化等深层），同时也离不开对自身传统的尊重。① 尊重传统并非盲从传统，而是在此基础上理性地继承传统、厘革传统，从中开出新的生命。一己之生命难免凋谢，一姓之政权难免消亡，儒学之树常青。

----

① 在对待人文传统的问题上，研究中国儒学的美国汉学家狄百瑞指出："一方面，如果我们不深入思考那些仍在支撑人类事业的传统价值，我们就不可能对保全生命的价值达成共识。另一方面，我们必须以批判的眼光审视历史经验，同时必须找到能够使我们避免重蹈覆辙的新方向。"〔美〕狄百瑞著，黄水婴译：《儒家的困境》，第128页。

参考文献

◎ 一、中国部分

（一）古籍

班固：《汉书》，北京：中华书局，1962年。

曹端著，王秉伦点校：《曹端集》，北京：中华书局，2003年。

曹学佺：《石仓历代诗选》，景印文渊阁《四库全书》第1391册，台北：商务印书馆，1986年。

陈邦彦等编：《御定历代题画诗类》，景印文渊阁《四库全书》第1436册，台北：商务印书馆，1986年。

陈鼎：《东林列传》，景印文渊阁《四库全书》第458册，台北：商务印书馆，1986年。

陈鹤：《明纪》，《四库未收书辑刊·史部》第6辑第6册，北京：北京出版社，1997年。

陈继儒：《见闻录》，《四库全书存目丛书·子部》第244册，济南：齐鲁书社，1995年。

陈建辑，江旭奇补订：《皇明通纪集要》，《四库禁毁书丛刊·史部》第34册，北京：北京出版社，1997年。

陈建撰，高汝栻订：《皇明通纪法传全录》，《续修四库全书》第357册，上海：上海古籍出版社，2002年。

陈建撰，沈国元订补：《皇明从信录》，《续修四库全书》第355册，上海：上海古籍出版社，2002年。

陈立：《白虎通疏证》，北京：中华书局，1994年。

陈奇猷：《吕氏春秋新校释》，上海：上海古籍出版社，2002年。

陈仁锡：《陈太史无梦园初集》，《续修四库全书》第1383册，上海：上海古籍出版社，2002年。

陈田：《明诗纪事》，《续修四库全书》第1710册，上海：上海古籍出版社，2002年。

陈献章著，黎业明编校：《陈献章全集》，上海：上海古籍出版社，2019年。

陈祖范：《司业文集》，《四库全书存目丛书·集部》第274册，济南：齐鲁书社，1997年。

程颢、程颐：《二程遗书》，上海：上海古籍出版社，2000年。

程敏政：《篁墩文集》，景印文渊阁《四库全书》第1253册，台北：商务印书馆，1986年。

程敏政：《明文衡》，景印文渊阁《四库全书》第1373册，台北：商务印书馆，1986年。

程嗣章：《明儒讲学考》，《四库全书存目丛书·子部》第29册，济南：齐鲁书社，1995年。

邓元锡：《皇明书》，《四库全书存目丛书·史部》第29册，济南：齐鲁书社，1996年。

方苞著，彭林、严佐之主编：《方苞全集》，上海：复旦大学出版社，2018年。

方孝孺：《逊志斋集》，景印文渊阁《四库全书》第1235册，台北：商务印书馆，1986年。

方以智：《物理小识》，景印文渊阁《四库全书》第867册，台北：商务印书馆，1986年。

房玄龄等：《晋书》，北京：中华书局，1974年。

冯从吾：《少墟集》，景印文渊阁《四库全书》第1293册，台北：

商务印书馆，1986 年。

冯梦龙：《古今笑史》，石家庄：花山文艺出版社，1985 年。

高攀等：《东林书院志》，《续修四库全书》第 721 册，上海：上海古籍出版社，2002 年。

耿定向：《耿天台先生文集》，《四库全书存目丛书·集部》第 131 册，济南：齐鲁书社，1997 年。

谷应泰著，河北师范学院历史系点校：《明史纪事本末》，北京：中华书局，2015 年。

顾起元：《客座赘语》，《四库全书存目丛书·子部》第 243 册，济南：齐鲁书社，1995 年。

顾师轼：《梅村先生年谱》，《续修四库全书》第 1396 册，上海：上海古籍出版社，2002 年。

顾宪成：《顾端文公遗书》，《续修四库全书》第 943 册，上海：上海古籍出版社，2002 年。

顾炎武：《亭林文集》，《续修四库全书》第 1402 册，上海：上海古籍出版社，2002 年。

顾炎武著，陈垣校注：《日知录校注》，合肥：安徽大学出版社，2007 年。

顾炎武著，黄汝成集释，栾保群、吕宗力校点：《日知录集释》，上海：上海古籍出版社，2006 年。

顾炎武撰，徐嘉辑：《顾亭林先生诗笺注》，《续修四库全书》第 1402 册，上海：上海古籍出版社，2002 年。

顾与沐等：《顾端文公年谱》，《续修四库全书》第 553 册，上海：上海古籍出版社，2002 年。

过庭训：《本朝分省人物考》，《续修四库全书》第 534 册，上海：上海古籍出版社，2002 年。

何乔远：《名山藏》，《续修四库全书》第 427 册，上海：上海古籍出版社，2002 年。

贺复征：《文章辨体汇选》，景印文渊阁《四库全书》第1409册，台北：商务印书馆，1986年。

胡广：《礼记大全》，景印文渊阁《四库全书》第122册，台北：商务印书馆，1986年。

胡广：《论语集注大全》，景印文渊阁《四库全书》第205册，台北：商务印书馆，1986年。

胡广：《性理大全书》，景印文渊阁《四库全书》第711册，台北：商务印书馆，1986年。

胡居仁：《胡文敬集》，景印文渊阁《四库全书》第1260册，台北：商务印书馆，1986年。

黄道周注断，孟兵点校：《广名将传》，北京：书目文献出版社，1986年。

黄光升：《昭代典则》，《续修四库全书》第351册，上海：上海古籍出版社，2002年。

黄瑜著，魏连科点校：《双槐岁钞》，北京：中华书局，1999年。

黄宗羲：《弘光实录钞》，《续修四库全书》第367册，上海：上海古籍出版社，2002年。

黄宗羲：《南雷文定》，《续修四库全书》第1397册，上海：上海古籍出版社，2002年。

黄宗羲著，全祖望补修，陈金生、梁运华点校：《宋元学案》，北京：中华书局，1986年。

黄宗羲著，沈芝盈点校：《明儒学案》，北京：中华书局，2008年。

黄宗羲著，孙卫华校释：《明夷待访录校释》，长沙：岳麓书社，2011年。

黄佐：《南雍志》，《续修四库全书》第749册，上海：上海古籍出版社，2002年。

计六奇著，魏得良、任道斌点校：《明季南略》，北京：中华书局，1984年。

计六奇著，魏得良、任道斌点校：《明季北略》，北京：中华书局，

1984 年。

江藩著，钟哲整理：《国朝汉学师承记》，北京：中华书局，1983 年。

蒋平阶：《东林始末》，《四库全书存目丛书·史部》第 55 册，济南：齐鲁书社，1997 年。

蒋一葵：《尧山堂外纪》，《续修四库全书》第 1195 册，上海：上海古籍出版社，2002 年。

焦竑：《国朝献征录》，《续修四库全书》第 527 册，上海：上海古籍出版社，2002 年。

焦竑：《熙朝名臣实录》，《续修四库全书》第 532 册，上海：上海古籍出版社，2002 年。

康有为：《康南海文集》，台北：文海出版社，1972 年。

孔贞运：《皇明诏制》，《续修四库全书》第 458 册，上海：上海古籍出版社，2002 年。

郎瑛：《七修类稿》，《续修四库全书》第 1123 册，上海：上海古籍出版社，2002 年。

雷礼：《国朝列卿纪》，《四库全书存目丛书·史部》第 93 册，济南：齐鲁书社，1996 年。

黎靖德著，王星贤点校：《朱子语类》，北京：中华书局，1986 年。

李光地：《榕村语录》，景印文渊阁《四库全书》第 725 册，台北：商务印书馆，1986 年。

李默：《孤树裒谈》，《四库全书存目丛书·子部》第 240 册，济南：齐鲁书社，1995 年。

李绍文：《皇明世说新语》，《续修四库全书》第 1173 册，上海：上海古籍出版社，2002 年。

李廷机著，于英丽点校：《李文节集》，北京：商务印书馆，2019 年。

李贤：《天顺日录》，《续修四库全书》第 433 册，上海：上海古籍出版社，2002 年。

李颙著，陈俊民点校：《二曲集》，北京：中华书局，1996 年。

李贽：《李贽文集》，北京：北京燕山出版社，1998 年。

廖道南：《殿阁词林记》，景印文渊阁《四库全书》第 452 册，台北：商务印书馆，1986 年。

凌迪知：《万姓统谱》，景印文渊阁《四库全书》第 956 册，台北：商务印书馆，1986 年。

龙文彬：《明会要》，《续修四库全书》第 793 册，上海：上海古籍出版社，2002 年。

卢上铭：《辟雍纪事》，《四库全书存目丛书·史部》第 271 册，济南：齐鲁书社，1996 年。

陆深：《俨山外集》，景印文渊阁《四库全书》第 885 册，台北：商务印书馆，1986 年。

陆世仪：《复社纪略》，《续修四库全书》第 438 册，上海：上海古籍出版社，2002 年。

骆问礼：《续羊枣集》，《续修四库全书》第 1127 册，上海：上海古籍出版社，2002 年。

吕坤著，王国轩、王秀梅整理：《吕坤全集》，北京：中华书局，2008 年。

吕柟著，赵瑞民点校整理：《泾野子内篇》，西安：西北大学出版社，2015 年。

马端临著，上海师范大学古籍研究所、华东师范大学古籍研究所点校：《文献通考》，北京：中华书局，2011 年。

茅元仪：《石民四十集》，《续修四库全书》第 1386 册，上海：上海古籍出版社，2002 年。

《明实录》，台北："中研院"历史语言研究所，1962 年校印本。

欧阳修、宋祁：《新唐书》，北京：中华书局，1975 年。

潘耒：《遂初堂文集》，《续修四库全书》第 1417 册，上海：上海古籍出版社，2002 年。

裴大中、倪咸生：《（光绪）无锡金匮县志》，南京：江苏古籍出版社，1991 年。

皮锡瑞著，周予同注释：《经学历史》，北京：中华书局，2004 年。

普济著，苏渊雷点校：《五灯会元》，北京：中华书局，1984 年。

蒲松龄著，朱其铠主编：《全本新注聊斋志异》，北京：人民文学出版社，1989 年。

丘濬：《大学衍义补》，景印文渊阁《四库全书》第 712 册，台北：商务印书馆，1986 年。

全祖望：《鲒埼亭集》，《续修四库全书》第 1429 册，上海：上海古籍出版社，2002 年。

阮元：《畴人传》，《续修四库全书》第 516 册，上海：上海古籍出版社，2002 年。

申时行：《纶扉简牍》，《四库禁毁书丛刊·集部》第 161 册，北京：北京出版社，1997 年。

申时行等：《明会典》，北京：中华书局，1989 年。

沈德符：《万历野获编》，北京：中华书局，1959 年。

沈德潜：《古诗源》，北京：中华书局，1963 年。

沈佳：《明儒言行录》，景印文渊阁《四库全书》第 458 册，台北：商务印书馆，1986 年。

施沛：《南京都察院志》，《四库全书存目丛书补编》第 74 册，济南：齐鲁书社，2001 年。

史鉴：《西村集》，景印文渊阁《四库全书》第 1259 册，台北：商务印书馆，1986 年。

司马迁：《史记》，北京：中华书局，1982 年。

宋濂等：《元史》，北京：中华书局，1976 年。

宋濂著，黄灵庚校点：《宋濂全集》，北京：人民文学出版社，2014 年。

宋讷：《西隐集》，景印文渊阁《四库全书》第 1225 册，台北：商务印书馆，1986年。

宋应星著，曹小鸥注释：《天工开物图说》，济南：山东画报出版社，2009年。

谈迁著，张宗祥校点：《国榷》，北京：中华书局，1958年。

唐鹤征：《皇明辅世编》，《四库全书存目丛书·史部》第98册，济南：齐鲁书社，1996年。

唐甄：《潜书》，北京：中华书局，1963年。

田艺蘅：《留青日札》，《续修四库全书》第1129册，上海：上海古籍出版社，2002年。

脱脱等：《宋史》，北京：中华书局，1977年。

王夫之：《读通鉴论》，《船山全书》第十册，长沙：岳麓书社，2011年。

王夫之著，舒士彦点校：《宋论》，北京：中华书局，1964年。

王艮：《重镌心斋王先生全集》，明万历刻本。

王艮：《重刻心斋王先生语录》，《续修四库全书》第938册，上海：上海古籍出版社，2002年。

王圻：《续文献通考》，北京：现代出版社，1986年。

王世贞：《弇州四部稿》，景印文渊阁《四库全书》第1281册，台北：商务印书馆，1986年。

王世贞：《弇州续稿》，景印文渊阁《四库全书》第1283册，台北：商务印书馆，1986年。

王守仁著，吴光、钱明等编校：《王阳明全集》，上海：上海古籍出版社，2011年。

文秉：《先拨志始》，《续修四库全书》第437册，上海：上海古籍出版社，2002年。

吴伯宗：《荣进集》，景印文渊阁《四库全书》第1233册，台北：商务印书馆，1986年。

吴楚材、吴调侯：《古文观止》，北京：中华书局，1959年。

吴桂森：《息斋笔记》，《续修四库全书》第 1132 册，上海：上海古籍出版社，2002 年。

吴亮：《万历疏钞》，《续修四库全书》第 469 册，上海：上海古籍出版社，2002 年。

吴伟业：《梅村家藏稿》，《续修四库全书》第 1396 册，上海：上海古籍出版社，2002 年。

吴与弼：《康斋集》，景印文渊阁《四库全书》第 1251 册，台北：商务印书馆，1986 年。

夏燮著，沈仲九标点：《明通鉴》，北京：中华书局，2013 年。

项笃寿：《今献备遗》，景印文渊阁《四库全书》第 453 册，台北：商务印书馆，1986 年。

萧良干、张元忭等：《（万历）绍兴府志》，《四库全书存目丛书·史部》第 201 册，济南：齐鲁书社，1996 年。

徐昌治：《破邪集》，《明末清初耶稣会思想文献汇编》第 57 册，北京：北京大学出版社，2003 年。

徐纮：《明名臣琬琰录》，景印文渊阁《四库全书》第 453 册，台北：商务印书馆，1986 年。

徐咸：《皇明名臣言行录后集》，《四库全书存目丛书·史部》第 90 册，济南：齐鲁书社，1996 年。

徐象梅：《两浙名贤录》，《四库全书存目丛书·史部》第 114 册，济南：齐鲁书社，1996 年。

徐学聚：《国朝典汇》，《四库全书存目丛书·史部》第 266 册，济南：齐鲁书社，1996 年。

徐𪿈：《小腆纪传》，《续修四库全书》第 332 册，上海：上海古籍出版社，2002 年。

薛瑄著，孙玄常等点校：《薛瑄全集》，太原：山西出版传媒集团、三晋出版社，2015 年。

杨伯峻：《春秋左传注》，北京：中华书局，2009 年。

杨廉：《杨文恪公文集》，《续修四库全书》第 1332 册，上海：上海古籍出版社，2002 年。

杨一凡校点：《大明律》，《皇明制书》第三册，北京：社会科学文献出版社，2013 年。

尹守衡：《皇明史窃》，《续修四库全书》第 317 册，上海：上海古籍出版社，2002 年。

袁翼：《邃怀堂全集》，《续修四库全书》第 1515 册，上海：上海古籍出版社，2002 年。

袁中道：《珂雪斋外集》，《续修四库全书》第 1376 册，上海：上海古籍出版社，2002 年。

曾国藩著，李金水编译：《曾国藩家书》，南昌：江西美术出版社，2018 年。

湛若水：《湛甘泉先生文集》，《四库全书存目丛书·集部》第 57 册，济南：齐鲁书社，1997 年。

张朝瑞：《皇明贡举考》，《四库全书存目丛书·史部》第 269 册，济南：齐鲁书社，1996 年。

张弘道、张凝道：《明三元考》，《四库全书存目丛书·史部》第 271 册，济南：齐鲁书社，1996 年。

张铨撰，张道瀜订，田同旭等点校：《国史纪闻》，上海：上海古籍出版社，2018 年。

张廷玉等：《明史》，北京：中华书局，1974 年。

张萱：《西园闻见录》，《续修四库全书》第 1168 册，上海：上海古籍出版社，2002 年。

张萱：《疑耀》，景印文渊阁《四库全书》第 856 册，台北：商务印书馆，1986 年。

章潢：《图书编》，景印文渊阁《四库全书》第 968 册，台北：商务印书馆，1986 年。

章懋：《枫山语录》，景印文渊阁《四库全书》第 714 册，台北：商务印书馆，1986 年。

章太炎：《太炎文录》，《续修四库全书》第 1577 册，上海：上海古籍出版社，2002 年。

赵尔巽等：《清史稿》，北京：中华书局，1977 年。

赵士喆：《建文年谱》，《中国野史集成》第 23 册，成都：巴蜀书社，1993 年。

赵翼著，王树民校证：《廿二史札记校证》，北京：中华书局，1984 年。

郑以伟：《灵山藏》，《四库禁毁书丛刊·集部》第 175 册，北京：北京出版社，1997 年。

郑仲夔：《玉麈新谭》，《续修四库全书》第 1268 册，上海：上海古籍出版社，2002 年。

周清原：《西湖二集》，北京：华文出版社，2018 年。

周汝登辑：《王门宗旨》，《四库全书存目丛书·子部》第 13 册，济南：齐鲁书社，1995 年。

朱国桢：《涌幢小品》，《续修四库全书》第 1173 册，上海：上海古籍出版社，2002 年。

朱谋垔：《画史会要》，景印文渊阁《四库全书》第 816 册，台北：商务印书馆，1986 年。

朱善：《朱一斋先生文集》，《四库全书存目丛书·集部》第 25 册，济南：齐鲁书社，1997 年。

朱舜水著，朱谦之整理：《朱舜水集》，北京：中华书局，1981 年。

朱彝尊：《静志居诗话》，《续修四库全书》第 1698 册，上海：上海古籍出版社，2002 年。

朱之瑜：《朱氏舜水谈绮》，上海：华东师范大学出版社，1988 年。

卓尔堪辑：《遗民诗》，《四库禁毁书丛刊·集部》第 21 册，北京：

北京出版社，1997年。

邹维琏：《达观楼集》，《四库全书存目丛书·集部》第183册，济南：齐鲁书社，1997年。

邹元标：《愿学集》，景印文渊阁《四库全书》第1294册，台北：商务印书馆，1986年。

（二）论著

陈来：《儒家文化与民族复兴》，北京：中华书局，2020年。

陈来：《宋明理学》，北京：三联书店，2011年。

陈来、张昭炜：《阳明文献与思想》，北京：中国社会科学出版社，2019年。

陈士银：《摇曳的名分：明代礼制简史》，杭州：浙江古籍出版社，2021年。

葛兆光：《中国思想史》，上海：复旦大学出版社，2009年。

龚杰：《王艮评传》，南京：南京大学出版社，2001年。

郭培贵：《明史选举志考论》，北京：中华书局，2006年。

何宗美：《明末清初文人结社研究》，上海：三联书店，2016年。

梁启超：《中国近三百年学术史》，北京：商务印书馆，2011年。

梁启超：《中国历史研究法补编》，上海：商务印书馆，1934年。

梁启超：《朱舜水先生年谱》，台北：台湾中华书局，1971年。

林金水：《利玛窦与中国》，北京：中国社会科学出版社，1996年。

吕妙芬：《胡居仁与陈献章》，杭州：浙江古籍出版社，2021年。

蒙培元、任文利：《儒学举要》，《蒙培元全集》（第十卷），成都：四川人民出版社，2021年。

苗润田：《中国儒学史·明清卷》，广州：广东教育出版社，1998年。

彭林：《儒家礼乐文明讲演录》，桂林：广西师范大学出版社，2008年。

钱穆：《八十忆双亲　师友杂忆》，《钱宾四先生全集》第51册，台北：

联经出版事业公司，1998 年。

　　钱穆：《中国近三百年学术史》，北京：九州出版社，2011 年。

　　舒大刚：《儒学文献通论》，福州：福建人民出版社，2012 年。

　　束景南：《王阳明年谱长编》，上海：上海古籍出版社，2017 年。

　　束景南：《阳明大传："心"的救赎之路》，上海：复旦大学出版社，
2020 年。

　　谭其骧：《中国历史地图集》（元明时期），北京：中国地图出版社，
1982 年。

　　王治心：《中国基督教史纲》，上海：上海世纪出版集团，2007 年。

　　萧公权：《中国政治思想史》，北京：商务印书馆，2017 年。

　　谢国桢：《明清之际党社运动考》，沈阳：辽宁教育出版社，1998 年。

　　徐复观著，萧欣义编：《儒家政治思想与民主自由人权》，台北：
八十年代出版社，1979 年。

　　杨正泰：《明代驿站考》，上海：上海古籍出版社，2006 年。

　　余英时：《方以智晚节考》，北京：三联书店，2004 年。

　　余英时：《儒家伦理与商人精神》，《余英时文集》第三卷，桂林：
广西师范大学出版社，2004 年。

　　余英时：《宋明理学与政治文化》，《余英时文集》第十卷，桂林：
广西师范大学出版社，2006 年。

　　曾肖：《复社与文学研究》，北京：人民文学出版社，2018 年。

　　张德信：《明代职官年表》，合肥：黄山书社，2009 年。

　　张立文、〔日〕町田三郎编：《中日文化交流的伟大使者：朱舜水研究》，
北京：人民出版社，1998 年。

　　张学智：《明代哲学史》，北京：北京大学出版社，2000 年。

　　张学智：《中国儒学史·明代卷》，北京：北京大学出版社，2011 年。

　　赵吉惠等：《中国儒学史》，郑州：中州古籍出版社，1991 年。

　　朱鸿林：《孔庙从祀与乡约》，北京：三联书店，2015 年。

朱鸿林：《〈明儒学案〉研究及论学杂著》，北京：三联书店，2016 年。

（三）论文

陈恩维：《李贽、利玛窦的交友与晚明中西友道互鉴》，《东南学术》2022 年第 5 期。

陈士银：《明初的相见礼》，《广西大学学报（哲学社会科学版）》2017 年第 2 期。

陈卫平：《明清之际西方传教士的天主教儒学化》，《文史哲》1992 年第 2 期。

邓小南：《再谈走向"活"的制度史》，《史学月刊》2022 年第 1 期。

邓小南：《走向"活"的制度史——以宋代官僚政治制度史研究为例的点滴思考》，《浙江学刊》2003 年第 3 期。

樊树志：《东林非党论》，《复旦学报》2001 年第 1 期。

樊树志：《东林书院的实态分析——"东林党"质疑》，《中国社会科学》2001 年第 2 期。

范增智：《薛瑄交游考》，《文教资料》2016 年第 12 期。

方祖猷：《黄宗羲〈明夷待访录〉对孙中山民主思想的启蒙》，《北京大学学报（哲学社会科学版）》2011 年第 5 期。

郭万金、艾东景：《道学与诗的人生缩结——理学视野下的诗人薛瑄》，《河北大学学报（哲学社会科学版）》2018 年第 3 期。

韩大成：《天启时东林党人失败的教训》，《明史研究》1994 年第 4 辑。

黄友灏：《明初地方生员与民间教化政策的推行——以曹端及其〈家规辑略〉、〈夜行烛〉为例》，《明清论丛》2016 年第 1 期。

金紫微：《论方孝孺的辟佛思想及其动因》，《浙江社会科学》2017 年第 4 期。

冷东：《叶向高与东林党》，《东北师大学报（哲学社会科学版）》1998 年第 1 期。

李存山：《中国的民本与民主》，《孔子研究》1997 年第 4 期。

李庆：《"东林非党论"质疑》，《中国典籍与文化》2004 年第 3 期。

李群：《明代"靖难之役"中儒生与皇权的关系——以方孝孺为例》，《管子学刊》2012 年第 1 期。

刘莞莞：《复社与晚明学风》，台北：台湾政治大学中国文学研究所硕士论文，1985 年。

刘莹、米文科：《明代关学的形成与发展》，《甘肃社会科学》2019 年第 1 期。

马俊：《"无善无恶心之体"义解——王阳明"四句教"首句宗旨新探》，《中国哲学史》2019 年第 4 期。

米文科：《论明代关学与朱子学之关系》，《中国哲学史》2017 年第 4 期。

钱明：《〈阳明后学文献丛书〉出版缘起》，《古籍新书报》2014 年 4 月 24 日。

瞿林东：《东林书院和东林党》，《文史知识》1984 年第 11 期。

饶龙隼：《叶向高与东林党议》，《南开学报》1995 年第 1 期。

王天有：《万历天启时期的市民斗争和东林党议》，《北京大学学报（哲学社会科学版）》1984 年第 2 期。

王鑫磊：《朝鲜王朝对明朝薛瑄从祀的反应》，《史林》2014 年第 3 期。

吴汉全：《李大钊学术思想的传统文化渊源》，《甘肃社会科学》2002 年第 3 期。

夏维中：《关于东林党的几点思考》，《南京大学学报（哲学·人文·社会科学）》1997 年第 2 期。

夏长朴：《论〈中庸〉兴起与宋代儒学发展的关系》，《中国经学》2007 年第 2 辑。

萧无陂：《吕柟与关学》，《船山学刊》2007 年第 4 期。

张宏敏：《阳明后学文献整理的回顾与思考》，《浙江学刊》2016 年第 4 期。

张俊相：《吴与弼的人格修养论》，《求是学刊》1994 年第 2 期。

张树旺：《论方孝孺之死的儒学史意蕴》，《船山学刊》2010 年第 2 期。

张昭炜、钱明：《阳明后学文献的整理与研究》，《光明日报》2016 年 6 月 27 日第 16 版。

赵德宇：《论 16、17 世纪日本天主教的荣衰》，《南开学报》1999 年第 6 期。

郑臣：《晚明时期天主教与儒学的会通及其启示》，《中国宗教》2021 年第 12 期。

郑文君：《试论东林党人反对内阁专权的历史意义》，《四川大学学报（哲学社会科学版）》1994 年第 4 期。

朱林：《吴与弼思想刍议》，《江西社会科学》1985 年第 4 期。

朱文杰：《〈明季党社考——东林党与复社〉简评》，《中国史研究动态》1997 年第 9 期。

◎ 二、外国部分（含译本）

（一）译本

〔德〕马克斯·韦伯著，王容芬译：《儒教与道教》，北京：商务印书馆，1995 年。

〔德〕余蓓荷著，邱黄海、李明辉译：《王艮及其学说》，台北："中研院"中国文哲研究所，2018 年。

〔法〕伏尔泰著，谢戊申等译：《风俗论》下册，北京：商务印书馆，2000 年。

〔法〕谢和耐著，耿昇译：《中国与基督教——中西文化的首次撞击》，上海：上海古籍出版社，2003 年。

〔韩〕崔溥著，〔韩〕朴元熇校注：《崔溥漂海录校注》，上海：上海书店出版社，2013 年。

〔美〕包弼德著，刘宁译：《斯文：唐宋思想的转型》，南京：江苏人民出版社，2017年。

〔美〕包弼德著，王昌伟译：《历史上的理学》，杭州：浙江大学出版社，2010年。

〔美〕邓恩著，余三乐、石蓉译：《从利玛窦到汤若望：晚明的耶稣会传教士》，上海：上海古籍出版社，2003年。

〔美〕狄百瑞著，黄水婴译：《儒家的困境》，北京：北京大学出版社，2009年。

〔美〕列文森著，郑大华、任著译：《儒教中国及其现代命运》，北京：中国社会科学出版社，2000年。

〔美〕孟德卫著，张学智译：《莱布尼兹和儒学》，南京：江苏人民出版社，1998年。

〔美〕夏伯嘉著，向红艳、李春园译，董少新校：《利玛窦：紫禁城里的耶稣会士》，上海：上海古籍出版社，2012年。

〔日〕岸本美绪著，梁敏玲、毛亦可等译：《风俗与历史观：明清时代的中国与世界》，桂林：广西师范大学出版社，2022年。

〔日〕冈田武彦著，吴光等译：《王阳明与明末儒学》，上海：上海古籍出版社，2000年。

〔日〕冈田武彦著，杨田等译：《王阳明大传：知行合一的心学智慧》，重庆：重庆出版社，2018年。

〔日〕宫崎市定著，宋宇航译：《科举》，杭州：浙江大学出版社，2018年。

〔日〕平川祐弘著，刘岸伟、徐一平译：《利玛窦传》，北京：光明日报出版社，1999年。

〔日〕小野和子著，李庆、张荣湄译：《明季党社考》，上海：上海古籍出版社，2013年。

〔日〕羽田正著，毕世鸿、李秋艳译：《东印度公司与亚洲之海》，北京：北京日报出版社，2019年。

〔日〕宇野哲人著，马福辰译：《中国近世儒学史》，台北：中国文化大学出版部，1982年。

〔意〕艾儒略：《三山论学》，《明末清初耶稣会思想文献汇编》第七册，北京：北京大学出版社，2003年。

〔意〕利玛窦著，文铮译，〔意〕梅欧金校：《利玛窦书信集》，北京：商务印书馆，2018年。

〔英〕霍布斯著，黎思复、黎廷弼译，杨昌裕校：《利维坦》，北京：商务印书馆，2009年。

〔英〕洛克著，叶启芳、瞿菊农译：《政府论（下篇）》，北京：商务印书馆，1996年。

（二）英文

Benjamin A. Elman, *On Their Own Terms: Science in China, 1550—1900*, Harvard University Press, 2005.

Bret Hinsch, *Women in Ming China*, The Rowman & Littlefield Publishing Group, 2021.

Charles O. Hucker, *The Ming Dynasty, Its Origins and Evolving Institutions*, Center for Chinese Studies, The University of Michigan, 1978.

Craig Clunas, *Fruitful Sites: Garden Culture in Ming Dynasty China*, Duke University Press, 1996.

Daniel A. Bell, *China's New Confucianism: Politics and Everyday Life in a Changing Society*, Princeton University Press, 2008.

Daniel A. Bell, Hahm Chaibong, *Confucianism for the Modern World*, Cambridge University Press, 2003.

David M. Robinson, *Culture, Courtiers, and Competition: The Ming Court (1368–1644)*, Harvard University Press, 2008.

David M. Robinson, *In the Shadow of the Mongol Empire: Ming China and*

Eurasia, Cambridge University Press, 2020.

David M. Robinson, *Ming China and Its Allies: Imperial Rule in Eurasia*, Cambridge University Press, 2020.

Dieter Kuhn, *The Age of Confucian Rule: The Song Transformation of China*, The Belknap Press of Harvard University Press, 2009.

Frederic E. Wakeman Jr, *China and the Seventeenth-Century Crisis*, Late Imperial China, Volume 7, Number 1, June 1986.

Jared Diamond, *Guns, Germs, and Steel: The Fate of Human Societies*, W. W. Norton & Company, 1999.

Jennifer Downs, *Survival Strategies in Ming Dynasty China: Planting Techniques and Famine Foods*, Food an Foodways, 2000, Vol. 8(4).

John W. Dardess, *Confucianism and Autocracy: Professional Elites in the Founding of the Ming Dynasty*, University of California Press, 1983.

Kenneth Pomeranz and Steven Topik, *The World That Trade Created: Society, Culture, and the World Economy, 1400 to the Present*, Routledge, 2018.

Kiri Paramore, *Japanese Confucianism: A Cultural History*, Cambridge University Press, 2016.

Lee Dian Rainey, *Confucius and Confucianism: The Essentials*, A John Wiley & Sons, Ltd., Publication, 2010.

Niels Steensgaard. *The Seventeenth-Century Crisis and the Unity of Eurasian History*, Modern Asian Studies, Oct., 1990, Vol. 24, No. 4.

Nigel Cameron, *Barbarians and Mandarins: Thirteen Centuries of Western Travelers in China*, The University of Chicago Press, 1970.

Patricia Buckley Ebrey, *Confucianism and Family Rituals in Imperial China: A Social History of Writing about Rites*, Princeton University Press, 2014.

Patricia Buckley Ebrey, *The Cambridge Illustrated History of China*, Cambridge University Press, 1996.

Peter D. Hershock, Roger T. Ames, *Confucian Cultures of Authority*, State University of New York Press, 2006.

Peter K. Bol, *Neo-Confucianism in History*, Harvard University Press, 2008.

Ray Huang, 1587, *A Year of No Significance: The Ming Dynasty in Decline*, Yale University Press, 1981.

Russell Shorto, *Amsterdam: A History of the World's Most Liberal City*, Doubleday, 2013.

Song Gang, *Giulio Aleni, Kouduo richao, and Christian: Confucian Dialogism in Late Ming Fujian*, Monumenta Serica Institute, 2019.

Stephen Uhalley, Jr and Xiaoxin Wu, *China and Christianity: Burdened Past, Hopeful Future*, Taylor & Francis Group, 2001.

Timothy Brook, *Great State: China and the World*, An Imprint of Harper Collins Publishers, 2020.

Timothy Brook, *Praying for Power: Buddhism and the Formation of Gentry Society in Late-Ming China*, Harvard University Press, 1993.

Timothy Brook, *The Confusions of Pleasure: Commerce and Culture in Ming China*, University of California Press, 1998.

Timothy Brook, *The Troubled Empire: China in the Yuan and Ming Dynasties*, Harvard University Press, 2010.

Timothy Brook, *Vermeer's Hat: The Seventeenth Century and the Dawn of the Global World*, Bloomsbury publishing, 2008.

William S. Atwell, *A Seventeenth-Century "General Crisis" in East Asia?* Modern Asian Studies, Oct., 1990, Vol. 24, No. 4 (Oct., 1990).

William S. Atwell, *Some Observations on the "Seventeenth-Century Crisis" in China and Japan*, The Journal of Asian Studies, Feb., 1986, Vol. 45, No. 2 (Feb., 1986).

Wm. Theodore de Bary, *Self and Society in Ming Thought*, Columbia University Press, 1970.

明代儒学大事编年

1359 年（宋龙凤五年，元顺帝至正十九年）

正月，朱元璋命宁越府（后来改名金华府）知府王宗显创办学校。王知府延请儒士宋濂、叶仪为五经师，戴良为学正，吴沈、徐原为训导，率先在地方复兴儒学。

1360 年（龙凤六年，至正二十年）

三月，金华宋濂、青田刘基、龙泉章溢、丽水叶琛四位浙江名儒被朱元璋请到建康（今南京）。

五月，朱元璋设置儒学提举司，命宋濂做提举，并让其教世子朱标经学。

1368 年（明太祖洪武元年）

正月，朱元璋即皇帝位，国号明，定都应天府（今南京），建元洪武。

1370 年（洪武三年）

五月，朱元璋发布开科诏书，规定三年一举，乡试在八月，会试在次年二月。

七月，宋濂等人纂成《元史》，宋濂也因此获得"太史公"的美称。

八月，各省紧急组织乡试，选拔人才。

1371 年（洪武四年，辛亥）

二月，京师会试。朱元璋命礼部尚书陶凯、翰林学士潘庭坚为主考官，鲍恂、宋濂、詹同等名儒为同考官。

三月，朱元璋特批考生在奉天殿参加殿试。殿试发榜，公布吴伯宗等开科进士 120 名。也有藩属国考生中进士，比如高丽考生金涛。

八月，国子司业宋濂因为上《孔子庙堂议》，触怒朱元璋，被贬到江西安远县做知县。

1372 年（洪武五年）

三月，魏观被任命为苏州知府，在地方打造儒家的理想国。洪武七年（1374），他因为修建张士诚王府旧址，触怒朱元璋，被杀。

1373 年（洪武六年）

二月，朝廷下诏，暂停科举，转而采用荐举、岁贡选拔人才，"于是罢科目者凡十年"。

七月，桂彦良受到举荐，被任命为太子正字，并与宋濂一道教育各地送上来的贡士。朱元璋称赞桂彦良："江南大儒，惟卿一人。"桂彦良是洪武朝少数得以寿终的儒臣。

1375 年（洪武八年）

正月，朱元璋下令全国兴建社学，后因有司扰民停办。

四月，诚意伯刘基卒。刘基辅佐朱元璋夺取天下，功勋显著。朱元璋称他"敷陈王道，数以孔子之言导予"，对明初复兴儒学居功至伟。但是，本人学术驳杂，善阴阳风角之术。

1376 年（洪武九年）

闰九月，因为星变频繁，朱元璋发布诏书，要天下臣民上书，"许言朕过"。

十一月，平遥县儒学训导叶伯巨上疏，请求朝廷留意"分封太侈"的问题，被朱元璋认为离间皇帝与皇子的亲情。叶伯巨被捕入狱，惨死狱中。自他死后，有关抑制诸侯的话题成为本朝禁忌。

十二月，刑部主事茹太素因为奏疏多达 17000 字（其实仅需 500 字就可讲清楚），被朱元璋问罪。朱元璋下令，文臣日后上疏，"直陈得失，无事繁文"。

1377 年（洪武十年）

正月，六十八岁的宋濂致仕。此后，宋濂每岁一朝，吸引国内外使者、士庶争相围观、膜拜，引发朱元璋不满。

1379 年（洪武十二年）

十二月，隐居多年的前元儒者伯颜子中迫于朱元璋的荐举制，不愿入朝为官，饮鸩身亡。临死前，创作一组《七哀诗》。

根据吏部奏报，本年度国家任用官员 2908 人，荐举儒士人才 553 人，儒士占比不足五分之一。

1380 年（洪武十三年）

正月，丞相胡惟庸谋反被诛。明朝自此罢中书省，不再设置丞相，权归六部。"胡惟庸案"爆发后，文武大臣遭到大规模清洗，类似的事件加剧了朝廷对治国人才的渴求。

十一月，宋濂的孙子宋慎被查出是胡惟庸同党。朱元璋将年过七旬的宋濂抓捕，想要问斩。皇太子朱标为营救老师宋濂，不惜投水。朱元璋从轻发落，将宋濂发配四川茂州。宋濂于次年（1381）死在发配茂州的路上，尸骨埋在夔州。面对社会上的恶毒攻击，弟子方孝孺撰写祭文加以回应，称赞乃师"跨越前古，拔汇超伦，控宇宙而独立，后天地而长存者乎！世乌足以知之"。弘治年间，诏复原职。正德年间，追谥文宪。

1381 年（洪武十四年）

三月，诏颁四书、五经于北方学校。

1382 年（洪武十五年）

四月，诏天下学校通祀孔子。

五月，京师文庙成。朱元璋幸太学，行释菜礼，跪拜孔子。

八月，宣布重开科举，三年一次，"著为定制"。自此，科举取士成为国策。

十一月戊午，朱元璋仿效宋代制度，建立本朝第一批殿阁大学士。任命礼部尚书刘仲质为华盖殿大学士，翰林学士宋讷为文渊阁大学士，检讨吴伯宗为武英殿大学士，典籍吴沈为东阁大学士。

十一月辛酉，朝廷仿效汉朝"商山四皓"之例，礼请鲍恂和安吉余诠、高邮张长年、登州张绅四位耆儒入朝。鲍恂年过八十，被破格任命为文华殿大学士，但不为荣华所动，选择还归故里，学者尊称西溪先生。

1383 年（洪武十六年）

正月，年过七旬的耆儒宋讷被任命为国子祭酒。他制定严厉的学规，扫除积弊，显著提高太学的教学水平。

十月，朱元璋让民间复办社学，强调社学的自治性，"有司不得干预"。

1384 年（洪武十七年）

正月，孔子五十七代孙孔讷来朝，诏袭封衍圣公。由于明朝废除丞相，朱元璋命衍圣公班列文臣之首。

四月，开科状元吴伯宗被朱元璋贬谪云南，死在路上。

六月，朱元璋御奉天门，谕令群臣"治天下礼乐为先"。

七月，禁内官干预外事。

1385 年（洪武十八年，乙丑）

正月，年过七旬的耆儒刘三吾被举荐入朝，授左赞善，累迁翰林学士，获得朱元璋重用。洪武中后期，宿儒凋谢，国家礼乐制度多由刘三吾统筹。

三月，明廷举行开国以来的第二次殿试。乙丑科进士包括练子宁、黄子澄、齐泰等人。

九月，茹太素被擢升为户部尚书。在一次宴会上，他被朱元璋告诫："金杯同汝饮，白刃不相饶。"后来，还是因罪被杀。

十月，颁《大诰》于天下。《大诰》前后共三编，体现朱元璋乱世用重典的治国思想。

1390 年（洪武二十三年）

二月，文渊阁大学士、国子祭酒宋讷在太学病逝，享年八十岁，正德年间，赐谥文恪。朱元璋强调后人遵守宋讷的学规，务必尊师重道。针对违反学规尤其是诽谤师长的行为，他下令将学生本人凌迟处死，全家发边充军。

1392 年（洪武二十五年）

四月，皇太子朱标薨。刘三吾力主将朱允炆立为储君，"皇孙世嫡承统，礼也"，受到儒林高度赞誉。

九月，方孝孺再次获得朝臣举荐，被礼送京师。由于儒法差异，朱元璋仍旧没有留朝任用，而是将其发往汉中担任教授。次年，方孝孺到汉中履职。

1393 年（洪武二十六年）

二月，凉国公蓝玉谋反被诛，"蓝玉案"爆发，株连甚广。

十月，选派国子监生刘政、龙镡等六十四人到地方行省做布政使、按察使、参政、参议等高官。

1396 年（洪武二十九年）

三月，停止扬雄从祀孔庙，并增加董仲舒从祀。

八月，四川举行乡试。受蜀王举荐，方孝孺被任命为典试官。

1397 年（洪武三十年）

二月，来自浙江黄岩的儒士陶宗仪奉命到礼部试读《大诰》，拒受官职。陶宗仪写下《说郛》《辍耕录》等经史著作。

三月，上榜进士从宋琮以下五十一人全是南方人，"科场案"随之爆发。六月，朱元璋亲自策士，选拔出韩克忠等六十一名北方进士。这两场考试也被称为"春夏榜"，又称"南北榜"。作为惩罚，考官白信蹈等人被杀，原来会试排名第一的宋琮也被发配边疆。至于主考官刘三吾，朱元璋念其衰老，免除死刑，改成戍边。

1398 年（洪武三十一年）

闰五月乙酉，朱元璋崩殂，享年七十一岁。作为开国之君，他不但"武定祸乱"，还能"文致太平"，这和他重用耆儒密不可分，史称："诸儒之功不为无助也。"

闰五月辛卯，皇太孙朱允炆即位，诏明年为建文元年。

六月，擢齐泰为兵部尚书，黄子澄为太常寺卿兼翰林学士，同参军国事。

七月，召汉中教授方孝孺，擢翰林院侍讲。

1399 年（建文元年）

二月，从方孝孺请，更定官制。方孝孺用周礼治国，志在复古，此举引发士人担忧，并给予燕王攻击建文君臣变乱祖制的口实。

七月，燕王朱棣举兵谋反，指斥齐泰、黄子澄为奸臣，援引祖训，以清君侧，明朝长达四年的内战——靖难之役爆发。

1400 年（建文二年）

三月，赐胡靖（后来改名胡广）、王艮、李贯等一百一十一人进士。

1402 年（建文四年）

六月，燕王攻陷京师，建文帝不知所踪。朱棣篡位，改明年为永乐元年。

方孝孺因为拒写登极诏书，被诛十族，死难者八百七十三人。齐泰、黄子澄、练子宁、王艮、王叔英等建文旧臣，自杀、被杀乃至族诛者，不可胜数。方孝孺不屑成为文人、经师，而欲传承儒家的圣贤之学，主张明王道、致太平，推崇气节之士，提倡自得之学。他被后人尊称为"千秋正学""明代学祖"。

八月，命解缙、黄淮入直文渊阁，参与机务。解缙因为迎附有功，受到重用。

同年，二十七岁的河南渑池儒者曹端在知县的支持下捍卫儒教，摧毁本县一百多处淫祠。

1405 年（明太宗永乐三年）

六月，派遣中官郑和出使西洋各国。郑和前后七下西洋，最远抵达非洲东海岸，这场壮举于宣德八年（1433）戛然而止。

1407 年（永乐五年）

十一月，姚广孝、解缙等人进呈《永乐大典》。

1409 年（永乐七年）

二月，京师会试。曹端未中进士，却获得乙榜第一名的成绩。四月，被朝廷任命为山西霍州儒学的学正。此后余生，曹端官止学正（霍州、蒲州）。

1415 年（永乐十三年）

正月，解缙死于狱中。他的儿子解祯亮受到牵连，被发配辽东。解缙早年和方孝孺等人约定殉国，但是选择投降燕王，想要苟活，反而被诛。胡广之女与解缙之子早就定下亲事，因为解缙被诛，家人被发配辽东，胡广要求解除婚约，女儿却割耳明志，最终嫁给解缙之子。

1417 年（永乐十五年）

三月，明廷下令颁行《五经大全》《四书大全》《性理大全》，让六部官员、两京国子监学生和全国各地学校的生员学习，此举标志着明初基本完成全国思想的大一统。然而，胡广等儒臣奉命纂修的三部《大全》粗制滥造，遭到顾炎武等人批评，"自八股行而古学弃，《大全》出而经说亡"。

1418 年（永乐十六年）

五月，胡广卒。胡广是建文朝唯一一位状元，和解缙一道迎附燕王有功，获得重用。赠礼部尚书，谥文穆。

1421 年（永乐十九年，辛丑）

山西儒者薛瑄通过会试、殿试，成为进士。辛丑科进士包括来自浙江钱塘的于谦。二人日后成为同僚。

1430 年（明宣宗宣德五年）

正月，杨士奇、蹇义等儒臣进呈《太宗实录》《仁宗实录》。官修的《明实录》号称"实录"，却也存在诸多不实之处，比如记载方孝孺向谋反的朱棣"叩头祈哀"。

1434 年（宣德九年）

六月，一代儒宗曹端卒，享年五十九岁。曹端自号"月川子"，学者尊称月川先生。他为学主张力行，恪守程朱理学，著有《家规辑略》《夜行烛》《太极图说述解》《四书详说》等。曹端是方孝孺、薛瑄之间承上启下的关键人物。有人认为他是"本朝理学之冠"。但是，即便明中后期多次有人奏请曹端从祀孔庙，均被朝廷驳回。直到清朝咸丰十年（1860）四月，曹端在死后四百多年，才跻身孔庙，从祀孔子。

1436 年（明英宗正统元年）

二月，从大学士杨士奇请，始开经筵，选聘张辅、杨士奇、杨荣、杨溥、李时勉等人，用儒家经典教导年仅十岁的小皇帝朱祁镇。

1449 年（正统十四年）

八月，震惊中外的"土木之变"爆发，明军主力被也先击溃，英宗被俘。

召前大理寺少卿薛瑄，入卫京师。之前，薛瑄得罪王振，被削籍放归。

九月，郕王朱祁钰即皇帝位，遥尊朱祁镇为太上皇，改明年为景泰元年。

十月，也先拥太上皇入寇，京师戒严。于谦临危受命，提督各营，取得京师保卫战的胜利。

1454 年（景泰五年）

继两次会试（正统十三年，1448；景泰二年，1451）不第后，二十七岁的陈献章从广东出发，北上江西，投在崇仁吴与弼门下。

1456 年（景泰七年）

陈献章回到广东白沙村，构筑春阳台，静坐其中，闭关长达十年。

1457 年（景泰八年，明英宗天顺元年）

正月，在曹吉祥、石亨、徐有贞等人的拥护下，明英宗复辟，史称"夺门之变"。此时，年近七旬的薛瑄被任命为礼部右侍郎兼翰林院学士，入阁参与机务。薛瑄为于谦求情不果。于谦仅免予凌迟，依然被处死。

十月，从石亨请，征江西处士吴与弼。

1458 年（天顺二年）

五月，六十八岁的吴与弼抵京。明英宗让吴与弼担任左春坊左谕德，处士吴与弼坚辞不受。为了尽快返乡，吴与弼在为奸臣石亨族谱题写的跋语中，自称"门下士"，引发儒林非议。

六月，薛瑄累疏辞官，获准回到故里。

1464 年（天顺八年）

六月，薛瑄卒，享年七十六岁，赠礼部尚书，谥文清。临死前作诗，"七十六年无一事，此心惟觉性天通"。明穆宗隆庆五年（1571），薛瑄从祀孔庙，这是本朝第一位获此殊荣的儒者。薛瑄，河东河津（今属山西运城）人，著有《读书录》《读书续录》等书，宗奉朱子学。他开创的学派被称为河东学派，在中国北方流传甚广。

1466 年（明宪宗成化二年）

出关不久的陈献章返回京师国子监，赋《和杨龟山此日不再得韵》诗，名动京城。此时，河东学派的传人渭南薛敬之，也因岁贡被送入国子监读书，与崇仁学派的陈献章齐名。

1469 年（成化五年，己丑）

二月，四十二岁的陈献章第三次参加礼部会试，依然落第，决意终身不再参加科举。

十月，江西崇仁吴与弼去世，享年七十九岁。吴与弼，号康斋，凭借个人的学识和操守吸引了千百名弟子，并开创了一个可与河东学派比肩的崇仁学派，在中国南方广为流行。黄宗羲在《明儒学案》中更是将这位布衣儒者开创的崇仁学派排在第一，所谓"第一学案"。有明一朝，仅有四名儒者（薛瑄、胡居仁、陈献章、王守仁）从祀孔庙，其中两名（胡居仁、陈献章）都出自吴与弼门下。

1478 年（成化十四年）

九月，罗伦卒，享年四十八岁。正德末年，赠左谕德，谥文毅。罗伦，字彝正，江西永丰人，学者尊称一峰先生。罗伦刚介绝俗，与陈献章等儒者和而不同，"生平不作和同之语，不为软巽之行"。

1482 年（成化十八年）

朝廷下旨召见陈献章，陈献章应召北上。门人李辅作诗讥讽，"忽惊天子黄麻诏，打破先生白鹭矶"，担心老师晚节不保。

1483 年（成化十九年）

三月，陈献章抵京。陈献章本以为会获得朝廷破格任用，吏部却认为，监生陈献章应该参加吏部的考试，等待考试合格才可量授官职，这让他感到遭受奇耻大辱，拒绝参加考试。后来，因为母亲病重，陈献章接受朝廷授予的翰林院检讨（从七品）的低等官职，才被放归。回乡之后的十七年，陈献章道德学问更加精进，并从崇仁学派中开出白沙学派。

1484 年（成化二十年）

三月，布衣胡居仁在家中逝世，年仅五十一岁。万历年间，明廷将胡居仁与陈献章、王守仁等人一道从祀孔庙。作为吴与弼的弟子，胡居仁是明朝开国以来也是整部明史上唯一一位以布衣身份从祀孔庙的儒者。胡居仁主张居敬持敬，著有《居业录》等书。

1491 年（明孝宗弘治四年）

五月，娄谅卒，享年七十岁。娄谅也是崇仁学派吴与弼的弟子。他主张收放心是居敬的法门，又以何思何虑、勿忘勿助为居敬的要旨。胡居仁认为，这位同门违背程朱理学的教诲，偏向陆九渊的心学。另外，王阳明年少的时候曾经问学于娄谅。

1494 年（弘治七年）

二月，广东增城湛若水投入陈献章门下。乃师死后，弟子湛若水在陈献章白沙学派的基础上开出甘泉学派。

1495 年（弘治八年）

二月，少保兼太子太保、户部尚书、武英殿大学士丘濬卒，享年七十六岁，赠特进左柱国太傅，谥文庄。丘濬，广东琼山（今属海南海口）人，明中期理学名臣，著有《大学衍义补》等。

1499 年（弘治十二年）

二十八岁的王守仁第三次参加会试。殿试后，被赐予进士出身，观政工部。同年秋，工部派遣王守仁督造威宁伯王越将军的坟墓，"益得其平生用兵法"，并用民夫操练阵法。

1500 年（弘治十三年）

二月，一代儒宗陈献章逝世，享年七十三岁。与开国以来的理学宗师不同，陈献章教人并非以居敬穷理、读书修身的朱子方式，而是采取静坐澄心的独特方式，偏重宋代陆九渊的心学。黄宗羲称："有明之学，至白沙始入精微。"万历十二年（1584），明廷下令将胡居仁、陈献章、王守仁三人一道从祀孔庙。一说，陈献章等人从祀孔庙的时间为万历十三年（1585）。

1506 年（明武宗正德元年）

十二月，兵部主事王守仁因为上疏营救南京科道官员戴铣等人，得罪刘瑾，被贬贵州龙场驿丞。后来，王阳明龙场悟道，提倡"知行合一"。

1508 年（正德三年）

三月，陕西高陵吕柟高中状元。吕柟，号泾野，是河东学派薛敬之的弟子。

同年，金华府同知薛敬之卒。薛敬之是河东学派布衣儒者周蕙（号小泉，山丹卫人，军户）的弟子，在国子监与陈献章同学，一时有"南陈北薛"之称。

同年，吏部尚书王恕卒，享年九十三岁，赠特进左柱国太师，谥端毅。王恕，别号石渠，陕西三原人，"弘治中兴"名臣。黄宗羲在《明儒学案》中为其开辟三原学案，视作河东学派在关中的支脉。三原地区民风淳厚，而关学之儒也多以气节著称。

1510 年（正德五年）

八月，太监刘瑾谋反被诛。

十二月，王守仁升南京刑部主事。此后，累迁吏部主事、员外郎、郎中，南京太仆寺少卿，南京鸿胪卿，都察院左金都御史，巡抚南、赣等处，陆续平定贼寇。

1513 年（正德八年）

意大利政治思想家马基雅维利完成《君主论》，倡导人性本恶，否定君权神授，鼓吹君主权术。

葡萄牙探险家乔治·欧维士成功登陆广东珠江口的内伶仃岛，与当地民众展开香料贸易，此为葡萄牙人第一次来到中国。

1517 年（正德十二年）

神父马丁·路德在德国维滕贝格诸圣堂大门上张贴《九十五条论纲》，开始宗教改革。马丁·路德成为基督教新教的创始人，掀起了 16 世纪欧洲宗教改革运动的浪潮，并催生英国、德国以及北欧诸国等一批新教国家。

1519 年（正德十四年）

六月，宁王朱宸濠拥兵十万，在南昌谋反。

七月，巡抚南赣右副都御史王守仁俘获宁王，平定叛乱，前后仅用三十五日。

八月，明武宗以"威武大将军"的身份亲征。王守仁捷报传来，朱厚照秘而不发，继续南下。

同年，意大利列奥纳多·达·芬奇（1452—1519）卒。达·芬奇是"文艺复兴三杰"之一，画有《蒙娜丽莎》《最后的晚餐》等，并留下《哈默手稿》等科学作品。

1521 年（正德十六年）

三月，明武宗朱厚照崩于豹房，年三十一，无子，传为纵欲过度所致。

四月，兴王世子朱厚熜抵京，即皇帝位，改明年为嘉靖元年。朱厚熜以藩王即位，关于尊奉父母名号等问题，与杨廷和等儒臣掀起旷日持久的大礼仪之争。

十一月，论平朱宸濠功，升王守仁为南京兵部尚书，封新建伯，未予铁券、岁禄。

1522 年（明世宗嘉靖元年）

章懋卒，享年八十六岁，赠太子太保，谥文懿。章懋，浙江金华人，前无师承，靠自得之学，遵守宋儒之教。著有《枫山语录》《枫山集》，学者尊称枫山先生。

1527 年（嘉靖六年）

五月，起前南京兵部尚书王守仁，总督两广军务，前往广西思恩、田州等地平叛。

1529 年 1 月（嘉靖七年十一月）

新建伯、两广总督、南京兵部尚书王守仁卒于江西南安，享年五十八岁。平叛之后，王守仁病危，上疏乞归，并举荐郧阳巡抚林富自代。他没等朝廷命令，就动身返乡。临终之际，他微笑着对弟子周积等人留下遗言："此心光明，复何言？"王阳明开创阳明学，著有《传习录》等，晚年提倡"致良知"，弟子遍天下。尤其著者，即有浙中、江右、南中、楚中、北方、粤闽、泰州等学派。明穆宗隆庆初年，追赠新建侯，谥号文成。

1529 年（嘉靖八年）

二月，朱厚熜命令群臣开会批斗王守仁，并将阳明学定为伪学，"申禁邪说，以正天下之人心"。朝廷的封杀并没有阻止阳明学的广泛传播，但是阳明学在传播过程中也出现一些问题，史称："其教大行，其弊滋甚。"

1541 年 1 月（嘉靖十九年十二月）

阳明弟子王艮卒，享年五十八岁。王艮，字汝止，号心斋，泰州处士，世代为灶户，是泰州学派的创始人，也是将阳明学推广到民间的核心人物。

1542 年（嘉靖二十一年）

七月，吕柟卒，享年六十四岁，谥文简。吕柟号称"关西夫子"，著有《泾野子内篇》《礼问内外篇》《春秋说志》《四书因问》《周易说翼》《尚书说要》《毛诗说序》等。作为河东学派的传人，吕柟主张"甘贫改过"，并躬行礼教，是关学在明代复兴的关键人物。后来，吕柟到南京做官，官至国子监祭酒、礼部侍郎，并与陈献章的弟子湛若水、王阳明的弟子邹守益三人共主讲席，学说各有千秋。

1543 年（嘉靖二十二年）

波兰天文学家尼古拉·哥白尼发表《天体运行论》，挑战传统的地心说，倡导日心说。

1544 年（嘉靖二十三年）

九月，前太子太保、兵部尚书王廷相卒，享年七十一岁，隆庆初，赠少保，谥肃敏。王廷相，号浚川，河南仪封人，主张宋儒张载之论理气，以为"气外无性"。

1547 年（嘉靖二十六年）

四月，前吏部尚书罗钦顺卒，享年八十三岁，赠太子太保，谥文庄。罗钦顺，号整庵，江西泰和人，提倡"气学"，"通天地，亘古今，无非一气而已"，著有《困知记》《整庵存稿》等。

1557 年（嘉靖三十六年）

葡萄牙人抵达澳门，每年向广东香山县提供地租银。此后，澳门成为葡萄牙人在中国的一个据点。

1560 年（嘉靖三十九年）

四月，一代儒宗湛若水在广东逝世，享年九十五岁。湛若水，号甘泉，学者尊称甘泉先生。在陈白沙死后，王守仁及其阳明学派异军突起，唯有湛若水的甘泉学派可与之抗衡，史称："时天下言学者，不归王守仁，则归湛若水。"湛若水在乃师陈献章的基础上，主张"随处体验天理"。明穆宗隆庆初，赠太子少保，谥文简。

1562 年（嘉靖四十一年）

阳明弟子邹守益卒，享年七十二岁。隆庆初，赠礼部侍郎，谥文庄。邹守益，江西安福人，是江右王门的代表人物。

1565 年（嘉靖四十四年）

西班牙殖民者攻占吕宋（今属菲律宾），开展对菲律宾长达三百多年（1565—1898）的殖民统治，同时也积极介入中国贸易，包括用马尼拉大帆船将美洲白银（主要来自波托西银矿）经菲律宾输入中国，换取茶叶、丝绸、瓷器等商品。

1566 年（嘉靖四十五年）

七月，广东香山黄佐卒，享年七十七岁，赠礼部侍郎，谥文裕。黄佐是岭南大儒，著有《泰泉乡礼》等，曾与王阳明论学。二人学说主张不同，王阳明认为黄佐"太信宋儒"，也说他"直谅多闻，吾益友也"。

1572 年（明穆宗隆庆六年）

利玛窦到耶稣会创办的罗马学院进修，为后来到海外传教提供知识支撑。除了神学、修辞学，罗马学院的课程还包括欧几里得几何学、托勒密天文学、物理学、音乐理论、光学、高等天文学、高等数学等。

1578 年（明神宗万历六年）

耶稣会远东观察员意大利人范里安从印度果阿抵达澳门。他多次进入中国内陆，痛感在这里传教前景黯淡。

3月，包括意大利人利玛窦在内，14名耶稣会士在葡萄牙里斯本港口出发。同年9月，抵达葡萄牙统治的印度西海岸城市——果阿。

1582年（万历十年）

4月，三十一岁的利玛窦奉命从果阿出发，途经马六甲海峡，于8月抵达澳门，开启中国传教事业。

六月，张居正卒，享年五十八岁，赠上柱国，谥文忠。张居正担任内阁首辅十年，主持万历新政，推行"一条鞭法"，以帝王师自居，著有《书经直解》等。他权倾天下，死后被抄家。

1583年（万历十一年）

六月，阳明弟子王畿卒，享年八十六岁。王畿，别号龙溪，是阳明后学龙溪学派的创始人，在两京以及中国南部讲学四十余年。

1598年（万历二十六年）

利玛窦以进贡的名义抵达北京，时值朝鲜战争（1592—1598），无功而返。

1600年（万历二十八年）

2月，意大利科学家、思想家布鲁诺（1548—1600）因为宣传哥白尼的日心说，被天主教的宗教裁判所判为"异端"，并被烧死在罗马鲜花广场。

12月，英国东印度公司成立，被英国女王伊丽莎白一世授予皇家特许状。日后，英国东印度公司成为亚洲殖民的核心力量，包括殖民印度以及向中国贩卖鸦片等。

1601年（万历二十九年）

利玛窦一行带着自鸣钟、珍珠镶嵌十字架、圣母圣子像等贡品，再次抵达北京，获准留京。

1602 年（万历三十年）

三月，作为"异端"的李贽在狱中割喉自杀，享年七十六岁。李贽是泰州学派的传人，著有《焚书》《藏书》《续焚书》《续藏书》等。

同年，荷兰东印度公司成立。作为世界上最早的股份制公司，该公司致力于海外贸易，船队远至中国、日本等亚洲国家。

1603 年（万历三十一年）

西班牙殖民者在吕宋（今属菲律宾）屠杀两万五千名中国人。次年（1604），明神宗接到本国居民被屠杀的消息后，下达最高指示："吕宋酋擅杀商民，抚按官议罪以闻。"结果，不了了之，明廷并没有发兵讨伐。

之前两次参加会试落第的徐光启，在葡萄牙耶稣会士罗如望的指导下受洗，教名保禄（Paulus）。加入天主教的第二年（万历三十二年，1604），徐光启高中进士。此人后来官至礼部尚书，入阁参与机务，被誉为"天主教三大柱石之首"。另外两名柱石分别是官至光禄寺少卿的李之藻（教名 Leo）、顺天府丞杨廷筠（教名 Michael）。

1604 年（万历三十二年）

顾宪成、高攀龙等人重修东林书院。同年，顾宪成和顾允成、高攀龙、安希范、刘元珍、钱一本、薛敷教、叶茂才等人举办东林大会，扩大影响力。

1605 年（万历三十三年）

在认识利玛窦十五年之后，瞿汝夔（号太素）才接受洗礼，成为天主教徒。之前，因为天主教要求信徒一夫一妻，导致拥有诸多妻妾的中国士大夫拒绝信奉天主教。

1608 年（万历三十六年）

叶向高成为内阁首辅，号称"独相"，独自主持内阁工作长达七年之久，直到万历四十二年（1614）才告老还乡。

1610 年（万历三十八年）

四月，利玛窦在北京去世，享年五十九岁。明廷特赐这位"西洋国故陪臣"空闲地亩，予以安葬。利玛窦在华传教 28 年，为中国带来西方先进的天文、历算、地图、几何、机械制造等方面的知识，同时也是在中国推行一夫一妻制的先驱。另外，他也将中国的科举制度、风土人情、思想文化传回欧洲，促进东西方文化交流。

1612 年（万历四十年）

四月，南京各道御史上言："台、省空虚，诸务废堕，上深居二十余年，未尝一接见大臣，天下将有陆沉之忧。"不报。

五月，东林书院的领袖顾宪成去世，享年六十三岁。临终前，留下遗言："作人只'伦理'二字，勉之！"

1616 年（万历四十四年，后金天命元年）

正月，建州女真努尔哈赤即位，定国号为金，改元天命。

同年，南京礼部侍郎沈漼三上《参远夷疏》，禁止天主教在中国的传播，"南京教案"爆发。

1618 年（万历四十六年）

七月，原刑部侍郎吕坤卒，享年八十三岁。天启初，赠刑部尚书。吕坤，号心吾、新吾，河南宁陵人，为学澄心体认，多所自得，强调"无所为而为"是圣贤根源，著有《呻吟语》《实政录》等。

1619 年（万历四十七年）

荷兰东印度公司在爪哇巴达维亚（今印尼雅加达）设立公司总部，负责亚洲的海外贸易。除了东印度公司之外，荷兰还在 1621 年

（明熹宗天启元年）成立西印度公司，专注于欧洲与美洲之间的贸易，在美洲先后占据多块殖民地，比如新阿姆斯特丹。这块地区几经易手，今天已经成为顶级的国际大都市——纽约。

1622 年（明熹宗天启二年）

五月，复故大学士张居正原官。廷臣追念其旧功，东林党名士邹元标亦称"居正功不可没"。

诏录方孝孺遗嗣，赐予祭葬。

1623 年（天启三年）

西安府出土震惊世界的《大秦景教流行中国碑》。碑文提到，早在唐太宗贞观九年（635），大秦国（即罗马帝国）教士阿罗本携带经书来到长安，获得李世民的接见，准其传教。贞观十二年（638），阿罗本及其追随者在长安创建大秦寺。景教是基督教的一个派别——聂斯托利派，在中国顺利发展两百多年。直到唐武宗会昌五年（845）灭佛，景教受此影响，被禁止传播。

1624 年（天启四年）

意大利耶稣会士艾儒略拜访退休在家的阁老叶向高。后来，艾儒略将两人的对话辑成《三山论学》一书，呈现天主教文化与儒家文化的异同。

同年，荷兰东印度公司占领台湾，开启长达三十八年的殖民统治。直至 1662 年，荷兰人被郑成功驱逐。

1625 年（天启五年）

七月，杨涟、左光斗、魏大中卒于狱。

八月，诏毁天下书院。

袁化中卒于狱。

周朝瑞卒于狱。

九月，顾大章卒于狱。至此，"东林六君子"（杨涟、左光斗、魏大中、袁化中、周朝瑞、顾大章）全部被魏忠贤折磨至死。

十二月，榜东林党人姓名，颁示天下。

1626 年（天启六年）

三月，苏州民变。魏忠贤派东厂缇骑到苏州逮捕东林名士周顺昌，缇骑被数万民众围殴。为了避免魏忠贤对苏州市民进行报复，颜佩韦、杨念如、周文元、马杰、沈扬五人从容就义。后来，复社领袖张溥撰写《五人墓碑记》，专门纪念此事。

同月，高攀龙听闻缇骑将至，为了避免受辱，在东林书院拜谒道南祠之后，回家投水自沉。"东林七贤"的其余六人——周顺昌、周起元、缪昌期、李应昇、周宗建、黄尊素，均死于狱中。

闰六月，巡抚浙江佥都御史潘汝桢请为魏忠贤建生祠。从此，魏忠贤生祠几乎遍天下。

1627 年（天启七年）

五月，监生陆万龄请在太学旁为魏忠贤建生祠，像孔子一样祭祀。

后金皇太极入侵锦州、宁远。

六月，袁崇焕固守，取得"宁锦大捷"。

七月，罢袁崇焕，封魏忠贤的孙子魏鹏翼为安平伯。

八月，明熹宗朱由校崩，时年二十三，以信王朱由检嗣位。

十一月，安置魏忠贤于凤阳。不久，魏忠贤自缢，朝廷清理其党羽。

1629 年（明思宗崇祯二年）

五月，明廷举行一场日食预测比赛。参赛者有三方：徐光启采用西洋算法，钦天监采用明初以来沿袭的《大统历》，回回则采用回回历算。只有徐光启的推算与日食的出现时间高度一致。崇祯帝下令礼部开局修改历法，并让徐光启全权督修。这就是后来出台的《崇祯历书》。西洋历法正式流传中国，史称："西法之行自此始。"

同年，张溥、张采等人联合江北匡社、中州端社、松江几社、莱阳邑社、浙东超社、浙西庄社、黄州质社等组织，在太仓尹山大会成立复社，主张"兴复古学，将使异日者务为有用"。

1630 年（崇祯三年）

八月，以谋叛罪杀袁崇焕，"自崇焕死，边事益无人，危亡之征见矣"。

同年，复社召开金陵大会。

1631 年（崇祯四年）

二月，复社领袖张溥的弟子吴伟业到京师会试，考中第一名。殿试中了榜眼，获得崇祯帝的赏识，被授予翰林院编修，还"钦赐归娶"，一时名满天下。受此影响，复社声势日益浩大。

1633 年（崇祯六年）

复社在苏州虎丘召开大会，参会者约三千人，规模盛大，史称："三百年来未尝有也。"

1636 年（明崇祯九年，清崇德元年）

二月，淮安武举人陈启新上疏，指出科目、资格、考选三大弊病。他批评当下选举人才唯重文章、进士资格，不重真才实干，应该废除科举，恢复国初旧制。陈启新受到崇祯帝褒奖，被擢升为吏科给事中，但也受到朝臣批评，说他"狂言无忌"。

四月，皇太极将国号从金改为大清，改元崇德元年。

同年，美国哈佛大学的前身——新市民学院成立。1639年，新市民学院改名"哈佛学院"。

1637年（崇祯十年）

宋应星《天工开物》刊行。这是一部综合性的科技著作，被誉为"17世纪的工艺百科全书"。

1639年（崇祯十二年）

郝敬卒，享年八十二岁。郝敬，号楚望，湖北京山人，遍注群经，著有《九部经解》（又名《郝氏九经解》）《山草堂集》等。黄宗羲称："明代穷经之士，先生实为巨擘。"

同年，徐光启《农政全书》刊行。这部书集农业技术之大成，体现了作者的农本思想。

1641年（崇祯十四年）

法国哲学家笛卡尔（1596—1650）出版《第一哲学沉思集》（又名《形而上学的沉思》）。笛卡尔后来成为西方近代哲学的奠基人之一。

1643年（崇祯十六年，癸未）

三月，明王朝迎来最后一次科考，共有三甲进士三百多名，包括杨廷鉴、宋之绳、陈名夏等人，还有复社名士周钟。明亡后，投敌的状元杨廷鉴以及周钟等人，为了争夺撰写即位诏书的机会，差点大打出手。这份诏书把李自成灭亡明朝看成顺应天命的义举，吹嘘李自成"比尧舜而多武功，迈汤武而无惭德"。

同年二月到七月，京畿地区鼠疫大爆发，死者不计其数。

1644年（崇祯十七年，甲申）

正月，李自成称帝，定都西安，国号大顺，改元永昌。大顺军随后一路东进，直逼京师。

三月，李自成攻陷京师，崇祯帝自缢，明亡。

1645 年（南明弘光元年，清顺治二年）

四月，清军攻陷扬州，督师史可法殉国。清军开展十天的大屠杀，史称"扬州十日"，遇难军民数十万人。史可法是东林党人左光斗的弟子，也是东林后辈之中杰出的代表人物。

闰六月，在杭州失守后，一代儒宗刘宗周绝食而亡，享年六十八岁。刘宗周，浙江绍兴人，学问以"慎独"为宗，讲学于山阴县城北蕺山，学者尊称蕺山先生，著有《论语学案》《道统录》等。刘宗周门人弟子众多，以黄宗羲最为出名。

1646 年（南明隆武二年，清顺治三年）

三月，黄道周抗清，兵败被俘，英勇就义，享年六十二岁。黄道周，福建人，号石斋，学者尊称石斋先生，与刘宗周并称"二周"，著有《易象正义》《儒行集传》《孝经集传》《广名将传》等。

1649 年（南明永历三年，清顺治六年）

英国内战（1642—1649）后期，将领奥利弗·克伦威尔以议会和军队的名义公开处死国王查理一世，震惊欧洲。

1663 年（南明永历十七年，清康熙二年）

黄宗羲完成《明夷待访录》。"明夷"二字取自《周易》第三十六卦，"日入地中"，象征明朝的覆灭。"待访"二字体现黄宗羲的希望，希望有朝一日他能像商朝老臣箕子一样，受到周武王这样的贤君问访。

1666 年（南明永历二十年，清康熙五年）

英国剑桥大学的学生艾萨克·牛顿（1643—1727）回到乡下逃

避瘟疫，发明了微积分，完成了光分解的实验分析。他还对万有引力定律进行开创性的思考。当时，他仅 23 岁。1666 年也因为牛顿的重大发明和发现被称为"奇迹年"。此外，1672 年，德国数学家莱布尼茨（1646—1716）也独立发明微积分。他与牛顿二人都对自然科学产生革命性的影响。

1671 年（南明永历二十五年，清康熙十年）

明代遗老方以智被清军押解，行至江西吉安惶恐滩，以身殉国。方以智不仅是儒家学者，也具有思想家、僧人的身份，同时关注自然科学，尤以《物理小识》为代表。该书主动吸收西方理论知识。

1677 年（南明永历三十一年，清康熙十六年）

荷兰哲学家斯宾诺莎病逝，年仅四十六岁。斯宾诺莎与法国的笛卡尔、德国的莱布尼茨齐名，谴责君主专制，提倡自由、民主和理性，著有《笛卡尔哲学原理》《神学政治论》《伦理学》等。

1679 年（南明永历三十三年，清康熙十八年）

英国启蒙思想家托马斯·霍布斯卒，享年九十二岁。霍布斯代表作有《利维坦》等，提倡公民的自然权利，主张国家是由公民按照契约组成。

1682 年（南明永历三十六年，清康熙二十一年）

正月，一代儒宗顾炎武在山西去世，享年七十岁。顾炎武，字宁人，南直隶昆山人，学者尊称亭林先生。提倡"博学于文，行己有耻"，著作等身，包括《日知录》《音学五书》《天下郡国利病书》《肇域志》《亭林诗文集》《金石文字记》等。他不仅考证经史，还主张经世致用，是内圣外王式的代表性儒者。

四月，明代遗老朱舜水在日本大阪去世，享年八十三岁，至死犹念复国。朱之瑜，号舜水，浙江余姚人，学者尊称舜水先生。明亡后，朱舜水流亡日本，大力弘扬儒学，对日本学术的发展以至于明治维新的兴起都发挥重要影响。

1683 年（南明永历三十七年，清康熙二十二年）

康熙帝派遣施琅等将领收复台湾，延平王郑克塽（郑成功之孙）降清，南明势力覆亡。

1688 年（清康熙二十七年）

英国资产阶级发动"光荣革命"，国王詹姆斯二世逃亡法国。

1689 年（清康熙二十八年）

英国议会批准《权利法案》，限制国王的权力，规定议会权力高于王权，标志着英国君主立宪制的确立。

中俄《尼布楚条约》签订。该条约是中国历史上第一份作为主权国家签订的国际条约，从法律上确定外兴安岭以南、黑龙江和乌苏里江流域、包括库页岛在内的广大地区，属于中国，是相对平等的条约，阶段性地阻止俄罗斯帝国的东扩。

1690 年（清康熙二十九年）

英国启蒙思想家约翰·洛克出版《政府论》，反对君主专制，主张公民权利、社会契约、天赋人权、平等、自由等理念，对后世影响极大。

1692 年（清康熙三十一年）

正月，明代遗臣王夫之卒，享年七十四岁。王夫之，湖南衡阳人，明亡后，隐居石船山，学者尊称船山先生。著有《读四书大全说》《周易外传》《尚书引义》《张子正蒙注》《读通鉴论》《宋论》等。王夫之终身都没有剃发，坚守明代遗臣气节。他博通经史之学，对儒学哲学化的构建影响深远。

1695 年（清康熙三十四年）

七月，明代遗老黄宗羲卒，享年八十六岁。临终前，嘱咐家人丧事从简，不用棺椁，期于速朽。黄宗羲，东林名士黄尊素之子，号南雷，别号梨洲老人，浙江余姚人，学者尊称梨洲先生，著有《明夷待访录》《明儒学案》《宋元学案》等。因其学说主张抨击君主专制，提倡民本、民主等思想，所以，逮于清末，黄宗羲的著作被梁启超、孙中山等思想巨子广为刊发，成为推翻清政府的思想武器。